F. de FOSSA

LE CHATEAU HISTORIQUE DE VINCENNES

TOME PREMIER

HISTOIRE GÉNÉRALE

H. DARAGON
Éditeur, 30, Rue Duperré, Paris
1908

LE

Château Historique de Vincennes

Il a été tiré de cet ouvrage :

Cinq cent quinze exemplaires numérotés à la presse :

500 exemplaires sur alfa surglacé (16 à 515)
15 exemplaires sur Japon Impérial (1 à 15)

N°

Cet ouvrage ne sera jamais réimprimé

Droits de traduction et de reproduction réservés pour tous pays y compris la Suède, la Norvège et le Danemark.
S'adresser pour traiter à la librairie H. DARAGON.

LE
Château Historique de Vincennes
A TRAVERS LES AGES

PAR

F. de FOSSA

Capitaine d'Artillerie

TOME PREMIER
HISTOIRE GÉNÉRALE

*Ouvrage illustré de 67 reproductions de gravures anciennes,
de plans originaux ou de dessins de l'auteur
et de planches gravées*

PARIS (IXe)
H. DARAGON — LIBRAIRE-ÉDITEUR
M D CCCC VIII

AU GÉNÉRAL CLÉMENT

COMMANDANT D'ARMES DE VINCENNES

Mon Général,

Vous n'avez cessé, pendant le cours de mes longues recherches, de me prodiguer vos encouragements. Permettez-moi de vous dédier ce livre. D'ailleurs, je dois cet hommage au Commandant d'Armes, anneau de cette chaîne de Gouverneurs qui, de Nicolas de Braque, par Mazarin et Daumesnil, aboutit aujourd'hui à votre nom. Ce nom, mon Général, est donc à sa place naturelle au premier feuillet de cet ouvrage, et je tiens à l'y inscrire en témoignage de ma vive gratitude et de mon profond respect.

F. DE FOSSA.

22 Janvier 1902.

Introduction

De tous les châteaux de France, le château de Vincennes est peut-être celui dont le nom revient le plus souvent dans l'histoire depuis le xɪᵉ siècle. Dans ses murs, de nombreux princes sont nés, ont vécu, se sont mariés, sont morts ; des ordonnances fameuses ont été signées, des chambres de justice, réunies ; des assemblées notables ont délibéré. Ses bâtiments, disparus ou existant encore, ont servi de cadre à des fêtes merveilleuses, de témoins à des drames obscurs et sanglants, de berceau à des institutions florissantes. Sous les lambris dorés de ses grands appartements, des idylles d'amour se sont déroulées au milieu de réceptions grandioses, de représentations théâtrales mémorables, d'événements politiques marquants. Dans ses cachots, des rois, des princes du sang, des maréchaux, des ministres, des magistrats réputés, des écrivains célèbres ont coudoyé de vulgaires malfaiteurs, des fous, des débauchés.

Un monument sur lequel flotte une telle poussière d'âmes devrait être l'objet de toutes les curiosités. Et pourtant, le public semble n'avoir qu'une perception vague du charme se dégageant de ces pierres qui s'effritent, portant la marque des générations passées : c'est que Vincennes n'a pas l'attrait de palais presque habitables comme Versailles, Chantilly ou Fontainebleau ; l'attirance de cités restées entières depuis le moyen âge, comme Aigues-Mortes ou Carcassonne ; la séduction facile d'une reconstitution fantaisiste, malgré tout instructive, comme Pierrefonds ; enfin la majesté troublante d'une ruine imposante comme Coucy. L'œuvre architecturale, ici, ne se livre pas soudainement à l'admirateur ; comme à l'audition d'une symphonie musicale, une certaine initiation est nécessaire. Or cette éducation est à faire. Actuellement le visiteur, enserré dans les consignes de l'autorité militaire jalouse de son domaine, comprend mal l'intérêt de constructions dont l'importance lui échappe. Il n'est autorisé à pénétrer que dans quelques locaux, la plupart encombrés de matériel, et, s'il peut approcher des incomparables spécimens d'architecture constitués par la Sainte-Chapelle et le Donjon, il ne voit ces vestiges du passé qu'à travers un fouillis de bâtiments modernes, inesthétiques quand ils n'ont aucune prétention, hideusement laids quand ils en ont. Les lignes sévères, mais harmonieuses, des remparts de Raymond du Temple lui sont cachés derrière des glacis sans utilité, ou des casemates n'ayant qu'une valeur défensive illusoire. Enfin les grands pavillons Louis XIV, ayant perdu extérieurement toute leur noblesse par la disparition des arcs de triomphe et des colonnades qui les reliaient, et intérieurement toute leur splendeur par l'enlèvement de leur riche ornementation, n'évoquent plus que l'idée de casernes dans l'esprit de ceux qui les examinent. Faut-il s'étonner de cette impression générale ? N'est-elle pas préférable à celle que ressentent les érudits, car, pour ceux-ci, les hautes fenêtres s'ouvrant sur des pièces nues et froides qui furent jadis les appartements les plus luxueux du Roi Soleil dans tout l'éclat de sa jeunesse et de sa gloire, ne sont plus que les orbites creux d'un crâne de squelette.

Dans ces conditions, il est impossible de connaître le Vincennes moderne sans savoir ce que fut le Vincennes des époques antérieures. Notamment, l'œuvre de Charles V, si intéressante pour l'histoire de l'art au XIVe siècle, ou les conceptions grandioses de Mazarin, ne peuvent se comprendre si l'on ne rétablit pas par la pensée toutes les parties détruites. C'est pour permettre cette reconstitution idéale, en attendant une reconstitution réelle — qui est à prévoir parce qu'elle s'impose (1) — que j'ai écrit ce livre. Placé dans les mêmes conditions qu'Alfred de Vigny, j'ai subi, comme l'auteur de « Grandeur et Servitude militaires », tout l'attrait « du vieux château » auprès duquel les hasards de ma carrière m'avaient appelé à vivre. Pris d'une curiosité invincible, j'ai fouillé cet-

---

(1) Le Conseil municipal de Vincennes a déjà émis un vœu, tendant à ce que le château de Vincennes soit désaffecté partiellement. Voir *Débats* du 13 janvier 1904 et *Petit Journal* du 8 octobre 1905.

te grande ruine dans ses moindres recoins. On comprendra la passion de telles recherches, si l'on a vu le grand donjon féodal s'éveiller, apparaître peu à peu dans les teintes roses du soleil levant ; puis, au plein soleil de midi, les bâtiments du grand siècle resplendir dans la majesté de leur ordre dorique. Il faut avoir pénétré le soir dans la Sainte-Chapelle, quand les verrières s'embrasent au feu des derniers rayons, comme les émaux d'une châsse scintillant aux multiples lumières des cierges. Il faut enfin avoir entendu, dans la brume du crépuscule finissant, les grandes herbes du fossé frissonner sur la tombe du dernier des Condé, alors que les longues pièces d'artillerie profilent sur les hauts murs leur silhouette grise, disant la défense héroïque de Daumesnil et les affres de l'année terrible.

Lorsqu'un décor historique éveille de telles sensations, l'admiration, d'abord vague, presque inconsciente, qu'il provoque au début, se change forcément en un besoin d'apprendre, irrésistible. De l'examen d'ensemble, on passe à celui des détails. Dès lors, le champ des investigations s'agrandit démesurément ; son horizon devient vaste, illimité. Chaque vestige d'une époque disparue prend un intérêt particulier, une importance insoupçonnée, et l'attention qu'on y apporte suscite de nouvelles découvertes. Vincennes se prête admirablement à une telle étude, car peu de monuments ont été aussi altérés, et offrent un exemple plus complet d'enchevêtrement de styles, allant du gothique au composite moderne.

Pour retrouver les deux grands châteaux qui se sont amalgamés l'un à l'autre, et qui constituent ce qu'on pourrait appeler l'ossature du fort actuel, j'avais pensé tout d'abord qu'il suffirait de rechercher les anciennes estampes, les plans, les dessins. Je formai une collection de tous les documents de cette nature que je pus me procurer, mais je reconnus que cette suite imagée avait besoin, pour être intelligible, d'être accompagnée de commentaires. Je m'adressai alors aux historiographes, et je constatai, non sans surprise, que la plupart avaient négligé le cadre dans lequel s'étaient accomplis les événements qu'ils relataient, et leur silence faisait soupçonner qu'ils n'avaient qu'une connaissance très imparfaite des lieux. Quelques-uns semblaient même les ignorer totalement, au point de paraître n'y être jamais venus. Cette critique ne devrait cependant pas être adressée à deux d'entre eux, qui ont passé une partie de leur vie dans la vieille résidence royale, et l'ont aimée d'un amour sincère, profond, sans réserve. Le premier, Poncet de la Grave, à la fin du XVIIIe siècle, avait obtenu du roi Louis XVI un logement au château. Mais, attiré surtout par les vieilles chartes, les cartulaires, les archives, il n'a laissé que des notes, mises dans l'ordre chronologique. Cet auteur pourrait être un guide précieux ; malheureusement, il est fort sujet à caution. Il manque de précision, de développement critique, ce qui le rend fort confus, insuffisant, difficile à suivre. Le second historiographe, l'abbé de Laval, aumônier militaire, mort à la fin du XIXe siècle, a écrit une « Esquisse historique » qui a la prétention de fournir des renseignements archéologiques, et qui ne contient à proprement parler que des souvenirs personnels. L'absence de plan, et d'ailleurs — on peut le dire, sans nuire à la mémoire de l'écrivain, — des erreurs nombreuses résultant d'un excès d'imagination enlèvent à cette tentative presque tout son intérêt documentaire.

Les autres écrivains, comme Nougarède, Macquet, Alboize et Macquet ont écrit des pages presque entièrement consacrées aux prisonniers, tandis que, plus récemment, Ildefonse Rousset et Emile de La Bédollière se sont cantonnés dans le domaine anecdotique, et que M. Jules de Varaville s'est borné à une relation purement historique. Chacune de ces œuvres a son mérite, sa valeur incontestable, mais nulle ne permet de suivre l'évolution des constructions, de replacer dans leur cadre les figures de tous les personnages qui ont agi, qui ont pensé, qui ont souffert à Vincennes.

Cette lacune laissait place à une nouvelle monographie. Comment suis-je arrivé à l'écrire ? Certes, je n'avais pas l'intention de pousser si loin mon étude, quand je fus pris de ma curiosité. Mais je fus entraîné. Après avoir lu tous les ouvrages consacrés à l'histoire même du château, j'étudiai les auteurs qui s'étaient accidentellement occupés de la question, comme Sauval, Millin, l'abbé Lebeuf, Viollet-le-Duc, Renan, pour ne citer que ces noms. Puis je compulsai les mémoires, les registres de comptes, les inventaires, les livres d'écrou des prisonniers. Je fouillai les archives à mes moments perdus et, trouvant partout des concours éclairés et sûrs, comme ceux de MM. Batiffol, à la Bibliothèque

Nationale ; Jacob, à la Bibliothèque de la Ville ; Paul Cottin, à la Bibliothèque de l'Arsenal (1), je recueillis une quantité de notes qui ont fini par constituer ce livre. On y trouvera souvent de longs extraits de documents originaux ou contemporains des événements relatés. J'estime, en effet, que les citations ont une saveur particulière quand elles sont reproduites *in extenso*, et une précision que ne peut donner une adaptation ou une traduction. Cependant, pour la compréhension du texte, j'ai dû, pour les pièces écrites en vieux français, rajeunir quelques expressions, en respectant le style, bien entendu. — Enfin, pensant que la reproduction d'estampes, gravures, plans et dessins anciens pour les époques antérieures, de photographies ou de croquis personnels pour les époques modernes, devait compléter mon récit et l'éclaircir, j'ai choisi dans ma collection ceux des documents qui m'ont paru les plus caractéristiques. Le lecteur qui désirerait être plus amplement informé trouvera à la fin du tome premier, deux répertoires indiquant les sources bibliographiques ou les gravures qu'il pourra consulter en vue de recherches ultérieures.

Ce livre comprend deux grandes divisions, auxquelles correspondent les tomes I et II :

1° HISTOIRE GÉNÉRALE ;

2° MONOGRAPHIE DES DIFFÉRENTS MONUMENTS DU CHATEAU.

La première partie donne un aperçu d'ensemble de l'histoire du château. Toutes les transformations de celui-ci, depuis sa création jusqu'à son affectation en Fort moderne, y sont étudiées.

Elles répondent à huit phases distinctes :

1° Hospitium de Louis le Jeune (détruit) ;

2° Manoir de Philippe-Auguste, remanié par saint Louis (détruit) ;

3° Château de Philippe VI et de Charles V (donjon et enceinte intacts) ;

---

(1) Je tiens à remercier particulièrement et publiquement MM. Batiffol, Jacob et Paul Cottin de leur concours, si désintéressé et si précieux. Leur zèle généreux et leur affable obligeance m'ont permis de poursuivre mes recherches, en étant éloigné de Paris. Je leur en témoigne ma vive gratitude.

4° Château de Louis XI (démoli en 1610) ;
5° Château de Louis XIII (englobé dans les constructions de Louis XIV) ;
6° Château de Louis XIV (pavillons du Roi et de la Reine) ;
7° Arsenal (1808) ;
8° Fort (1840).

J'aurais voulu adopter ces grandes divisions pour les chapitres mais elles auraient mal correspondu aux événements : j'ai dû grouper les faits par période.

Dans la seconde partie qui comprend les monographies particulières des diverses constructions du Vieux Fort — Donjon, Pavillon du Roi et de la Reine, Enceinte, Tours, Ste-Chapelle, — j'ai cherché à donner une idée de l'état primitif de chaque bâtiment, de son ameublement ou des dispositions à l'époque de son achèvement. J'ai fait suivre cette reconstitution idéale de la description de ses transformations ou de ses utilisations pour aboutir à celle de son état actuel. Ces différentes études se rattachent, d'ailleurs, à l'histoire générale de la France, par un grand nombre de points, notamment par la relation des grands événements qui se sont accomplis dans chacun des décors particuliers ; par l'histoire des prisonniers ; par une discussion sur l'internement d'un prétendu dauphin fils de Louis XVI ; par l'exhumation des restes du duc d'Enghien.

Dans un sujet si vaste et si complexe, touchant à plusieurs époques d'architecture, ou soulevant de nombreux problèmes historiques, je n'ai pas la prétention de n'avoir laissé subsister aucune lacune. J'ai cherché seulement à apporter le plus grand scrupule dans la recherche et le choix des documents, dans leur analyse et dans leur mise en œuvre. Ma tentative pourra susciter des critiques, provoquer des rectifications. Mais je n'ai pas d'autre ambition que d'attirer l'attention sur le château de Vincennes. Si ce résultat est obtenu, j'aurai atteint mon but.

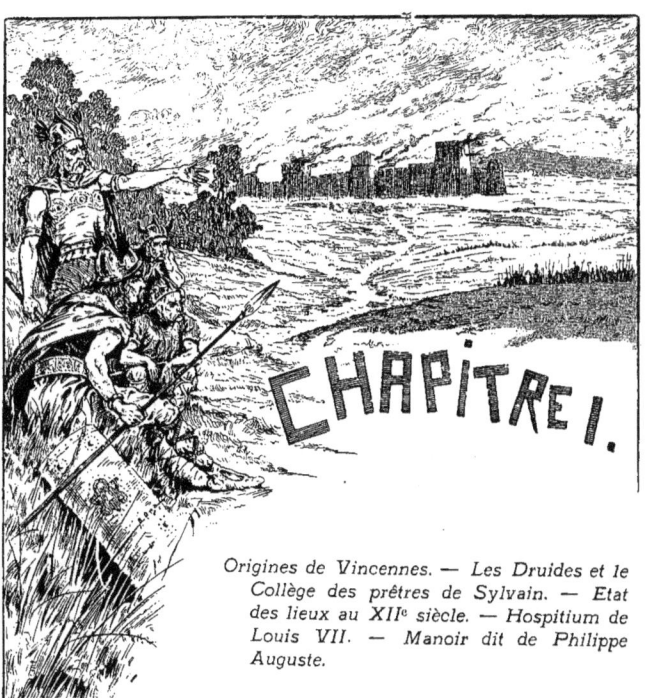

Origines de Vincennes. — Les Druides et le Collège des prêtres de Sylvain. — Etat des lieux au XIIe siècle. — Hospitium de Louis VII. — Manoir dit de Philippe Auguste.

Quand Jules César conquit les Gaules, Lutèce n'était qu'un bourg grossièrement fortifié. La Seine servait de fossé à ses remparts, constituant leur principale force. Au delà du fleuve, s'étendait la plaine coupée de marécages. Plus loin, les collines, couvertes de bois denses, touffus, presque impénétrables, formaient une dernière ligne de défense peut-être plus sérieuse que la première. L'absence de voies de communication rendait toute opération militaire presque impossible dans cette région. Aussi savons-nous que Labienus, parti de Sens pour mettre le siège devant la capitale des Séquaniens, fut obligé d'amener ses légions par bateaux (1).

Quatre siècles plus tard, l'aspect des lieux est déjà sensiblement modifié. Les collines sont défrichées, plantées de vignes produisant des vins que l'empereur Julien tient en haute estime, de figuiers donnant des fruits savoureux (2).

Puis la ville s'accroît, déborde de son île. Elle s'étend maintenant sur la plaine, sur les collines. Les marais desséchés ont fait place à des quartiers luxueux, et, de toutes les forêts qui protégeaient nos pères, il ne reste que deux bois minuscules, deux parcs, l'un à l'Ouest, l'antique bois du « Rouvray » (3), l'autre à l'Est, le bois de Vincennes transformé sous Napoléon III en jardin anglais par MM. Alphand et Lepaute (4).

Les historiographes de Vincennes s'accordent à dire que la forêt primitive était consacrée aux Druides, et qu'ensuite le culte de Sylvain remplaça, après la conquête romaine, celui de Teutatès. Aux dolmens auraient succédé divers temples, dont les ruines étaient encore visibles à la fin du XVIIIe siècle. Cette légende est peut-être poétique ; mais, au risque de la détruire, il ne sera pas sans intérêt de montrer comment elle s'est accréditée.

Ce fut en 1728 qu'on parla pour la première fois des anciens collèges de prêtres du Bois de Vincennes. Un savant Bénédictin, dom Bernard de

---

(1) *Analyse raisonnée des commentaires de César*. Léon FALLUE, *Conquête des Gaules*, Paris, 1862, p. 250.

(2) *Traité de la Police*, par DELAMARE, Conseiller du Roy au Châtelet, Paris, 1722, t. I, p. 86.

(3) Le nom de Roveritum (VIIIe siècle), altération de Roboretum, devint Rovretum au XIIIe siècle, puis Rouvret ou Rouvray au XIVe siècle. La forêt, ainsi désignée, se confondait souvent avec le bois de Saint-Cloud. Au commencement du XVIe siècle, ces deux appellations furent remplacées par celle du Bois de Boulogne, à cause de la proximité du Bois avec l'église de Boulogne-sur-Seine, bâtie par des pèlerins revenant de Boulogne-sur-Mer. LEBEUF, *Histoire de la Ville et de tout le diocèse de Paris*. — Edition 1883, t. I, p. 396.

(4) Le Bois de Vincennes fut cédé à la Ville de Paris par la loi du 24 juillet 1860. La ville s'engagea à l'entretenir en promenade publique à perpétuité et à l'étendre jusqu'aux fortifications.
MM. Emile de la BÉDOLLIÈRE et ILDEFONSE ROUSSET, *Le Bois de Vincennes*. Paris 1864, p. 19.

Montfaucon (1), s'occupait alors de l'histoire des monuments religieux gallo-romains. Il reçut d'un de ses amis, l'abbé Chevalier, une pierre trouvée à l'abbaye de Saint-Maur et portant l'inscription ci-dessous :

COLLEGIUM.
SILVANI.REST
ITUERUNT. M.
AURELIUS. AUG.
LIB. HILARUS
ET. MAGNUS. CRYP
TARIUS. CURATORES

Ce texte rétabli : *Collegium Silvani restituerunt Marcus Aurelius Augusti libertus, et Magnus Cryptarius, curatores*, pouvait être lu de la façon suivante : « Marcus Aurelius, affranchi d'Auguste et Magnus Cryptarius ont rétabli le collège de Sylvain. » Dom Bernard, rapprochant ce document d'autres analogues trouvés en France et en Italie, obtint un ensemble d'indications qui lui permirent de faire, le 23 juin 1734, à l'Académie des Belles Lettres, une très intéressante communi-

---

(1) Dom Bernard de Montfaucon, né au château de Soulage en Languedoc, en 1655, mort à l'Abbaye des Prés à Paris en 1741. De ses nombreux écrits, *L'antiquité expliquée* (1719) eut le plus grand retentissement.

cation (1) sur le culte du dieu des forêts. Il cita l'inscription de Saint-Maur, disant qu'elle était contemporaine de Marc-Aurèle, puisque Aurelius, affranchi d'Auguste, portait, suivant l'usage, le nom de son ancien maître, et que la « confrérie du dieu Sylvain » avait dû être rétablie entre l'an 161 et l'an 180 de notre ère. Il fit la remarque que la pierre, étant plate (2), avait dû être incrustée dans un mur. Mais il ne tira aucune autre déduction de la découverte de l'abbé Chevalier.

Ce manque de précision ne pouvait satisfaire les archéologues. L'abbé Lebeuf estima que l'inscription prouvait l'existence d'un temple. Or ce temple ne devait pas être éloigné de la péninsule de la Marne, et c'était « probablement les restes de ses fondations que l'auteur de la vie de saint Babolein avait vus sous le roi Philippe Ier, vers l'an 1080, et qu'il avait pris pour les restes d'un château des Bagaudes (3) ». Il ajoutait : « Cela se confirmera, si jamais on découvre en ce lieu quelque statue qui représente un homme entre des arbres, tenant une serpe et portant une branche de pin ou de cyprès, tel qu'on représente ordinairement le dieu Sylvain (4) ». Mais on ne découvrit rien, ce qui n'empêcha pas Poncet de la Grave (5) de fixer exactement l'emplacement des

---

(1) *Mémoires de l'Académie des Inscriptions et Belles Lettres* Vol. 13.

(2) Cette pierre avait été retrouvée vers 1725 dans des décombres du bûcher du neveu de l'abbé Chevalier, chanoine de Saint-Maur. Ce bûcher se trouvait dans la grosse Tour du Clocher canonial. « Il fallait, écrit l'abbé LEBEUF, que la pierre eut été incrustée précédemment dans le mur de cette Tour ou *ailleurs* à Saint-Maur. L'abbé Chastelain a écrit, qu'après avoir visité, vers l'an 1080, les curiosités de la Collégiale, il avait vu à Saint-Maur sur un marbre blanc cette inscription : *Collegium Silvani...* » LEBEUF, *Histoire de la Ville et de tout le diocèse de Paris*, t. II, p. 421

(3) Abbé LEBEUF, *Hist. de la V. et de tout le dioc. de Paris*, t. III, p. 422. LEBEUF (Jean), historien et érudit français, né à Auxerre en 1687, mort dans la même ville en 1760, fut chanoine et chantre de la cathédrale d'Auxerre. Il publia un très grand nombre d'écrits, qui lui valurent d'être nommé en 1741 membre de l'Académie des Inscriptions. Parmi ses ouvrages, le plus célèbre est son *Histoire de la Ville et de tout le diocèse de Paris*, publié pour la première fois en 1754 (15 vol. in-12). — Nos citations sont extraites de l'édition Fechoz, Paris 1883.

(4) Abbé LEBEUF, *Hist. de la V. et dioc. de Paris*, t. III, p. 442.

(5) PONCET DE LA GRAVE (Guillaume), historien, né à Carcassonne en 1735, mort en 1809. Avocat, puis procureur général au siège de l'amirauté de France, enfin censeur royal. Il s'était retiré à Vincennes vers 1770. Parmi ses écrits, l'Histoire de Vincennes, 2 vol. in-8. Paris, 1788, est le seul ouvrage qui nous soit parvenu. C'est une compilation d'anciens documents, classés dans leur ordre chronologique, présentant par cela même un grand intérêt, mais ne devant cependant pas être acceptés sans contrôle.

constructions : « On en voit encore, dit-il, les restes au prieuré du Bois, occupé aujourd'hui par des Minimes, et auparavant par des *Ermites* de l'Ordre de Grandmont (1) ». Il n'y avait donc plus aucune incertitude ni pour Millin (2), ni pour Dulaure (3), ni surtout pour l'abbé de Laval (4). D'après ce dernier, les Romains ont substitué au culte druidique celui du dieu Sylvain ; les ruines du petit temple construit pour cette idole subsistaient à la fin du XVIIIe siècle dans l'enclos de l'abbaye de Grandmont (5) — sur l'emplacement du lac actuel de la Porte Jaune, creusé en 1860.

L'erreur de Poncet de la Grave, répétée par l'abbé de Laval, s'explique facilement : il existait, en effet, au siècle dernier, aux Minimes, et entre cette abbaye et Saint-Maur, des vestiges de murs épais de quatre à cinq pieds. Les pierres et le ciment de ces constructions fort anciennes pouvaient être pris pour des matériaux de l'époque romaine ; en réalité ce n'était que les débris d'un mur élevé par Philippe-Auguste et qualifié par les historiens Rigord et Guillaume le Breton, de : *murus optimus murus fortissimus* (6).

Il résulte de ce qui précède, que tous les renseignements relatifs à la haute antiquité du bois de Vincennes sont fort incertains. Jusqu'au

(1) PONCET DE LA GRAVE, *Hist. du château de Vincennes*, t. I, ps 1 et 53.
(2) MILLIN (Aubin Louis), célèbre archéologue né à Paris en 1759, mort en 1818. Au moment de la Révolution, devenu suspect malgré son libéralisme, il fut incarcéré quelque temps pendant la Terreur. Obligé de donner des gages de civisme, il changea ses prénoms en celui d'Eleuthérophile (ami de la Liberté), et publia, l'*Annuaire républicain* (1794), ouvrage dans lequel il « remplaça les noms des Saints par ceux des légumes et des productions naturelles d'un usage journalier ». MILLIN a beaucoup écrit, mais son livre le plus important est intitulé : « *Antiquités nationales ou description des monastères, abbayes, etc., devenus domaines nationaux* » (Paris 1802).
(3) DUFAURE (Jacques Antoine), conventionnel girondin, archéologue et historien, né à Clermont-Ferrand, le 3 décembre 1755, mort en 1835. Il a laissé un grand nombre d'écrits parmi lesquels on remarque : *Description des principaux héros de la France*, 1788-89 (6 vol. in-12), ouvrage inachevé ; *Singularités historiques*, contenant ce que Paris et ses environs offrent de plus piquant, 1788 ; *Histoire physique, civile et morale* des environs de Paris, 1821-1827, 7 vol. in-8 plusieurs fois réimprimés.
(4) Voir notice biographique sur l'abbé de LAVAL, t. II, ch. VIII. L'abbé de LAVAL était un aumônier militaire. Il a résidé longtemps au château. Il est l'auteur d'une Esquisse historique sur Vincennes, qui a été longtemps la seule histoire connue du public, et qui fait encore foi actuellement, malgré ses nombreuses inexactitudes. Imprimée chez de Soye et fils à Paris.
(5) Abbé de LAVAL. *Esquisse historique de Vincennes*, p. 6.
(6) LEBEUF, *Hist. de la Vil. et du dioc. de Paris*, t. II, p 405.

IX⁰ siècle, l'histoire est muette. Quelques auteurs, entre autres l'abbé Lebeuf, essayent cependant de percer la nuit des temps, mais sans pouvoir sortir des conjectures. Les Francs, suivant leur théorie, se seraient saisis, au moment de la conquête des Gaules, de tous les lieux religieux du paganisme. Clovis aurait fait comprendre ces prises dans les biens de la couronne, et la forêt de Vincennes, avec la presqu'île de la Marne qui en formait une bonne partie, aurait dès lors appartenu en propre aux rois de la première race (1).

Cette opinion est plausible, mais le premier document authentique nous permettant de sortir du domaine de l'hypothèse, est un titre de l'abbaye de Saint-Maur-des-Fossés daté de 847 (2). Dans ce titre, la forêt de Vilcena est mentionnée comme étant terre de la paroisse de Fontenay. En 980, elle compte encore dans les biens de cette église qui dépend de l'évêché de Paris (3). Un demi-siècle plus tard, elle appartient sans aucun doute à la Couronne, car dans une charte de 1037, Henri Iᵉʳ autorise le fisc royal à laisser les bénédictins de l'abbaye de Saint-Maur prendre, pour leur cuisine, du bois dans la partie de la forêt contiguë à leur monastère (4) et par un acte de 1075, Philippe Iᵉʳ donne aux moines de Saint-Magloire la même licence pour leur abbaye de Saint-Mandé. Pour ces derniers la quantité concédée est limitée à la charge de deux ânes (5).

Dans ces divers documents, la forêt est toujours désignée sous le nom de Vilcena. Mais en 1147, une bulle d'Eugène III, portant confirmation des biens de l'abbaye de Montmartre, mentionne que cette maison avait droit à deux charretées de bois mort dans la forêt de *Vulcenia*. Ce mot de Vulcenia, écrit dans ce titre, est une exception, peut-être même une fau-

---

(1) LEBEUF. *Hist. de la Vil. et dioc. de Paris*, t. III, p. 423.

(2) Charte citée par l'abbé LEBEUF (t. II, p. 404) d'après Baluze, *Capitul.*, t. II. *Prob. Hist. Ecl. Par.*, t. I., p. 554.

(3) Bulle de BENOIT VII. Entre les biens de l'Eglise de Paris, après Fontenetum cum Ecclesia, il y a tout de suite : *Vilcenam cum omnibus inibi adjacentis*. LEBEUF. *Hist. de la Vil. et du dioc. de Paris*, t. II, p. 404.

(4) *Ex. autog. in tab. S. Mauri. Ibidem*, p. 404.

(5) *Cart. S. Macl. Bibl. Reg., Ibidem*, p. 404.

te de copiste. L'ancien nom est bien Vilcena ou Vilcenna, qui se transformera en Vicenna, Vicenne et Vincennes.

En tous cas, dans un acte d'échange de 1190 que Philippe Auguste passa avec les moines de Saint-Martin, le roi dit : *in memore nostro de Vilcena* (1).

Quelle est l'étymologie de ce nom ? C'est là un problème qui a passionné bien des érudits, et toutes les solutions qui ont été imaginées méritent d'être citées, ne serait-ce qu'à titre de curiosité :

Pierre de Fenin (2) et du Breuil (3) ont pensé que Vincennes dérivait de : *Vita sana* (vie saine) (4), à cause de la salubrité du plateau ; Piganiol (5), de « Vingt cents », le bois devant avoir deux mille arpents (6), Lancelot, de « Vingt stades (7) », cette distance étant celle du château à Paris. L'abbé Lebeuf dit que « Vilcena venait tout vraisemblablement de quelque mots franc ou germain, tel que « Wils », qui, dans la loi bavaroise signifiait un cheval médiocre, et qu'ainsi il aurait pu y avoir un petit haras qui aurait donné son nom au bois (8). »

A une époque plus récente, les explications trouvées ont peut-être une couleur moins scientifique, mais elles brillent par leur originalité. M. de La Bédollière hasarde celle-ci : « Un collège de Dendrophores était constitué au milieu de la forêt, à la place où s'éleva plus tard le monastère des

(1) *Hist. Paris*, t. VI, p. 26. — *Hist. S. Mart.*, p. 329. — Lebeuf, t. II, p. 404.
(2) Pierre de Fenin. *Mémoires sur Charles VII*, p. 493.
(3) Du Breuil, p. 1015.
(4) Emile de la Bédollière prétend que l'étymologie de *Vita sana* a été inventée au XIVe siècle. « Demandez, dit-il, à la bibliothèque impériale les manuscrits 2.154 et 10.265, vous y trouverez deux histoires de France, composées en l'année 1495 et dont l'une est l'abrégé de l'autre. L'anonyme auteur de toutes deux n'a écrit qu'une seule fois *Vinciennes*. Partout ailleurs il parle du bois et château de Vie Saine ; fantaisie purement personnelle. » *Le Bois de Vincennes*, p. 12.
(5) Piganiol, t. VIII, p. 41.
(6) Jamais on n'a pu appeler *Vincena jugera* (deux mille arpents), un bois qui n'en avait pas plus de quatre cents.
(7) Le nom de Vicene, dit Lancelot, ou vingt stades, indique la distance de Vincennes à Paris, comme le nom de Trécinia, que porte une localité, près de Saint-Denis, indique qu'elle était distante de 30 stades de la capitale. Lancelot. *Mém. à l'acad. des Bel. Let.*, t. XIII, p. 623.
L'explication est inadmissible, car on ne pouvait calculer la distance de Paris à Vincennes, quand Vincennes n'existait qu'à l'état de bois, et que par conséquent, ses limites étaient très incertaines.
(8) Lebeuf, *Hist. de la Vil. et du dioc. de Paris*, t. II., p. 404.

Minimes. Ces Dendrophores devaient fêter gaîment le dieu Sylvain et se livrer à des repas prolongés en l'honneur d'un patron qui s'ébattait sous les ombrages en compagnie des faunes, des satyres et des dryades. Les Gallo-Romains qui longeaient les murs du temple païen devaient entendre parfois le bruit des hymnes à Bacchus et des coupes entrechoquées, et quand un étranger leur demandait : quel est ce domaine ? ils répondaient : c'est la villa des festins ! (*Villa cœnarum !*) (1). » Cette invention a le mérite d'être gaie. Ne vaut-elle pas autant que celle de M. Lemarchand (2), qui met lui aussi le dieu des forêts en cause ? « Le nom de Sylvanus, écrit-il, devint probablement Vilcena, par une intervention de lettres assez fréquente. » Il est vrai que l'auteur a le bon esprit d'avouer que cette racine est peu sérieuse, et il ajoute ce quatrain connu :

> Alfana vient d'equus sans doute,
> Mais il faut avouer aussi
> Qu'en venant de là jusqu'ici
> Il a bien changé sur la route.

Cette citation peut s'appliquer, je crois, à toutes les étymologies mentionnées plus haut. Si l'on ne trouve rien dans les chartes nous permettant de fixer l'origine du mot Vilcena, on sait du moins qu'il s'appliquait primitivement au Bois, et qu'il n'a été donné que plus tard, d'abord au château et ensuite à la ville (3). Or ce bois, au commencement du XIe siècle, avait des limites qu'on peut approximativement fixer, puisque l'on connaît les paroisses ou abbayes qui le bornaient. Au Nord, il courait le long des pentes du plateau connu actuellement sous le nom de Tillemont jusqu'à la cure de Fontenay (4). A l'Est il était clos par la

---

(1) E. DE LA BÉDOLLIÈRE et ILDEFONSE ROUSSET. *Le Bois de Vinc.*, p. 12.

(2) M. E. LEMARCHAND. *Etude sur Vincennes*, Gillot, imprimeur à Vincennes, 1889, p. 5. Au moment où notre ouvrage allait paraître, nous avons appris que M. Lemarchand publiait une histoire générale de Vincennes. Nous n'avons eu connaissance que de sa plaquette qui est fort bien présentée, au point de vue des faits, et qui aurait mérité mieux que de servir à un livre de réclames locales.

(3) Le bourg qui s'est formé à côté du château a porté le nom de la Pissotte jusqu'à la Révolution.

(4) Fontenay a été cité la première fois dans un diplôme de Charles le Chauve de l'an 847, dont l'original se trouvait à la fin du XVIIIe siècle, dans les archives de Saint-Maur. LEBEUF. *Hist. de la vil. et du dioc. de Paris*, t. II, p. 385.

Marne et le fossé de la riche abbaye de Saint-Maur (1) — fossé que Dulaure prétend avoir été creusé par les Bagaudes pour isoler complètement la boucle de la Marne (2). Il s'étendait enfin au Sud jusqu'à la Marne et jusqu'à la Seine, avec les enclaves de Charenton et de Conflans (3), et à l'Ouest jusqu'au monastère de Saint-Mandé (4) qui était une dépendance de Saint-Magloire.

Le plateau, couvert par le bois, était coupé de deux ruisseaux, l'un venant de Bagnolet, l'autre de Montreuil (5). Ce dernier, qui porta plus tard le nom de ru Orgueilleux, se réunissant au second, formait un étang dans le bas du vallon, et à la sortie de celui-ci, se dirigeait vers les marais de Saint-Mandé (lac de Saint-Mandé). Il prenait alors son cours vers la Seine en suivant les dépressions de Bel-Air, de Montempoivre et de l'avenue Daumesnil près de la Porte Dorée. Son confluent se trouvait au point bas de la rue de Charenton, à l'endroit dénommé anciennement « Ponceau de la Grande Pinte », qui était suivi de la « Voûte de Genève (6) ».

(1) L'abbaye de Saint-Maur avait été fondée sous Clovis II, par un diacre de l'Eglise de Paris, nommé Blidegisile, pour honorer la mémoire des chrétiens massacrés dans la péninsule par Attila, en 451. Les plus notables de ces martyrs s'appelaient Félix, Agoard et Aglibert. LEBEUF. Hist. de la vil. et du dioc. de Paris, t. II, p. 423.

(2) DULAURE. Environs de Paris, t. V. Saint-Maur.

(3) Dès le VIIe siècle, il existait un pont à Charenton, connu sous le nom de *Pons Charentonis*. On lit dans les *Annales de Saint-Bertin*, qu'en 865 ce pont fut refait par les habitants du lieu, ce qui indique qu'il y avait déjà un village à côté.

Le village de Conflans est mentionné dans une charte de 1098, de Guillaume, évêque de Paris. Le monastère de Saint-Martin-des-Champs, en possédait alors une partie LEBEUF. *Hist. de la Vil. et du dioc. de Paris*, t. II, p. 361.

(4) Suivant l'abbé Lebeuf, le nom de Saint-Mandé vient de ce que vers la fin du VIIIe siècle l'on a transféré en ce lieu les reliques d'un saint Breton, appelé Saint-Maudet ou Saint-Mandete. D'après M. Piérart, l'historiographe de Saint-Maur-les-Fossés, il dériverait de « Mendès », divinité priapique qui aurait eu un sanctuaire en ce lieu. M. Ulysse ROBERT, *Notes historiques sur Saint-Mandé*, 1899, p. 8.

(5) Dans un compte de la Prévôté de Paris, est articulé le payement d'un charpentier « pour avoir fait un pont dormant au travers du ru par où vient l'eau de Bagnolet et de Charonne, à l'étang du Bois de Vincennes, entre les vignes de Montreuil et de la Pissotte, nommé le ru Orgueilleux, lequel pont il était besoin de faire pour passer les gens qui allaient à Paris. » — Et plus bas : « Réparations faites tant du ru de la Pissotte par où va et coule l'eau au grand étang de Vincennes, nommé le ru Orgueilleux, comme un à vieulg qui est joignant la porte de la Conciergerie dudit Bois. » — Fragments de comptes de l'an 1470, cités par l'abbé LEBEUF, *Hist. de la Ville et du dioc. de Paris*, t. II, p. 409.

(6) Charles DUBOIS. *En haut du donjon, Causerie familière sur le bois de Vincennes*. Paris, 1891.

A l'époque qui nous occupe, les eaux de source de Fontenay n'avaient pas encore été captées. Elles se perdaient suivant toute vraisemblance dans l'étang de la Pissotte, ou peut-être formaient des canaux qui s'entrecroisaient. De là vient sans doute l'appellation d'*île* donnée à Vincennes dans certains titres de 1182, au commencement du règne de Philippe-Auguste (1). L'abbé Lebeuf, cherchant les raisons de cette étrange dénomination, trouve une autre explication : « Peut-être, dit-il, les fossés qui environnaient alors le bois étaient remplis d'eau ce qui le faisait considérer comme une espèce d'isle (2), avant la clôture de murs que Philippe Auguste fit faire. » Il est difficile de trancher la question, mais l'on peut tirer comme conclusion des diverses indications fournies par les documents anciens que le plateau était assez marécageux dans certaines parties.

Du XI° au XII° siècle, le Bois est morcelé. Les religieux établis sur ses lisières se font octroyer des privilèges qui leur permettent peu à peu d'empiéter sur le domaine royal. Après s'être contentés de l'autorisation de couper des arbres, ils prennent les taillis eux-mêmes, de sorte qu'en 1162, grâce à ces empiétements successifs, le domaine royal se trouve réduit à 50 arpents (3). A cette époque, Louis VII, qui avait la passion de la chasse, reconstitua le domaine en rachetant les droits acquis par les différents ordres. Il aurait même fait construire un mur du côté de Paris pour limiter les terres de la Couronne. Poncet de la Grave prétend « que la Tourelle qu'on voit sur le grand chemin de Paris », est contemporaine de cette première clôture. Il n'y a qu'à examiner cette construction pour se rendre compte qu'elle n'a pas une si haute antiquité, et que d'ailleurs, elle n'a jamais pu servir de logement à un garde, contrairement à ce que dit l'historiographe (4).

C'est à cette même date de 1162, que Poncet de la Grave fixe la construction d'un premier rendez-vous de chasse sur l'emplacement

---

(1) Lebeuf. *Hist. de la Vil. et du dioc. de Paris*, t. II, p. 409.
(2) Insula de Vincenis, Lebeuf. *Hist. de la Vil. et du dioc. de Paris*, t. II., p. 409.
(3) Poncet de la Grave. *Vincennes*, t. I., p. 52.
(4) La Tourelle de Saint Mandé n'est qu'une guérite d'angle du mur du parc. Sa construction ne doit remonter qu'à Philippe VI ou Charles V.

« où est la Tour du Roi ». Ce rendez-vous de chasse n'aurait d'ailleurs consisté qu'en « petits logements » pouvant servir d'abri provisoire.

Sur ce point, l'auteur, qui a compulsé tant de vieilles chartes, a commis une erreur ; en tous cas, aucun vestige archéologique ne vient corroborer son opinion. De nombreuses fouilles ont été exécutées à l'endroit indiqué : nulle n'a fourni un témoignage quelconque en faveur de cet *hospitium* primitif qui aurait été le point de départ de toutes les constructions anciennes.

Ce qui est certain, c'est qu'en 1164, Louis VII fonda l'abbaye de Grandmont. Une charte (1) contresignée par le Comte Thibaut ainsi que par les grands officiers de la couronne, et expédiée par Hugues, évèque de Soissons, chancelier de France, concéda aux religieux connus sous le nom de Bons-Hommes ou Ermites (2), un enclos du bois entouré de fossés. Cet enclos se trouvait sur l'emplacement actuel du lac des Minimes. La nouvelle abbaye reçut comme dotation une rente de deux muids et demi de froment à prendre en la grange royale de Gonesse.

Si l'existence d'un rendez-vous de chasse de Louis le Jeune est fort problématique, il semble à peu près prouvé que Philippe Auguste a fait

(1) Voici le texte de cette charte :
Ludovicus, Dei gratia Francorum Rex, noverint universi præsentes pariter et futuri, quod nos amore Dei et animæ nostræ salutis intuitu dedimus, concessimus Bonis Hominibus de Ordine grandimontensi locum ad habitandum in nemore Vincennis, et totum nemus cum fundo terrae, sicut fossatis undique cinjitur, libere, quiete et pacifice in perpetuum possidentum et ad faciendum quidquid voluerint de praedictis.
Sciendum vero est quod ad preces nostras, abas et conventus fossatensis, Prior et conventus Sancti Martini de Campis, et Prior et conventus Sancti Lazarii Parisiensis, omne jus et usagium quod habebant in dicto nemore, quod infra prædicta fossata continentur, supra dictis Bonis Hominibus penitus quietaverunt ; dedimus etiam et concessimus, in perpetuum eleemonisam supra dictis Bonis Hominibus, sex modios et dimidium frumenti recepiendos annuatim in grangia nostra Gonessæ ut hoc ratum permaneat, scripto commendati et sigilli nostri autoritate confirmari præcipimus.
Actum Parisiis, Anno Verbi incarnati millesimo centesimo sexagesimo quarto, estantibus in Palatio nostro, quorum nomina suposita sunt et signa.
Signum, Cometis Theobaldi. Signum, Mathai Camerarii. Signum, Guidonis Buticularii. Signum Rudolphi Constabularii, Data per manum Hugonie Cancerarii, Episcopi Suessionensis. PONCET DE LA GRAVE. *Hist. de Vincennes*, t. I., p. 274.

(2) Les Bons-Hommes ou Ermites avaient été institués en l'an 1076, par Saint-Etienne d'Auvergne, fils de noble homme Etienne, seigneur de Muret en Limousin.

bâtir un manoir dans l'angle N.-E. de la cour actuelle (1). Rigord, auteur contemporain, raconte que sous ce roi le bois avait été enclos de fortes et épaisses murailles (1183), et qu'Henri, roi d'Angleterre, informé de cette dépense, avait envoyé à son cousin de France, les cerfs, daims et autres bêtes fauves qu'on put prendre en ses duchés de Normandie et d'Aquitaine, pour les mettre dans le nouveau parc (2).

Ces travaux et cette organisation de chasse font présumer que Philippe-Auguste avait une habitation à Vincennes. Mais qu'était cette habitation, et où se trouvait-elle ? Je ne serai pas sur le premier point aussi affirmatif que l'abbé de Laval, qui indique jusqu'au style de la construction. « Le style romano-byzantin tertiaire, ou de transition, dit-il, régna universellement de 1100 à 1200. Le style gothique ou ogival n'a paru en France qu'en 1220. Par conséquent, le château bâti par Louis VII et Philippe-Auguste, un siècle avant l'ère de l'ogive, fut construit en style roman tertiaire (3) ».

Cette déduction peu sérieuse ne mérite pas d'être réfutée. Mais on doit faire crédit à l'auteur qui l'a hasardée, quand il apporte un témoignage authentique, nous permettant de fixer l'existence et la place des premières constructions.

En 1884, l'aumônier militaire suivait la démolition de vieux bâtiments situés sur l'emplacement indiqué plus haut. Il trouva dans les fouilles un bloc de ciment qu'il alla comparer, près de l'Ecole polytechnique, avec le ciment de l'enceinte de Paris, élevée par Philippe-Auguste (4) ; ces matériaux étaient identiques. Or, le bloc trouvé à Vin-

---

(1) PONCET DE LA GRAVE raconte que Philippe-Auguste fit détruire l'ancien château de ses prédécesseurs, et jeta les fondements d'un nouveau, qui avait des fossés très profonds, revêtus en pierre et flanqués de tours. Ce roi aurait ainsi entrepris la construction du Manoir royal, connu aujourd'hui sous le nom de Tour du Donjon. *Hist. de Vinc.* t. I, p. 56.

Poncet de la Grave commet une double erreur. D'abord, le château de Philippe-Auguste ne pouvait être qu'un « manoir » puisque dans un acte de 1270, cité par l'abbé LEBEUF (*Histoire du dioc. de Paris*, t. II, p. 405), la maison royale est encore appelée *Regale manerium*. Or un manoir différait d'un château en ce qu'il n'avait que des moyens de défense rudimentaires. Celui de Philippe-Auguste, n'avait donc pas de fossés revêtus de pierre.

Ensuite, le donjon, commencé par Philippe VI, ne remplaçait aucune construction antérieure. Voir t. II, chap. I.

(2) LEBEUF. *Hist. du dioc. de Paris*, t. II, p. 405.
(3) Abbé de LAVAL. *Esq. hist. de Vinc.*, p. 14.
(4) *Ibid.*, p. 90.

cennes ne ressemblait pas aux autres gravois enfouis avec lui et qui semblaient appartenir à des constructions postérieures. Dans ces conditions, et bien que la preuve archéologique fût très faible, il estima que ces restes de substructure appartenaient au manoir primitif, ce qui est logique.

Cette supposition se justifie d'ailleurs par un raisonnement simple. Si Philippe-Auguste a possédé un manoir dans le bois de Vincennes, celui-ci a été, pour ainsi dire, le noyau de tous les châteaux ultérieurs ; c'est un fait reconnu qu'au moyen âge on démolissait peu ; on utilisait tous les bâtiments sans se soucier d'une irrégularité qui, chère aux artistes, semble par contre déplaire aux architectes et ingénieurs modernes. On modifiait partiellement les bâtiments pour les adapter aux besoins nouveaux, mais en ne touchant au gros œuvre qu'en cas d'absolue nécessité. Vincennes n'a pas dû échapper à cette règle, et son château a suivi le sort ordinaire des demeures particulières s'accroissant de génération en génération, comme naturellement ; conservées par tradition comme biens de famille ; se transformant, de père en fils, par des additions apportées suivant les goûts ou les besoins du jour, le propriétaire, ménager de son bien, utilisant du mieux possible tout ce qu'il trouve, l'héritier reprenant par respect pour son devancier les plans restés inachevés, incomplets. En tenant compte de la coutume, l'existence du manoir de Philippe-Auguste sur l'emplacement précisé par la découverte de l'abbé de Laval ne fait aucun doute.

En dehors de cette question d'habitaiton, on sait que le roi pendant tout son règne s'est vivement intéressé à son domaine de Vincennes. En 1211, il se fit céder par les Religieux de Grandmont quelques bois situés hors les nouveaux fossés et même ces fossés neufs, pour le prix de 1.000 livres (1).

La même année, il racheta des moines de Saint-Martin-des-Champs divers droits d'usage qui leur avaient été concédés par ses prédécesseurs.

Enfin, il fit établir au lieu dit Bel-Air une ménagerie destinée à recevoir toutes sortes de bêtes fauves.

---

(1) LEBEUF. *Hist. de la Vil. et du dioc. de Paris*, t. II, p. 405.

D'ailleurs le roi, qui avait une véritable vénération pour les Religieux de Grandmont, venait souvent visiter leur correcteur, frère Bernard. Sur les conseils et sur les instances de ce dernier, il signa au mois de mars 1182 (1) un édit, exécuté au mois de juillet suivant, par lequel il ordonna aux Juifs de sortir de ses Etats. Les « usures criantes » que ceux-ci exerçaient, les « sacrilèges et les horreurs » dont la croyance populaire les accusait, furent les motifs de leur expulsion (2).

Ce fut entre les mains de frère Bernard que Philippe, avant d'aller prendre l'oriflamme à Saint-Denis au moment de son départ pour la Terre Sainte (1190), remit son testament fait à Vincennes. Par acte connexe, il ordonnait que, pendant son absence, il ne serait accordé de bénéfices ecclésiastiques que sur l'avis et le consentement du correcteur des Ermites.

(1) *Art de vérifier les dates.* Edition de 1870, p. 547.
(2) On les accusait de prendre tous les ans un enfant chrétien qu'ils crucifiaient en un lieu souterrain, en haine des chrétiens.

CHAPITRE II.

Louis VIII et Saint Louis. — La maison du roi au XIIIe siècle. — La légende du chêne de Vincennes. — Evénements mémorables sous le règne de Saint Louis. — Translation des saintes reliques. — Création de la cure Saint-Martin et charte d'établissement du premier chapelain. — Blanche de Castille et le comte de Poitiers. — Le Parlement à Vincennes — Hommage rendu à l'évêque de Paris par la comtesse de Nevers.

Si les données sur l'hospitium de Louis VII et le Manoir de Philippe Auguste sont très vagues, et ont pu faire croire à certains auteurs que ces habitations se trouvaient sur un terrain attenant au couvent des Grandmontins, terrain qui était entouré déjà de vieux fossés en 1271 (1), les indications fournies par les documents, la tradition, et les souvenirs archéologiques, permettent de fixer d'une façon précise l'emplacement du manoir de Saint Louis. La connaissance du personnel de la cour de ce roi, de ses mœurs, de ses besoins, peut même nous faire préjuger de l'importance de cette troisième construction.

On sait que le saint monarque venait fort souvent à Vincennes. Mais lorsque Joinville et les autres chroniqueurs parlent des séjours qu'il y faisait, ils emploient tous le mot de « Bois », qui ne donne aucun renseignement sur le château, comme on peut le voir par les exemples qui suivent :

En 1239 (2), les chanoines de Sainte-Geneviève vinrent trouver le roi *aux Bois* pour lui faire agréer qu'ils ne portassent pas la châsse de la sainte patronne à l'occasion d'une procession.

En 1260, (3), avant d'entreprendre son voyage d'outre-mer, le roi vient prendre congé de la reine son épouse, et couche aux *Bois*.

Enfin, nous rappelons l'anecdote bien connue (4) de la justice rendue par le souverain à l'ombre des grands chênes du Bois.

« Maintes fois, il advint qu'en été le bon saint allait s'asseoir au
« bois de Vincennes, après sa messe, et s'accostait à un chêne et nous
« faisait asseoir autour de lui. Et tous ceux qui avaient affaire, venaient
« lui parler sans empêchement d'huissiers ou d'autres gens. Et alors
« il leur demandait de sa propre bouche : « Y a-t-il quelqu'un qui ait
« sa partie ? » et ceux qui avaient leur partie se levaient. Et alors il
« disait : « Taisez-vous, et l'on vous expédiera l'un après l'autre. »
« Et alors il appelait Mgr Pierre de Fontaine et Mgr Geoffroy de Vil-
« lette, et disait à l'un d'eux : « Expédiez-moi cette partie. »

Ce récit a rendu célèbres les chênes de Vincennes. Au XVIIe siècle, Sauval a prétendu que les arbres dont les branches avaient abrité le

(1) Le Parlement de la Pentecôte décida en 1271 que ces terrains entourés de vieux fossés appartenaient au roi et non au couvent. LEBEUF. *Hist. de la Vil. et du dioc. de Paris*, t. II, p. 392.

(2) Arch. de Ste-Gen. compulsées par l'abbé LEBEUF. *Hist. de la Vil. et du dioc. de Paris*, t. II, p. 392.

(3) NANGIS, cité par l'abbé Lebeuf. *Hist. de la vil. et du dioc. de Paris*, t. II, p. 406.

(4) JOINVILLE.

SAINT LOUIS REND LA JUSTICE
au pied d'un chêne

tribunal improvisé, vivaient encore (1). Il les aurait vus. En cela il doit se tromper, car le Bois avait été replanté entièrement un siècle avant l'époque à laquelle il écrivait, et il ne devait guère subsister d'arbres ayant échappé à la grande coupe ordonnée par Henri II. Cependant la légende s'est accréditée, et bien des gens croient maintenant que la pyramide du polygone, qui se trouve à l'entrée du champ de courses, a été élevée sur l'emplacement du chêne du « bon roi justicier » vu par Sauval. Pourtant, l'inscription gravée sur l'une des faces de ce monument aurait pu les détromper : la pyramide atteste le reboisement du Bois en 1731. Mais combien peu de promeneurs ont eu la curiosité de lire cet hommage à Lefebvre de la Falluere (2), grand maître des Eaux et Forêts du roi Louis XV. Le récit de Joinville est présent à toutes les mémoires, et sa vulgarisation a eu pour conséquence que tout l'intérêt de Vincennes sous Saint Louis semble s'être concentrée sur le Bois, au détriment de l'habitation royale.

Ce n'est qu'en 1270 qu'un acte désigne pour la première fois la maison royale par les mots *régale manerium* (3), et nous fixe sur le genre de construction de cette résidence. Car le mot manoir a une signification propre, qui correspond à maison de campagne (4). « Le manoir, dit Viollet le Duc (5), est la maison des champs, placée au point de vue architectonique entre le château féodal et la maison du vavasseur, degré supérieur de la classe attachée à la terre seigneuriale, homme libre. » Il est fermé, il peut être clos de murs et entouré de fossés, mais non défendu par des tours, hautes courtines et réduit formidable.

Bien que l'habitation de Louis IX possédât des tours, un donjon, des courtines, comme nous le verrons plus loin, elle avait cependant tous les caractères distinctifs indiqués plus haut. Il est facile de le démontrer, car les derniers vestiges des constructions du XIIe siècle n'ont disparu qu'au commencement du XIXe.

---

(1) SAUVAL, t. II, p. 305.
(2) Voir t. I, p. 172.
(3) LEBEUF. *His. de la Vil. et du dioc. de Paris*, t. II, p. 406.
(4) *Nude pro aede seu domo rustica*, Gall : *Maison de campagne*. DUCANGE. Voir Manérium.
(5) VIOLLET LE DUC, *Dict. d'Arch.* Manoir.

On a souvent répété que Philippe VI de Valois avait, au xivᵉ siècle, fait table rase de tous les bâtiments anciens. C'est inexact, car nous lisons dans un compte de la Saint-Jean 1350 : *Petrum Poterii. soluto operum regis... pro parti reparacionum in manerio regis apud Boscum Vincennarum fieri inceptarum.*

Renan (1), à qui l'on doit la citation ci-dessus, fait remarquer que le mot de « réparations » ne pouvait guère s'appliquer aux constructions nouvelles de Philippe VI et de Jean II, celles-ci s'élevant à peine au-dessus du sol, mais qu'il convenait parfaitement aux « anciennes parties », conservées provisoirement, car « il paraît certain, dit l'éminent critique d'art, que Philippe de Valois laissa subsister la chapelle Saint-Martin, bâtie par Philippe-Auguste ; cette chapelle ne fut démolie que sous Charles V. »

Il ressort de ce qui précède que Renan affirme comme nous l'existence du manoir de Philippe-Auguste, puisqu'il parle de la chapelle construite par ce roi dans cette habitation. Mais nous ne sommes pas d'accord avec lui lorsqu'il dit que les « parties anciennes » n'avaient été conservées que provisoirement. Ces parties anciennes contenaient une chambre, appelée chambre de Saint-Louis, à laquelle des réparations furent faites en 1361 (2). Cette pièce, dépendant du cloître des chanoines de la Sainte-Chapelle de Charles V, servit de prison en 1641, à l'abbé de Saint-Cyran (3). A la fin du xviiiᵉ siècle elle dépendait du logement d'un chanoine, maison qui n'a été démolie qu'en 1808 (4). Les derniers vestiges du manoir de Saint Louis ont disparu seulement à cette époque. De Charles V à Louis XI les bâtiments servirent à loger le personnel de la Cour, trop à l'étroit dans les nouvelles constructions ; de Louis XI à la Révolution ils furent utilisés comme communs, ou affectés au Chapitre. Avec de telles indications, il est facile de retrouver l'habitation du xiiiᵉ siècle. Un plan de Le Vau, de 1654, antérieur par conséquent à la création du château Louis XIV, montre ce qui restait à cette date du

---

(1) Renan. *Etat des beaux arts au* xivᵉ *siècle*, t. II, p. 167.
(2) Volume de la Chambre des Comptes. Bibl. de l'arsenal, manus. 6362.
(3) Voir t. II, chap. III. Prisonniers
(4) Voir t. I, ch. X., p. 122.

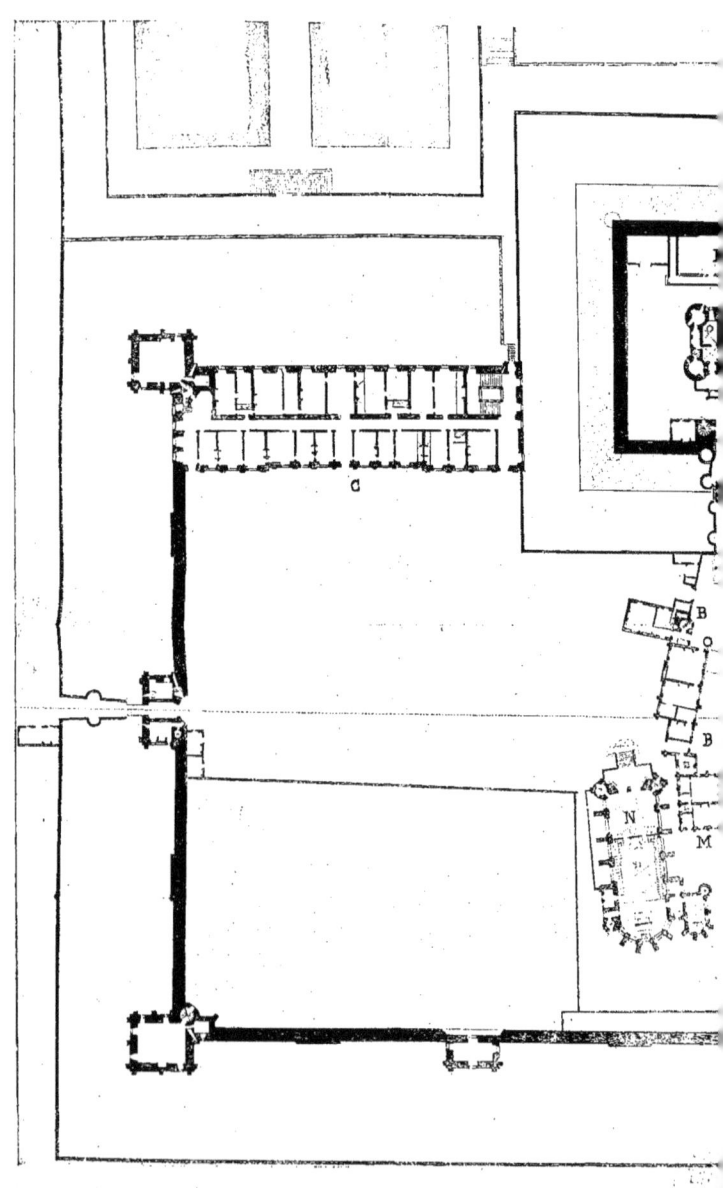

PLAN DU CHATEAU DE V...

LÉGENDE. — AAAA... Lettres marquant les sommets des angles des courtines du Château de Saint Louis. — B...
Pavillon du Roi. — D. Donjon. — E. Jeu de Paume. — F. Châtelet. — GG. Fossés du Donjon. — H. Grand Abreuvoir...
NOTA. — Les lettres ont été ajoutées par l'auteur à la reproduction du plan original.

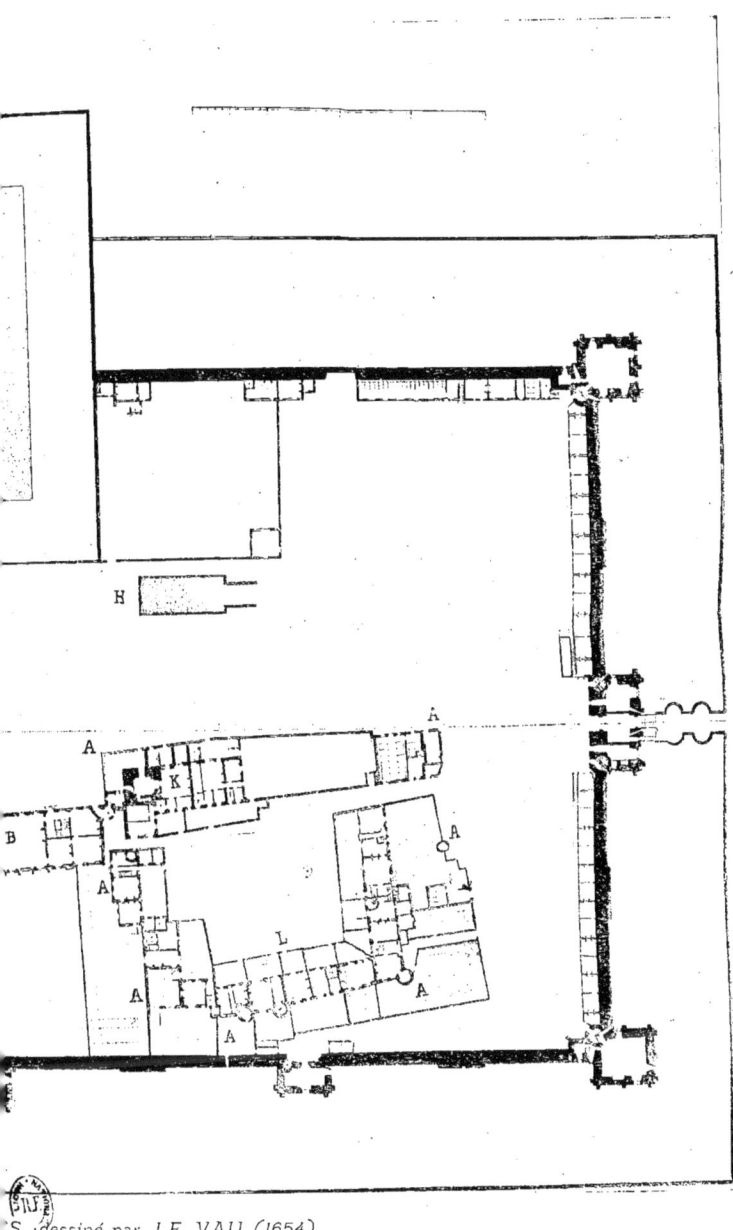

S, dessiné par LE VAU (1654)

bâtiments indiquent la trace d'ouvrages fortifiés qui reliaient le Château de Saint Louis au Donjon de Philippe VI. — de Saint Louis. — L. Logements des Chanoines. — M. Logis du Gouverneur. — N. Sainte-Chapelle.

manoir primitif. En examinant ce document avec attention, on voit que les bâtiments situés dans le quart N.-E. de la grande cour (logements des chanoines) affectaient une forme irrégulière, qu'ils contenaient une cour à peu près carrée, enfin que les murs extérieurs *tracés en lignes brisées* n'étaient d'équerre avec aucune des grandes directions de l'enceinte principale. Les tours rondes réparties sur ces fronts semblaient limiter des courtines, tandis qu'en K (voir plan ci-contre), une grosse tour carrée ressemblait à un donjon. Ces courtines, ces tours, ce donjon, constituant une fortification rudimentaire, formaient la partie principale du château du XIIIe siècle, le manoir royal, auquel devaient certainement être adjoints des communs.

Cet aperçu d'ensemble ne nous fixe pas encore sur l'importance des locaux. L'étude de la Cour de Saint Louis, de ses habitudes, de ses coutumes, nous montrera que les bâtiments devaient être vastes, spacieux, puisqu'ils servaient à loger un personnel nombreux de serviteurs et de seigneurs.

Le saint monarque qui se laissait approcher de ses sujets sous les chênes de Vincennes savait relever l'autorité royale du prestige d'une pompe majestueuse. Malgré les dépenses de ses larges aumônes, il ne comptait pas, lorsqu'il s'agissait de sa maison. Il se comportait libéralement en toutes occasions, « faisant servir à sa cour très courtoisement et largement, et sans épargne plus qu'il n'y en avait jamais eu à la cour de ses devanciers (1) ». Son « Hôtel », c'est ainsi qu'on désignait l'ensemble des gens qui constituaient ce qu'on appela plus tard la « maison du roi », comprenait un très grand nombre de serviteurs, depuis les princes et hauts seigneurs attachés directement à la personne du roi, jusqu'au modeste valet, à l'humble maître queux.

L'origine de l'Hôtel remonte à l'origine même de la royauté. Les premiers Capétiens, conservant les traditions de la monarchie carolingienne, s'entourèrent d'officiers à la fois chargés d'un service domestique dans le palais et d'un service public dans le gouvernement. Les principaux d'entre eux, désignés plus tard sous le nom de grands officiers de la couronne, étaient au nombre de cinq : le sénéchal, le conné-

(1) *Chroniques de Joinville.* Edit. de Wailly, § 726, p. 234.

table, le bouteiller, le chambrier et le chancelier. A l'époque qui nous occupe, le poste de sénéchal (senescalcus ou dapifer) (1), était vacant. En 1191, Philippe-Auguste n'avait pas donné de remplaçant à Théobald, comte de Blois, dernier titulaire, ayant trouvé ses attributions trop étendues. Car outre ses fonctions domestiques, qui faisaient de lui l'intendant de la maison et le chef du service de table, le sénéchal dirigeait la guerre et la justice (2). Le roi avait nommé simplement un grand maître de l'Hôtel (*Magnus Magister Hospitii Regii*) pour diriger sa maison.

Le connétable était chargé de l'écurie royale, comme l'indique son nom latin *comes stabuli*. Il n'avait pas encore hérité des attributions mlitaires du sénéchal, qui firent de lui plus tard le chef de l'armée royale.

Le bouteiller, *buticularius*, enregistrait les lettres ou les diplômes du roi, vérifiait les comptes, tout en ayant la haute main sur la cuisine, sur la cave (3).

Le chambrier veillait aux soins de l'appartement royal, et des vêtements du roi. Il avait la garde du trésor et des joyaux.

Le chancelier, dont les fonctions n'avaient pas l'importance qu'elles devaient acquérir par la suite, proposait et faisait enregistrer les ordonnances.

Ces grands officiers commandaient à des serviteurs nombreux. Une première ordonnance de 1231 (4) donne la nomenclature de ce personnel subalterne. Mais il faut recourir à l'ordonnance de 1261 (5) pour avoir une idée plus exacte de sa composition. En étudiant ce document, on voit que la suite royale constituant la maison proprement dite, était répartie en six offices, appelés plus tard les « mestiers de l'Hôtel ».

---

(1) DUCANGE. *Senescalus* ou *seneschallus* était synonyme de dapifer.

(2) ESMEIN. *Cours d'histoire du droit français*, 4ᵉ édition, p. 442.

(3) Il présentait au roi la coupe et le hanap dans les fêtes solennelles. DUCANGE.

(4) CLAIRAMBAULT, cité par DOUET D'ARC. *Comptes de l'hôtel des rois de France*, Paris 1865, Notice p. 1.

(5) DOUET D'ARC. Notice p. 2 et suivantes. Nous adoptons la nomenclature de cet auteur mais en modifiant son ordre. Nous annotons certaines catégories d'emplois pour faciliter la compréhension du texte.

La Maison proprement dite comprenait : Quatre chambellans (1) qui avaient empiété sur les fonctions du grand chambrier devenues purement honorifiques.

Des valets de chambre en nombre indéterminé, des guettes, ou gardes du corps, sans nombre fixe ;

Un barbier ;

Des huissiers, des portiers, des valets de la porte ;

Une lavandière du roi ;

La charrette de la chambre ;

Des sommeliers de la chambre aux deniers, des écritures, de la fruiterie et de la chapelle.

Il faut rattacher à ce personnel :

Les chapelains et les clercs de la Sainte-Chapelle de Paris ;

Les chapelains de Saint-Michel du Palais et de Saint-Barthélemy ;

Vingt-quatre convers (2) ;

— La veuve de Jean, le tailleur.

Les six départements de l'hôtel comprenaient :

1° *L'office de la paneterie*, avec :

Un maître panetier, Bartholomi Tristan ;

Des panetiers, parmi lesquels celui du four : Michel ;

Un clerc de la paneterie, pour les comptes ;

Des sommeliers des nappes (3) ;

Quatre porte-chapes (4) ;

L'oubloier, celui qui faisait les oublies, sorte de pâtisserie très en usage au moyen âge ;

La lavandière des nappes ;

---

(1) Les chambellans avaient comme principale fonction d'introduire les vassaux, de les admettre à l'hommage. Ils avaient la garde du scel secret, DUCANGE. — Les quatre chambellans de Louis IX en 1261 étaient Johannes Sahr..., Johannes Bour..., Petrus de Land... (ces trois noms ont été lus imparfaitement par Clairambault et Ducange), et Petrus de Quitriaco.

(2) Religieux employés aux œuvres serviles des couvents.

(3) Officier, qui avait le linge en compte.

(4) Ducange dit : il y avait autrefois à la cour des rois des officiers ou serviteurs (ministeri) appelés porte-chape. Ce sont aujourd'hui les porte-manteau du roi. DUCANGE. Article : Capa Romana.

Le charretier de la paneterie.

2° *L'office de l'échansonnerie*, avec :
Un maître échanson, Harchesus de Corbeil ;
Des échansons, sans leur nombre ;
Deux clercs de l'échansonnerie, chargés des comptes de ce service ;
Le charretier des bous (1) ;
Le potier « pour le service des *pos* » ;
Le madrenier (2) « pour les hanaps et voirres guerre (3) et porter à mengans à court (4) » : Guillaume ;
Quatre boutiers (5) ;
Cinq barilliers ;
Quatre sommeliers ;
Deux porteurs d'eau pour le commun, parce que dans tous les offices de l'Hôtel, on distinguait essentiellement le service du roi qu'on appelait la « bouche », — du service des gens de l'Hôtel ou du commun.
Le porte-bou (6).

3° *L'office de la cuisine :*
Trois keus ou maîtres queux : Nicolas de Soissons, Isambard, et Guillaume Guilloret ;
D'autres queux, sans leur nombre ;
Le poulailler du commun ;
Deux saussiers ;
Un pâtissier (Jean le Pastilleurs) ;
Le pêcheur ;
L'oiseleur ;

---

(1) On appelait « bous » les vases ou tonneaux dans lesquels on conservait le vin. Le charretier des bous était chargé de l'approvisionnement de la cave.
(2) Le nom de Madrenier vint de ce que cet officier (Madelinarius) gardait primitivement les coupes en matières précieuses appelées Mazer, puis Mazerinus, Mazarum, Masdrinum. Les auteurs ne sont pas d'accord sur la matière dont étaient faites ces coupes. On trouve souvent dans les anciens textes « des hanaps de Madre ». Ducange, article Mazer.
(3) Pour apporter les hanaps et les verres.
(4) Donner les « livraisons » à ceux qui avaient droit à la nourriture à la cour.
(5) Ceux qui s'occupaient des « bous ».
(6) Celui qui mettait en place les bous.

Des aides de cuisines ;
Le furonneur, qui avait soin des furets ;
Le poulaillier du roi ;
Le garde mengier, préposé à la garde des denrées ;
Le clerc de la cuisine, pour les comptes (Jean de Troyes) ;
Quatorze hasteurs (1) ;
L'aumônier, attaché à la cuisine, parce que l'usage voulait que la desserte des tables fût donnée aux pauvres ;
Quatre souffleurs ;
Deux huissiers de cuisine ;
Deux charrettes de cuisine et la charrette du dîner ;
Treize pages de cuisine ;
Dix « humerarius petis » ou « decem garnementi », soit des gas de sauce ;
Un officier chargé des écuelles.

4° *L'office de la fruiterie*, avec :
Le fruiteur, Jean de Clichy ;
La charrette du fruit ;

5° *L'écurie*, avec :
Des écuyers et des maréchaux, dont le nombre n'est pas donné mais parmi lesquels se trouvaient Ponce et Hugo (Pontius et Hugo).

7° *La fourrière* (2), avec :
Deux officiers de la fourrière, Robert et Richard ;
Cinq valets ;
Un « serjant » de l'eau ;
Les aides de la fourrière.

Ce personnel ne constituait que la maison du roi. Il faut ajouter celui de la maison de la reine et celui de la maison des Enfants de

---

(1) Rôtisseurs, Hasteurs, du latin, *assare*, rôtir.
(2) Office qui fournissait le bois et le chauffage des appartements du roi et des princes.

France, pour avoir l'ensemble des « gens » de la famille royale. En évaluant leur nombre à quatre cents, on doit être au-dessous de la réalité.

Les gages de ce nombreux personnel représentait une lourde dépense pour le trésor (1).

Cependant, toutes les fonctions n'étaient pas rétribuées en argent. Il y en avait qui ne donnaient droit qu'à des perceptions en nature. Celles auxquelles étaient attachés la double allocation en espèces et en nature étaient l'exception. Les perceptions en nature, ou livraisons, consistaient en nourriture, ce qu'on appelait « mangier à court » et en gratifications accordées sous forme de « robes » payées en espèce.

Ces variétés de traitement soulevaient souvent les contestations. La

---

(1) Le tableau ci-dessous permet d'avoir un aperçu des rémunérations accordées aux diverses catégories d'officiers, et, par cela même, de juger de leur importance.

	Par jour		Par jour
Les trois chambellans anciens. Le maitre panetier. Le maitre échanson. Le maitre queux.	6 sols.	Le garde mengier. Le clerc de la cuisine. Le fruitier. Le sommelier.	12 deniers.
Le chambellan nouveau. Les panetiers. Les échansons.	5 s., 6 den.	Les portiers.	9 deniers.
		Les hasteurs.	7 deniers.
Les queux. Le poulailler du commun.	4 s., 6 den.	Les valets de chambre. Les guettes. Le clerc de la paneterie.	
Le panetier du four. Le charretier de bous. Les huissiers.	4 sols.	Les sommeliers des nappes. Le clerc de l'échansonnerie. Le madrenier. Le fourrier.	6 deniers.
La lavandière des nappes. Les sauciers.	3 s., 3 den.	Les valets de fourrière. Le roi des Ribauds.	
La lavandière du roi.	2 s., 6 den.	Les porte-chapes. Les boutiers.	5 deniers.
Le portier. Les aides de cuisine. Le pêcheur. Les écuyers. Les maréchaux. Le fourrier.	2 sols.	Les barilliers. Les chapelains.	4 deniers.
		L'oublier. Le sommel. de l'échansonnerie. Les porteurs d'eau. Les souffleurs. Les huissiers de la cuisine.	3 deniers.
Le poulailler du roi. Le furonneur.	18 deniers.		

Extrait de la notice précédant les comptes de l'Hôtel, DOUET D'ARC, p. 10.

question du droit à « mangier court » était difficile à régler. Des ordonnances essayaient de remédier aux abus, qui reparaissaient sans cesse, parce qu'ils étaient une conséquence du système. Des huissiers avaient l'ordre d'empêcher « que nul ne pût manger hors des chambres ou n'ait de viande hors des salles (1) ». Mais ils ne pouvaient prévenir toutes les infractions. A l'heure des repas, les sergents parcouraient les cours, les préaux, les jardins, les salles, en criant « aux keus, aux keus ! » (2) c'est-à-dire aux cuisiniers. Les portiers, qui les suivaient faisaient sortir du château tous les étrangers, tous ceux qui n'avaient pas le droit de s'asseoir à la « table du roi (3). » Les favorisés seuls étaient introduits ; il fallait une permission spéciale du maître d'hôtel pour amener un nouveau convive.

La discipline des tables était, à certaines époques au moins, fort rigoureuse. L'ordonnance de 1316 rappellera « que toute demoiselle grosse ne peut mengier en salle, qu'elle doit s'en aller à son hôtel (4) ». De pareils appels à la décence (5) étaient nécessaires pour éviter le relâchement des mœurs, qui se produit inévitablement dans toute société élégante et désœuvrée, traînant à sa suite tout un monde de femmes galantes. Un officier spécial était chargé d'ailleurs de veiller sur celles-ci et sur l'application des prescriptions relatives aux bonnes mœurs ; il portait le nom de « Roi des Ribauds », et était une sorte de premier maître d'hôtel. Les femmes galantes, tolérées d'abord, reconnues tacitement ensuite, lui payaient chacune deux sols pour avoir le droit d'exer-

(1) Ordonnance de 1326. « Même que nul ne mengère hors de chambre, ne n'ait viande hors de salle. »

(2) En 1293 (Trésor des chartes R. LVII. folio 11. Cité par Douet d'Arc). « Il est ordonné que garchon ne sommelier, se il n'a droit de menger en l'ostel puisque l'on aura crié « aux keus », li portiers feront vider la court de toute manière de gens estranges et chercheront par chambres et jardins et préaux que gens n'i demeurent qui n'i doivent de droit menger en l'ostel. Et que nul ne passe la porte qui emporte ne pain, ne viande, ne autre chose de quoi li Roi ne madame la Royne soit domagiez. Et ferons ce serment.

Là huissiers feront vider la salle quand l'on aura crié « au keus », de toute manière de gens estranges, ne n'i souffriront à demeurer mengié, nulle persone estrange, ce n'est du commandement au maistre d'ostel. Et de ce feront le serment. »

(3) Ordonnance de l'an 1316 (Trésor de chartes, folio 72) *Ibidem*.

(4) « Item se il i a aucune demoiselle grosse, elle s'en ira en son ostel si tôt comme elle voudra venir mengier en salle. » Ordonnance de l'an 1316. — Trésor des chartes, folio 72.

(5) Prescriptions pour la décence. — Ordonnance pour l'hôtel de la reine de Navarre, femme de Philippe le Bel, Trésor de Chartes, folio 10.

cer leur honteux métier et, coutume étrange, elles étaient astreintes, pendant tout le mois de mai, à lui faire sa chambre et son lit. Il leur était d'ailleurs interdit d'entrer au château. Mais cette défense devait être souvent enfreinte, puisque le roi des Ribauds était obligé, de par ses fonctions, « de passer le soir dans toutes les chambres, une torche à la main, de visiter tous les coins et recoins les plus secrets, afin d'être assuré qu'il n'y avait ni étrangers, ni larrons, ni débauchées avec les officiers (1). A ce dernier propos, l'ordonnance de 1316 prescrira formellement que « nul chevalier ne doit gire avec sa femme dans l'hôtel de la reine (2) ».

Malgré cette discipline, qui avait pour but de mettre de l'ordre dans le personnel, les dépenses de l'Hôtel du roi étaient fort considérables ; pendant les années 1251 et 1252 elles s'élevaient, pour la première année, à 48.558 livres ; pour la deuxième, à 53.610 livres (3). Ces chiffres sont importants, mais il convient de rappeler que le roi était alors à la croisade. Quand le monarque était à Vincennes ou dans son palais de la cité, les frais devaient être moindres. Il ne faut pas en conclure que la Cour était simple, peu fastueuse.

Au milieu d'un cadre luxueux, Louis IX, avait des habitudes presque monacales, sa table était très frugale. Il était très sobre. « Jamais de ma vie, dit Joinville, je ne l'ouïs commander aucuns mets, comme maints riches hommes fonts ; mais il mangeait bonnement ce que son cuisinier lui préparait et qu'on mettait devant lui (4). » Le roi tenait cependant beaucoup plus à l'étiquette qu'on ne le croit, et s'il se laissait approcher de ses sujets, c'était sciemment qu'il se départissait alors des règles strictes écartant la foule des grands de ce monde. Il

---

(1) SAUVAL, t. III., liv. XIV. p. 26.
(2) Il est ordonné « que nul chevalier ne autres ne gira sa femme en l'hôtel de la Royne ».
(3) *Recueil des historiens de France*, vol. XXI, p. 513 et 514. En admettant les évaluations de M. de Wailly, pour la valeur intrinsèque des monnaies du temps de Saint Louis, on trouve que le denier parisis valait 0 fr. 06 cent. 443 ; le sol 1 fr. 26 cent. 649 ; la livre 25 fr. 32,978, à peu près le penny, le shilling et la livre sterling, monnaie anglaise de nos jours. Les comptes de l'hôtel représentent donc une somme de 1.239.017 fr. 49 centimes pour l'année 1251 et celle de 1.357.929 fr 50 centimes pour l'année 1252. *Histoire de Saint Louis* par JOINVILLE, avec éclaircissements par M. de WAILLY, p. 460.
(4) JOINVILLE. § 22. Traduction de Wailly, p. 13.

suffira pour faire apprécier la minutie du protocole royal — on ne peut employer d'autre mot — de citer quelques-unes des ordonnances visant la reine, limitant le nombre des paûvres qu'elle pouvait nourrir, soit en son hôtel, soit en déplacement. Le chiffre de ses aumônes ; les cadeaux qu'elle devait faire à ses dames d'atours ; les comptes qu'elle ouvrait pour sa chapelle ; ses libéralités envers son aumônier, tout était prévu, réglementé, édicté. Son autorité était retenue en d'étroites limites (1), ses relations avec ses serviteurs, ses conversations avec son entourage étant soumises à des prescriptions sévères ; les visites qu'elle recevait, étant astreintes à un cérémonial précis, rigoureux. Elle ne jouissait en fait d'aucune liberté : elle ne devait recevoir de présents qu'avec l'assentiment du roi. Elle ne pouvait commander aucun offi-

(1) Ordonnance de la Royne fame Mons. Saint-Loys.
Il est ordonné de notre Sire le Roy, que madame la Royne pour toutes ses aumosnes et oblacions, ait par an IIII cent livres parisis et non plus. Et ce est, outre la disme de vivres de l'Ostel, que elle doit poier en certains lieux et outre XIII poures que elle doit repaistre chaque jour, et outre autres IIII poures qu'elle doit repaistre au samedi et outre les méraux qui valent XII sols parisis par jour.

Item. Que elle ait pour tout don que elle fera au jour de l'an XL livres parisis et non plus.

Item. Que elle ne rechoive aucun prest ou don, ne se sueffre prendre ne recevoir à ses enfants de nul qui que ce soit, en quoi toutes voies ne sont pas entendues, vins ou viandes, ne teles menues choses.

Item. Que elle se tiègne de appeler avec soy, dames ou autres grans personnes et que quand elles viendront, elle ne retigne point longuement et que elle ne se abandonne pas de légier à parler à tant de survenants, ainçois se fasse honestement excuser si comme ne appartient.

Item. Que Georffroy et Erneyss jurront que ils mettront cure, et provenance de bonne foi que les despens de l'Ostel soient fais loialement et attempréement, sanz ce en couverture des diz despens dudit Ostel, il autre chose mise ne comptée, fors tant seulment les propres et nécessaires despens de ceci Ostel.

Item. Que elle ne mande ne ne commande rien a baillis, prévost du Roy et à autres que ils soient, tenanz aucun officier du Roy. Et que elle ne fasse point édifier et que nulle personne elle ne preigne, ne se retigne en son Ostel ne de l'Ostel de ses enfants se ce n'est l'assentiment du congé du Roy. Toutes ces choses veut et commande li Roy estre tenues de la Royne et bien gardées.

Item. Quelle ait pour les robes de VI dames et pour leurs autres choses nécessaires pour chacune XXX livres tournois. Et pour les robes de XX autres fames et pour leurs autres choses nécessaires, pour chacune XX livres tournois.

Item. De la chapelle il est ordonné que toute la cyre soit du Roy et le chapelain ait pour sa cyre X livres parisis. Toutefois y celi chapelain tendra son chapelain à ses despens de robes et d'austres coustements, excepté les despens de la bouche.

De toutes autres choses, il est ordonné tout ainsi et sanz plus et sanz moins.
DOUËT D'ARC. *Comptes de l'Hôtel, p. V.*

cier, bailli ou prévôt, sans passer par l'intermédiaire du monarque, appeler auprès d'elle aucune dame, aucun seigneur, sans que le choix n'en eut, au préalable, été ratifié par son époux. Elle ne devait accorder que de rares audiences, ne parler que « modérément », et ne pas retenir trop ceux qui lui apportaient leurs hommages. Il lui était, de plus, formellement interdit d'adresser la parole à ceux qu'elle rencontrait, aux personnes qu'elle « voyait sur son chemin ».

Je n'ai parlé de cette Cour aux mœurs rudes, fastueuses cependant, qu'afin de montrer que Louis IX devait avoir à Vincennes, sa résidence favorite, un manoir important, approprié au besoin d'un personnel nombreux. On sait, d'ailleurs, que ce roi agrandit les constructions primitives et fit adjoindre aux bâtiments existants une grande chapelle. Mais l'érection de cette dernière fut motivée par des événements qu'il est indispensable de connaître.

Au commencement du XIIIe siècle, les principaux instruments de la Passion se trouvaient à Constantinople. L'empereur chrétien d'Orient en avait la garde, et, de fait, la pleine propriété.

En 1228, Baudouin II, fils de Pierre de Courtenay et de Yolande, héritait, par la mort de son frère Robert, de la couronne de l'empire d'Orient. La charge était lourde, la situation difficile. L'œuvre des croisés de France croulait de toutes parts. Les suzerains grecs de Trébizonde, de Thessalonique et de Nicée, d'une part, les Tartares et les Musulmans, de l'autre, menaçaient Constantinople, que les descendants incapables, indolents et voluptueux de Baudouin Ier n'avaient su protéger. Il aurait fallu, pour relever l'éclat de la maison de Flandre, l'accession au trône d'un prince énergique, habile, d'âge mûr. Baudouin II n'avait que onze ans lorsqu'il succéda à son frère et Jean de Brienne, son oncle, vieillard de 80 ans, fut désigné par les Barons pour exercer le pouvoir jusqu'à la majorité de Baudoin II. Cette régence ne fut pas heureuse : lorsque Jean de Brienne mourut, en 1237, toutes les ressources matérielles et financières de l'Empire se trouvaient épuisées. Il ne restait à Baudouin qu'un trésor inestimable aux yeux de la chrétienté : les saintes reliques de la Passion, parmi lesquelles figurait la couronne d'épines. Il offrit cette relique à Saint-Louis au prix d'un secours en hommes et en argent. Saint Louis accepta avec transport cette proposition, ignorant que la couronne était déjà engagée aux Vénitiens pour 4.160 hiperpères. Instruit par les ambassadeurs qu'il avait envoyés à Venise, les Dominicains Jacques et André, il dut acheter le *don* qui lui avait été fait, 11.000 livres Parisis équivalentes, d'après Guizot, à 1.350.000 francs de notre monnaie actuelle. Les négociations ne prirent fin qu'en 1239.

Les fatigues de ce long voyage obligèrent les porteurs de la précieuse acquisition à s'arrêter à Troyes. Saint Louis quitta Vincennes avec sa mère, ses frères, Gautier, archevêque de Sens, Bernard évêque d'Auxerre, et un nombreux cortège de seigneurs, pour aller au-devant de ses envoyés. Il les rencontra à Villeneuve-l'Archevêque (1) entre Troyes et Sens. La sainte couronne était enfermée dans une triple cassette, la première en bois, la deuxième en argent, et la troisième en or, portant chacune les sceaux des ambassadeurs et des Vénitiens. On brisa les cachets puis on découvrit la relique pour la montrer au roi et à tous les assistants.

Le 11 août, le cortège reprenait le chemin de Paris. Le 12, il traversa Sens, au son des cloches. Le roi, nu-pieds et en chemise, assisté de son frère Robert d'Artois, portait le brancard recouvert de drap d'or sur lequel reposait la châsse. Une foule d'évêques, de chanoines, de moines et de seigneurs, marchaient deux à deux, formant une procession imposante, recueillie. Le lendemain, 13, le cortège continuait sa marche vers Paris ; le 19, il arrivait à Vincennes, où la Cour séjourna quelques jours, afin de donner aux Parisiens le temps d'organiser une réception grandiose.

En face de l'abbaye située à l'entrée du faubourg Saint-Antoine, avait été élevée une estrade, du haut de laquelle la couronne d'épines fut montrée au peuple ; celle-ci fut ensuite déposée provisoirement dans le monastère.

La translation solennelle à Paris eut lieu le 22 août 1239. Le roi avait prescrit aux différents chapitres et communautés de venir l'escorter avec leurs plus insignes reliques ; mais les chanoines de Sainte-Ge-

(1) PONCET DE LA GRAVE. *Hist. de Vinc.*, t. I, p. 62.

neviève envoyèrent à Vincennes trois des leurs : Lambert de Vercières, sous-prieur, Thomas de Rozer et Guillaume Dampouville, pour représenter au Roi « que la châsse de Sainte-Geneviève ne devait pas sortir « de leur Eglise, à moins que Saint-Marcel ne l'en vînt requérir. » Ils furent autorisés à se rendre à la cérémonie avec la châsse contenant le corps de Saint-Alde (1).

L'évêque de Paris, le clergé des paroisses et des couvents, les Religieux de Saint-Denis, se rendirent en corps au Bois ; c'est du manoir que partit le cortège (2). Le roi quitta ses vêtements royaux, ne garda qu'une tunique blanche, et, pieds nus, se chargea de nouveau, avec son frère, le comte d'Artois, du brancard sur lequel reposait la Sainte Couronne. La procession s'arrêta d'abord à Notre-Dame, et de là, se dirigea vers la chapelle Saint-Nicolas, bâtie par le roi Robert dans l'enceinte même du Palais de la Cité. La reine-mère, Blanche de Castille, et la reine Marguerite de Provence (3), étaient venues de Vincennes, pour assister à la cérémonie qui fut imposante et qui avait attiré un concours immense de population.

Peu de temps après, Saint Louis, par une ordonnance datée de Vincennes (1240) faisait rendre le Talmud aux Juifs. Cet acte de tolérance ne fut pas compris ; les clercs s'en émurent. D'ailleurs le prélat qui avait conseillé cette décision au roi, ayant été atteint au bois de Vincennes, d'un mal dont le caractère contagieux força la Cour à s'éloigner, le peuple fut vivement frappé de cette coïncidence : on crut à un châtiment divin.

Comme s'il eût voulu racheter la mauvaise impression provoquée par son acte de libéralisme, et faire amende honorable, le pieux monarque résolut alors d'acquérir tous les instruments de la passion du Christ. Jamais les circonstances n'avaient été plus favorables : les difficultés de Baudouin à Constantinople n'avaient fait que s'accroître. Aussi

(1) PONCET DE LA GRAVE, t. I. p. 64.

(2) NANGIS écrit à ce sujet : « A nemore Vincennarum, quinta seria post assums-« tionem Beatæ Mariæ Virginis, ipsam Rex et fratres sui cum maxima Cleri plebis « nudis pedibus usque ad ecclesiam sacratissimæ Virginis matris Parisios attulerunt »

(3) Elle était fille de Raymond Béranger, comte de Provence.

l'empereur n'eut-il pas besoin d'être longtemps sollicité pour vendre au roi de France un très grand morceau de la vraie croix, le fer de la lance dont le Christ avait été percé ; une partie de l'éponge avec laquelle on lui avait donné du vinaigre ; le roseau, sceptre de dérision ; un fragment de son manteau de pourpre et diverses autres reliques, de moindre importance.

Louis IX quitta Vincennes le 14 septembre 1241, à l'annonce de l'arrivée de sa nouvelle acquisition à l'abbaye de Saint-Antoine ; puis, avec les marques de cette humilité profonde qu'il avait témoignée deux ans auparavant, il traversa sa capitale tenant sur un voile « comme s'il n'eût pas été assez pur pour la toucher de ses mains (1) » la croix d'or à double branche des empereurs Byzantins. Mais la pompe extraordinaire de cette solennelle réception ne suffisant pas encore à sa foi, il chargea son architecte Pierre de Montereau de construire une châsse de pierre travaillée à jour comme un filigrane d'or (2), tapissée d'émaux et illuminée de brillantes verrières, pour recevoir les reliques. Jamais pensée royale ne fut mieux comprise ni mieux réalisée. Telle est l'origine de la Sainte Chapelle de Paris, dont le roi posa la première pierre en 1245.

Trois ans plus tard (1248), saint Louis chargea le même architecte d'édifier en son château du Bois, un monument analogue pour recevoir une épine qu'il avait détachée de la Sainte Couronne lors du séjour de cette relique à Vincennes. La réalisation de ce projet dut entraîner un remaniement complet du manoir de Philippe-Auguste ; car tout le terrain compris dans l'enceinte primitive était fort exigu. La chapelle, érigée en cure et placée sous le vocable de Saint-Martin, patron des Gaules (3) fut selon toute probabilité ajoutée aux bâtiments existants, en même temps qu'une grande salle d'assemblée à laquelle fut donné le nom de Chambre de Saint-Louis. Le roi se réserva près de ses appartements une cha-

---

(1) De GUILHERMY. *Itinéraire archéologique de Paris*, 1855, p. 308.

(2) *Ibidem*, p. 309.

(3) Traduction de la charte octroyée à son chapelain :

« Louis, par la grâce de Dieu, Roi des Francs, faisons connaître à tous présents et à venir que pour le salut de l'âme vénérée du regretté Roi et pour le repos futur de l'âme de l'Illustre Princesse la Reine Blanche, notre mère et pour les âmes de nos autres progéniteurs, nous instituons un chapelain dans notre Castel de Vincennes et donnons au dit Chapelain un revenu de quinze livres par an. Nous assignons comme

pelle privée. L'année même de la création de la chapelle Saint-Martin (1), Louis IX, obéissant au vœu qu'il avait fait en 1244, de se rendre en Terre Sainte s'il guérissait d'une dangereuse maladie, reçut la croix des mains de l'évêque de Paris. Le 8 juin 1248, il partit de Vincennes pour Saint-Denis, prit l'oriflamme déposé à la basilique et reçut l'écharpe et le bourdon du pélerin des mains de l'abbé. Puis il alla coucher en son palais de la Cité. Il resta à Paris jusqu'au 11, et revint alors à Vincennes pour faire ses adieux à la reine Blanche de Castille, sa mère. C'est de cette résidence que, le 12 juin 1248, accompagné de sa femme, de ses trois frères, du légat Eudes de Châteauroux et d'un grand nombre de seigneurs et d'évêques, il se mit en route pour Damiette, commençant cette funeste expédition dont les conseils de son entourage n'avaient pu le détourner.

Pendant l'absence du souverain, la régence fut exercée d'abord par la reine-mère Blanche de Castille, « femme, dit Joinville, la plus prudente

devant être payées par notre préposé de Paris les sommes désignées ci-dessous : cent sols à la Toussaint, cent sols à la Purification de la bienheureuse Vierge-Marie cent sols à l'Ascension de Notre-Seigneur. En outre, soixante sols pour les vêtements du même prêtre, aussi quarante sols pour le luminaire de la même chapelle lors de la fête de saint-Remi, seront perçus par le chapelain pour le temps.

« Le dit chapelain aura en outre, et au surplus par jour que nous ou nos successeurs passeront à Vicennes, quatre pains, un setier de vin, quatre deniers pour *coquiner*, trois *testas* de chandelles. Quand la Reine ou la famille Royale se rendra sans nous dans le château ou sans nos successeurs, ledit chapelain ne recevra que la moitié de ces libéralités.

« En foi de quoi, le présent a été scellé de notre sceau. Donné à Paris en l'an du Seigneur 1248 au mois d'avril. »

« La dite charte signée de M. de Baignaux, avec paraphe et sceau. »

Sur le replis est écrit : « collationné ». Enfin au dos, on lit :

« Il a été déclaré au bureau de la Chambre des Comptes de notre roi à Paris, les magistrats de cette Cour délibérant avec plusieurs du Grand Conseil de Notre Seigneur Roi, sur le contenu de ces lettres royales, transcrites au net, que pendant le temps que le comte de Valois, frère de Notre Seigneur Roi, passerait dans le camp du Bois de Vincennes, le chapelain dudit lieu, en vertu des lettres susdites dues à la munificence du roi, recevrait et aurait moitié des prébendes indiquées et enregistrées dans lesdites lettres.

« Fait à la Chambre des Comptes le 15 juillet 1383. *Signé*: L. Guinguand avec paraphe. »

La nouvelle chapelle fut érigée en Paroisse du château (1248). Cette création se fit sans opposition de la part des curés de Charenton et de Fontenay aux dépens desquels elle avait lieu. Toutefois, Saint Louis par une charte de mars 1274, indemnisa ces prêtres en leur donnant à perpétuité le droit de prendre annuellement un muid d'avoine dans le grenier de Paris. La nouvelle cure fut, par la suite, réunie au chapitre de la Sainte-Chapelle et collège des chanoines, fondés par Charles V en 1379.

(1) La chapelle Saint-Martin était distincte de l'oratoire particulier du roi. On

de son temps, d'un esprit singulièrement adroit et pénétrant, mêlant un cœur d'homme à son sexe et à ses pensées de femme. » Cette princesse étant morte en 1252 (1ᵉʳ décembre) à Paris, le comte de Poitiers, régent du royaume, vint résider à Vincennes. Le Parlement, qu'on nommait alors Conseil du Roi, Cour de France ou Cour le Roi, se transportait à Vincennes aux jours de séances : ce fut par devant cette assemblée que comparut, en 1253, le nouvel archevêque de Sens, demandant, quoique non encore confirmé, main-levée de la régale de l'archevêché. Le Parlement, après mûre délibération, accueillit la requête, mais en spécifiant que la faveur n'était octroyée qu'en considération (1) de la personnalité du prélat et ne créerait aucun précédent pour l'avenir.

Le 24 avril 1254, renonçant enfin à poursuivre son expédition désastreuse, saint Louis s'embarqua au port d'Acre pour revenir en France. Il aborda sur les côtes de Provence, le 12 juillet, et après avoir visité le bas Languedoc, il arriva à Vincennes vers la fin du mois d'août. Il s'y reposa quelques jours en préparant son entrée officielle à Paris, qui eut lieu le 17 septembre. Les bourgeois et les résidents de la capitale témoignèrent une grande « liesse » de ce retour. « On fit, durant plusieurs jours, des feux de joie, des danses et autres réjouissances publiques qui finirent plus tôt que le peuple n'eût voulu, car le roi, voyant avec peine les grandes dépenses, les danses et les vanités qu'il faisait, s'en alla au bois de Vincennes pour les arrêter (2) ». Le château fut, dès lors, le séjour favori du pieux monarque (3). Il y demeura jusqu'en 1270, époque où, cédant de nouveau à ses aspirations religieuses et chevaleresques, il reprit la croix, quitta Vincennes pour aller rechercher à Saint-Denis l'oriflamme qu'il ne devait pas rapporter lui-même. « Li couvent qui l'attendait, dit une vieille chronique, et seoit chacune en siège,

trouve en effet dans les comptes des réparations des hostels du Roy et de la Reine au Bois de Vincennes faites du 12 juin 1365 au 15 mai 1367 (ms 6362, Bibliothèque de l Arsenal) la mention suivante : « Refait la couverture de la chapelle, la garde-robe emprès les galeries, la chapelle Saint-Louis jusqu'à la chambre de M. Robert d'Alençon »

Il existait donc deux chapelles dans le manoir primitif, l'une, l'oratoire privé de Saint Louis, l'autre constituant la paroisse du château et dédiée à saint Martin.

(1) Volebant ei facere gratiam et sic, per graüam, reddiderunt ei regalia. PONCET DE LA GRAVE, *Hist. de Vinc.*, t. I, p. 71.

(2) JOINVILLE.

(3) Une grande partie des ordonnances de Saint Louis, des années 1255, 1258 et 1259, sont datées de Vincennes.

si comme ils ont accoutumé, s'émerveilla trop durement de ce que le roi fit ; quar il s'assit au dernier degré, d'où siège l'abbé, qui est plus bas que les sièges aux enfans de chœur ne soit, et puis, quand il se fut recommandé à euls, il s'en issit de l'abbaye et fut cette nuit au Bois de Vincennes ».

Il fit son testament, avant de partir, et remit la régence à l'abbé de Saint-Denis et à Simon, sire de Nesle, n'ayant point voulu que la reine Marguerite, sa femme, dont il redoutait l'influence, prît la direction des affaires. Il enjoignit à cette princesse de se retirer à Vincennes « pour y prier Dieu en toute liberté ».

Ayant ainsi réglé les affaires temporelles de son royaume, Louis IX, quoique affaibli par la maladie, partit joyeux pour Tunis. Il alla coucher à Melun, traversa Sens et Auxerre, s'arrêta à Cluny, pour y célébrer les fêtes de Pâques, puis passant par Mâcon, Lyon et Beaucaire, vint s'embarquer à Aigues-Mortes.

Ce roi, qui avait une si grande et si noble idée des devoirs de sa dignité, qui avait montré un tel empressement à assurer à tous ses sujets une égale et prompte justice, qui avait donné à la monarchie un si grand lustre et porté si haut le nom de la France, mourut misérablement devant Tunis d'une affreuse maladie, en se réjouissant des douleurs qu'il lui était permis d'endurer, et en remerciant Dieu de les lui avoir accordées en expiation de ses fautes.

A la nouvelle de sa mort, Etienne Templier, évêque de Paris, se rendit à Vincennes, pour témoigner à la reine et la comtesse de Nevers la part qu'il prenait à leur affliction. Un fait montre l'âpreté avec laquelle le seigneur féodal — qu'il tînt sa puissance de l'autorité temporelle ou spirituelle, — défendait alors ses droits en face du pouvoir grandissant de la monarchie. La comtesse de Nevers devait se rendre en personne à l'évêché, pour faire hommage-lige au sujet de la terre de Montjoi près Chelles. Elle voulut profiter de la présence de l'évêque à Vincennes pour accomplir sur place cette formalité ; mais le prélat ne consentit à cette dérogation qu'après instances réitérées de la reine et de la comtesse, et en spécifiant dans l'acte que cette dérogation ne créerait pas un précédent.

CHAPITRE III.

Le Château après la mort de Saint Louis. — Les derniers Capétiens directs. — Mariage de Philippe III. — Conflits ecclésiastiques et incidents d'hommage-lige à cette occasion. — Procès criminel de Pierre de la Brosse. — Agrandissement du parc. — Décision de l'Evêque de Paris au sujet de la Pissotte — Mort de la reine Jehanne. — Procès d'Enguerrand de Marigny. — Mort de Louis X et de Jean Ier. — Augmentation du domaine sous Charles IV. — Mort de Charles le Bel, sans postérité. — Philippe VI de Valois appelé au trône. — Notables Assemblées. — Mariage de Béatrix de Bourbon — Procès de Robert d'Artois. — Transformation du Château sous les premiers Valois. — Premiers travaux.

Philippe III, le Hardi, prince « honeste, modeste dans ses prétentions
« personnelles, simple de mœurs, sincèrement doux avec les petits, mais
« faible, crédule et illettré, sans pénétration ni prévoyance, ni

« volonté intelligente et persévérante », disent les chroniqueurs, revint en France le 21 mai 1271, ramenant de Tunisie cinq cercueils royaux ; ceux de son père, Saint Louis ; de son frère, Jean Tristan, comte de Nevers ; de son beau-frère Thibaut, roi de Navarre ; de sa femme et de son fils. De nombreuses ordonnances, datées de Vincennes, attestent que ce monarque eut, comme son père, une grande prédilection pour le séjour du Bois, dont la solitude cadrait avec son caractère mélancolique.

En 1274, ce prince épousa, dans la chapelle Saint-Martin, Marie, sœur du duc Jean de Brabant. L'archevêque de Reims bénit cette union. L'archevêque de Sens, en qualité de métropolitain de Paris, se plaignit au Légat de n'avoir pas été appelé à officier dans une cérémonie se passant dans les limites de la région soumise à son autorité spirituelle. Le roi fit cesser les réclamations bruyantes du prélat en déclarant que sa chapelle était un lieu exempt de l'ordinaire, et indépendant de toute juridiction ecclésiastique ; que par suite, il ne s'était rien fait de contraire aux droits de l'archevêché de Sens.

Le jour même du mariage, Edouard Ier, qui était devenu roi d'Angleterre, en 1272, à la mort de son père Henri III, fit hommage à Philippe III pour ses domaines de France. En l'honneur de ce double événement, le manoir de Vincennes fut le théâtre des fêtes les plus brillantes. Danses, festins et divertissements de toutes sortes se succédèrent sans interruption durant plusieurs jours.

La reine de Navarre se trouvait parmi les invités réunis à ce moment au manoir. Elle voulut profiter de la présence de l'abbé de Saint-Denis pour lui rendre l'hommage qu'elle lui devait pour sa terre de Nogent ; mais, comme la comtesse de Nevers en même occasion, elle dut donner acte de ce qu'elle n'était pas allée à l'abbaye, cette dérogation aux coutumes féodales ne devant pas consacrer un précédent (1).

---

(1) Voici la traduction de cet acte :
Blanche, par la Grâce de Dieu, reine de Navarre, comtesse palatine de Champagne et de Brie, à tous présents et futurs, salut.
Nous faisons connaître que le très pieux et très honnête abbé de Saint-Denis en France, à qui nous devons faire hommage de la terre de Nogent, nous avait enjoint

L'année suivante, Marie de Brabant fut sacrée reine de France dans la Sainte-Chapelle de Paris. Après la cérémonie, la Cour revint à Vincennes et de grandes réjouissances eurent lieu. Les fêtes durèrent trois jours, entremêlées de grandes chasses dans le parc.

Quelques mois après, le manoir fut le théâtre d'un drame assez obscur, Philippe III perdit son fils aîné, Louis, issu de son premier mariage avec Isabelle d'Aragon. La rumeur publique accusa la jeune reine d'avoir empoisonné l'héritier présomptif : on prétendit même que cette marâtre, aussi belle qu'ambitieuse, avait formé le projet de se défaire par le même procédé de trois autres enfants du premier lit (1), afin que, par leur mort, un de ceux que le roi aurait d'elle montât sur le trône. Ces odieuses calomnies avaient été propagées par Pierre de la Brosse, chambellan et conseiller du roi. Ce Pierre de la Brosse, était un homme de fort basse naissance, natif de Touraine, qui, de barbier de Saint Louis, était devenu chirurgien. Très habile, surtout très insinuant, il avait capté, par son adresse et ses manières engageantes, l'esprit de Philippe. Ce prince ne fut pas plus tôt monté sur le trône, qu'il employa ce serviteur subalterne dans les plus importantes affaires. Il le fit bientôt son premier ou plutôt son unique ministre, le comblant de faveurs, de richesses. Pierre de la Brosse, pourvu de la charge de grand chambellan, devint l'homme le plus considérable de la Cour. A quel mobile obéit-il en accusant la reine d'un crime aussi épouvantable ? On l'ignore, mais on pense qu'il avait voulu détourner les soupçons qui pesaient sur lui.

La reine se disculpa facilement ; dans un conseil tenu à Vincennes, Philippe résolut de faire arrêter son calomniateur. La nouvelle de la disgrâce du favori fut accueillie avec joie par ses ennemis, et surtout par ses

---

de lui faire cet hommage à Saint-Denis dans son abbaye. Mais l'abbé a bien voulu recevoir le dit hommage à Vincennes et afin que le monastère ne subisse aucun préjudice de cette dérogation pour l'avenir, nous avons, en témoignage de cette chose, donné les présentes lettres revêtues de notre sceau.

Fait à Vincennes, en l'an du Seigneur 1274, au mois de novembre.

Cartulaire de l'abbaye de Saint-Denis, t. II, p. 14.

(1) De son mariage avec Isabelle d'Aragon, Philippe le Hardi avait eu Louis, + 1276 ; Philippe le Bel ; Charles de Valois qui forma la première branche collatérale des Capétiens ; et Robert, comte d'Artois.

amis de la veille, qui se trouvaient humiliés d'avoir brigué sa protection. Le duc de Brabant, qui n'avait jamais osé prendre le ministre à partie, avant qu'il fût abandonné de la main qui le soutenait, demanda que l'innocence de la reine fût proclamée publiquement, et que justice fût faite. Il provoqua en champ clos quiconque oserait soutenir l'accusation. Personne ne se présenta. La reine, d'après les idées du temps, fut donc entièrement justifiée, et Pierre de la Brosse, reconnu coupable, fut condamné à être pendu au gibet des voleurs à Paris. Les ducs de Bourgogne et de Brabant, ainsi que nombre de grands seigneurs tinrent à assister à cette exécution, dont « la cause, écrit le chroniqueur, Guillaume de Nangis, resta inconnue au peuple et fut un grand sujet d'étonnements et de murmures (1). »

Philippe III augmenta notablement le parc de Vincennes ; en 1274, il acquit 72 arpents de terre labourable du Chapitre de Saint-Marcel de Paris, moyennant une rente d'un muid d'avoine à prendre sur son grenier de Paris, et la même année, pour 12 livres parisis, une partie du hameau de Saint-Mandé, dépendance de l'abbaye de Saint-Magloire de Paris ; puis, il obtint en 1275, pour 30 sols parisis, la cession d'un demi-arpent de terre possédé par les curés et marguilliers de l'église Saint-Maurice de Charenton (2). Enfin, il fit élever une clôture entre le Bois et le hameau de Saint-Mandé après avoir acheté les fossés et les conduites amenant l'eau dans le vivier voisin de cette localité.

Philippe III mourut en 1285, laissant le trône à son fils Philippe IV dit le Bel. Un chroniqueur flamand rapportant l'événement, dit : « Un certain roi de France, nommé aussi Philippe, rongé par la fièvre de la cupidité et de l'avarice, succéda à son père (3) ». Cette courte relation peint très exactement le caractère du nouveau roi.

Philippe IV, à l'exemple de ses prédécesseurs, résida souvent à Vincennes, comme l'attestent les nombreuses ordonnances qu'il signa au ma-

(1) GUIZOT. *Hist. de France*, éd. Hachette. Paris, 1873, t. I, p. 532.
(2) LEBEUF. *Hist. de la Vil. et du dioc. de Paris*, t. II, p. 406.
(3) GUIZOT. *Hist. de France*, t. I, p. 533.

noir, notamment, en 1285, 86, 89, 90 et 92. C'est dans la chapelle Saint-Martin qu'il épousa, le 2 mars 1294, Jeanne de Bourgogne, fille aînée d'Othon IV, comte palatin, et de Mahaut, comtesse d'Artois. Au mois d'octobre de la même année, il institua la nouvelle reine régente du royaume, pour le cas où il viendrait à mourir avant la majorité de l'aîné de ses fils. La future régente prêta serment au pied du maître-autel devant lequel elle avait été mariée peu auparavant.

Une sentence de l'évêque de Paris, Simon, prouve que le manoir s'était encore agrandi : il y est parlé en effet, pour la première fois, d'une dépendance ou basse-cour, située à la Pissotte. Cette basse-cour, construite pour le personnel des communs, devait avoir une certaine importance déjà, puisque les habitants en furent réclamés à la fois par le curé de Montreuil et le chapelain de la chapelle-cure de Saint-Martin. Pour mettre d'accord les parties, il fallut que l'évêque de Paris intervînt et ordonnât que les droits de baptême, mariage et enterrement des gens de la Pissotte seraient à l'avenir partagés par moitié entre les contestants (1).

Le 2 août 1304, Jehanne, reine de France et de Navarre, comtesse de Champagne et de Brie, fondatrice du collège de Navarre au Mont Sainte-Geneviève à Paris, selon lettres-patentes octroyées à Vincennes le 31 mars de la même année, mourait à 33 ans dans le manoir. Fille unique de Henri Ier, roi de Navarre, elle laissa au roi de France, outre la Navarre, la Champagne et la Brie, le comté de Bigorre que Simon de Montfort avait donné à Thibaut II, oncle paternel de la défunte.

Son corps resta exposé plusieurs jours au manoir sur un lit de parade, et, après un service solennel, fut porté au couvent des Cordeliers où de son vivant la princesse avait demandé à être inhumée.

En 1305 et 1314, le roi tint son parlement à Vincennes. Par ordonnance de Philippe le Hardi, lorsque ces assemblées siégeaient, deux portiers devaient se tenir au seuil de la salle. Ces huissiers recevaient deux sols de gages par jour.

---

(1) *Procès ecclésiastiques du* XVIIIe *siècle*. Documents faisant partie de la collection de l'auteur.

Vers cette époque, on constate l'existence d'un château construit à côté de l'abbaye de Grandmont par le comte de Clermont, seigneur de Bourbon. En janvier 1314, la propriété de ce domaine est confirmée par lettres-patentes octroyées à Louis de Clermont, duc de Bourbon, chambrier de France (1), fils du précédent.

A la mort de Philippe le Bel, une réaction violente se produisit contre ses créatures ; Enguerrand de Marigny en fut la victime. Enguerrand, nommé surintendant général des finances, le 19 janvier 1311, à la suite d'un grand conseil tenu à Poissy, puis, coadjuteur et recteur du royaume, avait su mettre de l'ordre dans les finances de la France, en établissant, sous le titre de *Dépenses* et *Recettes*, deux tableaux correspondant à deux trésors distincts. Sous son administration, les dépenses de l' « Ordinaire », comprenant ce que nous appellerions la liste civile, le paiement des grands corps de l'Etat, les rentes et pensions de la cassette royale, avaient été séparées des dépenses extraordinaires destinées à parer à tous besoins fortuits et imprévus. Le principe de « l'équilibre du budget » était en germe dans cette réforme. Les services qu'avait rendus cet homme remarquable ne furent pas compris : il avait été le ministre du roi, appelé dans l'histoire le « faux monnayeur ». Il devait être englobé dans la réprobation suscitée par la mémoire d'un tel prince. A l'avènement de Louis X le Hutin, il ne comprit pas le revirement de l'opinion. Il se crut nécessaire, indispensable, encore tout-puissant. Cette présomption le perdit, comme elle devait perdre, quatre siècles plus tard, un autre favori de la fortune, le surintendant Foucquet, et Vincennes devait voir les procès de ces deux financiers. Dans un conseil tenu dans la « maison du Bois », Enguerrand de Marigny se permit d'attaquer directement Charles de Valois, qui se posait en chef des barons. Le jeune roi ayant demandé ce qu'étaient devenus tous les subsides accordés à son prédécesseur et toutes les sommes produites par tant d'altérations de monnaie, le ministre déclara d'une façon hautaine que sa gestion était irréprochable, et que s'il y avait eu des dilapidations, il fallait en demander raison au prince

---

(1) SAUVAL. t. II, p. 305.

Charles qui s'était fait remettre une grande partie des fonds disponibles. « Vous en avez menti », s'était écrié le prince, — « C'est vous-même, par Dieu ! » avait répondu Marigny (1).

La querelle fut étouffée, mais non la haine de l'oncle du roi qui mit tout en œuvre dès lors, pour faire examiner par une commission de seigneurs et de prélats les comptes du règne précédent. Enguerrand, bientôt arrêté et écroué d'abord au Louvre, puis au Temple, enfin à Vincennes, comparut au manoir devant un tribunal uniquement formé de ses ennemis. En vain réclama-t-il un délai pour se justifier et préparer sa défense. On ne fit droit à aucune de ses requêtes, et pour le perdre sûrement, ne pouvant le convaincre de malversions, Jean d'Asnières (2), avocat accusateur, introduisit contre lui une accusation de maléfices et de magie, ce qui était alors le plus grand des crimes. Enguerrand de Marigny fut condamné à être pendu au gibet de Montfaucon, élevé par ses ordres pour effrayer les voleurs et les maraudeurs. Le peuple applaudissant à cette inique sentence, accourut sur la voie menant de Vincennes à Montfaucon, et prodigua les insultes au condamné, dont le seul tort était d'avoir été le premier ministre d'un roi exécré.

Quelques années plus tard, dans ce même manoir où avait été prononcé l'arrêt abominable, Charles de Valois, atteint d'une maladie de langueur, et frissonnant d'effroi au souvenir du lugubre drame dont il avait été l'instigateur, demandait, avant de mourir, la révision du procès de son ennemi. Une réparation éclatante fut accordée à la mémoire de la victime, dont les restes furent inhumés aux Chartreux de Paris, et la famille fut rétablie dans ses biens et honneurs.

Le 2 juin 1316, Louis X qui, en secondes noces, avait épousé Clémence de Hongrie, fit à Vincennes un testament par lequel il confirmait à sa nouvelle épouse le douaire de 25.000 livres de rentes qu'il lui avait spécifié par contrat de mariage, et y ajoutait « la jouissance de sa mai-

---

(1) GUIZOT, *Hist. de France*, t. I, p. 570, et *Hist. de Vincennes*, p. N. B. Paris, 1808, t. I, p. 55.

(2) Abbé LEBEUF, *Hist. de la V. de Paris*, t. III, p. 59.

son de Vincennes ». Il mourait au manoir le 5 juillet suivant : après s'être extraordinairement échauffé à jouer à la paume, il s'était retiré un instant dans une grotte du parc, et avait pris un refroidissement, qui l'avait emporté en trois jours.

Son corps, exposé d'abord dans une chambre de parade, fut porté dans la Chapelle Saint-Martin, où fut célébré un service solennel pour le repos de son âme. Sa dépouille mortelle fut ensuite transférée à Notre-Dame, et, de là, inhumée à Saint-Denis.

La reine Clémence (1) accoucha d'un fils qui ne vécut que quelques jours, après avoir été, à sa naissance, proclamé roi de France, sous le nom de Jean Ier.

Philippe V, frère de Louis X, monta sur le trône et pour la première fois, depuis Hugues Capet, la couronne passa dans la branche collatérale, du neveu à l'oncle, en vertu de la loi salique, le premier enfant de Louis X ayant été une fille nommée Jeanne.

Ce roi résida pendant presque toute la durée de son règne à Vincennes. La jouissance de ces domaines avait été laissée à Clémence de Hongrie par le feu roi Louis X son mari. Mais Philippe avait demandé à la reine de lui céder ses droits en échange de la tour du

---

(1) Clémence de Hongrie, seconde femme de Louis X le Hutin, était la fille aînée de Charles Ier Martel, roi de Hongrie, et de Clémence de Habsbourg. Hugues de Bouville alla la chercher dans la Pouille, le 12 décembre 1314 et l'amena en France, où elle fut mariée le 19 août 1315. Suivant son inventaire et son épitaphe, qui se trouvait aux Jacobins de Paris, elle mourut au Temple le 13 octobre 1328. Elle avait fait, le 5, son testament reproduit par Valbonais dans l'*Histoire du Dauphiné, t. II*. p. 17.

Le père de Clémence n'a jamais été roi régnant de Hongrie, car il ne quitta pas l'Italie, où il était né, et il mourut à Naples, en 1295, à l'âge de 23 ans, laissant, de sa femme Clémence de Habsbourg, un fils, Charles-Robert, par contraction Charobert, qui fut roi de Hongrie et deux filles, Clémence, l'aînée, qui épousa Louis X le Hutin, et la cadette Béatrix, mariée à Jean II, Dauphin du Viennois. (*Art de vérifier les dates*).

Suivant Mézeray, lorsque Clémence de Hongrie arriva en France, la première femme de Louis le Hutin, la fameuse Marguerite de Bourgogne, l'héroïne du drame bien connu de la *Tour de Nesles*, vivait encore, reléguée pour cause d'adultère à Château-Gaillard, où elle périt par strangulation. Le chroniqueur estime que ce fut précisément l'arrivée de la jeune reine qui précipita sa fin. Nous disons jeune reine car son père étant mort depuis vingt ans quand elle épousa le roi, elle avait au moment de son mariage 22 à 23 ans ; mais elle était considérée comme âgée à une époque où les princesses se mariaient beaucoup plus tôt.

DOUET D'ARC. *Nouveau recueil des comptes de l'argenterie*, 1874. Préface, p. IV.

HALLALI DU SANGLIER DANS LA FORÊT DE VINCENNES.
Miniature des Grandes Heures du duc de Berry
(Musée Condé, Chantilly)

Temple et de la maison de Nesle. Clémence avait accepté par une transaction signée à Poissy le 15 août 1317 (1).

La même année, le roi fit présent à Mathilde, comtesse d'Artois, sa belle-mère, de sa garenne, comprise entre le pont de Charenton, la tour de Bercy, la Seine et le chemin de Paris à Saint-Maur.

Philippe V mourut à Vincennes le 2 janvier 1322. Son fils Charles IV, dit le Bel, lui succéda et fut proclamé roi dans le château. Ce prince signala le commencement de son règne par une révocation des dons faits par ses prédécesseurs, déclarant nulles, par une ordonnance, toutes les aliénations antérieures du domaine de la couronne. Le bois de Vincennes fut ainsi rétabli dans son intégrité primitive.

Charles le Bel ne devait pas jouir longtemps du manoir dont il affectionnait le séjour. A la fin de 1327, il fut pris par une maladie dont il comprit de suite la gravité. La veille de Noël, mandant à son chevet les princes et les seigneurs de la cour, il leur dit que « si la reine, qui était grosse, accouchait d'un fils, il ne doutait pas qu'ils ne le reconnussent pour roi, mais que si elle n'avait qu'une fille, ce serait aux Pairs et aux Hauts Barons du royaume à adjuger la couronne à qui il appartiendrait. En attendant, il instituait son cousin, Philippe de Valois, régent de France (2). »

Le roi mourut au château le 31 janvier 1328. Il venait d'atteindre sa trente-quatrième année. Son corps, après avoir été exposé pendant quelques jours sur un lit de parade, fut déposé dans la chapelle Saint-Martin, jusqu'au moment de son inhumation à Saint-Denis. Ainsi, en douze ans, quatre rois de France (le petit roi Jean Ier n'ayant vécu que huit jours), moururent dans le vieux manoir de Saint Louis.

Aussitôt après le décès de Charles le Bel, les Etats-Généraux,

(1) La charte originale de cet accord, qui est en français, porte que Philippe le Long recevra de la reine Clémence « la maison du bois de Vincennes, moult profitable et nécessaire pour nous, » et qu'en retour il lui donnera « la grand maison qui fut du Temple à la Grand Tour séant à Paris vers Saint-Martin-des-Champs ». DOUET D'ARC, *Comptes de l'argenterie des rois de France*. Préface, p. vj.

(2) PONCET DE LA GRAVE, t. I, p. 91.

assemblés, déclarèrent, conformément à la volonté du feu roi, Philippe de Valois régent du Royaume, à l'exclusion d'Edouard III, roi d'Angleterre. L'interrègne dura peu. Le 1er avril 1328, la reine accoucha, au château de Vincennes, d'une fille nommée Blanche (1). Aussitôt les Etats-Généraux se réunirent, et proclamèrent le régent, Philippe de Valois, roi de France, sous le nom de Philippe VI (2). Ce monarque fit commencer le donjon. Cette construction devait être la cause de la transformation du manoir en château.

Mais avant de parler de ces travaux, nous relaterons les événements qui se succédèrent à Vincennes, entre la mort de Charles le Bel et l'avènement de Charles V, en 1364.

Il y a lieu de mentionner tout d'abord, trois grandes assemblées du clergé qui furent tenues au château.

La première, comprenant tous les théologiens, les évêques et les abbés de Paris, fut appelée (1329) à se prononcer sur l'interprétation du dogme formulé par le pape Jean XXII : que « la vue de Dieu dont jouissent, en l'autre vie, les âmes des bienheureux ne se ferait entière et parfaite qu'après la résurrection et le jugement dernier. » Les prélats condamnèrent cette doctrine ; Philippe VI transmit cette décision au pape, en lui signifiant qu'il ferait brûler, non seulement sa bulle, mais même ses prédicateurs, s'il ne se rétractait. C'était nettement repousser la prétention pontificale à l'infaillibilité.

La deuxième assemblée, qui fut tenue à la fin de la même année, devait avoir pour la France une plus haute portée. Elle s'occupa, en effet, de la réglementation des rapports de la puissance séculière avec le pouvoir spirituel et de la délimitation des juridictions ecclésiastiques. Le premier mois de son avènement, avant même que d'être sacré à Reims, Philippe avait été obligé de prendre parti dans la question. Il avait prescrit, par l'ordonnance du 25 février 1328, que : « Dès ores en avant, nuls clercs ne serait prevost, ne sergent, ni ne tenrait office royal où il conviègne

---

(1) Elle mourut, le 4 mars 1370, à Brie-Comte-Robert. (*Art de vérifier les dates*).

(2) Philippe VI fut sacré à Reims, le 29 mai 1328, par l'archevêque Guillaume de Brie.

exercer juridiction temporelle (1). » L'exécution de cet ordre fut difficile. Le clergé formula de nombreuses plaintes contre les officiers de la couronne, et ces derniers répondirent en soumettant au souverain leurs griefs contre les gens d'Église.

Pour mettre d'accord les clercs et les laïques, Philippe réunit à Vincennes, le 22 décembre 1329, dans la grande salle du château, leurs représentants les plus autorisés ; Pierre de Cugnières, chevalier, faisant l'office d'avocat général, prit en présence du roi et de la cour la défense de l'autorité civile. Pierre Roger, archevêque de Rouen (pape bientôt, sous le nom de Clément VI), et Bertrand, évêque d'Autun, soutinrent les droits du Clergé. Le roi n'osa pas, d'abord, trancher la question : il demanda seulement aux prélats de lui remettre sur le sujet, un mémoire « rédigé en français ». Il prit huit jours pour rendre une sentence, qui ne décida rien au fond. Tout en reconnaissant les droits du Clergé, le roi fit remarquer aux évêques qu'il existait de nombreux abus, et déclara, qu'il y porterait lui-même un remède, si, dans le délai d'un an, ceux-ci ne disparaissaient pas. Il instituait, d'ailleurs, pour limiter la juridiction épiscopale, la « voie de recours au Prince », devenue de nos jours *l'appel comme d'abus*.

La troisième assemblée, en 1332, eut à trancher une question théologique connue sous le nom de « vue intuitive des bienheureux ». La décision des prélats fut identique à celle qui avait été formulée sur le même sujet en 1329. Elle fut notifiée au pape Jean XXII, qui rétracta ses opinions théologiques. Ce pontife mourut peu après de chagrin.

En 1334, le château de Vincennes fut le théâtre de grandes fêtes, à l'occasion de la célébration en la chapelle Saint-Martin, du mariage de Béatrice de Bourbon avec Jean de Luxembourg, roi de Bohême (2). Les réjouissances durèrent huit jours : toute la Cour y prit part ; le peuple reçut d'abondantes distributions de vivres de toutes sortes.

(1) *Ordonnances des rois de France*, t. II, p. 26, cité par LECLERC. *État des lettres au XIVe siècle*, t. I, p. 129.

(2) Jean de Luxembourg fut tué en 1346, à la bataille de Crécy.

En 1336, Philippe, duc d'Orléans (1), second fils de Philippe VI et de Jeanne de Bourgogne, naquit au château. « Au moment où la reine accoucha, dit la chronique, il s'éleva un ouragan d'une telle violence, que le château en fut ébranlé, nombre de personnes furent tuées, et dans le parc, quantité d'arbres déracinés. »

Le 7 mars de cette même année, les pairs du royaume et le Parlement réunis en assemblée à Vincennes, rendirent, en présence de toute la Cour, un arrêt déclarant Robert d'Artois, traître et félon. Cette sentence et le procès qui la précéda, eurent pour la France des conséquences désastreuses. Il ne sera pas inutile de retracer ici cette lamentable histoire et de montrer comment le roi fut amené à prendre une mesure aussi rigoureuse contre celui qui, selon les paroles de Froissart, « lui avait aidé le plus à parvenir à la couronne ».

Robert était fils de Philippe d'Artois (2) et petit-fils de Robert II, comte d'Artois (3) à la mort de ce dernier (1302), Mahaut, sœur aînée de Philippe, s'autorisant de la coutume du pays qui n'admettait pas la représentation, prit possession, à titre de plus proche héritière, du comte d'Artois, à l'exclusion de son neveu.

Celui-ci devenu majeur (1308) réclama, et porta devant le roi de France le différend. La comtesse Mahaut accepta l'arbitrage et eut gain de cause (1309). Le comté lui fut adjugé pour ses : « hoirs à toujours ». Le perdant se soumit en apparence ; mais, à la mort de Louis X le Hutin et, pendant le court interrègne qui suivit, jugeant le moment favorable, il prit de force ce qu'il n'avait pu obtenir légalement. S'étant mis à la tête des mécontents du pays, il força sa tante à lui remettre la couronne. Mahaut ne put que protester auprès de Philippe V. Après un nouvel examen de la cause, le roi, en chambre du Parlement, rendit un arrêt confirmant la sentence arbitrale de Philippe IV. Robert ne fit pas appel ; mais à l'avènement de Philippe VI, il reprit le procès, comptant sur l'amitié de

---

(1) Philippe d'Orléans mourut en 1375 à Vincennes, à l'âge de 39 ans.
(2) Philippe d'Artois, mort le 11 septembre 1298, des suites de blessures reçues à la bataille de Furnes.
(3) Robert II perdit la vie dans la défaite de Courtrai, où il commandait l'armée française.

ce roi, qui était son beau-frère. Pour soutenir ses prétentions, il fabriqua quatre lettres prouvant que son aïeul avait fait donation du comté d'Artois à son père Philippe, à la connaissance et avec le consentement de Mahaut, et il produisit 55 témoins qui affirmèrent sous serment l'authenticité de ces titres.

Mahaut vint à Paris, pour y défendre ses droits, accompagnée de sa fille, veuve de Philippe V ; mais ces deux princesses moururent empoisonnées, dit-on, par Robert. Le Parlement, par arrêt de 1331, déclara fausses les lettres produites et parjures les témoins qui en avaient attesté l'authenticité. Le comté d'Artois fut dévolu à l'aînée des filles de Philippe V, femme d'Eudes IV de Bourgogne.

Les complices de Robert d'Artois, arrêtés, furent condamnés à mort et exécutés. Robert prit la fuite ; sommé de comparaître devant la Cour des Pairs, il se réfugia à Bruxelles. vouant au roi de France une haine implacable. Philippe VI, de son côté, ne montra pas moins d'acharnement à poursuivre son ennemi, à lui faire sentir le poids de son ressentiment. Il le déféra au Parlement qui le bannit en prononçant la confiscation de tous ses biens. Robert répondit à cette sentence, en « envoûtant » le roi et ses ennemis. Cette pratique était terrible, à cette époque de superstitions, car on croyait au pouvoir magique et le clergé avivait en quelque sorte ces croyances, en persécutant « les magiciens » (1). On « envoûtait » en faisant fabriquer par un sorcier une figure de cire à l'image de la personne que l'on souhaitait désespérée ou morte. Puis on perçait avec une aiguille le cœur de la figurine ; l'envoûté devait mourir dans l'année (2).

Philippe VI se crut perdu ; pour éviter l'effet du sortilège il entreprit de s'assurer de la personne de son ennemi et rassembla des troupes (1334). Robert, prévenu, passa en Angleterre, et poussa Edouard III à revendiquer la couronne de France. Instruit de ces menées, Philippe VI convoqua, en son château de Vincennes, les pairs ecclésiastiques

(1) LAVALLÉE. *Histoire des Français*, t. II, p. 9.
(2) Cette pratique de l'envoûtement est venue jusqu'à nous. La chose peut paraître incroyable. Mais, il existe encore, notamment en Touraine, des sorciers qui trouvent des naïfs auxquels ils persuadent qu'ils se débarrasseront dans l'année de leurs ennemis si, en pensant à eux, ils piquent un cœur de veau avec une aiguille.

et laïques du royaume, les grands vassaux, les prélats et les membres du Parlement et de la Cour de Paris. Ceux-ci réunis en Haute-Cour de Justice, confirmèrent les sentences de 1331 et 1332, déclarèrent Robert traître et félon, et, en conséquence, firent défense à tous ses sujets de lui prêter conseil ou secours, de le soutenir par quelque moyen que ce fût et de lui donner asile. Fort de ce jugement Philippe VI somma Edouard III de lui livrer le prince rebelle et sa demande repoussée, convoqua ses vassaux, arma une flotte.

Les hostilités devinrent menaçantes entre la France et l'Angleterre. La guerre éclata l'année suivante, 1337, et dura un siècle.

C'est de Vincennes que Philippe VI se prépara à la lutte contre son rival. Les ordonnances, signées au château, indiquent les mesures extraordinaires qu'il prit pour mettre sur pied une armée formidable. Toutefois, l'argent manquait. Le peuple, irrité des altérations constantes des monnaies, s'agitait pour la révolte. Les Etats-Généraux convoqués montrèrent peu d'enthousiasme, n'accordèrent leur concours qu'en déclarant « que le roi ne pouvait lever tailles en France, sinon de l'octroi des gens d'Etat ». Pendant ce temps, Edouard III avait envahi le Cambrésis, et s'était avancé jusqu'à l'Oise. Une députation normande se rendit alors à Vincennes (13 juillet 1339), offrant au roi un secours de 4.000 hommes d'armes, de 4.000 hommes de pied et de 10.000 arbaletiers, pour conquérir l'Angleterre, aux frais de la province et sous la conduite de son duc, fils aîné du roi. Philippe VI, acceptant l'offre, traita avec les plus grands honneurs les ambassadeurs, leur donna de grandes fêtes, ordonna de belles réjouissances, mais l'expédition demeura à l'état de projet.

Les soucis d'une telle guerre ne détournaient cependant pas Philippe VI de ses vues d'agrandissement du royaume. Il entreprit de nombreuses négociations dans ce but, les dirigeant de Vincennes. L'une d'elles mérite d'autant plus d'être relatée qu'elle amena la réunion du Dauphiné à la Couronne.

En 1343, Humbert II, Dauphin du Viennois, n'ayant pas d'enfant, las de la vie, quoique jeune encore, songea à faire son unique héritier d'un des fils du roi de France. Il vint à Vincennes, séjourna un an à la Cour, et après de longues tergiversations, fit donation de tous ses états à Philippe, duc d'Orléans, fils puîné du roi.

Par un deuxième traité, signé en Avignon (1344), il transmit le Dauphiné à Jean, duc de Normandie, héritier de la couronne, ou à l'un de ses enfants. Enfin, dans une assemblée solennelle tenue le 16 juillet 1349 à Lyon, il abdiqua en faveur de Charles de France, fils aîné du duc de Normandie, qu'il investit en lui remettant l'ancienne épée du Dauphiné et la bannière de Saint Georges, avec son sceptre et son anneau. Depuis lors les fils aînés des Rois de France portèrent le titre de Dauphin.

Charles V, le premier Dauphin, fit sculpter son emblème sur tous les murs du château de Vincennes ; on retrouve des dauphins sur la porte principale, sur celle du grand escalier d'honneur et sur diverses clés de voûte du donjon.

Pendant toute cette période la Cour demeura presque constamment à Vincennes. Philippe VI y était retenu par l'exécution de grands travaux dont nous parlerons au chapitre suivant. Un grand nombre de ses ordonnances sont signées et datées du manoir. Sous son règne Philippe de France, duc d'Orléans, quatrième fils du roi (1336) ; Jean, duc de Berri (1340) et Elisabeth (1348), fils et fille de Jean, duc de Normandie et de Bonne de Luxembourg, naquirent à Vincennes.

En 1350, Philippe VI, pressentant sa mort, fit son testament à Vincennes. Il termina ses jours, le 22 août de la même année, à Nogent-le-Roi près Chartres.

Jean II, qui lui succéda, fit comme son père, sa résidence favorite de Vincennes, ainsi que l'attestent de nombreuses lettres-patentes : entr'autres, celles enjoignant (1353) de délivrer aux religieux de Grandmont, ou Bons-Hommes, dont le prieuré était dans le bois, les six muids et demi de froment qu'ils avaient le droit de prendre dans le domaine et grange de Gonesse.

Il fit poursuivre les grands travaux du château, commencés sous le règne précédent ; mais ceux-ci furent interrompus par sa captivité.

Pendant la détention du souverain français, à Londres, la vieille forteresse semble avoir été occupée par les partisans d'Etienne Marcel.

Car en 1358, le dauphin Charles, s'approchant de Paris qu'il voulait remettre sous l'autorité royale, fut obligé de s'emparer de vive force de Vincennes. Il y campa, avec trente mille hommes, interceptant les cours de la Seine et de la Marne, ravageant les hameaux de la Pissotte et de Charenton. Pensant que ces moyens d'intimidation avaient impressionné le parti populaire, il essaya de traiter ; mais cette tentative ayant échoué, il s'enferma dans le château qu'il garda fortement.

Rentré en France en 1360, le roi Jean fit reprendre d'autant plus activement les travaux de la résidence du Bois qu'il désirait qu'elle fût à même de résister à un coup de main des Parisiens.

L'année même de son retour il accorda aux habitants de Montreuil le privilège de ne loger ni les gens de guerre ni ceux de la suite du monarque, mais, à condition de construire des aqueducs destinés à amener l'eau de leurs fontaines dans les nouveaux fossés du château, d'entretenir les conduites, et de faire des égouts jusqu'à l'étang de Saint-Mandé, alors appelé Etang de la Conciergerie.

Cette servitude s'est maintenue jusqu'au début du XIXe siècle.

CHAPITRE IV.

Le Château de Charles V. — Création de la vaste place d'armes dont une partie subsiste encore. — Considérations militaires sur la vieille forteresse.

On a vu que des travaux importants avaient été exécutés à Vincennes pendant la première moitié du XIVe siècle. Mais ces travaux n'avaient consisté qu'en agrandissements. Dans la seconde moitié du même siècle, le système de modification au vieux manoir est abandonné : un nouveau château se substitue à l'ancien ; c'est celui que nous connaissons et dont il reste les fossés, les portes et l'enceinte avec sa couronne de neuf tours, — malheureusement rasées maintenant, sauf une, au niveau des courtines. Ces remaniements furent la conséquence des besoins d'une société nouvelle.

Sous les premiers Valois, les mœurs de la France très populeuse, très riche, s'affinent (1). Ces princes, qui « éprouvent jusqu'à l'affolement la passion des fêtes (2) », donnent l'exemple du luxe. Ils aiment les grandes chasses, prétexte à réunions nombreuses, élégantes ; et Vincennes, avec son parc giboyeux, enclos de mur, se prête merveilleusement à ces divertissements. Aussi, la noblesse entière de l'Europe y est-elle conviée, et ce séjour, suivant l'expression de Sauval, devient-il bientôt le plus chevaleresque du monde. On comprend aisément que, dans de telles conditions, le manoir de Saint-Louis ne répondait plus au goût du jour. Trop exigu pour contenir une cour devenue plus nombreuse, surtout plus fastueuse, il n'avait même pas l'avantage d'offrir une retraite sûre aux portes de Paris, bien que nous sachions qu'on avait, sans discontinuer, poursuivi son amélioration, et que, notamment à la fin du XIIIe siècle, les maîtres d'œuvres Jehan de la Chapelle et Jehan d'Asne avaient agrandi les constructions primitives (3). Vers 1330, Philippe VI décida de faire élever une grosse tour auprès du château capétien (4). Mais il mourut avant d'avoir vu son œuvre achevée. Jean II reprit la même idée, sans pouvoir arriver à un meilleur résultat. Faute d'argent, préoccupé d'ailleurs par des affaires autrement sérieuses — la guerre anglaise et la guerre civile, — il renonça à son entreprise.

Les maçonneries du nouveau donjon arrivaient au troisième étage, quand Charles V monta sur le trône. Ce roi, que Christine de Pisan ap-

---

(1) La population de la France, pendant la première moitié du XIVe siècle, avant la peste de 1348 et les premiers désastres de la guerre dite de Cent ans, égalait au moins, si elle ne dépassait pas un peu, sur la partie du territoire alors habitée et en exceptant nos grandes agglomérations urbaines, celle de la France actuelle. (Siméon Luce, *Histoire de Bertrand Duguesclin*, Paris 1882, p. 47). A cet accroissement de population correspondait une aisance générale, dont notre pays n'a peut-être retrouvé l'équivalent qu'à une époque assez récente. *Ibid.*, p. 48.
(2) Renan. *Discours sur l'état des arts au XIVe siècle*. t. II. p. 166.
(3) M. Enlart. *Manuel d'archéologie*, édit. 1904, 2e vol., p. 540.
(4) Voir tout ce qui concerne la construction du donjon. Vol. II, ch. 1.

pelle « un sage artiste, un vrai achitecteur (1) », amplifia le plan de ses prédécesseurs, conservant la grosse tour, mais l'englobant dans une grande enceinte rectangulaire, qui devait enserrer une véritable ville. Il comptait en effet grouper autour de la demeure royale « les beaux manoirs des seigneurs et chevaliers les plus amez » (2) les exemptant de toutes charges et de toutes redevances pour l'avenir. Mais personne ne répondit à l'attente du souverain. Aucun hôtel ne s'éleva à l'abri des remparts, car chacun redoutait d'aliéner son indépendance en se mettant sous leur protection.

Le nouveau château fut terminé vers 1373, à l'exception de la grande chapelle qui ne fut commencée qu'en 1379. Le manoir de Saint Louis avait été conservé dans l'angle nord-est de la grande cour. Il avait même été l'objet de grosses réparations. Car, de 1365 à 1367, on avait refait toute la couverture, adjoint des salles de bains à plusieurs appartements, remplacé divers dallages, entre autres celui de la chapelle Saint-Martin antérieurement formé de carreaux de plâtre (3).

L'histoire ne nous a pas conservé le nom de l'architecte du nouveau château. On sait qu'en 1373 les travaux étaient confiés à Guillaume d'Arondel (4), mais, ce n'était qu'un sous-ordre, on ne connaît aucun document sur lequel figure une indication permettant de trouver le véritable maître des œuvres de cette époque. Il est fort probable que le roi élabora lui-même le plan des constructions, dont l'exécution fut confiée à Raymond du Temple (5). Rien ne désigne formellement cette

(1) Christine DE PISAN. Le livre des faits et bonnes mœurs du sage Roy Charles. *Nouvelle collection des Mémoires pour servir à l'histoire de France*. Paris, 1836, ch. XI, p. 76.
(2) « Le Chastel du Bois de Vincennes, qui moult est notable et bel, avait intention de faire ville fermée et la aroit establie en beauls manoirs la demeure de plusieurs seigneurs, chevaliers et autres ses mieux aimez, et chacun y asseneroit rente à vie selon leurs personnes ; celui lieu, voult le roi, qu'il fust franc de toutes servitudes, sans aucune charge par le temps avenir, ne redevance demander. » CHRISTINE DE PISAN. *Livre des faits et bonnes mœurs du sage Roy Charles*, p. 77.
(3) Comptes des réparations des hostels du roy et de la reine, au Bois de Vincennes, depuis le 12 juin 1365 jusqu'au 15 mai 1367. Vol. de la Chambre des comptes, Bibl. de l'arsenal, ms. 6362.
(4) M. ENLART. *Manuel d'archéologie*, p. 540. Guillaume d'Arondel n'était d'ailleurs pas un maître des œuvres, mais un maître tailleur de pierre. (Voir PONCET DE LA GRAVE, t. I, p. 122).
(5) Architecte français de la fin du XIVe siècle. — Maître des œuvres de maçonnerie et sergent d'armes des rois Charles V et Charles VI, Ramont, Remont ou Ray-

collaboration, mais tout la fait présumer : d'abord, le caractère, les aptitudes du souverain, ensuite la place qu'occupait auprès de lui le maître des œuvres. Raymond du Temple était le Mansard de l'époque. Chef d'une grande école d'où sortirent tous les artistes qui travaillèrent au Louvre, à la Bastille, à Saint-Germain, à l'hôtel Saint-Paul, à Melun pour le compte du roi ; à l'hôtel de Nesles pour le duc de Bourgogne ; à Bicêtre, à Méhun-sur-Yèvre, aux palais de Bourges et de Poitiers pour le duc de Berry, il ne quitta presque jamais Paris, d'où rayonnait son action. Il laissa ses élèves aller de chantiers en chantiers, restant auprès de celui dont il traduisait la pensée.

La tradition qui le désigne comme architecte de Vincennes, doit donc être conforme à la réalité. On retrouve là, d'ailleurs, la signature du maître. L'habitation, tout en ayant plus d'ouvertures qu'au Louvre ou à la Bastille, est encore massive, très fruste d'ornements. C'est la caractéristique de Raymond du Temple. Tandis que ses élèves, se dégageant des formules du Moyen-Age, sont à l'avant-garde de la Renaissance, enjolivent leurs monuments, et donnent plus d'importance aux motifs de décoration, — comme Guy de Dammartin à Bicêtre par exemple — il dédaigne tous les accessoires, et ne cherche l'harmonie des lignes que dans leurs proportions. Vincennes a cette beauté sévère, qui impose plutôt qu'elle ne charme. Le donjon et la tour du Louvre ont, sous ce rapport, et tout en étant fort dissemblables, de telles analogies, qu'on ne peut douter qu'ils n'aient été conçus par le même cerveau.

Ce qu'il y a d'ailleurs de plus remarquable dans le château de Charles V, c'est moins encore son architecture que son tracé. Le système de fortification, qu'il nous présente, offre un type unique en son genre en France, peut-être même en Europe. A ce titre il mérite toute notre attention. Mais pour bien le comprendre, il est indispensable de connaître quel-

mond du Temple, fut l'architecte des principales constructions du Louvre, et notamment de la fameuse vis ou grand escalier. Il travailla à Notre-Dame, à Saint-Jean de Beauvais, à l'église des Célestins et à l'Hôtel de Bohême, fit le tombeau de Duguesclin à Saint-Denis, et vraisemblablement le plan du château de Vincennes et de sa chapelle. Un fils de cet architecte, Charles, filleul de Charles V, fut sergent d'armes et maître maçon de Charles VI et du duc d'Orléans, et un autre fils succéda à son père dans ses diverses charges, qu'il exerça jusqu'en 1415. *Grande encyclopédie*, t. II, p. 189.

les étaient les notions de poliorcétique qu'on possédait à l'époque de sa conception, ainsi que les armes en usage. Ces connaissances nous montreront que rien ici ne fut laissé au hasard.

Il est curieux de penser qu'on appliquait encore à la fin du XIVe siècle, les théories de Végèce pour la défense des places. Mais, à la réflexion, ceci ne doit pas nous surprendre, les armes et les engins de guerre étant restés à peu près identiques à ce qu'ils étaient dans l'antiquité, et les grands principes de la guerre ne variant que dans l'application. C'est à Christine de Pisan, cette humaniste de la Proto-Renaissance (1), que nous nous adresserons pour connaître les idées en cours au temps qui nous occupe. — Christine nous indique trois moyens pour réduire une place : le premier est de priver d'eau la garnison, le second est de l'affamer par le blocus, le troisième est, « lorsque ceux du dedans et ceux du dehors combattent aux murailles ». L'attaque par surprise n'est pas comprise dans son énumération générale, mais il en est question au cours de sa dissertation. — Nous ne parlerons pas des deux premiers moyens encore en usage : ils sont indépendants de toute organisation défensive. Notons cependant en passant, à propos du second, ce procédé barbare que notre auteur préconisait pour amener l'assiégé à composition : « Si, dit Christine, l'armée fait prisonniers quelques-uns de ceux du château, elle ne les tue pas, mais les mutile pour qu'ils ne puissent plus combattre, et les renvoie ensuite vers les leurs, pour qu'ils contribuent à consommer plus rapidement les vivres. » Nous n'avons cité ce passage qu'à titre de curiosité. Ce qui est intéressant pour nous, c'est de voir comment l'attaque régulière était conduite.

L'armée qui met le siège devant une place doit se loger à une portée de flèche du château, s'entourer de fossés et de palissades, constituer une sorte de forteresse pour se mettre à l'abri de toute surprise, que celle-ci vienne des assiégés faisant une sortie, ou de troupes de secours. Elle installe alors son artillerie (2) : mangonneaux, pierrières, engins divers. Elle prépare les échelles pour l'assaut, les béliers, qui sous des boucliers

---

(1) Les Allemands appellent cette renaissance la Frühe-Renaissance.

(2) Il ne s'agit ici que de l'artillerie nervobalistique, dans laquelle la force de propulsion est obtenue par des ressorts constitués par des cordes tordues.

mobiles, avanceront jusqu'au pied des murs et les saperont. Si la place peut être minée, avant même de dresser leurs tentes les assaillants commenceront des galeries de mines. Celles-ci sont étayées avec des pièces de merrain et des planches, pour éviter les éboulements. Les terres qu'on en extrait sont cachées, afin que ceux du châteaux ne puissent en tirer des indications sur les travaux. Lorsque la mine arrive sous les murs, on la remplit de foin et de bois, et, pendant la nuit, on met le feu aux étais.

Si la place est assise sur un rocher, si les fossés sont trop profonds, on l'attaque à ciel découvert avec les machines de jet. Le tir doit continuer sans interruption pour ne pas laisser de repos aux défenseurs et leur permettre de réparer les brèches. La nuit, des tisons ardents sont attachés « aux pierres qu'on trait », afin d'apprécier leur portée, et de régler en proportion le poids du projectile. Sous la protection de l'artillerie, on fait avancer les béliers, les mantelets ou, lorsqu'on le peut, les tours mobiles. Tous ces moyens d'attaque doivent, autant que possible, être simultanés afin « d'esbahir plus les défendeurs » au moment de l'assaut définitif.

En présence de ces procédés d'attaque, quels sont les moyens de défense ? Il y a d'abord des mesures de prévoyance et de sécurité d'une application générale, mesures qui doivent être prises dès le temps de paix. Les places doivent toujours être « garnies de bonnes gens d'armes », rompus à tous les exercices, dont le nombre varie « suivant l'affaire qu'on en peut avoir ». Leurs approvisionnements en munitions et en armes, calculées largement, comportent de l'huile, de la poix et du soufre pour incendier les machines de guerre de l'ennemi ; du fer, des merrains, des lances, des dards, des arcs, des arbalètes de tous traits et de toutes formes, des balles de plomb, des armures défensives. Une grande « foison de dures pierres et cailloux » sera mise sur les tours ; on y tiendra aussi de grands vases de chaux. Celle-ci est destinée à être lancée du haut des murs sur l'ennemi qui approche, la poussière brûlante devant le rendre « comme aveugle ». Les magasins contiendront une ample réserve de cordes et de nerfs pour les arcs et les arbalètes. Si les cordes venaient à manquer, il est vrai qu'on pourrait prendre les crins des chevaux, et les cheveux de femme pour en tresser. Christine n'indique ce procédé de fortune, que parce qu'il « a sauvé Rome », mais elle ne le recommande pas ! — On aura aussi des provisions de cornes d'animaux pour réparer les arbalètes, et de cuir frais pour couvrir les engins et les édifices de manière « que le feu ne s'y boute ».

En fait de vivres, on doit toujours avoir de l'orge, du froment, de l'avoine, de la viande salée. Le soin de leur conservation et de leur distribution doit être confiée à « des gens sages », afin que, par le bon ordre, ils puissent durer plus longtemps. En cas de siège, « les faibles et les invalides », tous ceux que nous appelons les bouches inutiles, doivent être renvoyés dans les villes voisines, afin qu'ils ne soient pas à nourrir.

La question de l'eau, qui est primordiale, doit attirer particulièrement l'attention des gouverneurs de places fortes. Si le château reçoit son eau de rivière ou de ruisseau au moyen de conduits, qui sont exposés à être coupés, il faut qu'il possède des citernes, des puits. On doit d'ailleurs faire des provisions de vin et avoir du vinaigre en réserve, afin que, si le vin venait à manquer, on puisse, en mêlant le vinaigre à l'eau, constituer une boisson susceptible de soutenir les forces des combattants.

A côté de ces considérations d'ordre général, on trouve dans l'œuvre de Christine de Pisan des aperçus très curieux pour l'époque. Les murs, dit-elle, doivent être faits de manière à présenter plusieurs angles en saillie, parce qu'alors ceux qui les défendent peuvent frapper leurs ennemis d'un plus grand nombre de points divers. Toute l'idée du flanquement est contenue dans ces lignes.

Mais avant de voir comment ces différents principes ont eu leur application à Vincennes, il faut que nous sachions encore quelles étaient les armes en usage au commencement du dernier quart du XIVe siècle. On a souvent cru que les plates-formes des tours du château avaient été destinées à porter des armes à feu : bombardes, couleuvrines ; toutefois ceux qui ont émis cette opinion ont toujours été frappés de la faible épaisseur des voûtes et des murs qui auraient dû résister à l'ébranlement du tir.

— 72 —

C'est que Vincennes n'a nullement été créé pour porter du canon (1).

Historiquement il est incontestable qu'au moment où Charles V élabora le plan du château, l'emploi des bouches à feu de petit calibre pour la défense des places était connu. Il ressort d'un document qui, sans être positivement authentique, offre cependant toute la vraisemblance désirable, que, dès 1324, il en avait été fait usage à Metz (2). En 1338, Rouen possédait « un pot à traire garros à feu (3) ». L'année suivante, on trouve, dans un compte de Barthélémy du Drach, trésorier des guerres, une certaine somme allouée à « Henri de Faumechon, pour avoir poudre et autres choses nécessaires aux canons, qui étaient devant Puy-Guillaume (4) ». Puis vient l'armement successif de Rennes, Cahors, Lille, Metz, Saint-Omer ; d'Agen, qui a treize canons en 1346, quinze en 1349, et dix-sept en 1352 ; de Montauban, de Carcassonne, de Brives-la-Gaillarde ; de Laon, où vers 1353, on essaie douze canons d'un coup ; et même de simples forteresses, comme celles de Rihoule en Artois, de Sompuy en Périgord, et de Brioule en Quercy. Les remparts seuls de ce dernier château sont garnis de vingt-deux bouches à feu.

Enfin, l'on sait que la nouvelle artillerie joua un rôle important à Crécy (1346). Les Anglais avaient amené sur le champ de bataille trois petits canons portatifs, dont les détonations épouvantèrent nos arbalétriers et leur firent tourner le dos (5).

Cependant, jusqu'en 1360, tous ces engins furent très rudimentaires: Ils étaient souvent plus dangereux pour ceux qui les maniaient que pour

(1) Le colonel Passement, dont la compétence en archéologie est bien connue, émet une opinion différente, mais sans l'appuyer d'aucune preuve. « Les tours, dit-il, sont surmontées de plates-formes sur lesquelles on pouvait installer des pièces d'artillerie. Ce dispositif fut vite abandonné, car le tir ébranlait les voûtes. » Je regrette de ne pas être du même avis, car c'est précisément cette faiblesse des voûtes, qui, indépendamment des considérations historiques, m'empêche de penser comme l'éminent artilleur que : « le château de Vincennes contient le seul exemple authentique de tours hautes construites pour porter l'artillerie. »
(2) Extrait de la *Chronique de Praillon*, cité par LORÉDAN LARCHEY. *Origines de l'artillerie française*, Paris Dentu 1862, p. 19.
(3) Les garros étaient de grosses flèches ferrées et empennées. On les trouve désignées plus souvent sous le nom de carreaux. Voir *Etude sur le passé et l'avenir de l'artillerie*, par le colonel FAVÉ, Paris, 1862, p. 73.
(4) LORÉDAN-LARCHEY. *Op. cit.*, p. 22.
(5) Ibid., p. 73.

ceux contre lesquels ils étaient dirigés. Leur portée les classait au dernier rang des armes de jet, et il semble qu'on comptait plus sur l'effroi que causait leur bruit que sur leur efficacité. Il ne faut donc pas s'étonner qu'à une période d'engouement pour la nouvelles artillerie succède une période de réaction.

Charles V, dont Christine de Pisan nous vante la prudence, dut considérer que la question n'était pas encore mûre, et quand on consulte ses mandements, on voit qu'il n'attribue une valeur réelle qu'au matériel ayant fait ses preuves. S'il écrit à Rouen en 1365 à Richard de Brumare « garde du clos des galiez (1), armures et artillerie de Rouen », pour avoir le matériel nécessaire à la défense de son chastel de Moulineau, ce sont des arbalètes (2) qu'il demande (3). Pour remplir « ses garnisons de Normandie », il commande (4), la même année, d'abattre, dans ses forêts de Rommare et de Rouveray, des hêtres pour faire des fûts de viretons, des trembles pour construire des « pavays » (5). Pour la défense de son chastel de Melun, ce sont encore des arbalètes, des viretons, des baudriers et des pavays qu'il lui faut (6) ; de même pour Château-Gaillard (7). Il n'y a que pour le château de Mortemer qu'on trouve mentionné, pendant cette période, l'envoi de canons. Le roi en fait expédier quatre au capitaine qui commande cette forteresse, mais avec quatre arbalètes haussepieds et huit autres à pied. — Je me bornerai à ces quelques exemples, car il existe un document, qui a pour notre histoire un intérêt autrement plus grand. Quand il s'agit d'armer Vincennes, le roi commande des « martinez » (8) et ce sont ces machines nervo-

(1) Vaisseaux.
(2) Le mot *arbalète* sert à désigner toute une série d'armes à jet portatives ou fixes. Arbalètes à main, quand elles sont portées ; arbalètes hausse-pieds, à pied, quand elles sont fixes. Presque toutes lançaient des flèches. Mais certaines, notamment celles hausse-pied, sortes de springales, espringales ou springardes, lançaient même des pierres. Voir DUCANGE, *Balista* dans Glossaire, *Springarde* dans Supplément.
(3) Mandements de Charles V. Léopold DELISLE, Documents inédits sur l'*Histoire de France*, n° 278, p. 125.
(4) *Ibid.*, n° 278, p. 138.
(5) Grands boucliers.
(6) Mandements de Charles V. *Op. cit.*, n° 359, p. 224.
(7) *Ibid.*, n° 446, p. 224, 25 avril 1366.
(8) Charles... Savoir faisons que quatre engins dix martinez et cinquante garroz que avait fait faire de nostre commandement Symon de Baigneux, vicomte de Rouen, lesquelz il nous a envoiez par Guillaume Heudin, maistre des dits engins, nous

balistiques qu'il fait mettre en sa tour du Bois. Que du canon ait remplacé assez vite ces engins démodés, c'est probable, même certain : car, vers 1375, l'artillerie à feu, dont les perfectionnements sont dus à des initiatives privées ou à celles de collectivités municipales, commence, en France, à posséder des pièces de gros calibre lançant des boulets de pierre. Mais alors, Vincennes est terminé et dans aucun compte, aucun document qui nous soit connu, nous ne voyons figurer encore une indication nous permettant de supposer que ce progrès a eu comme conséquence la transformation de l'armement de la place. Lorsqu'en 1378, le roi des Romains, qui accompagne son père, l'empereur Charles IV, visite le château, ses appartements et ses magasins, on lui montre bien l'artillerie, qu'il trouve « merveilleuse », mais Christine de Pisan et les grandes chroniques de Saint-Denis qui mentionnent ce fait ne parlent que des arbalètes qui entrent dans sa composition (1).

Il paraît donc absolument prouvé, d'après ce qui précède, que le château de Charles V n'a été conçu que pour porter de l'artillerie nervobalistique. Nous allons voir quelles pouvaient être les armes qui la composaient. Nous ne pouvons, étant donné le petit nombre de renseignements que nous possédons, et leur manque de précision, que procéder par hypothèse ou, plutôt, raisonner que par déduction. S'il n'y avait pas de bouches à feu à Vincennes, il n'y avait pas non plus de ces grands engins dont parle Viollet-le-Duc, comme le trébuchet (2), gigantesque

avons euz et receuz les dix engins et garroz par la main de dit Guillaume, et nous en tenons pour contenz, et y ceux avons fait mettre en notre tour au Bois de Vincennes. — *Mandements de Charles V*, op. cit., n° 538, p. 268.

À cette pièce était jointe une lettre par laquelle Philippe Ogier, accusant réception de ces engins, annonçait que le roi les avait fait traire (tirer) devant lui, et en avait été si satisfait, qu'il en désirait quatre autres semblables.

Les *martinez* étaient des machines destinées à lancer de lourdes pierres. Supplément de Ducange, voir *Martinetus*.

(1) Christine de Pisan dit : « Ils (les gens de la suite) furent menez en la tour du Bois, par tous les étages de léans et montré les grans garnisons d'icelles et l'artillerie dont le roy des Romains ot des abalistes à son choix. — *Op. cit.*, p. 116.

(2) Un trébuchet fut exécuté, en 1850, sur l'ordre du Président de la République, L.-N. Napoléon, et expérimenté au polygone de Vincennes. La flèche avait 10 m. 30, le contrepoids pesait 4.500 k. Après différents essais, on parvint à lancer un boulet de 24 à 175 mètres ; une bombe de 22 c. à 145 mètres, et des bombes de 27 et de 32 c. à 120 mètres. — Rapport du capitaine Favé adressé au Ministre de la Guerre, cité dans les *Etudes sur le passé et l'avenir de l'artillerie*; par le colonel Favé, t. II, p. 38.

— 75 —

fronde mise en action par des contrepoids pesant jusqu'à vingt-six mille kilogrammes, ou le mangonneau, autre genre de grande fronde mue par un balancier. Ces sortes de machines encombrantes, exigeant pour leur service un nombreux personnel, n'étaient construites qu'au moment du besoin, sur place, et sur des plans qui variaient au gré des circonstances, ou des constructeurs. Elles constituaient d'ailleurs ce que nous appelons l'artillerie de siège.

L'artillerie de place ne devait comprendre que des pierrières ou caables, la baliste des Romains légèrement modifiée, et enfin tous les types d'arbalètes : martinez, arbalestes haussepieds. Il résulte des calculs de Viollet-le-Duc que ces divers engins pouvaient lancer des pierres assez lourdes à plus de 150 mètres et des dards de plus de cinq mètres de long, armés de fer, à la même distance, quand le tir avait lieu avec un commandement aussi considérable qu'à Vincennes (1).

A ces armes « de position » s'ajoutaient les armes de jet portatives : l'arbalète ordinaire et l'arc, sans compter la fronde, puis les grenades incendiaires, les pierres ou tous les objets pesants lancés à la main. Les flèches, envoyées par les archers français (2), avaient des portées moyennes de 150 à 200 mètres ; les carreaux, envoyés par les arbalétriers avaient peut-être moins de portée que les flèches, mais avaient plus de précision et plus de pénétration aux distances rapprochées.

Pour attaquer régulièrement une place ainsi armée, se défendant d'ailleurs passivement par la hauteur de ses remparts et l'épaisseur de ses murs, quels auraient été les moyens d'action d'un ennemi ayant un armement identique ? Il aurait été obligé, après s'être retranché comme le préconise Christine de Pisan, de construire, vis-à-vis des courtines, des tours ou beffrois, pour avoir un commandement sur les remparts de

---

(1) Le tir de plein fouet avec l'arbalète à tour était fort précis jusqu'à 50 mètres. VIOLLET-LE-DUC. Dictionnaire d'architecture, t. V, p. 243.

(2) Un archer anglais qui ne tirait pas douze flèches à la minute et qui, sur ce nombre manquait un homme à 200 yards (186 mètres) était méprisé. A cette distance, la flèche devait avoir assez de force de pénétration pour traverser une planche de chêne de 1 à 2 pouces d'épaisseur (United service journal, 1882, septembre). — D'après Wilkinson (Engines of War), la portée extrême du grand arc dit « long bow » était de 600 yards (558 mètres).
Etudes sur le passé et l'avenir de l'artillerie, par le prince LOUIS-NAPOLÉON BONAPARTE, t. I, p. 175.
Ces distances nous paraissent exagérées ; aussi en admettons-nous de moindres.

l'ennemi. Ces beffrois, qu'on désignait aussi sous le nom de « Castels de fust, et Chas Chastiaux » n'étaient en réalité que de simples échafaudages montés sur rouleaux. Construits habituellement avec le bois vert coupé dans les forêts avoisinant la place assiégée, ils étaient recouverts de peaux fraîches, qui les préservaient de l'incendie. On les roulait jusqu'au bord des murs. Ils constituaient ce que nous appelons maintenant un gradin de franchissement. Ce procédé n'était d'ailleurs employé que contre les places qu'on ne pouvait miner, ce qui était le cas particulier de Vincennes, comme nous le verrons plus loin, et le cas général de toute attaque à ciel ouvert.

Pendant que, du haut des beffrois, l'assiégeant inquiétait l'assiégé par son tir, et cherchait à empêcher le service des engins, il mettait en batterie ses machines de jet avec lesquelles il cherchait à faire brèche. S'il parvenait à rendre intenable la partie du rempart battu, pour aller plus vite en besogne il avançait ses béliers, ses corbeaux démolisseurs, et sapait alors les murs par la base. Au moment décisif, il apportait des échelles ou faisait approcher des sambuques, et donnait l'assaut.

Ces indications sur la poliorcétique et l'armement en cette fin du XIVe siècle sont fort sommaires, mais elles suffisent néanmoins pour faire comprendre comment Charles V a été conduit à adopter le système défensif de Vincennes et comment l'aménagement intérieur de la forteresse répondait aux idées du moment.

Le château est en plaine ; le tracé de ses remparts n'avait donc pas à épouser la forme du terrain. La forme du quadrilatère s'imposait, le roi choisit celle d'un grand parallélogramme rectangle, dont le petit côté avait 175 mètres, et le grand 334 mètres, mesures prises du revêtement extérieur d'une escarpe à celui opposé. Par suite de la nécessité d'englober dans l'enceinte, sans trop augmenter le corps de place, le donjon commencé, et le château de Saint Louis conservé, le premier de ces monument ne se trouva pas au centre d'un des grands côtés, et cette dissymétrie entraîna l'allongement exagéré de la courtine Nord du front Ouest. Nous verrons plus tard comment on obvia à cet inconvénient.

Pour servir d'obstacle, en même temps que pour empêcher une

attaque par la mine, un large fossé est creusé tout autour de l'enceinte, le donjon conservant les siens propres. Les fossés de l'enceinte sont approfondis à 12 mètres. Ils ont 22 mètres de large sur les grands côtés et 28 mètres sur les petits. Ceux du donjon ont 14 mètres de profondeur et 22 mètres de large. Tous sont pleins d'eau ; celle-ci provenant de la dérivation du ru Orgueilleux descendant des hauteurs de Montreuil, et de diverses sources captées au pied du plateau de Fontenay.

Neuf tours barlongues, sans compter le donjon, sont réparties sur le pourtour de l'enceinte ; une tour (porte) au milieu de chacun des petits

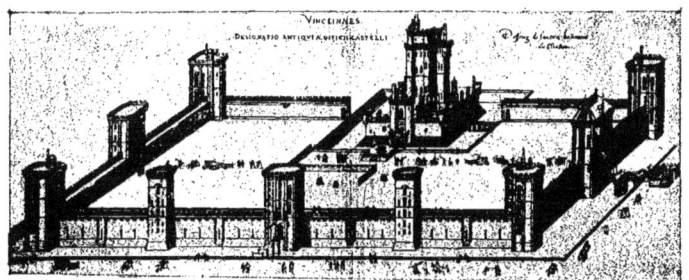

Vue Cavalière du Château de Vincennes par Androuet de Cerceau
(Dans cette gravure l'auteur n'a représenté que les bâtiments élevés par Philippe VI, Jean II et Charles V.)
— GRAVÉ VERS 1550 —

côtés ; une tour à chacun des angles du rectangle ; trois tours, à égale distance, sur le grand côté Est qui en présente ainsi cinq sur son front ; le donjon avec son enceinte particulière occupant, seul, à peu près le milieu du grand côté Ouest. Ces tours ont toutes une hauteur de 42 mètres au-dessus du sol de la cour, de 54 mètres au-dessus du fond du fossé, elles dominent les courtines de 27 mètres ; elles ont donc un très grand commandement, d'une part sur les chemins de ronde auxquels on ne peut accéder que de leur premier étage, et d'autre part sur la campagne.

Elles ont d'ailleurs, toutes, la même disposition. Leurs murs au ras du sol forment une risberme sur laquelle prennent appui de gros contreforts montant jusqu'au faîte. Leur corniche crénelée est ourlée de longs machicoulis. Elles possèdent trois étages voûtés, au-dessus du dernier se trouve la plate-forme pour les grands engins. Entre la voûte de l'étage et le dallage de la plate-forme, un épais blindage de « cran » (1) est destiné à amortir le choc des lourds projectiles lancés à la volée, en supposant que ces projectiles aient pu s'élever assez haut pour retomber « en bombes » comme nous le disons actuellement.

Chacune de ces tours est indépendante, constituant une sorte de citadelle particulière, ce qui est caractéristique. Toutes forment sur les courtines une saillie très prononcée, ce qui les fait ressembler à des bastions, et ce qui semble indiquer que les notions de flanquement contenues dans le livre de Christine de Pisan sont connues (2).

Entre les tours, les courtines ont un développement uniforme de 68 mètres, sauf sur le front du donjon, où l'on compte 110 entre la tour du Roi (angle S.-O.) et l'escarpe S. du donjon et 145 entre la tour de Paris (angle N.-O.) et l'escarpe N. du donjon. Ces longueurs sont très rationnelles ; car, si le tir des carreaux est très précis jusqu'à 50 mètres, il est suffisamment exact jusqu'à 70 et, comme nous l'avons dit, la portée des flèches est bien plus étendue.

Les flancs des tours peuvent donc contribuer à leur protection d'une manière efficace. D'ailleurs, chaque courtine présente en son centre une échauguette, qui permet encore le tir latéral et le croisement des projectiles, tandis que le pied des murs peut être battu des machicoulis, répartis sur tout le pourtour de l'enceinte, et que le défenseur qui surveille la campagne est couvert par des créneaux.

On entrait dans le château par deux portes principales situées au milieu

---

(1) Le cran est la poussière résultant de la taille de la pierre. On la recueille sur les chantiers. On s'en servait beaucoup au moyen âge pour charger les voûtes qu'on voulait mettre à l'abri des projectiles ou des incendies. VIOLLET-LE-DUC. Dictionnaire raisonné de l'architecture française du XIe au XVIe siècle, t. IX, p. 107.

(2) Les flancs opposés aux portes principales N. et S. ont 10 m. de développement. Les flancs sur les courtines n'ont que 5 m. Il semble donc qu'on ait cherché surtout à couvrir les voies d'accès. Cette remarque ne s'applique pas à la porte Est qui devait être considérée comme une poterne.

— 79 —

des petits côtés Nord et Sud du rectangle. On accédait à ces portes, que défendait une herse, par un pont fixe passant sur le fossé et prolongé par un pont-levis. Sur le grand côté Est, s'ouvrait une porte analogue aux précédentes. Toutefois celle-ci, n'étant pas précédée par un pont fixe, mais bien par une passerelle légère établie sur des piles de maçonnerie, ne constituait, à proprement parler, qu'une grande poterne.

On retrouve les traces d'une poterne de secours sur le front Ouest du donjon, symétrique de l'entrée principale qui était dans l'intérieur du château, et était défendue par un châtelet flanqué de deux tours, précédé de deux échauguettes et d'un pont-levis. Cette poterne est indiquée sur un plan de Du Cerceau (1), et l'examen des lieux confirme le témoignage de l'auteur des plus « excellents bâtiments de France ». On peut voir, en effet, au milieu de la contrescarpe du fossé Nord, un contrefort et des pierres en saillies qui paraissent les amorces d'un pont détruit. De plus, en avant de l'endroit où devait déboucher ce pont, des restes de constructions ont été mis à jour lorsqu'on a supprimé le glacis et percé la rue du Polygone, vers 1898. Mais cette sortie, appartenant au plan primitif, fut probablement supprimée lors des travaux de Charles V.

Avant de laisser le plan de Du Cerceau, auquel nous venons de renvoyer, signalons trois fautes importantes qui apparaissent sur ce document le plus ancien connu, et choquent même ceux qui n'ont que de faibles connaissances en fortification : les trouées que faisaient dans le corps de place les fossés Nord et Sud du donjon, l'absence de tout organe de défense pour la porte indiquée sur le front Ouest du donjon, et enfin l'excès de longueur de la partie Nord de la courtine Ouest (2). Ces fautes ne sont imputables ni à Charles V, ni à son maître des œuvres, mais bien à Du Cerceau, qui nous a donné une reconstitution fantaisiste d'une forteresse déjà profondément remaniée lorsqu'il a établi son plan. Dans ce cas encore, c'est pas l'inspection attentive des lieux qu'on peut retrouver l'ancien état de choses.

(1) Voir ce plan t. II, ch. VII. Voir également un plan gravé par M. Ransonnette, g. ord. de Monsieur, 1787, annexé à l'*Histoire de Vincennes*, de PONCET DE LA GRAVE, t. I, p. 92, ainsi qu'une vue montrant l'état du château au XVIIe siècle, reproduit dans le Moyen Age et la Renaissance de DELACROIX, édition 1851, t. X, folio XII, fig. 56.

(2) Cet excès de longueur ne frappe pas sur le plan de Du Cerceau, mais saute aux yeux sur les plans plus exacts.

— 80 —

D'abord, les trouées des fossés n'existaient pas, car le château possédait certainement une deuxième enceinte formée par un mur

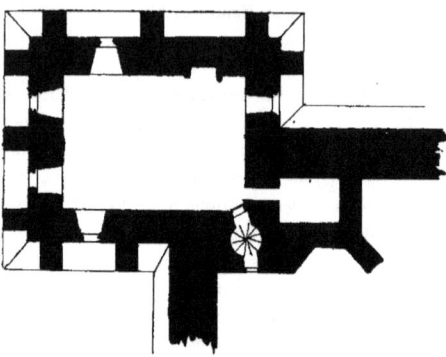

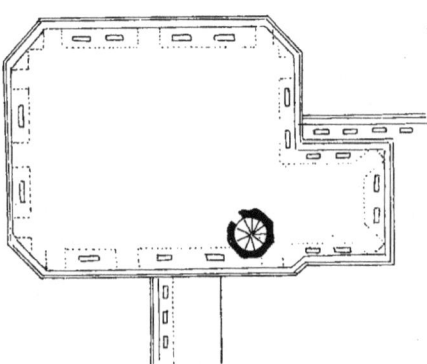

Coupe au Niveau du Rez-de-Chaussée et Projection d'une Tour d'Angle

Elévation d'une Tour d'Angle

surmontant la contrescarpe. Tout le prouve ; l'épaisseur extraordinaire de cette contrescarpe, qui est un fait matériel, indéniable, inexplicable autrement ; puis la logique elle-même : car des brèches, comme celles que nous voyons, appelaient forcément un masque, et les architectes militaires de Vincennes étaient, nous l'avons démontré, trop expérimentés, trop versés dans la connaissance de l'art de la guerre, pour les avoir laissé subsister sans trouver le moyen d'y remédier.

Cette seconde enceinte était renforcée en avant des portes par de petits châtelets, dont une vue cavalière de Du Cerceau nous offre un exemple (1). La poterne Ouest du donjon était, sans aucun doute, couverte ainsi avant sa suppression.

Enfin le développement des courtines adjacentes au donjon, qui, au premier abord, peut paraître excessif, était voulu, était même nécessaire, indispensable, car le donjon, par suite de son grand commandement, assurait à plus longue distance que les tours, le flanquement des remparts voisins, et possédait d'ailleurs deux échauguettes jumelées constituant une plate-forme propre à recevoir des machines qui pouvaient tirer dans la direction menacée. Augmenter le nombre des tours sur le front Ouest eût été dangereux, car ces tours auraient pu dominer la braie du donjon. Je dis plus : c'eût été une faute grave, et ni Charles V ni son maître des œuvres ne l'ont commise.

Si la fortification avait été l'objet de tous les soins du constructeur, l'aménagement intérieur des locaux n'avait pas été moins étudié. Toutes les tours contenaient des magasins pour les armes, les provisions. Indépendamment des réserves particulières de vivres, le château possédait de grands silos susceptibles de contenir d'importants approvisionnements (2).

L'eau était amenée au château par des conduites souterraines. Mais tout était prévu pour qu'en cas de siège la garnison ne pût pas en être privée : six puits et une citerne auraient pu, si la canalisation extérieure avait été coupée, suffire aux besoins de toutes les troupes. Ces puits se trou-

(1) Voir vue du château de Charles V, par Du Cerceau, p. 77.
(2) Un de ces silos existe encore au sud de la Sainte-Chapelle ; son ouverture se trouve dans le prolongement de la façade nord du pavillon de la Reine à 15 m. de l'angle N.-O. de ce pavillon. Longtemps oublié, il a été retrouvé et nettoyé sous Louis-Philippe. Abbé de LAVAL. — *Esquisse historique sur le château de Vincennes*, p. 165.

vaient : deux jumelés, mis en communication entre eux par un canal établi en sous-sol, dans la tour Nord-Est de l'enceinte ; un dans l'ancien château de Saint Louis, un en avant du donjon, et deux dans l'enceinte intérieure du donjon. Dans la braie de la grosse tour se trouvait en outre une citerne.

Pour conclure, le château de Vincennes offre un des exemples les plus curieux de la fortification médiévale. On y retrouve l'application complète des théories sur l'art de la défense des places qui avaient cours au moment de son achèvement. S'il constitue un type unique dans son genre, c'est qu'il appartient à une époque de transition qui marque, suivant la théorie de Courajod (1), la fin du moyen âge, le commencement des temps modernes. Son plan montre que Charles V et Raymont du Temple ont cherché à se dégager des formules anciennes, mais sans pouvoir trouver la solution répondant à un état de choses nouveau. Comme ces cuirassés actuels qui sont démodés avant d'être lancés, parce que le progrès de la science marche plus vite que leur construction, Vincennes s'est trouvé « vieux jeu » aussitôt achevé. Son système défensif, qui était une innovation, fut donc une exception, mais l'intérêt qu'il présente n'en est que plus considérable.

Pour bien comprendre cette fortification, il faut la comparer aux types antérieurs et aux types immédiatement postérieurs. Nous en choisirons deux très caractéristiques : Aigues-Mortes, Pierrefonds.

Aigues-Mortes fut construit vers 1272, par Boccanégra, soit un siècle environ avant Vincennes.

Le terrain, sur lequel devait s'élever la cité, était absolument plat. C'était une espèce d'île, comme Venise, séparée des contrées voisines par des marais, et de la mer par les lagunes qui la protégeaient de toutes parts contre les attaques d'une armée ennemie (2). L'enceinte, n'ayant pas un tracé imposé par le relief du sol, adopta la forme d'un parallélogramme se rapprochant du rectangle. Les fronts avaient respectivement des longueurs de 500 et 300 mètres. Pas de fossés en avant du corps de place :

(1) Louis COURAJOD. La part de la France du Nord dans l'œuvre de la Renaissance. Paris, 20 juillet 1889. Imprimerie Nationale. — Voir la théorie de Courajod appliquée à Vincennes, t. II, ch. 1er.
(2) Jules PAGEZY. Mémoires pour le fort d'Aigues-Mortes, Paris, Hachette, 1879, p. 89.

la situation exceptionnelle de son emplacement rendait cette suppression admissible, bien qu'il eût été possible à un assaillant, débarqué à proximité, d'arriver au pied des murs. Les murs seuls constituaient donc l'obstacle, en même temps que la masse couvrante : le parapet de combat.

Vue du Rempart Sud d'Aigues-Mortes

Ils n'étaient pas flanqués, les tours dont ils étaient munis, ne constituant, à proprement parler, que des points d'appui ou de renforcement. Ils n'étaient organisés que pour la défense à distance, n'ayant que des créneaux au sommet, pas de machicoulis, et seulement quelques rares meurtrières basses.

La fortification agit ici par sa masse seule. Si les angles sont protégés par des tours, celles-ci sont rondes pour mieux résister au choc du bélier. Les portes, sans pont-levis, sont percées dans le renfoncement de deux tours également rondes pour la même raison. Enfin si sur le pourtour il y a quelques tours barlongues ou carrées, celles-ci n'ont qu'une très faible saillie sur le rempart, un commandement insignifiant sur les courtines adjacentes. Tout est organisé pour que l'assiégé combatte aux créneaux du chemin de ronde qui court tout le long de l'enceinte sans être coupé par les tours, qui ne sont que des réduits. On accède d'ailleurs à ce che-

Tour des Bourguignons — Aigues-Mortes

min couvert par de grands escaliers qui partent de la rue du rempart. L'assiégé peut donc se porter facilement sur les points attaqués, mais n'y amène qu'un nombre d'hommes forcément restreint, puisque celui-ci est fonction de la largeur du passage.

A Vincennes, la conception est toute différente. Les tours sont les principaux organes de la défense. Elles constituent, comme dans les places modernes, une série de forts isolés. En arrière de l'obstacle, qui est le fossé, les murs, formant masse couvrante, ne sont plus qu'un masque. Mais ce masque, portant le chemin de ronde ou de combat, est défendu par des machicoulis, des créneaux bas. Il est, de plus, flanqué latéralement comme nous l'avons dit. Par suite de telles dispositions, son attaque eut été déjà difficile ; elle n'aurait même eu aucun intérêt, car l'assaillant, parvenu sur le chemin de ronde, eut été exposé à une pluie de pierres et de flèches lancées du haut des plates-formes des tours. L'effort de l'assiégeant devait fatalement, forcément être dirigé contre ces tours, points les plus forts et les mieux armés.

D'ailleurs, pour rendre encore plus inutile l'attaque des courtines, le château de Vincennes présentait une disposition toute particulière qui est à signaler. Chaque tour était séparée de l'intérieur de la place par un fossé. Ce détail est mentionné dans une relation ancienne d'un voyage fait par les ambassadeurs florentins à Vincennes en 1461 (1) et se trouve confirmé par une gravure du commencement du XVIIe siècle (2).

En résumé, le château « du Bois » se défendait moins par la masse énorme de ses murailles que par le jeu combiné de la fortification et des engins de guerre. L'utilisation savante, rationnelle, de ces derniers lui donnait une force considérable. Mais l'apparition des bouches à feu de gros calibre fit perdre toute valeur à ces ingénieuses dispositions avant même qu'elles eussent fait leurs preuves. Dès que les engins nervobalistiques cédèrent la place à la nouvelle artillerie, les constructions, n'ayant ni la solidité nécessaire pour supporter l'ébranlement du tir des bouches à feu, ni la résistance suffisante pour éviter l'effet de désorganisation causé par le choc de leurs projectiles, furent condamnées. La conception de courtines basses, dominées par des tours élevées, sur le sommet desquel-

---

(1) Il existait à Vincennes « in tueto due grandissime forteze et 8 altre, cive 10. Tutte l'altre forteze sano intorno circumdati da uo fosso largo circa 30 braccia, murato da ogui lato. »

« Il y avait en tout deux immenses forteresses (le donjon et la tour de la Porte de Paris) et huit autres, c'est-à-dire en tout dix. Toutes les autres forteresses sont à l'intérieur entourées d'un fossé large de 30 brasses environ, bâti sur tous côtés. » G. MILANÉSI. Extrait du *Viaggo a Parigi degli ambasatori fiorentini, nel 1801.* — *Archivo storico Naliano*, 3e série. V. 7, 1864.

La brasse valant 1 mètre, il doit y avoir erreur dans cette appréciation de la largeur du fossé.

(2) Gravure d'Israël SILVESTRE, p. 125. Sur cette vue, le fossé de la Tour N.-O. a l'air de se prolonger jusqu'au fossé du donjon.

les était concentrée, dans un espace restreint, tout le matériel, avait pu paraître heureuse avec l'ancienne artillerie. Elle constitua une faiblesse avec la nouvelle. Car les boulets de pierre ou de fer, passant par dessus les murs bas, rendaient les cours intenables, sans qu'on eût besoin de s'attaquer au rempart lui-même, et la concentration des bouches à feu sur un point repérable, bien déterminé, facilitait leur démolition.

Vue du Château de Pierrefonds

Montrant les ouvrages avancés destinés à porter l'Artillerie

Aussi, à Pierrefonds, construit vers 1400 — soit 30 ans environ après Vincennes — on voit un revirement complet s'accomplir dans les idées. Les courtines remontent à hauteur du sommet des tours. Le corps de place n'est plus qu'un réduit pour la défense. L'artillerie abandonne les sommets, les hauts commandements, pour être mise dans les dehors. L'assaillant se trouve dès lors obligé de faire tomber toutes les défenses extérieures avant d'attaquer la forteresse elle-même (1).

N'est-il pas curieux de remarquer qu'à cinq siècles de distance les progrès balistiques — toutes proportions gardées — ont causé dans la fortification des changements analogues ? Après 1870, nos ingénieurs militaires ne cherchaient qu'à installer dans les forts de grandes quantités de bouches à feu sur des plates-formes ayant de très grands commandements. Vingt ans après, les perfectionnements remarquables de l'artillerie firent reconnaître qu'il était dangereux d'accumuler du matériel en des endroits resserrés, et de laisser les feux bas à l'infanterie. Toutes les batteries furent reportées en dehors des ouvrages, la fortification véritable n'étant plus que l'ultime ressource de la défense.

Le chemin parcouru de 1370 à 1400 et de 1870 à 1900 montre une fois de plus que les idées humaines tournent toujours dans le même cercle et ne varient que dans l'application, suivant les moyens.

---

(1) Ce système fit ses preuves. Lorsque Henri IV voulut réduire Pierrefonds, aux mains d'un ligueur nommé Rieux, il envoya contre cette forteresse le duc d'Epernon (mars 1591), avec un gros corps d'armée et du canon ; mas ce dernier ne put entamer les défenses extérieures, quoique la place ne fût occupée que par une centaine de ligueurs. VIOLLET-LE-DUC. *Dictionnaire raisonné de l'architecture*. T. III, p. 161.

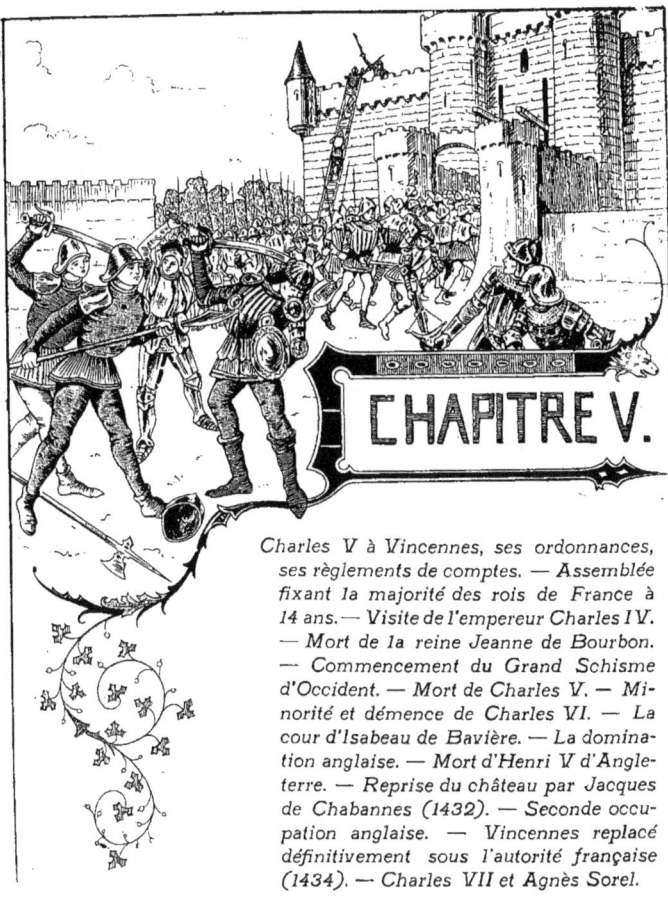

CHAPITRE V.

Charles V à Vincennes, ses ordonnances, ses règlements de comptes. — Assemblée fixant la majorité des rois de France à 14 ans. — Visite de l'empereur Charles IV. — Mort de la reine Jeanne de Bourbon. — Commencement du Grand Schisme d'Occident. — Mort de Charles V. — Minorité et démence de Charles VI. — La cour d'Isabeau de Bavière. — La domination anglaise. — Mort d'Henri V d'Angleterre. — Reprise du château par Jacques de Chabannes (1432). — Seconde occupation anglaise. — Vincennes replacé définitivement sous l'autorité française (1434). — Charles VII et Agnès Sorel.

En nous occupant, dans le chapitre qui précède, de l'achèvement par Charles V du grand château féodal, nous avons négligé l'historique des événements qui se sont succédés à Vincennes pendant la période de construction. Pour combler cette lacune, nous reprendrons l'ordre chronologique des faits depuis la mort de Jean II (1364).

Autant ce roi avait été chevaleresque, aventureux, autant son fils et successeur Charles V se montra d'humeur pacifique. Lorsqu'il n'était encore que duc de Normandie, il aurait été, prétend Froissart (1), l'objet d'une tentative d'empoisonnement de la part du roi de Navarre. Cette accusation manque de preuve. On attribue cependant au poison sa santé demeurée précaire. Son incapacité physique, sa faiblesse de constitution firent qu'en un temps où les rois guerroyaient comme de simples chevaliers, il ne prit jamais l'épée, sauf aux *champs* de Maupertuis, où sa conduite fut qualifiée de honteuse par ses contemporains. Dès qu'il fut sur le trône, il se révéla un administrateur admirable. Fort lettré en un siècle d'ignorance, il s'entoura de procureurs, de juifs, d'astrologues, et il montra, dans l'exercice du pouvoir, des qualités remarquables. « On ne peut trop honorer les clercs qui ont sapience, disait-il, et tant que sapience sera honorée en ce royaume, il continuera à prospérité » (2).

C'est de Vincennes, sa résidence favorite, qu'il répara sagement une partie des maux que la guerre anglaise avait causés à la « pauvre terre de France », et « reconquit, presque sans sortir de sa chambre, la moitié de son royaume (3) » ; la quantité de ses ordonnances datées du château est considérable ; un certain nombre visent des questions locales ; beaucoup tiennent une place importante dans l'histoire de notre pays. Parmi les premières, nous citerons une série de réglementations concernant les habitant de Vincennes ou des lieux voisins ; de chartes instituant des fondations diverses ; d'édits relatifs au paiement de dépenses engagées tant pour l'agrandissement de la résidence royale, que pour son aménagement et son ameublement.

En 1364, tous les officiers du château, parc et garenne, chapelains, portiers, sergents et autres serviteurs sont, ainsi que les religieux dits « Bons-hommes », exemptés des « aides et subsides ». Les habitants de

---

(1) « Vérité fut que roi de Navarre du temps qu'il se tenait en Normandie et que le roi de France était duc de Normandie, il le voulut empoisonner, et reçut le roi de France le venin : et il fut si avant mené que tous les cheveux de la tête lui churent, et tous les ongles des pieds et des mains, et devint aussi sec qu'un bâton. » FROISSART, livre II, ch. X.

(2) CHRISTINE DE PISAN. *Vie de Charles V*, ouvrage déjà cité. (Ch. XIV, p. 80).

(3) FROISSART.

Montreuil cessent d'être soumis aux droits de prise et à l'impôt sur la chasse aux loups (1), qui pullulaient, paraît-il. Les chantres et les chanoines de la cure Saint-Martin, que nous verrons constitués en chapitre de la Sainte-Chapelle en 1739, sont libérés de la taxe sur le sel et sur le franc salé.

L'armement de la forteresse est complété en 1369. Simon de Baigneux, vicomte de Rouen, fait confectionner des « martinez et des garroz », qu'il envoie à Vincennes par Guillaume Heudin, « maistre des dits engins » (2). L'année suivante, le pays de Gênes fournit des « arbalestres » et des « baudriers », payés à Martin Sibo (3).

Minutieux en ces détails, le roi ne perd jamais de vue l'intérêt général. Au mois d'août 1373, il fixe la majorité des rois de France à quatorze ans, après avoir pris, suivant son habitude, l'avis des seigneurs les plus illustres et des personnes les plus compétentes du royaume. Dans ce but, il réunit à Vincennes le duc de Berry, le duc de Bourgogne, le duc d'Orléans et le duc de Bourbon ; le chancelier de France, les évêques de Bayeux, de Noyon, d'Auxerre et d'Arras ; le vicomte de Melun ; Guillaume et Bordes, gardes de l'Oriflamme ; Philippe de Savoisy, grand maître de l'hôtel de la reine ; l'aumônier du roi ; les conseillers de Molins, MM. Odart et Jean Creté ; et un grand nombre de chevaliers de sa maison. Il exposa, devant cette assemblée, qu'un certain nombre de ses prédécesseurs avaient été admis fort jeunes à diriger les affaires de l'Etat, que notamment saint Louis avait reçu à quatorze ans les hommages et les serments des évêques ; qu'il y avait enfin danger à ne pas fixer, pour l'avenir, la durée des pouvoirs des régents et des régentes, susceptibles d'abuser de leur autorité, et capables, sans cette précaution, de tenir les jeunes rois sous une trop longue tutelle. Ces propositions, discutées, et finalement approuvées, furent formulées en Ordonnances et publiées en séance solennelle du Parlement à Paris, le 21 mai 1375 (4).

(1) PONCET DE LA GRAVE. *Histoire de Vincennes*, t. I, p. 129.
(2) *Mandements de Charles V*, Pièce 538, 24 mai 1369, p. 267.
(3) *Ibidem*, pièce 681, 27 avril 1370, p. 344.
(4) Voici le début de cet édit :
Sancimus ut si nos vel successores nostros nutu divino ab hac luce migrare contigerit filio nostro vel successorum masculo primogenito minore 14 annis eo ipso

Quelques jours après la réunion de l'assemblée dans laquelle avait été prise cette mémorable décision, le roi, afin de se procurer l'argent nécessaire à la continuation des travaux de Vincennes, ordonna aux commissaires, maîtres Jehan Augard et Jehan de Violaines, chargés de connaître des usures, d'envoyer les amendes et taxes qu'ils percevaient à Jean Amiot. Puis, deux ans après, il prescrivit que les aides et autres impositions dont étaient frappés les Juifs et Juives du royaume seraient employées à l'entretien du parc. Mais les sommes ainsi recueillies étant insuffisantes, il frappa d'un impôt nouveau les feux des sénéchaussées de Toulouse, Carcassonne et de Beaucaire. Il obtint, tant de ce fait, que de celui des taxes sur les amortissements et les francs-fiefs, une somme de 40.000 francs d'or, qui fut remise également à Jean Amiot par le duc d'Anjou, gouverneur du Languedoc.

Charles V établissait d'ailleurs lui-même tous ses comptes. Nous le voyons, par exemple, donner mandat à son « amé vallet de chambre Thévenin », garde de l'artillerie de son chastel du Boys, de payer six vingt francs d'or des deniers des aides pour le prix de cent baudriers (1). Il fixe les appointements des gens attachés à sa personne, qui doivent résider dans le Donjon ou veiller à la sécurité de cette forteresse (2). Le

quod annum 14 suæ ætatis attigerit, habeat regimen et administrationem regni, hommgæa et juramenti fidelitatis per prælatos, fratres, pares, principes, seu quascumque personas, alias ecclesias vel sæculares, prestanda vel facienda, etc. PONCET DE LA GRAVE, *Histoire de Vincennes*, t. 1, p. 130.

(1) Ordonnons de payer à notre amé vallet de chambre Thévenin, présent garde de nostre artillerie de notre chastel du Bois de Vincennes, six-vingt francs d'or des deniers des aydes pour payer le prix de cent baudriers qu'il a fait faire de nostre ordonnance et commandement pour la garnison de nostre dit chastel. — *Mandements de Charles V*, p. 711, pièce 1387.

(2) Gages de ceux logés au donjon ou qui le gardent et acquis pour leur partie ou fonction. — 3 août 1377.

Guillaume de Chevenon, garde de la tour............	600
Jean d'Avalon, chapelain............................	60
Thévenin Présent, garde de l'artillerie...............	60
Simon de Rueil..... ⎱	
Noël l'Apostole....... ⎰ Arbalestrier....................	60
Jehannin Présent... ⎱	
Jehannin Présent... ⎱	
Jouan Babeu........ ⎰ Gaites de la tour..............	60
Jacquemin Gappet.. ⎰	
Henryet de Montigny, portier........................	60
Jehannin Hoquelet, garde des tapis................ ..	60

Mandements de Charles V, p. 724, pièce 1423.

gouverneur touche 600 francs, le chapelain 60 francs d'or par an. Un traitement égal est alloué au garde de l'artillerie, aux trois chefs arbalestriers, aux deux gaites, au portier et au garde des tapis.

Ces détails montrent que Charles V avait pour Vincennes une prédilection marquée. Les nombreux événements historiques dont le château féodal fut le théâtre sous le règne de ce roi, attestent d'ailleurs que la Cour y séjournait très souvent.

En 1366, la Reine Jeanne de Bourbon eut dans le donjon une fille, nommée Jeanne, qui mourut au château, quelques mois après sa naissance le 21 décembre.

Le 30 juin 1371, un important traité fut signé à Vincennes. Le roi de France s'engageait à verser, pendant deux années, cent mille nobles d'or à Robert Stuart d'Ecosse, pour que ce prince entretint des troupes sur la frontière d'Angleterre. Il devait fournir en outre à son allié des armes pour cinq cents chevaliers, quelques écuyers et cinq cents sergents. Les subsides devaient être payés le premier de chaque année, en l'église de Bruges.

Au mois de janvier 1378, l'empereur Charles IV et son fils Wenceslas, empereur des Romains, arrivèrent à Vincennes. Leur réception solennelle est un point saillant de notre histoire ; le chroniqueur de Saint-Denis et Christine de Pisan en ont fait la relation et leurs récits donnent sur le nouveau château des renseignements très précieux. Le vieil empereur, malade, presqu'infirme, était venu en France pour s'acquitter d'un vœu fait à saint Maur (1). Il entra le 4 janvier à Paris, et fut reçu par le roi et la reine à l'hôtel de Saint-Paul.

« Le lendemain après vespres (2), l'empereur et le roi devant aller au bois de Vincennes, le roi vint en la chambre de l'empereur pour le faire partir pour ce qu'il était ordonné qu'ils devaient aller ensemble. »

« Et alors prit congé la reine de l'empereur, et les enfants du roi se retrahirent dans leur chambre. Et alors vint le roi des Romains devers la

---

(1) *Art de vérifier le dates*, édition de 1770, p. 450. — Saint-Maur était un lieu de pèlerinage fort célèbre.

(2) Extrait des *grands chroniques de France*. — Bibl. nat.

reine et prit congé d'elle ; elle lui donna un très riche et beau fermail d'or, garni de pierreries. »

« Et tantôt se partirent et allèrent devant monter à cheval le roi et le roi des Romains. Et l'on monta l'empereur en la litière de la reine et ainsi s'en allèrent tout droit au bois de Vincennes. Et quand ils arrivèrent au bois, pour ce qu'il était tard, vinrent grandes foisons de torches au-devant d'eux ; et fit le roi porter et loger l'empereur en sa belle tour en sa chambre où lui-même gist.

« Et se logea le roi en la chambre, qui se nomme la chambre aux daims, qui est ès-braies ; et fit loger le roi des Romains en la chambre de son fils aîné le dauphin de Viennois.

« Et soupa le roi en sa salle lui et ses gens ; là peu y avait d'étrangers pour ce que chacun s'était retint à Paris.

« Le lundi ensuivant, qui fut onzième jour de janvier, se fit porter ledit empereur tout autour de la chambre dessus dite pour voir par les fenêtres le circuit du château pour ce qu'il n'y pouvait aller. Et le roi envoya le roi des Romains au parc, accompagné de ses frères, pour chasser aux daims et conins, et pour y prendre leur ébattement.

« Cette matinée ne vit point le roi l'empereur, pour ce que ce matin avait ouï sa messe et dîné, et voulait dormir avant que le roi eût ouï ses messes, si comme il a de coutume et d'ordonnance. Mais après dîner l'alla voir : car ledit empereur avait déjà dormi ; ils furent grande pièce ensemble en bonnes paroles et ébattements, et pria l'empereur au roi qu'il lui voulût donner une de ses heures et il prierait Dieu pour lui ; et le roi lui envoya deux, une grande et une petite, et lui demanda qu'il prît lesquelles qu'il voudrait ou toutes deux s'il lui plaisait : lequel les reçut toutes deux et en remercia le roi.

« Endementres (1) que le roi était avec l'empereur dans sa chambre, le roi des Romains vint. Et sitôt que l'empereur le vit, il l'appela, et le prit par la main et lui fit promettre par sa foi en la main du roi qu'il l'aimerait et servirait tant qu'il vivrait. De quoi le roi le remercia et lui sut bon gré.

« Puis retourna le roi en sa chambre, et celui jour fit montrer au roi des Romains et autres princes et chevaliers, la tour, tels étages, garni-

(1) Endementres, vieille expression signifiant tandis.

sons et habillement d'icelle. Et furent jusqu'en haut. Ils tinrent la tour pour la plus belle et merveilleuse chose que oncques n'avaient vue. Et cette journée n'y eut plus chose qui force à escrire.

« Le mardi suivant, qui fut le douzième jour de janvier, l'empereur partit bien matin du bois de Vincennes en la litière du dauphin et alla en son pèlerinage à Saint-Maur-des-Fossés. Il ne voulut pas que les frères du roi y allassent avec lui, et aussi n'y alla pas le roi pour ce qu'ils avaient à besoigner. »

L'empereur fut reçu magnifiquement à Saint-Maur. L'abbé l'attendait à l'entrée de l'abbaye, entouré de tous ses moines ; il les conduisit processionnellement à l'église, où fut chantée la messe. A l'issue de la cérémonie, le souverain dîna dans une salle somptueusement décorée. Il remit ensuite au couvent de grandes aumônes en argent, poissons, bœufs, moutons et vins ; après s'être reposé, il remonta dans sa litière qui l'emmena à Beauté-sur-Marne. « Il y demeura quelques jours, se trouvant si bien qu'il amenda de sa maladie, notamment se mit à aller et venir et visita tout l'hôtel à peu d'aide de haut et de bas, et disait à chacun que oncques n'avait vu plus belle place ni plus délectable lieu. »

Charles V, resté à Vincennes, allait chaque jour à Beauté visiter son hôte. A l'une de ses venues, l'empereur lui exprima le désir de voir la couronne royale que ses orfèvres Gilles Mallet et Hennequin venaient d'achever. Ceux-ci la lui portèrent. « Charles IV la regarda moult longuement partout en y prenant grand plaisir et quand il l'eut regardée à sa volonté, il dit qu'on la remît en sauf (1), et que, somme toute, il n'avait oncques vu tant de si nobles ni si riches pierreries ensemble. »

L'empereur quitta Beauté le 16 janvier 1378, emportant, ainsi que les princes et les seigneurs de sa suite, des cadeaux merveilleux : « coupes, gobelets d'or, aiguières enrichies de pierreries, tels qu'on savait les faire à Paris. » En échange, il institua le Dauphin (depuis Charles VI) son Vicaire perpétuel dans le royaume d'Arles et pays du Dauphiné, lui donnant en outre le château du Pitet et une maison à Vienne. Au roi, il avait laissé deux anneaux, l'un orné d'un rubis, l'autre d'un diamant,

---

(1) « En sauf », « en sûreté ».

disant qu'il n'oublierait jamais la somptueuse hospitalité de Vincennes. Il mourut en rentrant dans ses états. Quant à Wenceslas, sa vie fut un tel tissu de cruautés, de débauches et de bassesses, qu'il ne dut guère penser à la France (1).

Après les fêtes, Vincennes tomba dans les heures tristes. La reine Jeanne de Bourbon, qui était enceinte lors de la visite de l'empereur d'Allemagne, et qui avait été très fatiguée par les réceptions données en l'honneur du souverain, accoucha dans le donjon d'une fille, Catherine (4 février 1378) et mourut deux jours après (6 février). Le roi eut un vif chagrin ; il appelait cette princesse « le soleil de son royaume ».

Cependant il trouva la force de réagir contre sa douleur car, bien que sa santé fut de plus en plus débile, il dut s'occuper de la question papale qui avait pris une importance considérable. En effet, pendant que l'empereur Charles IV accomplissait son voyage, Grégoire XI qui, à l'instigation de Sainte Catherine de Sienne et de Sainte Brigitte, s'était décidé à quitter Avignon malgré l'opposition de la Cour de France et celle de la majorité des cardinaux, se mourait à Rome. La succession au trône de Saint-Pierre, ouverte peu après, intéressait au plus haut degré la chrétienté par suite des conditions dans lesquelles elle se produisait. Les Romains voulaient un pape romain ; les Français, un pape français.

Sur seize cardinaux composant le conclave à Rome, onze étaient Français ; il semblait donc que l'élection serait telle que la désirait Charles V ; mais la foule envahit le palais des cardinaux, menaçant « de faire leurs têtes plus rouges que leurs chapeaux ». Pris de peur, après avoir protesté contre la violence dont ils étaient l'objet, les cardinaux élurent un sujet du roi de Naples, l'évêque de Bari. Ce dernier fut d'abord reconnu par presque tous les états chrétiens sous le nom d'Urbain VI ; mais, d'un caractère hautain, violent, emporté, il voulut, aussitôt après avoir ceint la tiare, réformer l'Eglise et le monde, imposer sa volonté au clergé turbulent et dicter des lois aux princes séculiers. Les cardinaux s'émurent de cette attitude, et les princes d'un langage

(1) Enfermé en 1379 « comme une bête féroce » par les seigneurs de Bohême, Wenceslas fut déposé comme empereur en 1400 et mourut en 1419 sur le trône de Bohême. *Art de vérifier les dates*, édition 1770, p. 450.

auquel ils n'étaient plus habitués. Dans un nouveau conclave, réuni à Agnani cinq mois après son élection, Urbain VI fut déposé ; le cardinal Robert de Genève fut élu sous le nom de Clément VII (21 septembre 1378).

Avec sa prudence habituelle, Charles V ne voulut prendre parti dans cette grave querelle qu'après avoir pressenti l'opinion publique ; il ne reconnut d'abord aucun des deux rivaux ; et, de Vincennes, convoqua un grand nombre d'évêques, de docteurs en théologie et de conseillers, pour avoir leur avis.

La première assemblée, tenue aux Bernardins, à Paris, se sépara sans avoir rien décidé. L'Université seule se déclara pour Clément VII. Le roi, ne se contentant pas de cette approbation restreinte, convoqua le 16 novembre 1378, au château de Vincennes, une seconde assemblée des évêques, des docteurs en théologie, des présidents du Parlement, et des plus célèbres avocats.

L'élection d'Urbain VI fut soutenue par Jean de Lignaro, docteur de Boulogne ; le droit de Clément VII exposé par Jean de Fabri, abbé de Saint-Vaast. Les avis étaient partagés, et l'on paraissait n'aboutir à la reconnaissance d'aucun des deux pontifes, la question réservée à un concile général, lorsque « le cardinal de Limoges, prélat vénérable par la sainteté de sa vie, protesta publiquement sur son salut éternel, que l'élection d'Urbain VI avait été forcée et que celle de Clément VII était légitime. Il montra ensuite des lettres de tous les cardinaux, scellées de leurs sceaux ; les prélats confirmaient cette pression, et prenaient Dieu à témoin de la vérité de leurs dépositions ». La cause de Clément VII était gagnée ; son élection fut reconue valable.

Le roi fit aussitôt publier la décision de l'assemblée, qu'il envoya à tous ses alliés. L'Ecosse, la Castille et Naples se déclarèrent pour le pape français ; la Germanie, la Navarre, l'Angleterre, les Pays-Bas et presque tous les pays du Nord, pour le pape italien.

La délibération de Vincennes, en divisant la chrétienté, fut le véritable point de départ du grand schisme d'Occident, dont la durée fut de quarante années, et qui, troublant les consciences, détruisit l'autorité spirituelle du Saint-Siège et rendit possible la réforme de Luther.

Mais Charles V ne vit que les débuts de la guerre déchaînée entre les deux papes rivaux. Un médecin allemand prolongeait ses jours en entretenant une fistule à son bras. Sachant que, lorsque la suppuration

Etat de la Tour de Beauté au commencement du XVIIe Siècle

Par Chatillon

disparaîtrait, il aurait à se préparer à la mort, Charles V s'enferma, tantôt dans son château de Vincennes, tantôt à Beauté, pour y « régler toutes choses » avant de laisser la couronne à son fils encore enfant. Il s'éteignit au château de Beauté-sur-Marne, le 6 septembre 1380.

Charles VI avait douze ans quand il fut appelé à recueillir la succession de celui que l'histoire a qualifié de Sage. La tutelle revenait au duc d'Anjou (1) « prince avide, dur, entreprenant » (2). Les autres frères du roi, qui devaient faire partie du conseil de régence, n'avaient pas de moindres défauts : le duc de Berry était « débauché, dissipateur, et peu estimé dans le royaume » ; le duc de Bourgogne était « prodigue et toujours embarrassé d'argent » ; le duc de Bourbon, beau-frère du feu roi qui, seul, eût été capable de bien diriger les affaires de l'Etat, n'avait ni le rang, ni l'autorité voulue pour tenir une place prépondérante.

C'est dans de telles mains que tombèrent les trésors amassés par Charles V au Louvre, à Saint-Germain, à Melun, à Vincennes. Dans ce dernier château, les princes ébauchent leurs intrigues, se disputent la régence. Ils s'emparent de tout l'argent disponible, de toutes les richesses artistiques qui se trouvent au Donjon.

Le feu roi cependant avait cru sauvegarder son héritage en réglant la question de tutelle, et en confiant l'administration des finances aux ducs de Bourgogne et de Bourbon, chargés de la garde de son fils. Mais le duc d'Anjou ne respecte pas les volontés du défunt. Il

(1) Tous les princes de la famille royale ont plus ou moins résidé à Vincennes à cette époque. Comme leurs noms reviendront souvent au cours de ce chapitre, nous donnons ici leur généalogie.

Jean II † 1364

Charles V † 1380 épouse Jeanne de Bourbon					Louis Ier d'Anjou † 1384	Jean duc de Berry † 1416	Philippe le Hardi, duc de Bourgogne † 1404
Charles VI † 1422 épouse Isabeau de Bavière			Louis I d'Orléans † 1407 épouse Valentine Visconti		Louis II d'Anjou		Jean-sans-Peur † 1419
Louis † 18 déc. 1415	Jean † 1418 3 janv.	Charles VII † 1461	Catherine, épouse Henri V d'Angleterre	Charles † 1465	Jean comte d'Angoulême. † 1467	Dunois.	Louis III † 1434	René Ier † 1480 épouse Isabelle de Lorraine		Philippe le Bon † 1467
VALOIS			ORLÉANS			ANJOU	BERRY	BOURGOGNE

(2) M. DE BARANTE, *Histoire des ducs de Bourgogne*.

prend le pouvoir, déclare le jeune roi majeur, le fait sacrer à Reims. Puis, il se saisit de l'administration des finances afin de puiser dans le trésor royal tout l'argent qui lui était nécessaire pour soutenir ses prétentions au royaume de Naples, Vincennes est mis à contribution comme les autres châteaux. Ces ressources ne suffisant encore pas, il augmente les impôts. Or, l'heure était mal choisie, car un vent de révolte contre la noblesse soufflait par toute l'Europe.

Les disciples de Wickliffe venaient de s'emparer de Londres (1381) au cri de « plus de Prélats, plus de Seigneurs » et avaient massacré l'archevêque de Cantorbery. Le peuple de Paris suivit l'exemple. Les Maillotins, aux cris de « Liberté ! Liberté ! » s'emparèrent de l'Hôtel-de-Ville, et massacrèrent les percepteurs. Le roi, ne se trouvant plus en sûreté à Vincennes, s'enfuit à Meaux ; le duc d'Anjou dut traiter avec les rebelles.

Les concessions n'enrayèrent pas la révolution qui gagna du terrain sur d'autres points. Après Londres et Paris, Gand, à la voix du brasseur Arteveld se souleva. La noblesse, prise de peur, s'unit contre les bourgeois émettant la prétention de participer au gouvernement de leurs villes ou de leur pays. La bataille de Rosebecq, où vingt-six mille Gantois et Arteveld trouvèrent la mort, terrifia le parti populaire. Il restait, pour compléter la défaite, à mettre Paris à la raison : l'armée victorieuse marcha donc sur la capitale. A son approche, la haute bourgeoisie déclara qu'elle se confierait à la bonté du jeune roi ; mais celui-ci, sur l'avis de ses conseillers, se refusa à toute transaction. Pour montrer qu'il voulait traiter la ville suivant les usages de la guerre, il fit tomber la porte Saint-Denis, entra par la brèche la lance au poing. Les chaînes de fer que les Parisiens tendaient au travers de chaque rue la nuit pour leur sûreté, furent enlevées et portées à Vincennes ; un grand nombre de révoltés furent suppliciés. Ceux qui échappèrent furent conduits dans la forteresse.

Le château de Vincennes devient alors aux portes de Paris toujours en effervescence l'asile de la Cour. Les agrandissements des communs, en 1385, eurent pour but de loger tous les valets et hommes d'armes de la maison royale. Ce personnel était nombreux mais changeant, car il variait suivant le véritable maître du moment ; la folie du roi ayant augmenté, chaque parti se disputait la triste épave humaine (1), qui n'avait conservé de la royauté que l'apparence des prégoratives, et cependant personnifiait le pouvoir.

En 1405, Jean sans Peur, qui s'était emparé du dauphin Charles, dont le nom était également une force emblématique, occupa le château. Il en fit retirer les chaînes de fer qui avaient été prises en 1383 aux Parisiens et les leur rendit, en leur distribuant des armes, pour s'assurer leur appui ; mais le duc d'Orléans, soutenu par la reine, marcha contre lui, saccagea la Beauce et la Champagne, s'avança sur la capitale. A l'instigation du duc de Berry, le roi, qui avait recouvré un instant sa raison, manda les deux rivaux à Vincennes et les fit se réconcilier.

Le duc d'Orléans n'était venu au château qu'avec la résolution de s'en emparer ; mais, doutant du succès, il renonça prudemment à son projet, se contentant de l'hospitalité défensive qu'on lui offrait, et de l'organisation de son entrée triomphale à Paris avec la reine.

L'accord (2) conclu entre les princes n'était qu'une trêve : les haines subsistaient, aussi vivaces. En 1407, elles se traduisirent par un acte violent : au sortir de l'hôtel Barbette (au point où se trouve actuellement le passage de la maison portant le n° 26 de la rue des Francs-Bourgeois) le duc d'Orléans tomba sous les coups d'assassins à la solde du duc de

---

(1) L'état du roi était parfois lamentable. Il fallait user de subterfuges pour l'amener à se soigner. Vers la fin de novembre 1405, les ducs essayèrent de le contraindre à se soumettre à des mesures de propreté qui pouvaient rendre efficaces les remèdes employés. D'après le conseil d'un habile médecin, les serviteurs du roi sortaient chaque jour de sa chambre à la nuit tombante et il en rentrait dix autres qui déguisaient leur voix et leur extérieur afin de ne pas être reconnus. Ils parvinrent au bout de trois semaines, par leurs bons conseils et leurs remontrances, à le déterminer à se déshabiller pour se mettre au lit, à changer de chemise et de draps, à prendre des bains, à se laisser raser la barbe, enfin à manger et à dormir à des heures réglées. Il y avait cinq mois qu'il se refusait à ces soins de propreté et déjà la crasse engendrée par des sueurs fétides avait provoqué des pustules sur plusieurs parties de son corps. Il était tout rongé de vermine et de poux qui auraient fini par pénétrer jusqu'à l'intérieur des chairs si son médecin n'eût pas changé son hygiène.

Chronique de Saint-Denis, bibl. nat. (Ed. Bellaguet) t. III, p. 349.

(2) Conférence du 8 au 16 octobre 1405. — *Chron. de Ch. VI*. Bibl. nat., t. III, p. 307.

Bourgogne. Le dauphin Louis assista de Vincennes au procès fait à son oncle, et l'entendit avouer son crime, s'en faire gloire (1).

Le jeune prince Louis resta dans cet asile jusqu'en 1412 ; au commencement de cette année, les Parisiens parvinrent à l'enlever, le contraignant à demeurer à l'Hôtel Saint-Paul, y plaçant des gardes, pour l'empêcher de s'évader. Le prétexte de cette mesure avait été qu'à l'occasion des joutes à Vincennes, le dauphin « avait mandé à Pierre des Essarts qu'il amenât avec lui en ce lieux six cents bassinets, et à cause aussi que le duc d'Orléans et les autres de sa partie y faisaient grande assemblée, ce dont le duc de Bourgogne était très mécontent ».

Au centre de toutes ces intrigues, aux fins toujours sanglantes, le malheureux roi dément vivait presque libre, allant du Louvre à Vincennes et de Vincennes à Beauté. En 1413, s'occupant de l'administration intérieure des deux châteaux, il réduisit les gages du concierge et du jardinier de Beauté, ainsi que ceux du garde de l'Horloge du donjon de Vincennes : « Voulons et ordonnons, dit l'ordonnance du 25 mai 1413, que le garde de l'Horloge du boys de Vincennes qui prenait sur la recette de Sens 68 livres 8 sols et 9 deniers parisis, prendra seulement 25 livres parisis et sera assigné sur la recette de Paris. »

Pendant que Charles VI se préoccupait de ces détails, Philippe le Hardi cherchait avec persévérance l'occasion de s'emparer de sa personne. Le 4 août 1413, il tentait l'aventure : il vint au Louvre, après le dîner, et dit au roi qu'il devrait aller à Vincennes « pour se dissiper et que, s'il le trouvait bon, il l'accompagnerait ». Des troupes bourguignonnes, placées sur la route, devaient enlever le monarque ; mais le seigneur de Traignel, instruit du complot, réussit à ramasser environ cinq cents cavaliers à la Porte Saint-Antoine, tandis que le duc de Bavière occupait le pont de Charenton et Vincennes. Aussitôt que le roi eut quitté Paris, le seigneur de Traignel s'avança vers lui : « Sire, dit-il, venez-vous en

(1) Le duc allégua pour sa défense que le duc d'Orléans était coupable du crime de lèse-majesté au troisième chef. « Une fois », dit son avocat, « le duc envoya par un jeune page une très belle pomme à Mgr le Dauphin. La nourrice du prince trouva le fruit si beau qu'elle le prit, malgré le page et le donna à son enfant qui mourut. Il est évident que le duc avait l'intention de faire périr le Dauphin. » *Chronique de Saint-Denis*. Bibl. nat., t. III, p. 766.

« votre bonne ville de Paris : le temps est bien chaud pour vous tenir
« sur les champs ». Et le pauvre dément retourna dans sa capitale.

Le coup étant manqué, le duc de Bourgogne s'enfuit dans ses états, Charles VI put alors s'installer en sécurité à Vincennes. C'est là que le 22 octobre 1413 il publia une ordonnance défendant « qu'aucun chevalier, nobles ou écuyers, prissent les armes sans son commandement, sous peine de forfaiture de corps et de biens ». Jamais édit ne fut moins obéi.

Pendant les années qui suivirent, la Cour séjourna presque continuellement au château de Vincennes, les fêtes s'y succédant sans interruption, tandis que la guerre désolait le reste du royaume. Isabeau de Bavière y avait attiré une foule de courtisans ; elle y menait une vie des plus déréglées. Le chevalier de Bois-Bourdon, son favori, ne cachait pas son heureuse fortune. Le roi, qui avait des éclairs de raison, apprit de la bouche du Dauphin, dit-on, le scandale causé par la conduite de la reine. Il sut se contenir ; mais un jour du mois d'avril 1417 qu'il se rendait de Vincennes à Paris pour y entendre les vêpres, il rencontra le sire de Bois-Bourdon qui, passant près de lui en chevauchant, s'inclinant à peine, poursuivit son chemin. Cette insolence fit éclater la colère du roi : il enjoignit à son Grand-Prévôt d'arrêter le chevalier. Bois-Bourdon, conduit d'abord à Montlhéry, puis au Châtelet, mis à la question, fut enfermé dans un sac et noyé dans la Seine (1).

(1) Ce récit a été extrait des *Chroniques* de MONSTRELET (édition 1834), p. 405 chez Destry, Paris.
Les *grandes chroniques de France* rapportent autrement l'incident :
Depuis onze mois, le bruit des trompettes ennemies semblait toujours retentir aux oreilles des Français. L'auguste reine de France, madame Isabeau, dominée par ces sentiments de crainte, qui sont si naturels aux femmes, avait mandé à Paris un grand nombre de gens de guerre pour protéger sa personne et celles des illustres dames de sa cour, et les avait placés sous le commandement des sires de Graville de Giac et de Louis de Bourdon, qui étaient chargés de veiller, jour et nuit, sur sa sûreté, partout où elle se transporterait. Je dois dire que ces chevaliers avaient une conduite indigne de leur haute naissance. Ils étaient parvenus à séduire et déshonorer quelques dames de haute condition que je m'abstiens de nommer. L'infamie de ce commerce adultère, auquel ces hommes éhontés se livrèrent publiquement, et sans rougir, jusqu'aux fêtes de Pâques, excitèrent l'indignation du roi. On lui conseilla de les chasser. Un jour que le roi allait rendre visite à la reine au Bois il fit arrêter Bois-Bourdon. Les autres seigneurs s'enfuirent. Après être resté longtemps à Montlhéry garotté, Bois-Bourdon fut ramené à Paris et noyé secrètement dans la Seine. — Bibl. nat. *Chroniques de Charles VI*. t. VI. p. 73.

La reine, exilée à Blois, puis à Tours, devait y demeurer en assez simple état, gardée à vue.

Cet exil cependant fut de courte durée : nous savons, en effet, que « le roi, la reine et le duc de Bourgogne, accompagnés d'un grand nombre de gens d'armes, retournant de la ville de Provins, où ils avaient séjourné trois mois, vinrent au gîte du chastel du bois de Vincennes où ils tinrent leur cour et il y eut grand ébattement, chasses et plaisirs. »

Pendant que la Cour s'égayait, Rouen, après avoir perdu le tiers de sa population en soutenant un siège héroïque contre les Anglais, succombait, se rendait, et Henri V exigeait de la malheureuse ville une rançon de trois cent mille écus d'or.

Le Dauphin et le duc de Bourgogne, effrayés des succès de l'envahisseur, fatigués de la lutte, cherchèrent un moyen d'accord. Le traité de Corbeil, scellant la réconciliation des deux princes, parut redonner de la cohésion au parti national ; mais l'entourage du dauphin Charles, jugeant que cette paix livrerait le gouvernement à l'influence des Bourguignons, en empêcha l'exécution.

Henri V d'Angleterre profita de l'hostilité des deux fractions rivales pour avancer jusqu'à Pontoise. Aussitôt, Charles VI quitta Vincennes, où il ne se sentait plus en sûreté, pour s'établir à Troyes. En face du danger grandissant, les deux princes français tentèrent un nouveau rapprochement. Mais les partisans du Dauphin, décidés à empêcher la paix, même au prix d'un crime, assassinèrent le duc Jean sans Peur sur le pont de Montereau, à l'heure de son entrevue avec leur maître (10 décembre 1419).

Ce meurtre devait avoir une grande influence sur les destinées du Château de Vincennes. Les Parisiens se prononcèrent pour Henri V. « Mieux valent cent fois, disaient-ils, les Anglais que les Armagnacs. » La reine Isabeau, à l'instigation du parti Bourguignon, signa la paix de Troyes avec son gendre Henri V et Philippe, fils de Jean sans Peur, le 21 mai 1420. Aux termes de ce traité, Charles VI gardait le titre de roi de France, mais ce titre, à sa mort, devait passer à Henri V. Le Dauphin, était déchu de ses droits, le château de Vincennes était remis au roi d'Angleterre.

Pendant dix années, la forteresse resta sous la domination anglaise ; le duc d'Excester en fut le premier commandant. Charles VI n'y était

Charles VI surprend à Vincennes Bois Bourdon amant de sa femme, il le fait traîner à la rivière enfermé dans un sac sur lequel étoit écrit, laissez-passer la Justice du Roi.

reçu que comme hôte ; il y venait souvent, et de grandes fêtes étaient données en son honneur (1). On tâchait, en toutes circonstances, d'égayer « l'ombre auguste, malheureuse et plaintive autour de laquelle s'agitait un monde réel de sang et de plaisirs » (2). Lorsque le duc de Bourgogne et le comte de Saint-Pol, — rejoignant le roi d'Angleterre, qui assiégeait Meaux, tenant pour le Dauphin, — s'arrêtèrent au château, de grandes réjouissances furent organisées (1421). Celles-ci continuèrent tout le printemps et, le 26 mai, après la prise de Meaux, les Cours française et anglaise se trouvèrent à Vincennes.

Henry V signa, datées du château, de nombreuses ordonnances. Il réglementa le taux des monnaies, ramenant à deux deniers les « fleurettes », montées à seize ; réduisant à dix-huit sols parisis l'écu d'or, qui valait neuf francs. Ayant besoin d'argent, il obligea tous ceux qui possédaient de la vaisselle d'or et d'argent à la porter à la monnaie pour y être convertie en espèces. « Mais, de ce qui valait huit francs le marc, on n'en rendait que sept ! » Il fit enfin publier une déclaration confisquant tous les biens de ceux qui suivaient le parti du Dauphin.

Le Dauphin répondit à ces ordonnances, en menant une campagne active sur la Loire. Henri V quitta Vincennes pour marcher contre cet adversaire ; mais atteint de la dysenterie (3), il fut obligé de revenir au Château. Il s'alita et mourut (juillet 1422) ayant auprès de lui Charles VI, Isabeau de Bavière, Catherine de France (4), les ducs de Bedfort, et d'Excester, le comte de Warvick, Mgr Louis de Robersart, et de nombreux seigneurs français, anglais et bourguignons. Au moment de son agonie, il avait demandé ses proches et leur avait fait, avec une grande lucidité, ses dernières recommandations. Il avait institué le duc de Bedfort Régent de France, avec l'ordre de ne jamais traiter avec le Dauphin ; le duc de Glocester, Régent d'Angleterre ; le

---

(1) Il y passa l'hiver de 1420, en revenant du siège de Dreux.

(2) CHATEAUBRIANT. *Etude historique*, t. IV, p. 200.

(3) Cette dysenterie appelée « mal de Saint-Fiacre » dit le chroniqueur de Saint-Denys, lui était survenue parce qu'il avait voulu enlever le corps du bienheureux saint et transporter ses reliques en Angleterre. *Chronique de Saint-Denys*, t. VI p. 481.

(4) Catherine de France, alors enceinte, accoucha d'un fils en Angleterre. *Chronique de Charles VI*, bibl. nat. t. VI, p. 473.

comte de Warvick, gardien de son fils, alors âgé de deux ans. Et, lorsque les médecins l'avaient averti, selon sa volonté formelle, de l'approche de la mort, il avait prescrit d'ouvrir toutes grandes les portes de sa chambre, et, en présence de ses parents, de ses serviteurs et des gens d'Eglise, il s'était confessé, ordonnant qu'on récitât les psaumes de la pénitence. « Aux mots *Benigne fac Domine*, suivis de *muri Hierosalem*, il avait arrêté les psalmodiants et dit tout haut qu'il avait l'intention, après qu'il aurait mis le royaume de France en paix, d'aller conquérir la ville sainte. Il s'était assoupi et avait rendu l'esprit (1) » Ses entrailles furent portées en l'église de Saint-Maur-les-Fossés.

Son corps, après avoir été bouilli, fut mis dans un coffre de plomb pour être transporté en Angleterre (2).

Un service solennel fut célébré dans la chapelle Saint-Martin. Le duc de Bourgogne, venu de Brie-Comte-Robert, y assista. La dépouille mortelle du vainqueur d'Azincourt fut ensuite placée sur un chariot couvert d'un drap noir (3) et emportée. Les troupes de la garnison formaient la haie ; de nombreux porteurs de torches suivaient les funérailles, conduites par les frères du défunt et les princes anglais. Le clergé de Vincennes accompagna le corps jusqu'à la porte de la forteresse ; les aumôniers du roi, seuls, allèrent jusqu'à Saint-Denis, où l'absoute fut donnée.

Deux mois après, Charles VI suivait son gendre dans la tombe.

Henri VI d'Angleterre, pendant les premières années de son règne, résida presque continuellement à Vincennes. En 1425, il y confirma les lettres-patentes données par Charles VI au chapitre de la Sainte-Cha-

---

(1) *Chronique de Monstrelet*, édition 1834, chez Desrez, Paris, p. 530.
(2) On fit l'ouverture du corps et on le sépara en plusieurs parties que l'on fit bouillir avec de l'eau dans une chaudière. Les différentes parties furent enfermées avec les os dans un cercueil en plomb rempli de toutes sortes d'aromates et l'eau dans laquelle on les avait fait bouillir fut mise dans un cimetière. *Chronique de Charles VI*, bib. nat. t. VI, p. 483.
(3) De chaque côté du char, c'est-à-dire en avant et en arrière, il y avait deux lampes qui, au dire de certaines gens, brûlèrent tout le long du chemin, chose difficile à croire, car il y avait près de deux lieues du château de Vincennes à Saint-Denis. On portait autour du char deux cents torches et cinquante cierges allumés. *Chronique de Charles VI*. Bibl. nat. t. VI, p. 485.

pelle en janvier 1383. Pendant ce temps, et malgré les troubles que suscita l'établissement de la régence en Angleterre, la guerre contre le dauphin se poursuivait en France avec acharnement. Enfin, la voix de Jeanne d'Arc, secouant la torpeur du dauphin, ranima le courage des chevaliers français.

En 1430, le parti national avait repris toute son importance. L'année précédente, Orléans avait été délivré, le roi sacré à Reims. La prise, par les Bourguignons, de la « sainte fille suscitée par Dieu » ne ralentit pas les efforts des partisans du roi de France : sur tout le territoire, commença une guerre de sièges de places et de châteaux. Le Commandeur de Giresmes et Denis de Challi, après s'être emparés de Créci, de Coulommiers et de Corbeil, entrèrent à Vincennes, où ils installèrent une garnison.

Cette occupation ne fut pas longue, car l'année suivante, le roi d'Angleterre, accompagné de ses oncles, le cardinal de Winchester et le cardinal d'York, du duc de Bedfort, du duc d'York, des comtes de Warwick, de Salisbury, de Suffolk et d'autres seigneurs, vint passer une partie du mois de novembre au château. Il y resta jusqu'au 15 décembre, jour de son sacre à Notre-Dame. Cette cérémonie ne lui concilia pas les esprits. On remarqua que la vieille reine Isabeau, voyant passer son petit-fils, n'avait pu s'empêcher de pleurer.

Partout, la France se ressaisissait. En 1432, les environs de Paris étaient couverts de bandes d'Armagnacs qui poussaient leurs incursions jusqu'aux portes de la capitale. Les Anglais ne pouvaient tenir nulle part.

Au cours d'une de ces expéditions, Jacques de Chabannes (1) surprit le château de Vincennes, grâce aux intelligences qu'il avait nouées dans la place avec un transfuge français, Ferrières. Il « l'eschiella par le Donjon », et malgré la résistance désespérée de la garnison, il resta maître de la place (2).

A partir de ce moment, et pendant de longues années, l'histoire du

(1) Jacques de Chabannes, sénéchal du Bourbonnais, chevalier et chambellan du roi, était capitaine de la « Ville et du Chastel de Corbeil ». Bibl. nat. ms. fr. 21.713, fol. 284.
(2) Voir *Chap. Donjon*, t. II, ch. II.

château se sépare en quelque sorte de l'histoire générale de la France ; c'est que la monarchie s'installe sur les bords de la Loire et que les rois, sans renoncer à leur résidence aux portes de Paris, n'y viennent que rarement. Cependant, bien des épisodes mériteront encore l'attention.

En 1433, une épouvantable épidémie sévit sur Vincennes : « Il y mourut une quantité étonnante de monde. Le Bois était jonché de cadavres. Le village de Notre-Dame de la Pissotte et la basse-cour étaient presque déserts. Les vivants pouvaient à peine suffire à enterrer les morts (1). »

L'année suivante, à cette désolation vinrent s'ajouter les rigueurs d'un hiver des plus âpres. Le 7 octobre un ouragan renversa une partie des hautes futaies et on fut obligé de couper ce qui restait. « On remarqua que, dans le tronc d'un seul arbre, il y avait jusqu'à cent quarante cadavres d'oiseaux morts de froid. Nombre de pierres de tours furent enlevées et la plupart des galeries au-dessus des tours furent abattues (2) ».

Les Anglais firent à ce moment une tentative sur le château démantelé. Ils réussirent à y pénétrer, mais ne purent s'y maintenir. Un Ecossais ayant livré une des poternes au duc de Bourbon, celui-ci soumit la place à l'obéissance du roi de France ; il y installa une garnison tirée de la ville de Corbeil, dont Jacques de Chabannes était gouverneur. Girard de Semur, Regnault, Le Pell, Jehan de Castelno et Pierre de Cidrac commandèrent à tour de rôle les détachements envoyés pour garder la forteresse reconquise. Ces officiers, véritables chefs de bande, étaient incapables de maintenir la discipline. Leurs hommes, n'étant pas payés, étaient « en grant nécessité de avoir à vivre pour eux et pour leurs chevaux ». Ils pillaient donc « les villages et les plats pays aux environs », enlevaient les femmes, étaient la terreur des officiers de justice. Pour mettre un terme à ces excès, le roi mit un impôt sur les blés, vins et autres marchandises passant par Corbeil, et affecta les sommes produites au paiement de la solde des troupes de cette ville et de son château de Vincennes. Puis, préférant « grâce et miséricorde à rigoureuse justice », il amnistia les coupables pour tous les délits com-

(1) PONCET DE LA GRAVE. T. I, p. 207.
(2) *Ibidem*.

mis en corps ou individuellement, sous la condition qu'à l'avenir « ils obéiraient et obtempéreraient sans faire le contraire (1) ».

En 1445, le comte de Tancarville est gouverneur de la forteresse. Le pays devait être calme, car, les ennemis étant éloignés de plus de seize lieues, les habitants de Montreuil demandent de ne plus faire le guet.

Trois ans plus tard, Vincennes semble redevenu une résidence de plaisance : Charles VII y séjourne souvent avec Agnès Sorel. Celle-ci y accouche d'un fils. Mais elle habitait ordinairement le château de Beauté, que lui avait donné le roi ; elle y mourut en 1450.

---

(1) Amnistie et affaires d'Etat. Lettres patentes accordant pardon aux garnisons de Corbeil et du bois de Vincennes, données à Corbeil le 28 de may 1438. — Bibl. nat. ms. fr. 2.173 fr. n° 284.

CHAPITRE VI.

Louis XI et le comte de Charolais à Vincennes. — Olivier le Daim, concierge du Donjon. — Revue des milices bourgeoises de Paris dans la plaine de la Pissotte. — Coupe et reboisement du bois sous Henri II, 1551. — Inauguration de la Sainte-Chapelle, 1552. — Translation de l'ordre de Saint-Michel, 1557. — Charles IX et Catherine de Médicis. — Les protestants. — Emprisonnement du duc d'Alençon et du roi de Navarre. — Mort de Charles IX. — Nombreux séjours de Henri III. — Prise du château par les ligueurs et reprise par le capitaine Saint-Martin. — Siège soutenu par ce dernier. — Soumission du château à Henri IV. — Pose de la première pierre du pavillon du roi par Marie de Médicis et Louis XIII. — Chasses à Vincennes. — Visite de Cromwel, 1628.

De Louis XI à Louis XIII, le château se transforme, se modernise.

Aux constructions féodales s'ajoutent des bâtiments nouveaux, plus commodes, plus ouverts, plus aérés. Car, si le siège de la monarchie sous les derniers Valois est fixé sur les bords de la Loire, les souverains sont souvent obligés de venir à Paris, et la vieille résidence leur offre à proximité de la capitale, aux heures de trouble, un asile sûr ; aux moments d'accalmie, une retraite où ils peuvent oublier les soucis des affaires, tout en s'adonnant aux plaisirs de la chasse.

A la fin du règne de Charles VII le château était en parfait état d'entretien. Il causa l'admiration d'ambassadeurs florentins, qui le visitèrent au mois de janvier 1461. L'enthousiasme de ces envoyés extraordinaires se lit dans la relation qu'ils ont écrite au retour de leur voyage (1). Leur récit contient, avec quelques exagérations inhérentes au style de gens ayant dans les veines du sang méridional, des détails fort intéressants et fort instructifs : il mérite donc d'être analysé.

Nos hôtes ont tout vu : le parc « entouré de murs ayant six milles de tour, dans lequel se trouvent un bel étang », et aussi « de nombreuses bêtes féroces », ces animaux féroces ne devant être d'ailleurs que des sangliers, cerfs et autres gibiers à poil — ; la grande forteresse « contenant dans le haut comme dans le bas une infinité de logements capables de recevoir plus de deux mille personnes » ; la grosse tour « qui est un beau palais ». Tout leur a paru magnifique : la pierre employée à la construction, les façades « délicatement ornées », le châtelet du donjon si bien décoré. L'enceinte de ce même donjon est « comme leur San Giovanni » (2). Ils déclarent que l'intérieur de « la forteresse des quatre tours » (3) renferme les plus somptueux appartements qu'ils aient visités, surtout « la chambre du roi dont tous les ornements sont rehaussés d'or et les murs sont couverts de boiseries (4). » Ils s'émerveillent du puits, de la citerne profonde, des talus à clin (5) du rempart, de la largeur des fossés, de l'épaisseur des murailles, citant jusqu'à

---

(1) *Viaggio a Parigi degli ambasciatori Fiorentini nel 1461. Archivio Storico Italiano*, par G. MILANESI, 3ᵉ série. Vol. I, 1864. P. 34 et suiv.
(2) *Quanto San Giovani nostro.*
(3) Le donjon.
(4) *Et maxime la camera del re, la quale e lavorata a oro et fasciata di legname.* Voir t. II, ch. Iᵉʳ les déductions tirées de cette indication.
(5) *Scaglie :* Ce terme semble désigner la risberme

« l'Eglise en ruine dont les restes sont beaux et sont encore aussi hauts que la toiture » (1). Et pour terminer, ils résument leur impression d'ensemble en disant : « C'est là une chose qui n'a pas sa pareille en France. »

Louis XI fut heureux de trouver cette place si bien organisée, contenant une habitation, au confort peut-être rudimentaire, luxueuse cependant, en tous cas ayant une valeur défensive incontestable, lorsque peu après son avènement la guerre civile éclata. Après la bataille indécise de Montlhéry (1465), les seigneurs, qui avaient formé la ligue du Bien Public, marchèrent sur Paris, dans l'intention de devancer le roi dans sa capitale. La situation du souverain était critique. Déjà le duc de Berry, le comte de Charolais et le duc de Bretagne, avaient fait passer leurs troupes sur la rive droite de la Seine au moyen d'un pont de bateaux, et s'étaient emparés du pont de Charenton, gardé seulement par quelques francs archers. Mais l'armée royale put se jeter à temps dans le château et le bois de Vincennes, arrêtant les alliés et les forçant à prendre leurs cantonnements. Les ducs de Berry et de Bretagne s'établirent à Saint-Maur-les-Fossés ; le comte de Charolais occupa un secteur allant du pont de Charenton à Conflans ; ce prince possédait d'ailleurs, dans cette dernière localité, une maison dans laquelle il abrita son charroi et son artillerie, et logea avec le duc de Calabre (2).

Pendant onze semaines les deux partis restèrent en face l'un de l'autre, se livrant à des escarmouches, à de véritables duels d'artillerie sur les deux rives de la Seine, « combats beaucoup plus bruyants que meurtriers » dit Commynes, déclarant « n'avoir jamais veu tant tirer pour peu de jours ». Ce feu, sans être dangereux, gênait fort les ligueurs. Un boulet, entré dans la chambre où déjeûnait le comte de Charolais, avait tué un trompette qui apportait un plat de viande. Il fallut se cacher dans les caves. Les alliés, réduits à la défensive, pris entre la Seine et la Marne d'une part, et les ouvrages fortifiés du bois

---

(1) Voir t. II, ch. VIII. Saint-Chapelle.
(2) Jehan de Calabre était fils de René d'Anjou, roi de Sicile. Il avait amené un renfort « de 700 hommes d'armes de la duché et du comté de Bourgogne bien accompagnés de gens de cheval, mais de gens de pied peu. » *Mémoires de Commynes*, édition Firmin Didot, Paris 1881, p. 42.

de Vincennes de l'autre, étaient à leur tour en mauvaise posture. Mais le roi désirait traiter à tout prix. Il demanda une entrevue au comte de Charolais et accorda tout ce que désiraient les seigneurs par la paix dite de Conflans. Ce traité devrait porter le nom de « Vincennes », car ce fut « au chasteau baillé pour sécurité de tous au comte de Charolais » qu'il fut signé.

Le lendemain de l'entrevue de Conflans, le roi reçut à Vincennes les hommages de ses vassaux (1) : « Il s'y trouva tous les princes sans en faillir ung, et estaient le portal et la porte bien garnys de gens du dit comte de Charolais en armes. Là fut leu traité de paix. Monseigneur Charles fit hommage au roy de la Duché de Normandie, le comte de Charroloys des terres des Picardie, et autres qui en avaient à faire. Et le comte Saint-Pol fist le serment de son office de connestable. Il n'y eust jamais de si bonnes nopces qu'il y en eust de mal dinez. Les ungs firent ce qu'ils voulurent. Les autres n'eurent rien (2) ». Mais la ligue du « Bien Public » était dissoute et les seigneurs se dispersèrent.

De 1472 à 1473, Louis XI vint assez souvent à Vincennes.

Il nomma son barbier, Olivier le Diable, dit Olivier le Daim, concierge du donjon transformé en prison d'Etat. Ce barbier, au dire de Jean de Roye (3), était un grand seigneur, recevant les ambassadeurs, traitant d'égal à égal avec les Princes.

Voulant donner de l'importance au domaine qu'il régissait, il fit commencer le premier corps de logis bâti sur l'emplacement actuel du Pavillon du Roi. C'est dans ce nouveau bâtiment (4) que furent reçus par Louis XI, les ambassadeurs du roi d'Aragon (1474).

(1) « Et délibéra le roy de coucher aux Boys et d'y envoyer quérir son lit à Paris ; mais les prévosts des marchands et eschevins de la dite ville lui envoyèrent message exprès lui humblement prier et requérir qu'il n'y couchast pas. » Journal de JEAN DE ROYE ou chronique scandaleuse. Ed. Bernard de Mandrot, t. I, p. 135.

(2) *Mémoires de Commynes*, p. 77.

(3) Mardi, sixième jour de septembre (1480) Maistre Olivier le Diable, dist le Daim, barbier du roi, festoya le légat, cardinal de Bourbon et moult gens d'Eglise et nobles hommes tant plantureusement que possible était et, après dîner, les mena au boys de Vincennes, dont il était capitaine, s'esbattre et chasser le daim. Journal de JEAN DE ROYE ou *chronique scandaleuse*. Op. cit. t. 2, p. 101.

(4) « 20 avril. Le roy s'en alla au bois de Vincennes soupper et amena avecque lui l'ambassade d'Aragon ». Journal de JEAN DE ROYE ou *chronique scandaleuse*. p. 311.

L'année suivante, 1475, « audit moys de juing, le roi envoya ses lettres patentes à Paris, par lesquelles il fit publier que les Anglais estoient descendus à Calais, et que, pour y résister, il mandoit au Prévost de Paris de contraindre tous les nobles et non nobles tenant fief ou arrière-fief, pour estre prêtz le Lundi III° jour de Juillet entre

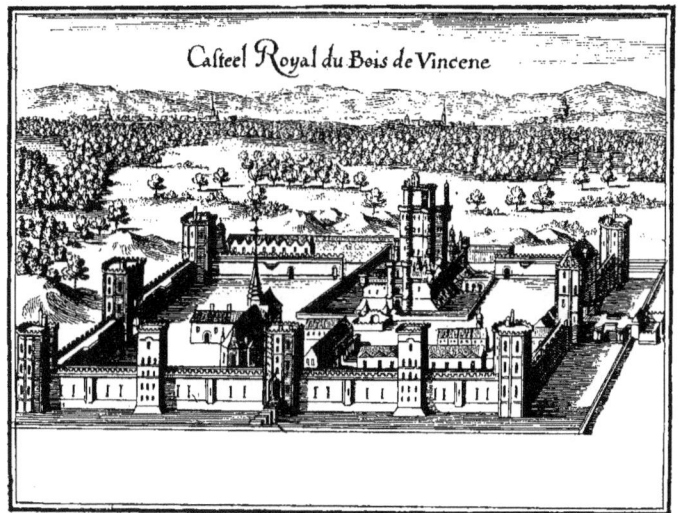

Vue Cavalière du Château de Vincennes par Israël Silvestre
Dans le fond à gauche le Château Louis XI

Paris et le bois de Vincennes, pour dilec partir et aller où ordonnez leur serait et nonobstant leur privilège et pour ceste fois seulement. En ensuivant lequel cry, furent envoyés par ceux de Paris plusieurs gens en armes montés et habillez par divers, M. le Prévost de Paris ou pays du Soissonais (1). » Le roi passa la revue de ces milices bourgeoises et

(1) Journal de JEAN DE ROYE ou *chronique scandaleuse*. t. I, p. 339.

des gentilshommes de sa maison. Mais, ne trouvant aucun de ces derniers en équipage de guerre, « il leur fit distribuer des écritoires en leur disant que puisqu'ils n'étaient pas en état de le servir de leurs armes, ils le serviraient de leurs plumes. » (1)

La même année (1475) 3.000 chênes furent plantés dans le Bois.

Charles VIII, fils et successeur de Louis XI, n'habita pas Vincennes ; mais il y vint chasser quelques fois, notamment en 1484. Sa femme, Anne de Bretagne, y résida pendant l'année 1495. Cette reine possédait en propre un jardin à proximité du château.

Louis XII, dans les débuts de son règne, séjourna quelques temps dans la vieille forteresse (1498). Puis il resta dix années sans y revenir. En 1508, gravement malade, il pensa que la salubrité du bois pourrait contribuer à sa guérison. Il fit rouvrir les appartements et y transféra la Cour. Dans le but de hâter sa convalescence, les chanoines de la Sainte-Chapelle durent, « sur son ordre », chanter l'hymne *O salutaris Hostia*, à l'élévation du Saint Sacrement, coutume qui s'est perpétuée dans les cérémonies de l'Eglise catholique, dit Poncet de la Grave (2).

Le roi, rétabli, passa les mois de juin et de juillet 1514 à Vincennes, en revenant de Saint-Germain où il avait assisté au mariage de François comte d'Angoulême, avec Claude de France (18 mai 1514).

François Ier, pendant la première partie de son règne, ne vint au château qu'à de rares intervalles (3). Il y prescrivit cependant d'assez grands travaux, voulant que la Sainte-Chapelle fût continuée, que les bâtiments de Louis XI fussent agrandis (1539-1543). En 1540, un document signale que pendant un de ses séjours « au Boys », il reçut des reliques et des livres envoyés par le Grand Turc. Il y revint en 1547 et créa la paroisse de la Pissotte (4).

(1) Nougarède, *Histoire du Donjon et du château de Vincennes*, t. 1, p. 47.
(2) Poncet de la grave, T. I, p. 225 et Nougarède, *Histoire du Donjon et du château de Vincennes*, t. I, p. 121.
(3) Ung peu de temps après (la paix avec les Suisses) ledict seigneur (François Ier) soy vculant ségréger de la presse qui estait dedans Paris et pour un peu se récréer, se vainct tenir au bois de Vincennes où se tinct environ trois semaines. »
Il y séjourna quelque temps en 1517. Journal de Jean Barrillon, secrétaire du chancelier Duprat (1515-1552) : Publié par la société de l'*Histoire de France*, par Pierre de Vaissières. Paris, chez Renouard, rue de Tournon, 6. (Bibl. nat. 207. 88.)
(4) Voir *Histoire de la Sainte-Chapelle*, t. II, ch. VIII.

Sous Henri II, le bois fut entièrement coupé, puis replanté (1) (1551) ; la Sainte-Chapelle (2) inaugurée (1552) ; la translation à Vincennes du chapitre de l'Ordre de Saint-Michel effectuée (1557) (3).

Mentionnons encore, en 1556, l'arrivée des députés de Philippe II, venus à Vincennes pour traiter de la paix (4). Dans les pourparlers, on agita surtout la question de la mise en liberté des prisonniers de guerre. Les deux partis s'accordèrent « que les soldats en seraient quittes pour la monte de trois mois et les gentilshommes pour un an de revenu (5) » sauf trois de ces derniers : du côté français, le Maréchal de Bouillon et François de Montmorency, fils du connétable ; et du côté des Espagnols, Philippe de Croy, duc d'Arcost, qui était enfermé au Donjon. Ce dernier, d'ailleurs, s'échappa peu de temps après, déguisé en paysan. Françoise d'Amboise (6), soupçonnée d'avoir facilité sa fuite, ne put être convaincue de connivence, malgré l'enquête sévère de Jean Munier, Lieutenant-criminel.

A la nouvelle de l'évasion, l'irritation du connétable, qui avait pensé pouvoir échanger son fils contre le duc d'Arcost, fut grande. Il s'en prit à la famille de Guise et son inimitié pour elle date de cette époque.

François II ne parut pas à Vincennes ; Charles IX, qui lui succéda (1560), prit souvent le chemin du « Boys ». L'année même de son sacre, un seigneur protestant, Gaspard de Heu, est amené au Donjon, mis à la question et, sur l'ordre du duc de Guise, pendu. Les guerres de religion commençaient. Deux ans plus tard, les coreligionnaires du supplicié, unis alors en un parti puissant, essayent, pour le venger, d'enlever le roi à Fontainebleau. Celui-ci, prévenu par le roi de Navarre, se réfugie à Vincennes sous la protection de M. de Vieilleville. Pendant

---

(1) Voir *Sainte-Chapelle* — T. II, Ch. VIII.
(2) *Ibidem*.
(3) *Ibidem*.
(4) Ce sont les préliminaires de la paix d'Amiens.
(5) PONCET DE LA GRAVE, t. I, p. 239.
(6) Au sujet du duc d'Arcost, voir de THOU, livres XII, XVII et XXV, ainsi que Brantôme, *Discours sur les Duels*, t. VI, p. 488 (édition 1873, revue par E. Lalanne). Françoise d'Amboise avait épousé en premières noces René de Clermont, seigneur de Saint-Quentin, et en secondes, le comte de Senninghen, Charles de Croy. Elle était donc belle-sœur du duc d'Arcost.

quelques années la Cour, à la moindre alerte, viendra s'abriter dans la forteresse, seule place sûre aux portes de la capitale turbulente.

En 1568, Catherine de Médicis négocie avec Condé sans oser faire entrer à Paris les envoyés du prince, le cardinal de Châtillon, Taligni et Bon Chavannes ; et, redoutant le peuple, très surexcité contre les Huguenots, elle entame à Vincennes les pourparlers : ceux-ci se poursuivent au prieuré de Grandmont, dans le Bois, pour aboutir à la paix de Longjumeau.

Six ans après, le roi, qui avait cru noyer l'hérésie dans le sang, venait s'enfermer dans le château. La poitrine malade, tourmenté de remords, il espérait, fuyant le Louvre où tout lui rappelait les sinistres journées de la Saint-Barthélemy, échapper aux angoisses qui l'étreignaient, retrouver le calme nécessaire à sa vie. Les soucis d'un état politique menaçant le suivirent. Le duc d'Alençon, escomptant sa succession — en l'absence de son frère aîné Henri, qui occupait le trône de Pologne, — s'était rapproché, avec les princes de Bourbon et de Montmorency, des protestants que soutenaient le roi de Navarre et Condé. Charles IX, « las de toutes ces intrigues, de tout ce bruit d'armes, de tout ce monde passionné et furieux qui ne le laissait pas mourir tranquille, » confia ses pouvoirs à Catherine de Médicis. La reine mère, en face du danger, prit, avec son habituelle énergie, les mesures que comportait la situation. Elle manda près d'elle le faible duc d'Alençon, et, le questionnant, lui arracha sans peine le secret du complot. Aussitôt elle le fit arrêter ainsi que le roi de Navarre. Les deux princes furent internés dans le Donjon de Vincennes, tandis que Montmorency et Cossé étaient jetés à la Bastille ; quant à La Mole et Coconas, confidents du frère du roi, ils étaient jugés, condamnés et décapités.

Marguerite de Valois « bien qu'elle fût si bien avec le roi Charles qu'il n'aimait rien au monde tant qu'elle (1), craignant pour la vie de son mari et de son frère, chercha le moyen de sauver les prisonniers au risque de perdre sa fortune. Comme elle pouvait venir librement au château, entrer et sortir en coche sans que les gardes regardassent dedans ni que l'on fit oster le masque à ses femmes, elle résolut d'en

(1) *Mémoires de Marguerite de Valois*, GUESSARD, Bibl. nat. p. 10.

déguiser l'un des deux en femme et de le sortir dans *sa* coche. Et pour ce qu'ils ne pouvaient tous deux ensemble, à cause qu'ils étaient trop esclairez (1) des gardes, et qu'il suffirait qu'il y en eut un dehors pour assurer la vie de l'autre, jamais ils ne se purent accorder lequel c'est qui sortirait, chacun voulant estre celui-là et nul ne voulant demeurer, de sorte que ce dessein ne peust s'exécuter. »

A côté de ses prisonniers, Charles IX agonisait. Il n'avait auprès de lui qu'une vieille nourrice qu'il aimait fort « quoiqu'elle fût de la religion ». Un soir qu'il se sentait plus las (2) et que son médecin Mozile avait fait sortir de sa chambre tous ses serviteurs hormis La Tour Saint-Prix, il tira sa custode « et appelant, avec des sanglots dans la voix, la pauvre femme qui sommeillait sur un coffre au pied de son lit : « Ah ! ma nourrice, ma mie, dit-il, que de sang et que de meurtres ! Ah ! que j'ai eu méchant conseil. Ah mon Dieu ! pardonne-moi et fais-moi miséricorde. » Alors celle-ci, qui s'était approchée, le consola : « Sire, les meurtres et le sang soient sur la tête de ceux qui vous les ont fait faire et sur votre méchant conseil. » Puis elle alla quérir un mouchoir parce que le sien était mouillé de larmes, et par d'autres bonnes exhortations calma l'esprit du malheureux roi qui put enfin reposer. — Quel tableau étrangement poignant, que cette vieille huguenote consolant ce prince moribond, presque son enfant, hanté par le souvenir effroyable de la Saint-Barthélemy !

En face de la mort, le monarque si faible devint fort : sa fin fut « très belle et digne d'un grand roi ». Lorsqu'il se sentit « assailli », il ordonna qu'on fît entrer dans sa chambre son frère, le roi de Navarre, le chancelier de Birague et M. de Sauve, secrétaire d'Etat. En leur présence, il invoqua la force et l'autorité de la loi salique, à propos d'une seule fille qu'il laissait après lui de son mariage ; déclara son frère Henri, alors roi de Pologne, son héritier et successeur à la couronne de France, et la reine, sa mère, régente jusqu'au retour de son frère. Puis, il signa son testament qu'il envoya au Parlement. Il mourut ce même jour, à trois heures de l'après-midi. (Dimanche de la Pentecôte, 1574).

(1) Trop *surveillés*.
(2) *Journal de l'Etoile*. Bibl. nat., collection Michaud et Poujoulat, volume 13, p. 31.

Le lendemain matin, « la Cour, le Parlement, Députés, Présidents et Conseillers d'ycelle » vinrent au Chastel de Vincennes, supplier Madame Catherine de Médicis, mère du roi défunt, d'accepter la régence et entreprendre le Gouvernement en l'absence et en attendant la venue du roi Henri, son fils estant en Pologne.

« A mesme esfait, le dit jour, l'après-dîner, le prévost des marchands et eschevins de Paris, suivis de plusieurs conseillers et notables bourgeois de la Ville, allèrent au dict chastel faire semblable requeste et prière à la dicte reine. »

« Puis, Ambroise Paré fit l'autopsie du roi défunct, qui avait demeuré mort en son lict, le visage découvert, où chacun pouvait le voir (1) ». On ne trouva dans son corps ni tâche, ni meurtrissure, cela « ôta publiquement l'opinion que l'on avait de la poison (2). »

Le mardi de la Pentecôte, la reine-mère et toute la Cour revinrent au Louvre, laissant le cercueil du feu roi à Vincennes. Celui-ci resta déposé quarante jours dans la Sainte-Chapelle, puis fut solennellement porté à Saint-Denis (10 juillet 1574).

Le cortège funèbre partit du château dans l'ordre suivant :

« En tête marchaient les seize gentilshommes de la chambre portant la litière ou lit de parade, lequel était composé d'un matelas, d'un grand linceul de toile de Hollande, d'un grand drap de velours noir de 50 aunes et d'un autre drap d'or de 25 aunes. Sur ce lit était couchée l'effigie du roi en cire, la couronne sur la tête. Dans la main droite un sceptre, dans la gauche une main de justice ; les jambes chaussées de brodequins d'étoffe d'argent brodée d'or, la semelle de satin cramoisi ; deux grands oreillers d'or, l'un sous la tête, l'autre sous les pieds. L'effigie avait une chemise de la plus fine toile brodée de soie noire. Par dessus cette chemise, une camisole de satin cramoisi, dont on ne voyait les manches que jusqu'au coude, parce que le

---

(1) *Journal de l'Etoile*. Bibl. nat., collection Michaud et Poujoulat, volume 13.
(2) Ambroise Paré prétendit que le roi était mort pour avoir trop sonné de la trompe à la chasse au cerf, qui lui avait gâté tout son pauvre corps. Sur quoi aucungs prinrent sujet de faire pour son tombeau ces deux vers :
    Pour aimer trop Diane et Cythère aussi
    L'une et l'autre m'ont mis au tombeau que voici.
                                                    BRANTOME.

reste était couvert d'une tunique de satin azuré, brodée de grands passements d'or et semée de fleurs de lys d'or. Les manches de cette tunique n'allaient pas jusqu'au coude. Par dessus était le manteau royal de velours violet cramoisi tirant sur le bleu et semé de fleurs de lys d'or. Le dit manteau était sans manches, ouvert par devant et doublé d'hermine. Le collet était aussi d'hermine et renversé de la largeur de 18 pouces.

« Le cercueil qui renfermait le corps était dans un chariot à six chevaux que précédaient, accompagnés des archevêques de Bourges et de Narbonne, les évêques de Digne, Avranches, Meaux et autres lieux, en chapes noires et leurs mîtres en tête. Suivaient Monsieur, frère du roi, duc d'Alençon, le roi de Navarre, le marquis de Conti, le duc de Bourbon et le duc de Longueville. Tous ces princes faisaient le grand deuil, montés sur de petits mulets.

« Au milieu du chemin de Vincennes à Paris, on avait construit une petite chapelle dans laquelle était placée *la tête du roi qui avait été séparée du corps* avant de le mettre dans le cercueil. Elle fut portée à l'abbaye Saint-Antoine, où le Parlement, les autres Cours et le clergé se rendirent le lendemain pour la pompe funèbre ». (1).

A l'issue de la cérémonie, le roi de Navarre et le duc d'Alençon furent ramenés à Vincennes ; ils n'en sortirent que le 15 août suivant, emmenés par Catherine de Médicis au-devant du roi de Pologne, qui s'était échappé de ses états pour prendre la couronne de France.

Le nouveau roi ne rendit pas la liberté aux deux princes. Ceux-ci ramenés au Donjon, sans y être strictement prisonniers, reçurent l'ordre de ne pas s'éloigner de la Cour (2).

Les nombreuses lettres-patentes signées à Vincennes par Henri III, prouvent que le dernier des Valois y vint souvent. On peut citer, entr'autres, le long séjour qu'il y fit au printemps de 1575 pendant le-

---

(1) « Pompe funèbre de Charles IX ». PONCET DE LA GRAVE, *Histoire de Vincennes*, t. I, p. 255 et suivantes.
Poncet de la Grave ne dit pas quelle est la source du document, que je cite en rajeunissant quelques tournures de phrases un peu trop archaïques.
(2) Le duc d'Alençon s'échappa de la Cour le 15 septembre 1574 mais le roi de Navarre ne put s'enfuir qu'au mois de septembre de l'année suivante.

quel il confirma l'établissement du chapitre des chevaliers de Saint-Michel en la Sainte-Chapelle (1), et celui de 1583, pendant lequel il reçut au château, Sully, envoyé par le roi de Navarre pour négocier un renoncement à l'alliance Espagnole.

L'année suivante, Henri III enlevait à l'ordre de Grandmont l'abbaye du Bois. Les moines, d'ailleurs consentant, étaient transférés au collège de Mignon à Paris ; ils étaient remplacés par les Minimes, qui ont donné leur nom au couvent situé autrefois sur l'emplacement du lac actuel de la « Porte jaune ».

Les questions religieuses préoccupaient vivement le roi quand il était en son logis du Bois. Il en avait fait son lieu de retraite. Menant à Paris une vie fort dissolue, il éprouvait parfois le besoin de s'adonner aux pratiques de la dévotion la plus exagérée. Lorsqu'il était pris de ces accès mystiques, il venait s'enfermer à Vincennes, avec défense absolue de l'approcher. Cette consigne était si rigoureuse, si absolue, qu'à la fin de l'année 1585, personne n'osa l'enfreindre pour lui dire que Mayenne réclamait impérieusement un secours en chevaux. Le roi n'ayant pas même ouvert les lettres de son lieutenant qui tenait la campagne près de Bordeaux, il fallut que la reine-mère forçât sa porte pour le ramener au Louvre (2).

Le 23 août 1587, Henri III se départit cependant de ses habitudes d'austérité. Il donna en effet au château de grandes fêtes à l'occasion du mariage d'un de ses mignons, Louis de Nogaret de la Valette, duc d'Epernon, avec Marguerite de Foix. Le favori reçut du roi, qui l'appelait son « fils aîné », une dot de quatre cent mille écus ; la jeune épouse, un collier de cent grosses perles estimé cent mille écus.

Mais après ces fêtes, le château redevint forteresse. Les partisans des Guises s'agitaient (1588). Déjà, ils avaient pour eux Paris et les Seize.

Le roi, enfermé la plupart du temps au Louvre, voyait, de jour en jour, son autorité décroître. Il paraissait cependant inconscient du danger,

(1) Voir t. II, chapitre VIII.
(2) Bibl. nat. ms. Italiens 1734, F° 349. Dépêche de G. Dolfin. Paris, 20 décembre 1585, sur les dévotions exagérées du roi au Bois de Vincennes. Ce document nous a été signalé par M. Boulay de la Meurthe, que nous tenons à remercier.

et venait souvent, presque sans escorte, à Vincennes. Au commencement de 1588, la duchesse de Montpensier, sœur du duc de Guise, voulut profiter de cette imprudence pour le faire enlever et interner à Soissons.

Le complot fut mûrement concerté ; les conjurés se réunissaient à la Roquette, dans la maison de Balestat, attendant une occasion favorable. Un jour que le roi, accompagné seulement, suivant son habitude, de deux gentilshommes et de trois ou quatre valets de pied, se rendait « au boys », ils sortirent en force pour mettre leur projet à exécution ; mais Poulain, lieutenant du prévôt de l'Isle, avait surpris le secret de la conspiration ; il rassembla cinq ou six cents cavaliers qu'il envoya au-devant du carrosse royal. Les deux troupes se rencontrèrent aux environs du château. Les ligueurs, se voyant découverts, tournèrent bride. — Ils ne renoncèrent cependant pas à leur entreprise, car dans les premiers jours de mai, ils se concertèrent pour une nouvelle tentative d'enlèvement ; on savait qu'Henri III, lorsqu'il était à Vincennes, se rendait chaque soir au couvent des Minimes pour y faire ses dévotions. On devait l'attendre en force sur le trajet de sa promenade, tuer son cocher et ses gens, se saisir de lui et le ramener à Paris. Mais la journée des barricades (12 mai 1588), en précipitant les événements, fit encore échouer ce plan. Le roi s'enfuit du Louvre, où il était retenu, et le conseil des Seize resta maître de la capitale. Les milices bourgeoises prirent les armes : La Bastille et Vincennes tombèrent entre leurs mains par composition (1) (17 mai 1588).

(1) « Deux jours après se rendit le chasteau du bois de Vincennes, à pareille « composition que le chasteau de la Bastille ». SAINT-YON, eschevin de Paris, *Histoire très véridique de ce qui est advenu en ceste ville de Paris, depuis le 7 may 1588 jusqu'au 27e jour de juin.*
Bibl. nat. L. b/34, vol. 490.

Lors de la reddition du château, les Parisiens trouvèrent dans la chambre du roi deux satyres antiques d'argent doré soutenant deux cassolettes remplies de parfums. Les ligueurs prétendirent que c'étaient des idoles auxquelles Henri III rendait un culte superstitieux. « Au boys de Vincennes on a trouvé deux satyres d'argent doré de « la hauteur de quatre pouces tenant chacun en la main gauche et s'appuyant des- « sus une forte massue, et la droite soutenant un vase de crystal pur et bien luisant. « Dans ces vases était une drogue inconnue qu'il avait pour oblation ».

Les sorcelleries de Henri de Valois et les oblations qu'il faisait au Diable dans le bois de Vincennes, Paris, 1589. Bibl. nat.

La Bastille devait rester en leur pouvoir jusqu'à l'entrée de Henri IV dans Paris (1594) ; Vincennes, dénué de vivres et de munitions, fut surpris dans les premiers jours de 1589 par le capitaine Saint-Martin et remis sous l'autorité royale. Les Seize firent de grands efforts pour reprendre la vieille forteresse ; mais, pendant quinze mois, Saint-Martin défia toutes les attaques. Ni la mort tragique de Henri III, ni la levée du siège de Paris, n'abattirent son courage. Isolé, mais bien approvisionné, il continua une résistance, qui, sans être héroïque, n'en fut pas moins très méritoire. Douze cents hommes des milices bourgeoises, tirées des seize quartiers de Paris, venaient chaque jour garder les avenues du bois. Au cours d'une de ces promenades militaires, le couvent des Minimes fut dépouillé des objets les plus précieux de son trésor. Ce fut le principal épisode de ce blocus. Finalement Saint-Martin fut obligé de rendre la place. Il en sortit, le 17 mai 1590, avec tous les honneurs de la guerre. Encore quelques jours de résistance, et il eut pu la remettre aux mains d'Henri IV ; car le roi, victorieux de Mayenne, était de nouveau sous les murs de Paris.

Pendant le siège de la capitale, il dirigea lui-même une attaque sur Vincennes ; mais le chevalier d'Aumale, sortant avec mille arquebusiers et quatre cents chevaux, obligea les troupes royales à se replier sur Saint-Denis (12 juin 1590).

Le château ne rentra sous l'obéissance du roi de France que quatre années après. Le Béarnais, qui trouvait que Paris valait bien une messe, avait abjuré à Saint-Denis ; Paris lui avait ouvert ses portes (22 mars 1594). Trois jours après, Dubourg, qui commandait à la Bastille, lui remit les clefs de cette forteresse. Le capitaine Beaulieu, gouverneur de Vincennes, suivit cet exemple (28 mars 1594), obtenant de sortir avec armes et bagages, et de gagner avec ses troupes, sans être inquiété, la première ville tenant encore pour la Ligue.

Henri IV fit une entrée solennelle à Vincennes avec toute sa Cour et un grand nombre de gens de guerre.

Pendant son règne, ce monarque revint quelquefois au château, sans y faire de long séjour. Gabrielle d'Estrée y accoucha, dans le pavillon Louis XI (1595), d'un fils nommé César — César de Vendôme

Vue de la Cour du Château de Vincennes, par Israël Silvestre
Etat vers 1650

(Dans le fond, à droite, le Pavillon Louis XIII)

grand prieur de France qui devait, sous Louis XIII, mourir prisonnier dans le Donjon.

Ce fut également à Vincennes, en 1596, que fut somptueusement reçu le cardinal Alexandre de Médicis apportant au roi de France, en qualité de légat, l'absolution du Pape.

Ces deux faits sont les seuls événements importants dont le château fut le théâtre sous le règne de Henri IV jusqu'à 1610.

Le peu de goût que le roi « Vert-Galant » témoigna pour le château de Vincennes semble provenir de ce qu'il en trouvait l'habitation par trop primitive : aussi avait-il l'intention de remplacer les anciennes constructions Louis XI par de nouvelles. Le couteau de Ravaillac l'empêcha de réaliser ses projets. Marie de Médicis reprit l'idée et fit exécuter les plans que lui avait laissés le roi défunt. Le 17 août 1610, elle assistait comme régente à la pose de la première pierre du Pavillon dit de Louis XIII (1), englobé par Louis XIV dans le pavillon actuellement dit du Roi.

Le jeune roi put habiter le nouveau bâtiment en 1617. Le baron de Persan était gouverneur de Vincennes. La Cour résida au château presque tout le printemps de la même année. Les ducs de Vendôme, de Nemours et de Mayenne y vinrent faire leur soumission.

Pendant toute cette période, le château fut considéré surtout comme rendez-vous de chasse. En 1625, on commença à tirer le gibier et oiseaux au vol, ce qu'on ne pouvait faire avec les grosses arquebuses. Suivant Poncet de la Grave (2), Louis XIII aurait été le premier à se servir d'un fusil dans le « bois de Vincennes ». Ce prince était fort adroit et l'on raconte à ce propos qu'un contemporain, assez mauvais plaisant, aurait dit en faisant allusion à l'épithète de « juste » donnée à ce monarque, que c'était « juste à tirer à l'arquebuse »

L'année suivante (1626) Cromwel vint à Vincennes. C'est à la vue du Donjon et en apprenant qu'il servait de prison aux grands seigneurs qu'il prononça, dit-on, ces paroles prophétiques dans sa bouche : « Il ne faut toucher les princes qu'à la tête. » (3).

(1) La cérémonie en l'honneur de la pose de la première pierre fait l'objet d'une relation spéciale. Voir : *Pavillon du roi*, t. II, ch. V.
(2) PONCET DE LA GRAVE. T. II, p. 26.
(3) PONCET DE LA GRAVE. T. II, p. 27.

Bien que la Cour ait résidé fort souvent au château pendant le règne de Louis XIII, les quelques faits divers, d'ailleurs peu authentiques, que nous avons rapportés plus haut, méritent seuls une mention.

Sous la régence d'Anne d'Autriche, l'histoire des prisonniers de Vincennes prend un grand intérêt, mais ce sujet sera traité plus loin, dans un chapitre spécial. Nous ne relaterons ici qu'un incident sous la Fronde. A la suite du combat de Charenton (8 février 1649), de même qu'après la bataille du faubourg Saint-Antoine (2 juillet 1652) les blessés furent évacués sur la vieille forteresse. Parmi ceux ramenés à la première affaire, se trouvaient Gaspard IV, duc de Châtillon, et Gaspard III, comte de Saligny et marquis d'Orne, derniers descendants mâles de Coligny, qui succombèrent tous deux. Mme de Motteville, racontant la fin tragique de ce premier, dit qu'il fut regretté publiquement de toute la foule, même de M. le Prince, à cause de son mérite et de ses qualités, et que tous les honnêtes gens eurent pitié de sa destinée. « Sa femme, dit-elle, la belle duchesse de Châtillon, qu'il avait épousée par une violente passion, fit toutes les façons que les dames, qui s'aiment trop pour aimer beaucoup les autres, ont accoutumé de faire en de telles occasions. Et comme il lui était déjà infidèle, et qu'elle croyait que son extrême beauté devait réparer le dégoût d'une jouissance légitime, on douta que sa douleur fût aussi grande que sa perte (1) ». Mais la spirituelle narratrice, après avoir décoché ces traits piquants à l'adresse de son amie, est obligée de reconnaître que l'attitude de celle-ci fut des plus correctes, et qu'elle accourut au chevet de son mari pour lui prodiguer ses soins. Le blessé, avouant ses fautes, avait demandé pardon en mourant à celle qu'il avait offensée en préférant d'autres charmes aux siens, et il avait fait sa confession « en termes si obligeants qu'il est à croire que la colère et la jalousie de sa femme laissèrent quelque place à la tendresse et n'étouffèrent pas tout à fait une amitié qui avait paru si grande (2) ».

---

(1) Mme DE MOTTEVILLE. Ed. *Charpentier*, Paris 1869, T. II, p. 330.
(2) Mme DE MOTTEVILLE. T. II, p. 331.

CHAPITRE VII.

Mazarin, gouverneur de Vincennes (1652). — Colbert, intendant du Cardinal, sa correspondance. — Agrandissement du château. — Un opéra français donné dans le pavillon du Roi. — Mariage de Louis XIV. — Revue de la Pissotte. — Mort de Mazarin. — Mlle de la Vallière.

La date de 1652, à laquelle ce chapitre commence, marque une étape précise dans notre histoire. Cette année-là mourut Léon de Bouthilier, marquis de Chavigny, qui était gouverneur du Château (11 octobre). Colbert, intendant de Mazarin, écrivit aussitôt à son maître : « Votre Eminence doit, à mon sens, penser à prendre le château de Vincennes, quand ce ne serait que pour avoir un lieu à elle où pouvoir mettre en sûreté quelque somme considérable » (1). Le ministre qui venait de voir ses riches collections pillées à Paris et qui, malgré le revirement de l'opinion publique en sa faveur, prévoyait le retour de la mauvaise fortune, saisit avec empressement l'occasion de se faire donner la succession vacante. En outre de la sécurité que lui offrait la vieille forteresse, la charge de Gouverneur procurait des bénéfices importants, et il n'était pas homme à les dédaigner.

Il fallait cependant dépenser des sommes considérables pour rendre le château habitable. Les bâtiments, non entretenus, étaient dans un état complet de délabrement. L'enceinte de Charles V tombait en ruines (2). Son fossé seul constituait une défense. Le pavillon, construit par Marie de Médicis en 1610, était encore logeable ; mais il était fort exigu. La maison du gouverneur, attenant à la Sainte-Chapelle, n'était pas en rapport avec le rang du ministre ; enfin l'ancien manoir de Saint-Louis, utilisé comme cloître du chapitre et comme communs, était complètement insuffisant pour recevoir même la suite du cardinal.

Mazarin résolut de transformer tous les anciens bâtiments. Il chargea Colbert de la direction des travaux : rien ne devait être épargné pour l'embellissement de sa nouvelle résidence. Collectionneur passionné, bibliophile émérite, amateur éclairé et qui ne trouvait jamais rien d'assez beau ni d'assez riche pour son palais de la rue Richelieu (3), le cardinal pensait en effet que la munificence était nécessaire au pouvoir, que le luxe ajoutait au prestige du rang, et que la somptuosité de leur demeure était indispensable aux puissants de ce monde afin d'inspirer le respect aux masses. Il s'était donné pour tâche d'inculquer ses idées au jeune roi dès son bas âge. C'est dans ce but qu'il lui avait fait terminer le Louvre, et que, sous le prétexte de lui donner le goût des plaisirs

---

(1) *Lettres de Colbert*. p. PIERRE CLÉMENT, bib. nat. t. I, p. 193.

(2) Elle était dans un tel état, qu'au cours des travaux qui furent entrepris, la Tour du Gouverneur, depuis Tour des Salves, s'effondra brusquement, ensevelissant sous ses décombres le concierge et sa famille. Voir t. II, ch. VII, et p. 32 le plan du château au moment de l'exécution des travaux.

(3) Cte DE LA BORDE. *Le Palais Mazarin*. Bibl. de la Ville, 22/174. Réserve.

de la campagne (1), il l'engagea dans les nouvelles constructions de Vincennes sur un plan tellement grandiose, que si ses projets avaient été exécutés, Versailles fût peut-être resté un simple rendez-vous de chasse.

Trois architectes étaient alors renommés : Mansart, Le Muet et Le Vau. Ce dernier l'emporta sur ses rivaux (2) et dès 1654 les ouvriers se mirent à l'œuvre. Un nouveau château allait renverser l'enceinte féodale, surgir du milieu des vieilles constructions et changer totalement l'aspect des lieux.

Pendant la durée des travaux, Colbert resta presque continuellement à Vincennes, surveillant les chantiers, passant les marchés, s'occupant en outre de ce que nous appellerions l'exploitation agricole du domaine. « On lit dans sa lettre du 7 juillet 1654 au cardinal : « La mesnagerie est établie : nous avons trois veaux, six vaches avec force œufs frais... La petite truie d'Inde a fait six cochons dont trois sont morts et les trois autres auront de la peine à échapper parce qu'elle n'a pas de lait (3). »

Il traite, dans sa correspondance, des questions les plus diverses, mais pour en revenir toujours à des sujets qui paraissent, malgré leur peu d'importance intéresser vivement celui qui tient les destinées de la France entre ses mains. « Les bâtiments de Vincennes vont bien », écrit-il le 24 juillet 1654, « mais pas avec la diligence que je souhaiterais. » Et il ajoute : « Les veaux sont toujours nourris avec grand soin, mais je crains fort que l'âge ne les fasse maigrir (4). »

L'élevage de ces animaux semble lui causer de graves soucis : « Je fis partir hier un veau d'icy », écrit-il le 2 juillet 1658 (5). « Je l'aurais fait garder davantage si cela s'estait peu ; mais comme il estait trop grand pour engraisser davantage, j'ay cru qu'il vallait mieux hasarder de vous l'envoyer d'ici à Calais que de le laisser perdre (6) ». Et comme il n'y a pour lui de petites économies, on le voit préoccupé d'expédier à la Fère, dont Mazarin était également gouverneur, un cheval

(1) Mazarin était le parrain de Louis XIV.
(2) Voir t. II, ch. V.
(3) *Lettres de Colbert*, par PIERRE CLÉMENT, Bibl. nat. t. I, p. 220.
(4) ibidem. ibidem. t. I, p. 223.
(5) ibid. ibid. t. I, p. 239.
(6) Lettre inédite, Affaires étrangères, cité par le Cte de Cosnac, *Colbert et Mazarin*, t. II, p. 264.

chargé de légumes et de fruits (1) « provenant des jardins de Vincennes », afin que le ministre « consommât ses produits sans bourse délier » (2). Aussi, ne pardonne-t-il pas aux corneilles leurs dévastations : « Les corneilles à Vincennes (Lettre du 12 août 1656) mangent tous les fruits comme elles ont mangé toutes les fleurs. Je supplie votre Eminence d'escrire à M. de Marsac (3) qu'elle désire qu'il commande tous les jours une escouade de soldats, pour mettre sur le Donjon et sur les tours du château, pour tirer incessamment et tuer les corneilles, estant le seul moyen pour les escarter et avoir des fruits et des fleurs (4) ».

C'est en veillant à ces minuscules détails, que Colbert apprenait son métier d'intendant des finances. Il fit d'ailleurs des écoles à ses dépens, et les règlements des travaux qu'il était chargé de surveiller lui causèrent souvent des déboires pénibles : « Votre Eminence est assez informée de la peine où je suis par l'excessive dépense de nos bastiments, écrit-il de Vincennes le 21 mai 1658 (5). C'est ce qui m'a fait prendre la résolution de venir m'installer icy pour dix ou douze jours, tant pour chercher tous les éclaircissements et pour connaistre sy j'ay été trompé par le passé, que pour me précautionner à l'avenir en faisant marché de tous les ouvrages qui restent à faire qui ont esté résolus par Votre Eminence. Pour y parvenir j'ai faict faire des devis très exacts sur tous les dessins que Votre Eminence a vus et arrêtés (6), et j'ay donné communication de l'un et l'autre à tous les architectes et entrepreneurs qui sont dans Paris capables d'entreprendre ces ouvrages. Je leur ay donné quinze jours entiers pour examiner le tout et faire leur calcul. Ensuite j'ay reçu les propositions de 14 différentes personnes, dont les plus hautes ont esté de 530.000 livres pour rendre faict et parfaict, la clef dans la main, le grand corps de logis neuf, les deux tours qui y sont attachées, achever

(1) Lettre inédite de Colbert, affaires étrangères, volume 900.
(2) *Mazarin et Colbert*, par le Cte de COSNAC, t. II, p. 69.
(3) M. de Marsac était sous-gouverneur de Vincennes.
(4) Lettre inédite, affaires étrangères, France, volume 900. Lettre citée par le Cte de Cosnac.
(5) Lettre de Colbert à Mazarin, du 21 mai 1658.
(6) Ces plans font partie de la collection des Plans dits de Colbert. Bib. de la Vil. de Paris. Quelques reproductions figurent dans cet ouvrage ; voir t. I, pp. 30 et 182, et t. II, ch. IV, V et VI.

Vue du Château de Vincennes du côté du Parc (1660)
D'après Van der Meulen, par N. Bauduens

la fermeture en arcade sur le fossé, faire l'autre fermeture et les deux portes et toutes les escuries. Je les ay remis à après-demain pour en faire l'adjudication au rabais, et, pendant ce temps, j'employe tous les moyens imaginables pour les eschauffer les uns contre les autres et pour persuader à chacun d'eux que je seray plus à l'aise d'avoir affaire à luy qu'à tous les autres. J'espère que toutes ces diligences produiront une diminution considérable à cette despence, et surtout *je serai hors de la peine où j'ay esté par le passé.* En mesme temps je feray commencer le sérail pour nos bestes (1) et donneray ordre à toutes les choses auxquelles Vostre Eminence prend quelque plaisir. Je supplie très humblement Vostre Eminence de me donner ses ordres à son premier loisir pour l'ameublement de ce château (2), à quoi il semble qu'il n'y ait pas de temps à perdre. »

Colbert est impatient de voir son œuvre achevée ; il veut assurer une retraite sûre à son maître, comme s'il pressentait que le cardinal pourrait en avoir besoin dans un avenir prochain. En effet, quelques mois après la lettre que nous venons de citer, le roi étant tombé gravement malade à la suite d'une courte campagne dans les Flandres, ses médecins avouèrent leurs craintes. Le premier ministre comprit qu'il était perdu si un malheur arrivait et s'il ne pouvait se concilier les esprits. C'est dans ce but qu'il fit les plus grandes avances au Maréchal de Plessis, gouverneur du frère cadet du roi, Philippe, duc d'Anjou, depuis duc d'Orléans, ainsi qu'au comte de Guiche, favori de ce Prince : mais n'étant pas assuré d'avoir ainsi capté l'esprit de celui qui pouvait être roi le lendemain, et ignorant le sort qui lui serait réservé, « il envoya des ordres pour faire enlever de son palais de Paris ses trésors et ses meubles les plus précieux, prescrivant de les mettre en sûreté dans le château de Vincennes. »

Le pavillon de la Reine, dans lequel le cardinal s'était réservé un appartement, était prêt ; mais les autres parties de l'habitation royale étaient loin d'être terminées. La panique passée, les travaux furent continués. En 1660, les deux grands pavillons étaient achevés et la décora-

(1) Le plan de ce sérail existe dans la collection de la Bibliothèque de la Ville de Paris.
(2) Colbert faisait peut-être allusion à l'ameublement du Pavillon de la Reine.

tion intérieure de l'aile droite (Pavillon du Roi) restait seule à faire. La cour était fermée par les deux colonnades rustiques. Un arc de triomphe plaqué sur la façade nord de la Tour du Parc, dont la partie supérieure fut démolie, était suffisamment avancé pour donner une idée de sa magistrale ordonnance.

Le 8 mars de cette année, le prince de Condé, accompagné du duc d'Enghien, du maréchal de Clairambault, et de M. Guitaut, vint dîner chez Colbert et visiter les nouvelles constructions. « Ils admirèrent, écrit ce dernier, la pensée de Votre Eminence, du logement double, de la cour en arcades et des deux grands portiques, particulièrement celui qui donne sur le parc qui est assurément le plus beau morceau d'architecture qu'il y ait en France. » Mais les visiteurs critiquèrent la disposition des écuries ménagées pour six cents chevaux dans la partie Nord-Ouest de l'ancien château de Charles V ; ils disaient, avec raison, que se trouvant trop près des appartements du roi, ce dernier serait incommodé par l'odeur et les charrois des fumiers. Colbert demanda aussitôt à Mazarin s'il n'y aurait pas lieu de reporter ces locaux dans la basse cour, la plupart de ces constructions n'étant pas encore élevées. Mazarin, jugeant la dépense inutile, maintint les choses en l'état : son attention était attirée d'un autre côté.

Nous avons dit qu'il rêvait de faire de Vincennes un château sans rival. Ses projets étaient en effet gigantesques : les remparts de Charles V devaient être transformés en terrasse ; « les tours démolies à la même hauteur eussent formé des avants-corps ornés d'une galerie à la Romaine. Le Donjon, seul, comme fief de la couronne serait resté dans sa hauteur pour servir de dépôt aux archives de l'Etat. La Sainte Chapelle eût été démolie et refaite hors des fossés dans le bois, du côté de l'Orient : un cloître eût été reconstruit pour la demeure des chanoines et la communication au château facilitée par un pont de pierre. Le petit parc devait servir de potager (1) ».

Ces modifications étaient réalisables ; mais nous allons entrer maintenant dans le domaine de la plus délirante imagination. : « La Marne devait être coupée à Chelles et un canal formé pour la conduire dans le

---

(1) *Histoire du château de Vincennes*. PONCET DE LA GRAVE, Discours préliminaire p. 29 et suiv.

village de Vincennes (1). Les terres de la grande allée eussent été coupées à travers du bois, en pente douce et insensible dans toute la largeur du château et des fossés ; la maison des frères de la Charité, qui borne la vue de cette belle allée, détruite et portée aux Minimes : cette opération, outre la vue immense qu'elle procurerait, faciliterait le moyen de se servir de la Marne pour terminer le parc et offrir une pièce d'eau vive qui eut pris son alignement depuis le château de Beauté jusqu'aux carrières de Charenton ; les terres qui auraient été retirées dans la grande allée devaient être jetées sur les deux côtés et former deux terrains parallèles et gazonnés, sur lesquels ont eut planté de grands et superbes arbres. Les derrières, en ménageant une route de chaque côté, étaient destinés pour être donnés à des seigneurs de la Cour à condition d'y bâtir des hôtels somptueux et uniformes. Le milieu de l'allée, vis-à-vis de l'arc de triomphe, eût été un canal ayant sa décharge dans la Marne, à proximité du bois et les eaux, dont celui-ci eut été abondamment fourni par cette rivière, passant dans la basse-cour du château, l'eussent rendu propre à soutenir des gondoles pour les amusements de la Maison royale. Les fossés eussent été remplis d'une eau vive et pure et deux canaux formés de chaque côté de l'avenue de Paris, en raccourcissant le transport des denrées dans la capitale, auraient procuré à la Ville un volume d'eau suffisant pour des fontaines publiques ainsi que pour des maisons de particuliers. Un autre canal, issu des premiers, eût formé autour de Paris un abri pour les bateaux, et la décharge finale devait être au-dessus de la porte de la Conférence. »

Ces conceptions chimériques s'évanouirent à la mort du caridnal.

Louis XIV avait suivi avec un grand intérêt les embellissements de la résidence que lui créait son premier Ministre. Pendant les travaux, la Cour habita tantôt Paris, tantôt Saint-Germain, le plus souvent à Fontainebleau ; mais le jeune roi vint fréquemment à Vincennes « pour voir ses ouvriers ».

En 1659, la Cour prit possession des nouveaux appartements du Châ-

(1) Ce projet était irréalisable, puisque le niveau moyen de la Marne à Chelles est de 36 mètres et l'altitude du plateau de Vincennes de 64 mètres environ. Il eut fallu une machine comme celle de Marly pour élever les eaux.

teau, signalant sa présence par un certain nombre de fêtes et de divertissements auxquels prirent part leurs Majestés.

A ce propos, un essai d'opéra est à signaler. L'abbé Perrin, introducteur des ambassadeurs auprès de Gaston d'Orléans, reprenant une idée d'Antoine du Baïf (1), avait composé une pastorale en vers français que Cambert, organiste de Saint-Honoré, avait mise en musique. Une première répétition de cette pièce avait eu lieu à Issy, et cette nouveauté avait séduit l'assistance. Louis XIV, voulant entendre cette œuvre originale, permit aux auteurs de la monter dans la salle des concerts du nouveau Château de Vincennes. La représentation eut un grand succès. Les acteurs, encouragés par le roi lui-même, conçurent alors l'idée de fonder un théâtre à Paris pour y représenter ces sortes de pièces. Le Marquis de Sourdac, qui possédait une grande fortune et avait le génie de la machinerie, fournit les fonds de la nouvelle entreprise, laquelle fut très prospère. C'est donc à Vincennes que l'opéra, qui jusqu'alors avait été italien, conquit ses lettres de naturalisation française.

Quelques mois après, le cardinal quittait Vincennes pour aller sur la frontière d'Espagne négocier de la paix et du mariage du roi avec l'Infante, projet d'union que la Reine-Mère avait toujours caressé, mais l'état d'esprit dans lequel se trouvait Philippe IV vis-à-vis de la France ne permettant pas d'espérer un succès double, des négociations avaient été engagées avec la Savoie pour obtenir la main d'une princesse de cette maison (2).

Louis XIV avait 20 ans et était possédé du grand désir de se marier (3). Il demandait seulement « une femme qui fût belle ». Or, la princesse Marguerite de Savoie ne répondait guère à « ce vouloir du jeune homme » ; elle plut cependant, et son mariage semblait sur le point d'être conclu lorsque Puirentès, l'envoyé de l'Espagne fit savoir que son maître, décidé à traiter de la paix, donnerait sa fille en gage de la réconciliation des deux pays. Le cardinal rompit immédiatement les pourparlers

---

(1) Antoine du Baïf, avec l'aide de Joachim de Courville, avait fondé une Académie de musique, et composé des sortes de livrets en vers destinés à être chantés (1589).

(2) Mme de MOTTEVILLE. *Mémoires*, t. IV, p. 119.

(3) M. LAIR. *Louise de la Vallière et la jeunesse de Louis XIV*, chez Plon — P. 1882 — p. 23.

engagés avec la Savoie, ordonna à sa nièce Olympe Mancini, qui avait conquis le cœur du jeune roi, de se retirer à Cognac et négocia le traité des Pyrénées avec Louis de Haro. Marie-Thérèse devint reine de France.

Le jeune roi quitta Vincennes vers la fin de l'année 1659, pour aller rejoindre le Cardinal. Le mariage décidé eut lieu, d'abord par procuration, à Saint-Jean-de-Luz le 3 juillet 1660, et fut célébré ensuite réellement trois jours après dans la même ville. A l'issue de la cérémonie, le couple royal prit le chemin de la capitale. Ce fut un voyage triomphal par Blaye, Bordeaux, Poitiers, Amboise, Chambord, Blois, Orléans, Fontainebleau. Le 19 juillet la Cour était à Vincennes ; elle y séjourna près d'un mois en attendant que les détails de la réception solennelle à Paris fussent réglés.

A son entrée dans la vieille forteresse de Charles V, la jeune reine fut reçue au perron de la Sainte-Chapelle par le trésorier revêtu d'une chape blanche et tenant entre ses mains une relique de la vraie Croix, puis conduite en procession dans le chœur par tous les chanoines en costume d'apparat, elle s'agenouilla sur un prie-Dieu, devant le Maître-Autel et entendit le *Te Deum* chanté en son honneur. Elle fut ramenée ensuite dans ses appartements.

Le lendemain, elle reçut la visite de la reine-mère et de la reine d'Angleterre ; les jours suivants, tous les grands corps de l'Etat et les ambassadeurs vinrent lui présenter leurs vœux et leurs hommages.

Les délégations du Clergé de France, les officiers municipaux de la Ville de Paris, ayant à leur tête leur grand Prévôt, Alexandre de Sève, les représentants du Parlement conduits par le premier-Président M. de Lamoignon, de nombreuses députations des villes de France, l'ambassadeur d'Angleterre, Milord Graff, et l'ambassadeur de Venise, M. de Grimaldi, vinrent chacun offrir leurs hommages à Leurs Majestés.

Le 15 août, fête de l'Assomption, le couple royal se rendit aux Minimes pour y entendre la messe. La reine toucha les malades, déjeûna dans le Prieuré, et rentra le soir seulement après Vêpres au château, ayant distribué de grandes aumônes aux pauvres.

Le troisième jour, la milice de Paris fut présentée aux jeunes souverains. Cette revue, une des plus importantes qui devaient être passées à Vincennes, mérite d'être rapportée, car elle donne une idée de cette sorte de Garde nationale primitive, composée d'hommes s'équipant à leurs frais et placés sous les ordres des Prévôts des marchands et des Echevins.

On choisit pour la revue la plaine entre Montreuil-sous-Bois, le bourg de Pissotte et Saint-Mandé. Le rassemblement de tous ces bourgeois, guerriers improvisés, se fit vers les 9 heures du matin dans les environs du Pont-Neuf à Paris. Nul ne manqua. Les officiers furent même forcés de faire un choix, de renvoyer ceux qui leur parurent d'équipement insuffisant.

Le président de Guénégaud (1), l'un des colonels, élu dans le Conseil de la Ville par ses collègues pour prendre le commandement, se mit à la tête de la colonne et la dirigea sur Vincennes par la place Dauphine, le marché Neuf, le pont Notre-Dame, la Grève et les rues du Mouton, de la Tixanderie et de Saint-Antoine. »

« Il était vêtu de brocart d'or avec de larges passements d'or et d'argent, et monté sur un cheval d'Espagne couvert d'une housse de brocart d'or et orné, autant qu'il se pouvait, de rubans et de plumes. Quatre de ses gentilshommes à cheval allaient devant lui, et autour de sa personne se tenaient six pages et vingt-quatre laquais à ses couleurs, mais extraordinairement enrichies. Les culottes des six pages étaient de drap vert, aussi bien que les hauts-de-chausses des laquais ; mais tandis que les pourpoints de ceux-ci n'étaient que de futaine isabelle, les pages les portaient de satin : l'un de ces derniers marchait toujours avec la pique haute immédiatement devant son maître.

« Les milices étaient divisées en seize quartiers de la ville. L'ordre de bataille était réglé d'après l'ancienneté du colonel. Chaque régiment ou « colonelle » avait un nombre variable de compagnies ; mais ces dernières avaient été réduites à trente hommes pour éviter la confusion. Le régiment se fractionnait en quatre groupes distincts marchant dans l'ordre suivant :

« En tête, un premier corps de mousquetaires commandé par le capitaine ; puis deux corps de piquiers commandés par les enseignes et

---

(1) Entrée de Louis XIV à Paris. Bib. nat. Est. Pd 43.

enfin, en dernière ligne, le second corps de mousquetaires commandé par le lieutenant. Tous ces officiers étaient montés sur des chevaux de prix, houssés et enharnachés de différentes manières, mais semblables pour la richesse et la magnificence de leurs accoutrements. Chacun avait devant lui deux, quatre, six ou huit valets vêtus proprement de ses couleurs. Ceux des capitaines et lieutenants portaient leurs piques. Les enseignes avaient remis leurs drapeaux au troisième rang des piquiers entre les mains des appointés, (1) et quoique ces officiers eussent pris un soin particulier de se parer, qu'ils n'eusent rien épargné dans l'assortiment de leurs habits pour paraître en une aussi belle occasion, ils se trouvaient égalés par nombre de leurs soldats qui vinrent si bellement vêtus qu'on aurait confondu les factionnaires (2) avec les commandants s'ils n'avaient pas eu d'autres distinctions que leurs habits. On leur avait laissé le choix et la disposition toute entière, et on les avait seulement engagés d'affecter dans leurs plumes et rubans les couleurs que leurs colonels avaient choisies pour le discernement de leurs troupes.

« Celle de M. de Sève, Prévôt des marchands, qui marchait la première sous les ordres des sieurs Tronson, lieutenant-colonel et Bourlon, premier capitaine, comme se trouvant sous le plus ancien colonel, portait seule, pour cette raison, le drapeau blanc. Elle avait, dans la même vue, pris cette couleur qu'elle coupa d'un ruban vert en faveur de son colonel qui, de tout temps, avait porté cette livrée.

« Quoique cette troupe ne fût pas si brillante que quelques autres qui la suivaient, elle ne laissa pas d'être remarquée et de paraître autant, par l'éclat et l'uniformité de ses pourpoints blancs, de ses bas et de ses plumes d'une même parure. Ce qu'elle avait encore de plus singulier, et qui ne la faisait pas moins regarder, était un chirurgien d'artillerie, nommé La Palisse, qui marchait à sa tête, comme pour lui faire place, avec un jupon et des chausses assez serrées d'une légère étoffe de diverses couleurs, un simple mouchoir au col et une toque ornée de quelques plumes blanches toutes droites sur sa tête. Il jouait de l'espadon, de la hallebarde et d'autres armes de cette nature avec tant

(1) *Appointé :* gradé de troupe.
(2) *Factionnaire :* homme du rang

d'adresse, qu'il mérita d'arrêter la vue du Roi, et même de le divertir quelque temps lorsqu'il arriva sur le trône. »

« La colonne (1) fut arrêtée, lorsque sa tête arriva à la hauteur du chemin allant de l'Eglise de la Pissotte à celle de Montreuil, et les bataillons se formèrent, face au sud, en s'étendant vers Paris.

(1) *Composition des seize régiments de milice de Paris passés en revue par le Roi Louis XIV à Vincennes (18 août 1660)*

COLONEL		COMMANDANT DE LA TROUPE		COULEURS
NOMS	FONCTIONS	NOMS	GRADES	
de Sève (a)	Prévot des marchands	Tronson Bourlon	Lieut.-colonel Capitaine	Blanc, avec ruban vert
Mgr de Lamoignon	Premier président au parlement	Héliot	Lieut.-colonel	Blanc et incarnat
d'Estampes-Valençay	Conseiller d'Etat	Froumenter	Capitaine	Vert, aurore et gris de lin
Tibeuf de Bouville	Conseiller en la grande chambre	Gai	Capitaine	Blanc et citron
de Longueil	Maître des requêtes et conseiller de la Reine-Mère	Barangue	Lieut.-colonel	Jaune et gris de lin
Bouché	Greffier en chef de la cour des aides	Bonhaire	Capitaine	Vert et rose
de Guénégaud	Président en la 3e chambre des enquêtes	de Lacroix	Capitaine	Blanc et orange
de Bragelonne	Président aux enquêtes	Galand	Lieut.-colonel	Gris de lin et blanc
Coulon	Conseiller à la cour	Brandin	Capitaine	Blanc et bleu
Prévot Saint-Germain	Conseiller en la grande chambre	Janart	Capitaine	Rose, vert et blanc
Ladvocat	Maître des comptes	Croizet	Capitaine	Vert
Scarron de Vaujours	Conseiller au parlement	Portail	Capitaine	Vert, incarnat, gris de lin
Lallemant	Maître des requêtes	Deshallus	Capitaine	Vert, blanc, gris de lin
Girard	Procureur général de la chambre des comptes	Riquier	Capitaine	Bleu et isabelle
d'Aligre	Directeur des finances	du Laurier	Capitaine	Bleu

(a) Monsieur de Sève avait deux colonelles sous ses ordres.

« Comme Leurs Majestés devaient sortir du château et que, par conséquent, le poste le plus avantageux était celui qui se trouvait le plus proche, comme devant être vu le premier, et que, d'ailleurs, l'inégalité de la campagne ne permettait pas que l'on prît un autre endroit pour faire voir ces galantes troupes sur une même ligne, la première colonelle se trouva à la gauche, et ainsi alternativement toutes les autres à l'égard de leurs suivantes.

« En arrivant sur le champ, le sergent de chaque colonelle (1) avait pris soin d'en faire un bataillon de six hauteurs (2), ce que beaucoup firent si adroitement sans interrompre leur marche, que les gens de guerre qui les virent agir ainsi crurent que l'on les avait empruntés des troupes réglées.

« Entre chacun de ces bataillons, différents en grosseur selon que les colonelles l'étaient en compagnies, il y avait des intervalles considérables vis-à-vis desquels, et plus en arrière, on avait fait mettre les chevaux et les équipages, tant pour ne point embarrasser, que pour servir d'une agréable perspective par cette disposition assez approchante d'une bataille, à la représentation de laquelle les vivandiers, qui avaient suivi en très grand nombre et que l'on tenait éloignés de ce même côté, ne servaient pas peu.

« Les officiers faisaient face du côté du château. Ils étaient la pique à la main, à la tête de leurs troupes, disposées sur trois différentes lignes, savoir : les capitaines sur la plus avancée vis-à-vis la première manche (3) du bataillon ; les lieutenants sur la deuxième, vis-à-vis la seconde manche, et les enseignes au milieu, sur la plus proche des piquiers ayant leurs drapeaux sur l'épaule.

« Le nombre de ces officiers était encore moins réglé que celui des hommes (4). Aussi avait-il été laissé indécis par ordre de la ville.

« Presque tous ceux de la colonelle du Prévôt, qui était composée de

---

(1) Le mot *colonelle* correspond au mot actuel de régiment.
(2) Formation sur six rangs de profondeur.
(3) *Manches* : on désignait ainsi l'aile droite et l'aile gauche du bataillon, les *piquiers* formant le centre, disposition qui se retrouvait dans l'ordre de marche.
(4) Il y a *factionnaires* au lieu d'*hommes* dans le texte.

onze compagnies s'y trouvèrent ; la première, qui en avait quinze, n'avait que huit officiers et ainsi des autres.

« Tous ces officiers firent ces choses très largement ; mais il y aurait quelque injustice, ajoute le narrateur, de ne rien dire en particulier de ceux qui acceptèrent pour cette cérémonie les charges de major ; puisque, outre la dépense, qu'ils ne firent pas avec moins de profusion, ils eurent une fatigue extraordinaire à supporter qui fut assurément très considérable, mais très heureuse.

« Les majors demeurèrent toujours à cheval pour porter et faire exécuter les ordres aux sergents qui agissaient dans leurs bataillons de côté et d'autres. Les tambours et les fifres en très grand nombre, tous bien vêtus et la plupart aux dépens des colonels, avaient leurs livrées enrichies de bandes de velours et autres semblables ornements ; ils se tinrent, comme ils ont coutume, sur les ailes. »

« Quant au commandant général, il était à la tête du premier bataillon, plus avancé de trois pas que les autres officiers. Il tenait comme eux sa pique à la main, mais son équipage était à côté de lui sur une ligne de bataille particulière tirée du château de Vincennes, au côté de ce bataillon.

« Sur les trois heures, le roi parut, précédé de ses mousquetaires et suivi de force noblesse. Il vint droit à la tête des bataillons qu'il considéra attentivement l'un après l'autre jusqu'au dernier, ayant toujours proche de sa personne M. de Turenne.

« La reine fit le même honneur aux milices ; mais comme son carrosse avait pris un autre chemin, elle se trouva insensiblement à la queue des bataillons, le long desquels elle remonta jusqu'au premier, ne donnant pas moins de marques de satisfaction qu'avait fait le roi. Et en effet, jamais milice bourgeoise ne parut plus leste et plus disciplinée. Il n'y avait pas un soldat qui n'eût son bouquet de plumes et sa garniture en confusion. Chacun garda si justement ses distances que les rangs semblaient avoir été dressés au cordeau. Tous avaient des piques ou des bandouillères, mèches et mousquets, ainsi qu'il leur avait été prescrit, et, ce qui est inouï, *aucun ne s'échappa dans l'excès de son zèle d'en tirer un seul coup.* Et quoique il ne dût y avoir que quatre à cinq mille hommes

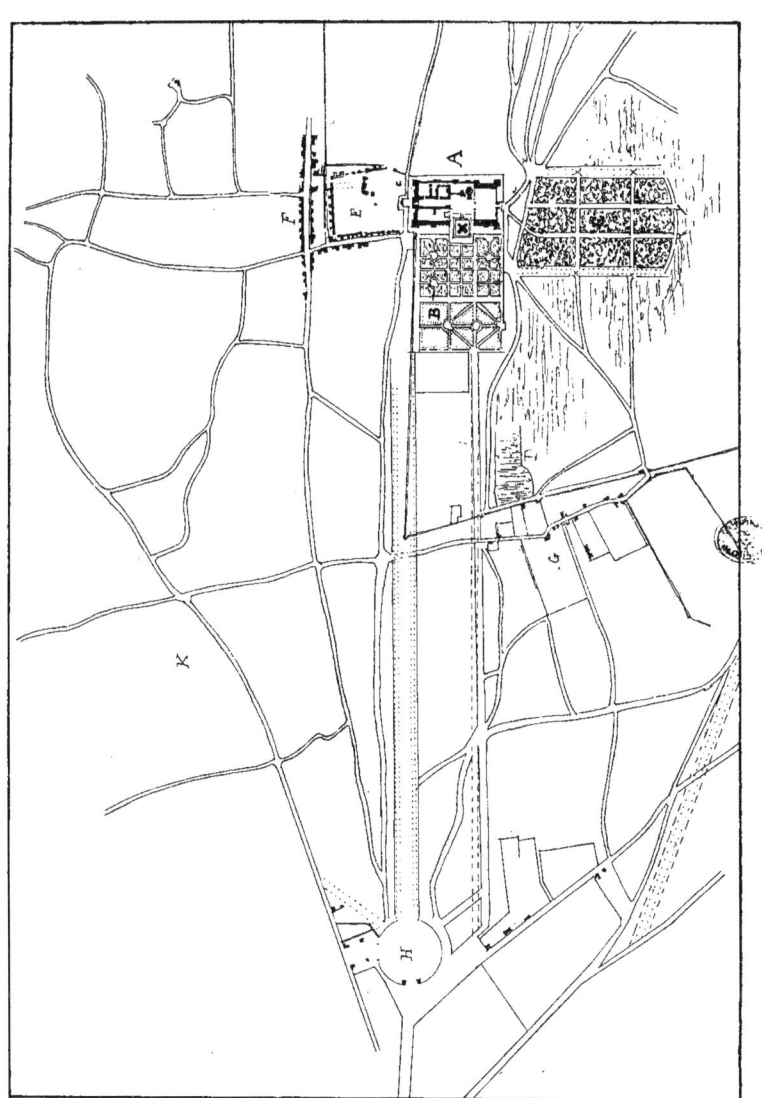

Plan du Château et des environs de Vincennes (vers 1660)
Collections des plans dits de Colbert. — Bib. de la ville de Paris

LÉGENDE : A. Château. — B. Petit Parc. — D. Étang de Saint-Mandé. — E. Basse-Cour. — F. Bourg de la Pissotte. — G. Saint-Mandé. — H. Place du Trône. — K. Terrain de la revue de 1662. — NOTA : Les lettres de la légende ont été ajoutées par l'auteur.

dans cette revue, il s'en trouva néanmoins huit mille d'effectif, tant l'ardeur était de paraître devant le roi et la reine.

« Il est aisé de juger du nombre des spectateurs. La ville de Paris paraissait déserte ce jour-là. Il semblait que les habitants avaient quitté leurs foyers pour venir habiter Vincennes et ses environs. On n'entendait que le cri de « Vive le Roi et la Reine » répété par un million de bouches, tant les chemins, la campagne, la Pissotte, la basse-cour et le château étaient pleins d'un peuple immense, grossi par les habitants des villages voisins et des étrangers.

« Il se fit une consommation immense de toutes sortes de comestibles ; les caves furent totalement épuisées. Cependant, dans un tumulte aussi considérable, il n'arriva pas le moindre petit accident. Le roi et ses mousquetaires, ainsi que toute la cour à cheval n'allaient que très doucement, et étaient souvent obligés de s'arrêter. La reine et sa suite marchaient aussi avec le plus grand ménagement. Le sieur de Francines de Grand Maison, Lieutenant-criminel de robbecourte (*sic*), en qualité de maréchal de bataille, disposa tout avec tant de sagesse et de prudence qu'on était aussi en sûreté à ce camp et dans tous les environs du château que dans une promenade ordinaire. »

L'entrée solennelle du roi et de la reine à Paris eut lieu quelques jours après cette revue. Le cortège partit de Vincennes, s'arrêta longuement à la place du Trône, où tous les corps constitués de la capitale se trouvaient réunis, puis se dirigea vers Notre-Dame.

« Tous ceux qui virent ce beau mariage et les fêtes qui le suivirent en conçurent l'expression d'un bonheur parfait (1) », écrivait Mme de Motteville. Les prévisions de ce témoin oculaire ne se réalisèrent pas, mais les causes des dissentiments entre les deux époux n'éclatèrent qu'après la mort de Mazarin.

Le cardinal, atteint depuis longtemps de la goutte, était revenu très fatigué de son voyage des Pyrénées. Au mois de février 1661 « l'humeur étant remontée des jambes à l'estomac (2) », il se fit transporter à Vincennes, espérant que le calme de la campagne le guérirait. La maladie ne fit qu'empirer.

(1) M. LAIR, *Louise de la Vallière et la jeunesse de Louis XIV*, p. 23.
(2) Mme DE MOTTEVILLE. T. IV, p. 233.

Le 11, plus souffrant, il fit mander au roi qu'il n'allait pas bien et souhaitait de le voir (1). La Cour se rendit auprès du malade ; puis les médecins, ayant déclaré que tout danger immédiat était écarté, elle retourna à Saint-Germain. Cependant le cardinal, très résigné, prit ses dernières dispositions. Voulant régler d'abord toutes ses affaires de famille, il fiança sa nièce Mancini (2) au connétable Colonna avec une dot de cent mille livres de rente en Italie, lui donnant sa belle maison de Rome. Il fit épouser son autre nièce, Hortense Mancini, au Grand-Maître, fils du maréchal de la Meilleray, qui reçut le titre de duc de Mazarin, avec la survivance de la charge de gouverneur de Vincennes. Puis il força la princesse Palatine à se démettre de la surintendance de la maison de la reine, pour donner ce poste de confiance à sa nièce Olympe, aussi sympathique à la reine-mère qu'à Marie-Thérèse. « Deux jours après ce dernier méfait, dit Mme de Motteville, il agonisait (3) ».

Le 3 mars, il reçut le Saint-Viatique. La reine-mère, qui logeait près du cardinal, fut obligée, pour ne pas entendre ses gémissements, d'aller coucher dans les appartements du roi (4). Le 6, le moribond eut encore la force de s'occuper des affaires de l'Etat. Il fit même des dépêches pour Rome, qu'il signa. Le 7, il reçut l'Extrême-Onction (5) dans sa chaise, répondant lui-même aux prières des morts. « Il remercia ceux qui l'avaient administré. Puis il fit venir tous ses domestiques, voulant se montrer à tous avec la barbe faite, étant propre et de bonne mine, avec une simarre de couleur de feu, sa calotte à sa tête, comme un homme qui veut braver la mort. Il leur parla fort chrétiennement, leur demanda pardon avec de grandes marques d'humilité et confessa qu'un de ses crimes devant Dieu avait été la colère et la rudesse qu'il avait eues pour eux (6). Il prit ensuite congé du roi, de la reine-mère et de Monsieur, qu'il supplia de ne plus prendre la peine de venir le voir. Il donna au roi dix-huit gros diamants, un fort beau diamant à la reine mère, un bouquet de

---

(1) Mme de MOTTEVILLE. T. IV, p. 233.
(2) Le roi avait éprouvé une très vive passion pour Marie de Mancini et avait songé un instant à l'épouser.
(3) M. LAIR. *Louise de la Vallière et la jeunesse de Louis XIV.* p. 39.
(4) Mme de MOTTEVILLE. T. IV, p. 236.
(5) Mme de MOTTEVILLE. T. IV, p. 240.
(6) Mme de MOTTEVILLE. T. IV, p. 241.

VUE DU CHATEAU ROYAL DE VINCENE
du Côté du Jardin, et du bord de la Terrasse
(vers 1660)

diamants à la jeune reine et plusieurs émeraudes d'une grosseur prodigieuse à Monsieur (1) ». Il fit de pareilles libéralités au prince de Condé, au maréchal de Turenne et à d'autres grands seigneurs. Il parapha enfin son testament et signa encore, le soir, des dépêches pour le service du roi.

Il expira le 9 mars entre deux et trois heures du matin, dans une chambre située au premier étage du Pavillon de la Reine (2).

Le roi, qui se trouvait au château, apprit la nouvelle par sa nourrice. Il se leva sous le coup d'une émotion très vive, et après avoir pleuré, il fit venir les ministres, le chancelier Le Tellier, le surintendant Foucquet, et M. de Lyonne, commandant de ne rien expédier sans lui en parler, déclarant qu'il ne voulait point que ceux qui lui demanderaient des grâces s'adressassent à d'autres qu'à lui. C'était son premier acte d'autorité véritable.

Dès l'aube, la Cour revint à Paris. Le corps du premier ministre resta exposé pendant trois jours. Le 10 mars, les médecins procédèrent à l'autopsie : « On lui trouva, dit Mme de Motteville, une petite pierre dans le cœur : ce que les gens dirent convenir fort à la dureté qui lui était naturelle. » Le 11, sa dépouille fut portée à la Sainte-Chapelle, où « un service fut fait sans beaucoup de cérémonies. » Elle devait rester pendant vingt ans dans l'oratoire attenant à ce sanctuaire, en attendant qu'elle pût être portée dans l'église des Théatins lieu de sépulture choisi de son vivant par le cardinal.

Cette mort, dont la Cour avait pris le deuil, fut vite oubliée. Au mois d'août, le roi partait pour Fontainebleau ; il devait y passer tout l'été. La période des fêtes commença. La reine était enceinte : « Elle aimait du reste la retraite plus qu'une reine de France qui se doit au public n'aurait dû l'aimer (3). » Elle ne prit donc que peu de part aux divertissements, laissant le roi à ses plaisirs ; et ce fut une lourde faute, car Louis XIV, profitant trop de cette liberté, montra un grand empressement pour sa belle-sœur Henriette d'Angleterre. Celle-ci, légère, coquette, fut flattée

---

(1) Mme de MOTTEVILLE. T. IV, p. 240.
(2) Voir t. II, ch. VI, Pavillon de la Reine.
(3) Mme de MOTTEVILLE. *Mémoires*, t. IV, p. 258.

des hommages du roi. Mais dans cette cour jeune, cette passion sentimentale fut bientôt l'objet des pires médisances. La reine-mère adressa des remontrances à son fils, et Henriette elle-même supplia son adorateur de s'adresser à quelque autre dame de son entourage, afin de démentir les bruits qui circulaient (1). Ce conseil, trop suivi, eut plus de conséquences graves qu'on n'eût pu se l'imaginer.

Il y avait, auprès de la princesse, trois jeunes filles particulièrement séduisantes : Mlles de Chimerault, de Pons, et Louise de la Vallière. Les deux premières surent éviter la galanterie factice du roi. Louise de la Vallière, plus jeune, moins expérimentée, n'ayant pour sa sauvegarde que les conseils de sa maîtresse, âgée comme elle de seize ans, ne vit pas le piège tendu par celle-là même dont le devoir était de la protéger. Ne dissimulant pas le plaisir que lui causaient les déclarations du jeune roi, sa sincérité toucha bientôt celui qui ne voulait que jouer un rôle de séducteur. — Un certain nombre d'historiographes de Vincennes ont affirmé que ce roman d'amour avait eu sa préface au château (2). En réalité, c'est à Fontainebleau que se déroulèrent les premiers actes de cette intrigue amoureuse. C'est dans le jardin de Diane qu'eut lieu la célèbre promenade au cours de laquelle le roi se déclara ; c'est dans la forêt que, surpris par la pluie, le jeune roi « de son chapeau couvrit la tête de la jeune fille et la ramena au palais, bravant les yeux jaloux de la Cour (3) » ; c'est enfin dans un des petits logements donnant sur la cour

---

(1) Il fut convenu que le roi ferait l'amoureux et qu'il courtiserait quelque personne de la Cour. M. LAIR. *Louise de la Vallière et la jeunesse de Louis XIV*, p. 55.

(2) La plupart des historiographes de Vincennes placent en ce lieu la scène de la séduction. PONCET DE LA GRAVE (t. I, p. 133 et suivantes) raconte qu'une nuit Mlle de la Vallière et trois de ses compagnes étaient sorties dans le parc pour prendre le frais. Le roi aperçut les jeunes filles près de la grille donnant sur Saint-Mandé. Persuadé que l'amour les conduisait, il les suivit et se cacha, avec Messire Charles Berringhen, pour surprendre leur conversation. C'est ainsi qu'il surprit le secret du cœur de La Vallière. Cette version reproduite par NOUGARÈDE (*Histoire du château de Vincennes*, t. I, p. 183 et suivantes) fut adoptée par E. LEMARCHAND (*Histoire du château de Vincennes*, p. 27 et par M. DE VARAVILLE (*Histoire de Vincennes*, p. 123). Or les mémoires du temps sont formels : la passion du roi naquit à Fontainebleau. La Cour s'était arrivée vers la fin de juin. Les remontrances de la reine-mère au roi sur sa manière d'être avec sa belle-sœur, furent faites dans les premiers jours de juillet. La chute de Mlle de la Vallière eut lieu vers le 20 du même mois (Voir Mme de MOTTEVILLE, *Mémoires*, t. IV, p. 278 et suivantes) et la remarquable étude de M. LAIR, sur *Louise de la Vallière et la jeunesse de Louis XIV*, p. 55 et suivantes.

(3) M. LAIR, *Louise de la Vallière et la jeunesse de Louis XIV*, p. 60.

LA PROMENADE AU BOIS DE VINCENNES

Gravure populaire accréditant l'erreur de la première entrevue de Louis XIV et de Mme de La Vallière dans le bois de Vincennes

dite « des adieux » qu'eut lieu le premier rendez-vous des amants. Saint-Aignan, premier gentilhomme de la chambre, avait mis à la disposition de son maître les deux pièces dont il disposait, et l'offre avait été acceptée, bien que la simplicité des lieux fît un contraste singulier avec la splendeur des grands appartements.

Vincennes n'a donc pas connu les débuts de l'idylle royale et, dans toute cette période, n'a servi que de prétexte à la plus extraordinaire fugue d'amoureux. La reine-mère et Henriette, qui avaient favorisé la chute de la demoiselle d'honneur, s'indignèrent des conséquences de leur maladresse. Il fut décidé que Madame se rendrait à Saint-Cloud et qu'elle emmènerait Mlle de La Vallière. Cette séparation ne fit qu'activer l'amour naissant du roi. Le 19 septembre, Louis XIV, déclarant qu'il voulait voir ses ouvriers de Vincennes, partit de Fontainebleau à cheval de grand matin, inspecta les travaux à la hâte, et, traversant Paris, galopa jusqu'à Versailles pour avoir l'occasion de s'arrêter deux heures à Saint-Cloud. Il rentra le soir même à Fontainebleau, ayant donc fait trente-sept lieues (148 kilomètres) dans sa journée. Cet exploit émerveilla ses contemporains, qui n'en devinaient pas la cause : « Monsieur, Madame, et la fille d'honneur de Madame, Louise de la Vallière, se trouvaient alors à Saint-Cloud et c'est à Saint-Cloud que dîna le roi (1) ».

Mais le château de Vincennes n'eut bientôt plus besoin de servir de prétexte à des rendez-vous romanesques ; Louise de la Vallière y vint habiter, sous le même toit que son royal amant. Les grands appartements virent son éphémère souveraineté de jeune et jolie femme primer celle de la reine, réduite à prier dans son oratoire, ou aux Minimes souvent. C'est sur l'emplacement des chambrées occupées maintenant par des chasseurs à pied, que Louise de la Vallière eut son apothéose (2).

(1) « En icelle journée,
 « Ayant fait à n'en mentir pas
 « Plus de cent douze mille pas . »
           LORET. La muse historique, t. II, p. 406.
(L'on comptait 3.000 pas à la lieue).
Le fait est attesté par tous les contemporains (Voir CHOISY, Mémoires, p. 590, édit. Michelet et Poujoulat). Citation extraite de Louise de la Vallière et la jeunesse de Louis XIV, par M. LAIR, p. 72.

(2) Le 26e Bataillon de chasseurs à pied occupe maintenant le pavillon du roi.

C'est dans le salon du pavillon de la reine désigné actuellement sous le nom de salon d'armes que la favorite fut déclarée « maîtresse en pied du roi ». Mais pour comprendre la suite de ces événements, il importe de les placer dans leur ordre chronologique.

Le passage de Louise de la Vallière à Vincennes, en 1662, n'a pas laissé de traces ; il est probable cependant, qu'elle y suivit la cour, car de grandes fêtes, auxquelles ses fonctions l'obligeaient à assister, furent données au château.

Pendant l'hiver, il y eut de grandes chasses en l'honneur du fils du roi de Danemarck : le 22 janvier, le 3 et le 28 mars, cette dernière, suivie du combat d'un lion et d'un taureau, dans la ménagerie de Bel-Air. Pendant l'été, la reine, — qui venait d'apprendre par Mme de Soissons l'infidélité du roi et en était fort affectée, — assista à un grand bal donné en son honneur par le gouverneur du château, le duc de Mazarin. Cette fête se termina par un feu d'artifice tiré sur le haut du Donjon.

Louis XIV était alors en Lorraine. Il rentra le 3 août à Vincennes et il y demeura jusqu'à vers la fin d'octobre, coupant son séjour par quelques déplacements à Saint-Germain et à Villers-Cotterets. On retrouve la Cour à Vincennes dans les premiers mois de 1664, suivie des magistrats composant la Chambre de justice chargée de juger Foucquet, car le surintendant avait été transféré d'Angers au Donjon, pour y subir un interrogatoire devant la commission d'enquête présidée par M. de Lamoignon. En mars, la Cour repart pour Fontainebleau : les juges et le prisonnier sont envoyés à Moret.

Le roi revint au château de Vincennes vers la fin de juillet. Il y passa tout l'été, signant en septembre les articles et propositions pour la formation de la Compagnie des Indes (1). Cet acte de si haute importance passa presque inaperçu, tant fut vif et absorbant le scandale soulevé par l'aveu public de la liaison du souverain avec Mlle de la Vallière. Dans une explication qu'il eut avec la reine-mère, Louis XIV déclara « qu'il avait longtemps disputé contre lui-même pour ne pas demander aux femmes de qualité de suivre Mlle de la Vallière, mais qu'enfin il avait résolu que cela serait, et qu'il la priait de ne pas s'y opposer (2) ».

(1) PONCET DE LA GRAVE. T. II, p. 150.
(2) Mme de MOTTEVILLE. *Mémoires*, t. IV, p. 251.

Cela ne suffit pas au monarque amoureux. Après le départ du Légat du Pape, qui avait séjourné près d'un mois au château, et après avoir nommé la maréchale de la Motte, gouvernante du Dauphin, il annonça son projet d'aller passer quelques jours à Villers-Cotterets, chez Monsieur son frère ; sa maîtresse devait être du voyage. La reine, ne pouvant suivre parce qu'elle était enceinte, se montra moins résignée que d'habitude. Le jeune souverain, en venant prendre congé d'elle, la trouva tout en larmes, dans son oratoire ; troublé de sa peine, il chercha d'abord à la consoler, puis, avouant ses fautes « avec une aisance toute royale, il lui promit qu'à trente ans il cesserait de faire le galant et deviendrait un parfait mari (1). » — Il ne réclamait donc que quatre années d'indulgence !

A partir de ce voyage, Mlle de la Vallière fut implicitement reconnue comme favorite. Il ne lui manquait, pour l'être officiellement, que la sanction publique, l'approbation tacite de la reine-mère. Elle obtint cette sorte de consécration à Vincennes au retour de Villers-Cotterets.

Un soir que Marie-Thérèse indisposée ne pouvait sortir de ses appartements, et encore moins traverser la cour pour se rendre chez Anne d'Autriche, contrainte elle aussi à l'immobilité, le roi entra dans la chambre de sa mère, donnant le bras à sa maîtresse et installa celle-ci à une table de jeu, Monsieur, son frère, et Mme Henriette, en partenaires. La vieille reine fut à ce point surprise qu'elle resta muette. Marie-Thérèse, qui avait été avisée de la présence de « cette fille » chez Anne d'Autriche, lui dépêcha Mme de Motteville pour tâcher de mettre fin au scandale ; l'envoyée ne put approcher que Mme de Montausier : « La reine-mère, lui dit la nouvelle dame d'honneur a fait une action admirable d'avoir voulu voir La Vallière, mais, ajouta-t-elle, elle est si faible qu'elle ne soutiendra peut-être pas son action comme elle le devrait. » Elle fut si faible en effet, qu'elle ne put que cacher ses larmes, et gémir le lendemain avec Marie-Thérèse. Cette crise de pleurs ne calma pas la jeune reine, dont l'indignation avait été trop forte. « Tombée dangereusement malade, elle accoucha un mois avant terme d'une fille, épreuve douloureuse dont elle pensa mourir »... On admettra volontiers que Louise, en paraissant chez Anne d'Autriche, ne

---

(1) Mme de MOTTEVILLE. *Mémoires*, t. IV, p. 357.

fit que céder aux ordres de son royal amant, quand on saura qu'à cette époque d'apparent triomphe la pauvre fille avait à dissimuler une nouvelle grossesse (1).

Nous retrouvons une dernière fois Louise de la Vallière à Vincennes, en 1666. Deux années à peine se sont écoulées depuis qu'elle a été publiquement déclarée maîtresse en titre du roi, et déjà son étoile pâlit : Mme de Montespan a savamment travaillé à la supplanter. Pour arriver à ses fins, cette Athénaïs si fière se rendit chez la Voisin et implora les secours de la chiromancienne contre sa rivale. Puis elle fit appel à Etienne Guibourg, ancien prêtre devenu « sorcier, empoisonneur, artiste appliqué à la recherche de toutes sortes de maléfices » et assista à trois messes noires, allant, dit-on, jusqu'à prêter son corps comme autel pour la célébration de l'une d'elles (2). Bien que ces pratiques aient été avouées et reconnues, le principal sortilège de la fille des Mortemart fut son charme personnel, rehaussé d'impudiques provocations. Louise, modeste, restée timide, avait perdu l'éclat de sa première jeunesse ; fort éprouvée par des grossesses successives, et les précautions dangereuses qu'elle avait prises pour les cacher dissimulant d'ailleurs à ce moment une troisième grossesse, il ne lui restait, pour retenir le cœur de son royal amant, que ses qualités morales, et l'habitude, bien faibles armes pour vaincre un adversaire dénué de tous scrupules, de tout sens moral.

Et en effet, lorsque Louise de la Vallière vint à Vincennes, en août, le roi lui montra déjà de l'indifférence. Après avoir été si entourée, si fêtée, si adulée, elle restait souvent seule, délaissée ; son état l'empêchait de bouger. Elle occupait cependant encore la première place ; elle avait sa chambre dans le Pavillon du Roi, une de celles qui commandaient les grands appartements, et qui n'avaient de sortie que sur la salle des gardes ou sur le petit escalier aboutissant à l'extrémité de cette dernière pièce.

---

(1) Elle accoucha dans l'hôtel Brisson, à Paris, en janvier 1665, d'un fils appelé Philippe, qui mourut en bas âge, comme son frère aîné, Charles.

(2) M. LAIR, *Louise de la Vallière et la jeunesse de Louis XIV*, p. 172, et M. FUNCK BRENTANO, Affaires des Poisons. *Revue de Paris* du 1er mai 1899. Voir également t. II, ch. III, *Les Prisonniers de Vincennes*.

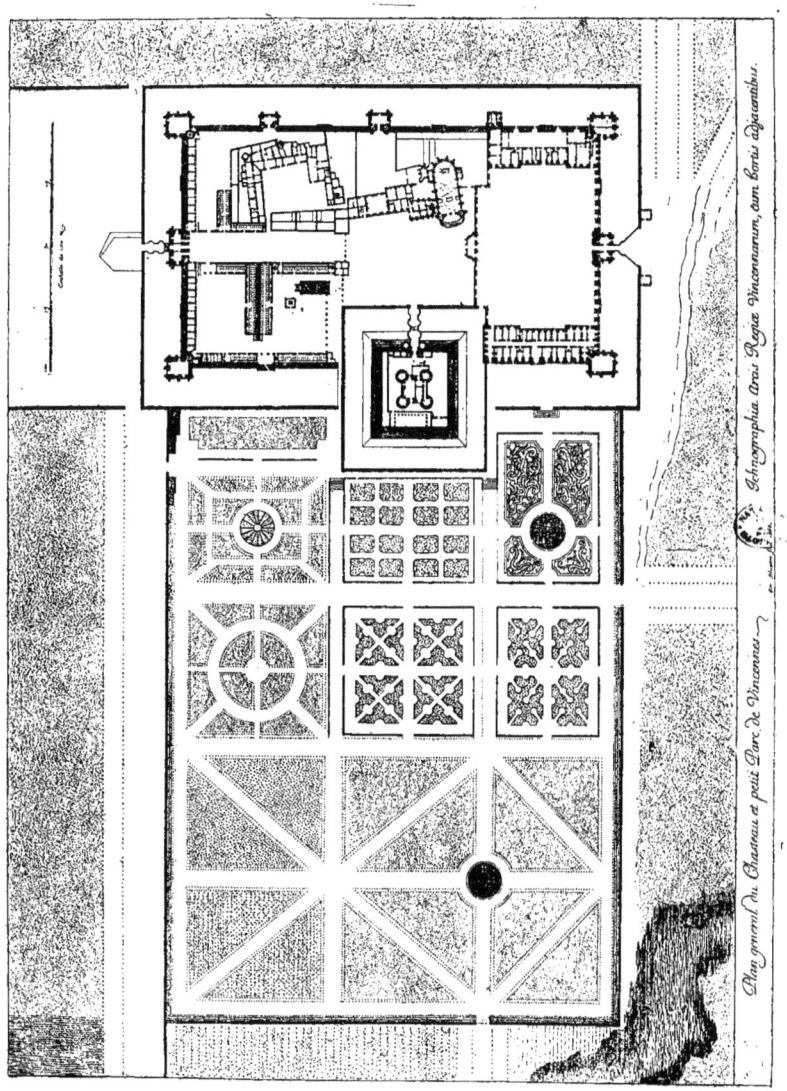

Plan du Château et petit Parc de Vincennes en 1668
Par Israël Silvestre

C'est là qu'elle mit au monde, le 17 octobre 1666, l'enfant qui devait porter le nom de Mlle de Blois.

Cette délivrance ne s'accomplit que très péniblement : Louise fut forcée de cacher ses souffrances. Les premières douleurs la prirent le matin, et, tandis qu'elle étouffait ses plaintes, chacun passait devant son lit. Henriette d'Angleterre, traversant à son tour cette pièce servant d'antichambre, demanda à son ancienne demoiselle d'honneur le motif de ses gémissements. « Je souffre de violentes coliques », répondit la pauvre Louise, qui fit aussitôt mander son médecin, et supplia celui-ci de la délivrer avant le retour de la princesse ; ce qui eut lieu.

Dans la journée, la duchesse de la Vallière fit remplir sa chambre de fleurs et se cacha sous les courtines ; le soir, elle se leva, donnant à jouer. Elle resta ainsi dans son fauteuil une partie de la nuit, faisant des efforts surhumains pour dissimuler ses souffrances ; ce n'est qu'après avoir subi pendant de longues heures les regards ironiques de tous les courtisans, hommes et femmes, qu'elle put enfin se reposer.

Après son rétablissement, la Vallière quitta Vincennes pour n'y plus revenir. D'ailleurs, à partir de 1666, la cour ne fait plus de séjour « au Bois ». Les travaux de Versailles absorbent le roi ; si celui-ci n'abandonne pas tout-à-fait, pendant les quatre années qui suivent, le vieux château peuplé de souvenirs de sa première jeunesse, il ne s'y installe pas : on sent que ses goûts l'attirent ailleurs. Il fait cependant continuer les travaux entrepris ; on agrandit le parc considérablement, on termine la grande chaussée de Paris qui, de la place du Trône, aboutit à la basse-cour de la Pissotte (1667-1672) ; les eaux, recherchées avec soin au pied du plateau de Montreuil sont amenées dans le grand réservoir. Enfin, quelques fêtes sont encore données à Vincennes :

Le 11 novembre 1667, les Gardes françaises et les Suisses sont passés en revue dans le parc avec les Gardes du corps, les Mousquetaires, les Gendarmes et les Chevau-légers. Ces troupes défilent plusieurs fois, tirent le canon, font huit décharges de mousqueterie, émerveillent la Cour par leur belle tenue. Le soir, un grand festin est offert aux principaux officiers. La reine, les Enfants de France, Mme de Guise, la princesse de Bade et un grand nombre de dames honorent cette réunion de leur présence.

L'année suivante, le roi de Pologne, Casimir, vient à Vincennes (31 décembre 1668). Reçu avec de grandes marques de respect, le gouverneur lui fait visiter les appartements, la Sainte-Chapelle et les jardins. Il couche au château et repart le lendemain.

Ce même hiver, la Cour passe à Vincennes une partie du carnaval. Pendant une quinzaine de jours, le pavillon du Roi retrouve tout son ancien éclat. La troupe des Comédiens du roi donne, dans l'antichambre de la reine, trois grandes représentations : le 13 janvier *Bérénice* de Racine, soirée terminée par un bal splendide, un souper magnifique ; le 24, tragédie de *Bellérophon*, représentation suivie, comme la veille, d'un bal et d'un souper ; le 25, comédie suivie d'une grande mascarade à laquelle les ambassadeurs et les ministres étrangers avaient été conviés. Tous les seigneurs et toutes les dames de la Cour portaient des costumes de diverses nations à cette fête qui émerveilla les contemporains et qui fut la dernière de ce genre donnée à Vincennes.

Le 13 février, le roi regagna Paris. Il ne devait jamais revenir dans son château du « Bois », et la résidence royale, qui avait retrouvé pendant quelques années toute sa splendeur, entrait dans une ère de décadence.

CHAPITRE VIII.

Abandon de Vincennes pour Versailles (1668). — Le domaine érigé en Capitainerie des chasses (1676). — L'Ambassade Siamoise (1682). — Louis XV au Pavillon du Roi (1715) — Séjour de la reine douairière. Elisabeth d'Espagne (1725-1726). — Fin de l'habitation royale. — Installation de la Manufacture Royale de porcelaines (1740). — Son transfert à Sèvres (1755). — Création de l'Ecole militaire des Cadets (1753). — De la manufacture d'armes du sieur Bordier (1757). — De la fabrique de porcelaines de Pierre-Antoine Hannony (8 juillet 1766). Projet de restauration repoussé par Louis XVI (1777). — Ruine du Château. Le Donjon désaffecté comme prison (1784) — Le Chapitre supprimé (1786). — Société d'officiers en retraite et de vieux Chevaliers de Saint Louis habitant les anciens appartements royaux : sa Constitution, son Règlement (1786).

A partir de 1670, le château de Vincennes est abandonné pour Versailles.

Louis XIV ne se désintéressa pourtant pas du domaine : en 1676, il l'érigea en capitainerie des chasses. Le duc de Mazarin fut le premier titulaire de cette charge, qui devait désormais se cumuler avec celle de gouverneur. Ces nouvelles fonctions comportaient la haute juridiction sur les territoires de onze villages : Montreuil, La Pissotte, Conflans, Charenton, Nogent, Fontenay, Rosny, Noisy, Romainville, Charonne et Bagnolet. Un lieutenant, un procureur, un exempt, un greffier, quatre gardes à cheval, deux gardes à pied, étaient chargés de la répression des délits ; il leur était adjoint un renardier et un faisandier.

Cette institution se perpétua jusqu'en 1784, prenant, jusqu'à sa suppression, une importance de plus en plus considérable.

En 1706, les bâtiments de l'ancienne ménagerie du Bel-Air, dont les animaux avaient été transférés au Jardin du Roi, à Paris (Jardin des plantes) furent ajoutés à ceux dont disposaient déjà les gardes de la capitainerie. Les prescriptions relatives aux promenades dans le bois s'augmentèrent en proportion de l'accroissement du territoire à surveiller. Il était défendu à toutes personnes de rompre ou dégrader les arbres et bois du parc, à peine d'amende. La peine des galères était inscrite contre ceux reconnus coupables de violences envers les gardes : cette mesure excessive visait surtout les « gens de livrée », qui, « s'arrogeant des airs plus importants que leurs maîtres, se croyaient tout permis (1) ». Cependant les gentilshommes n'étaient pas plus épargnés que les manants, lorsqu'ils contrevenaient aux ordonnances. « Il leur était défendu de chasser au fusil ou au chien dans l'étendue de la capitainerie, à peine de désobéissance et de quinze cents livres d'amende. Contre tous autres la peine était de cent livres d'amende pour la première fois, du double pour la seconde et du triple pour la troisième. Les délinquants insolvables étaient, la première fois, battus de verges sous la custode ; la deuxième, fouettés en place publique ; et la troisième, bannis à toujours du lieu de leur demeure. Les chiens avaient les jambes coupées et les fusils étaient confisqués sans préjudice de plus fortes peines en cas de chasses de cerfs, biches, faons daims, chevreuils ou sangliers (2) ».

L'installation d'une capitainerie royale à Vincennes semblait indi-

(1) Ordonnance royale du 5 mai 1729 : PONCET DE LA GRAVE, t. II, p. 204.
(2) Ordonnance royale de 1756 : PONCET DE LA GRAVE, t. II, p. 290.

quer que Louis XIV comptait venir y chasser ; en réalité il ne s'y livra jamais à ce divertissement.

La convocation (1679) d'une Cour ardente destinée à connaître des crimes d'empoisonnement sous la présidence du conseiller Boucherat (1), et la réception des ambassadeurs siamois en 1682 (2) furent les seuls événements marquants dont le vieux château de Vincennes fut le théâtre en cette fin de règne.

Le grand Roi devait cependant avoir l'esprit hanté par le souvenir de cette résidence dans laquelle il avait passé ses belles années de jeunesse, car, rongé par la gangrène, moribond, étendu sur son grand lit d'apparat, dans cette chambre du palais de Versailles, dont la porte ne s'entr'ouvrait que pour laisser passer les gens de service anxieux, les officiers ou ses proches appelés pour recevoir ses dernières volontés, sa pensée se reporta vers ces temps lointains. Il fit appeler le duc d'Orléans (27 août 1715), lui parla du château, dont l'air « était si bon » et ordonna au futur régent d'y conduire le jeune roi, son successeur, aussitôt que toutes les cérémonies seraient finies à Versailles, « et le château bien nettoyé (3) ». Il précisa ces instructions au duc du Maine et au maréchal de Villeroi ; et, pour être certain que ses ordres seraient obéis, il enjoignit de faire meubler aussitôt les anciens appartements qu'il n'avait pas revus depuis plus de cinquante ans. Il indiqua les pièces que devait occuper son arrière petit-fils, et les arrangements (4) des autres. Et, comme on lui représentait que rien ne pressait, il exigea que tout fût exécuté « de suite », parce qu'on serait si fort occupé d'autres choses, quand le moment de sa mort arriverait, qu'on n'aurait pas le temps de le faire ». Poursuivant cette idée, songeant que Cavoie, grand maréchal des logis de la cour, n'avait jamais fait le logement à Vincennes, « il désigna une case où l'on trouverait le plan de ce château et ordonna de le prendre et de le remettre à ce fourrier (5). » Quatre jours après il mourait (1er septembre 1715).

(1) PONCET DE LA GRAVE. T. II, p. 166.
(2) Voir l'*Ambassade siamoise*, t. II, ch. VI, « Pavillon de la Reine ».
(3) *Mémoires de Saint-Simon*. Ed. Deloye, Paris, 1840, t. XXXIV, ch. CDV, p. 24.
(4) PONCET DE LA GRAVE. *Histoire de Vincennes*, Paris, 1863, t. II, p. 190.
(5) *Mémoires de Saint-Simon*, t. XXIV, ch. CDV, p. 51.

Le régent voulut emmener aussitôt le jeune roi. Cet empressement ne venait nullement de ce qu'il tenait à se conformer aux volontés du souverain défunt. Il désirait surtout fuir rapidement Versailles « dont le séjour l'importunait, parce qu'il aimait à demeurer à Paris où il avait tous ses plaisirs (1) ». Mais Louis XV souffrait d'un léger refroidissement, et les médecins de Versailles, « commodément logés », émirent l'avis qu'un déplacement pourrait être dangereux. En présence de cette opposition, on fit venir « tous les docteurs de Paris qui avaient été mandés auprès du feu roi. Ceux-ci, qui n'avaient rien à gagner au séjour de Versailles, se moquèrent des médecins de la Cour et, sur leur avis, il fut résolu qu'on mènerait le lendemain, 9 septembre, le roi à Vincennes, où tout était prêt pour le recevoir (2) ».

« Louis XV partit donc ce jour-là sur les deux heures après-midi de Versailles, entre le régent et la duchesse de Ventadour au fond, le duc du Maine et le maréchal de Villeroy au-devant, et le comte de Toulouse à une portière qu'il aima mieux que le devant. Le roi passa sur les remparts de Paris, sans entrer dans la ville, et arriva sur les cinq heures, à Vincennes, ayant trouvé beaucoup de monde et de carrosses sur le chemin pour le voir (3) ».

Toute la Cour, à Vincennes, s'installa dans les différentes parties du château. Le duc d'Orléans prit les anciens appartements d'Anne d'Autriche, dans le pavillon de la Reine ; les princes et les grands seigneurs, le duc de Saint-Simon et le maréchal de Villeroy notamment, se logèrent comme ils purent. Tous les locaux disponibles furent occupés. Seuls, parmi les habitants du château, les chanoines furent dispensés de recevoir des hôtes, mais tenus toutefois de prouver aux fourriers de la Cour que depuis Charles V, leur fondateur, ils avaient toujours joui de cette exemption.

Le vieux château retrouva son ancienne animation. Tous les grands corps de l'Etat y vinrent successivement féliciter le roi ; puis, les dé-

---

(1) *Mémoires de Saint-Simon*, t. XXIV, ch. CDXIX, p. 58.
(2) *Mémoires de Saint-Simon*, t. XXIV, ch. CDXIX, p. 58.
(3) *Mémoires de Saint-Simon*, t. XXIV, ch. CDXIX, p. 58.

Entrée de Louis XV à Vincennes

— 169 —

putés des provinces, parmi lesquels les capitouls de Toulouse, les conseillers de la chambre des comptes de Bretagne, les membres des Parlements de Dijon, de Bourgogne, de Bretagne, ceux du conseil supérieur de Valenciennes ; enfin les ambassadeurs des puissances étrangères : le baron d'Espoar, ambassadeur extraordinaire du roi de Suède ; le Nonce du Pape ; le comte de Saint-Maurice, envoyé extraordinaire de l'électeur de Cologne ; le bailli de Mesme, « ambassadeur de la religion de Malte ».

La description de la réception du sieur du Buïs, ambassadeur extraordinaire des Etats de Hollande, mérite d'être relatée, car elle montre l'étiquette qui présidait à chacune de ces cérémonies.

« L'ambassadeur de Hollande fut pris, en son hôtel de Paris, par les carrosses du roi, pour être mené au château. Il y trouva sur son passage, avant d'entrer dans la cour, les compagnies des Gardes françaises et suisses sous les armes, les tambours appelants (sic) ; dans la cour, les gardes de la Porte et ceux de la Prévôté, aussi en haie et sous les armes, à leurs postes ordinaires. Il fut reçu, au bas de l'escalier, par le grand maître des cérémonies, les Cent Suisses étant sur les marches, la hallebarde à la main ; à la porte de la salle des gardes en dedans, il fut reçu par le maréchal duc d'Harcourt, capitaine des gardes du corps qui étaient en haie et sous les armes, et après avoir été traité par les officiers du rois, il fut reconduit à Paris par le chevalier de Saintol dans le même carrosse et avec les mêmes cérémonies (1) ».

Pendant ces réceptions, le régent expédiait toutes les affaires. Le 10 septembre, il tint à Vincennes un premier conseil de cabinet avec les secrétaires d'Etat. Dans cette séance, il se fit remettre toutes les lettres de cachet et rendit la liberté à presque tous les exilés, ou prisonniers, « excepté ceux qu'il reconnut arrêtés pour crimes effectifs. »

Le samedi 28 septembre, après-dîner, il présida dans le cabinet du roi le premier conseil de régence : on y décida « qu'il y en aurait quatre par semaine, savoir le samedi après-dîner, le dimanche matin, le mardi après-dîner, et le mercredi matin ; qu'on se tiendrait averti, une fois

(1) PONCET DE LA GRAVE. Hist. de Vinc., t. II, p. 197.

pour toutes, de ces quatre conseils, mais qu'on le serait des extraordinaires outre ceux-ci, si le régent en assemblait ». (1).

La fréquence de ces réunions importuna bientôt ceux qui, par leur rang ou leurs fonctions, étaient tenus d'y assister. Mal installés à Vincennes, ils vivaient en réalité à Paris. Le duc de Saint-Simon, (2) se faisant l'interprète des plaintes de tous, engagea le régent à revenir à Versailles. Ce dernier consulta de nouveau les médecins pour savoir si ce déplacement ne présentait aucun inconvénient ; mais « ceux de la Cour et de la ville furent du même avis qu'on ne devait mener le jeune roi à Versailles qu'après que les premières gelées auraient purifié l'air vicié par le grand nombre de petites véroles qui régnaient alors à Paris ». (3) Pour donner cependant satisfaction aux réclamants « Monseigneur le duc d'Orléans prit le parti de ne donner plus que deux conseils de régence à Vincennes et de donner les deux autres à Paris dans l'appartement du roi aux Tuileries. Ce fut un grand soulagement pour tous ceux à qui ces courses continuelles à Vincennes, en plein hiver, étaient fort pénibles et faisaient perdre beaucoup de temps... » (4).

Le 30 septembre, le roi partit de Vincennes après son dîner pour revenir à Paris, placé dans son carrosse ainsi que récemment il l'avait été en venant de Versailles à Vincennes. Il était au fond entre le duc d'Orléans et la duchesse de Ventadour, le maréchal de Villeroy au devant entre Monseigneur du Maine et le prince Charles, grand écuyer, le maréchal d'Harcourt, officier des Gardes en quartier, à la portière du roi, c'est-à-dire à droite. M. le Premier souffla l'autre de vitesse au duc d'Albret, grand chambellan que Monseigneur le duc d'Orléans avait appelé. » (5).

Le Château fut fermé : la Cour n'y revint plus. En 1725, il fut assigné comme résidence à la reine douairière d'Espagne, veuve de Louis I (6).

(1) *Mémoires de Saint-Simon*, t. XXV, ch. CDXXIII, p. II.
(2) Le duc de Saint-Simon et le maréchal de Villeroy logeaient à Vincennes.
(3) *Mémoires de Saint-Simon*, t. XXV, ch. CDXXIII, p. 5.
(4) *Mémoires de Saint-Simon*, t. XXV, ch. CDXIII, p. 18.
(5) Ibid.
(6) Elisabeth d'Orléans avait épousé Louis Ier, fils de Philipe V, le 26 janvier 1722. Elle devint reine d'Espagne après l'abdication de Philippe V (15 janvier 1724). Mais Louis Ier étant mort de la petite vérole, le 3 août suivant, cette princesse revint en France où elle mourut le 16 juin 1742, à l'âge de 33 ans.

Cette princesse y arriva le 29 juin. Le roi avait envoyé des carrosses au-devant d'elle jusqu'à Etampes, avec une escorte de cinquante gardes du corps. (1) Le prince Charles de Lorraine, grand écuyer de France, lui avait souhaité la bienvenue, et le duc de Gesvres, premier gentilhomme de la chambre, lui adressa un nouveau compliment de la part de S. M., à sa descente de voiture. Le premier juillet, les princes et les princesses, les seigneurs et dames de la Cour allèrent la saluer.

« Le 12 août, le roi, accompagné du duc de Bourbon et des principaux officiers de sa maison, vinrent rendre visite à la reine douairière. Les officiers de cette princesse, tous en grand manteau de deuil, reçurent le roi à sa descente de carrosse, et la reine d'Espagne, en habit de grand deuil, accompagnée de la princesse de Berghes, sa camerera-major, et des autres dames de sa Cour, ainsi que de ses Grands Officiers, vint au-devant de S. M. jusqu'au haut du grand escalier où le roi la salua. S. M. entra ensuite avec la reine d'Espagne dans son appartement et, la visite terminée, la reine reconduisit le roi jusqu'au-delà de la porte de sa chambre ; tous les officiers de la maison de cette princesse accompagnèrent S. M. jusqu'à son carrosse. (1).

La reine d'Espagne, à cause de son deuil, ne rendit sa visite au roi de France que l'année suivante (30 mars 1726). Le cortège qui l'accomgna jusqu'à Versailles « était modestement composé de six carrosses et tel que le comportait son état de veuve », dit un narrateur contemporain ; cependant la pompe déployée fut encore grande, car tous les carrosses étaient attelés à six et huit chevaux selon le rang des personnages qui les occupaient. Une compagnie des gardes du corps les escortait avec de nombreux officiers. Le canon de la Bastille tira des salves d'honneur au passage des voitures à la porte Saint-Antoine.

La reine de France vint à Vincennes le 4 avril pour remercier la reine-douairière. Elle dîna au Château avec une suite très nombreuse : ce fut la dernière réception royale au vieux manoir ; la reine Elisabeth le quitta le 23 décembre 1726 pour se rendre au Palais-Médicis (Le Luxembourg), sa nouvelle résidence, et les anciens appartements de Louis XIV furent définitivement abandonnés.

(1) PONCET DE LA GRAVE. *Histoire de Vincennes*, t. II, p. 206.

Le parc seul bénéficia par la suite de la sollicitude royale. En 1731, les arbres, pour la plupart trop vieux, furent coupés ou arrachés, le sol fut labouré, le bois entièrement replanté de chênes. Le grand Maître des Eaux et Forêts, Alexandre Lefebvre de la Falluère, dirigea les travaux de reboisement ; il fit élever, pour en commémorer le souvenir, la pyramide encore debout sur la route du Polygone, à l'intersection des chemins de la cartoucherie et du camp de Saint-Maur. (1).

Sept ans après, on commença la construction d'une vaste terrasse qui devait s'étendre de Charenton à Gravelles, sur la lisière du plateau dominant Saint-Maurice. On abattit dans ce but le mur de clôture du Parc sur toute son étendue ; l'entreprise ne put être menée à bonne fin (2).

Pendant qu'on procédait aux embellissements du Bois, on négligeait de plus en plus le château. Les grands appartements furent bientôt en un tel état de délabrement, qu'on les affecta comme logement à ceux qui en faisaient la demande, sur promesse de leur part de les entretenir. « Il est constant, dit un arrêt du Conseil d'Etat, que ces lieux, faute d'être habités, sont dans un dépérissement considérable, et que par les réparations locatives faites par les occupants ces bâtiments s'entretiendront bien mieux qu'ils ne l'ont été jusqu'à présent (3). » On laissa ainsi s'installer (1740) une manufacture de porcelaine dans les anciennes cuisines du pavillon de la Reine (4), du côté de la cour de la Surintendance. Cette

(1) Cette pyramide porte l'inscription suivante :
Ludovicus decimus quintus
Vincennarum nemus
Effectum arboribus novis conferri jussit
Alexandre Lefebvre de la Falluère
Magno Aquarum et Silvarum magistro
1731.
(Louis XV a ordonné en 1731 au Grand-Maître des Eaux et Forêts, Alexandre Lefebvre de la Falluère, d'opérer un reboisement complet du bois de Vincennes.)
(2) Abbé de LAVAL. *Esquisse historique*, p. 177.
(3) Arrêt du Conseil d'Etat instituant la manufacture des frères Adam.
Archives nationnales, O 2059. Liasse G.
(4) L'abbé de Laval dit que la manufacture des frères Dubois fut créée dans le pavillon du Roi (*Esquisse historique*, p. 178). Son erreur vient de ce qu'il place les anciens apartements de Mazarin dans l'aile septentrionale de ce bâtiment. M. A. Jacquemart, dans son étude de la céramique, s'appuyant sur l'arrêt du Conseil d'Etat que nous avons visé dans la note précédente, dit que les ateliers étaient dans la cour de la surintendance : c'est la cour du pavillon de la Reine. La manufacture de porcelaine était dans le pavillon de « la Reine » et non « du Roi ».

manufacture était dirigée par les frères Dubois, anciens élèves de la faïencerie de Saint-Cloud (1) précédemment à Montreuil. Orry de Fulvy (2), intendant des finances et frère du ministre de Louis XV, avait acheté leur secret et fourni des fonds considérables.

L'entreprise ne justifia pas les espérances de ses fondateurs. Les frères Dubois dont la tempérance n'était pas la vertu dominante, étaient rarement en état de s'occuper de la fabrique ; en 1745, ils avaient perdu, on pourrait dire bu, 60.000 livres sans rien produire. Orry, découragé, allait renoncer à sa spéculation, lorsqu'un ouvrier de la manufacture, Parant, qui avait profité de la nonchalance de ses maîtres pour se livrer à des expériences personnelles, lui apporta des échantillons d'une porcelaine tendre remarquable, dont il offrit de lui céder le secret.

L'intendant des finances accepta cette proposition, renvoya les frères Dubois, et avec l'aide de huit commanditaires, créa une compagnie garantie par privilège royal délivré au nom de Charles Adam, pour exploiter le procédé Parant (3). Telle fut l'origine de la manufacture qui devait prendre bientôt une si grande extension.

Charles Adam avait, à défaut des qualités d'administrateur, de l'initiative et de l'activité. Un établissement rival du sien, qui venait de se créer en Angleterre produisait des porcelaines plus belles que celles de Saxe par la nature de leur composition, ce « qui occasionnait la sortie de fonds considérables de France » (4). Pour lutter avec avantage contre la concurrence étrangère, une grande extension fut donnée aux ateliers. Adam demanda et obtint qu'on mît à sa disposition, en sus des locaux de la cour de la Surintendance, qui avaient servi aux frères Dubois, le manège couvert situé dans la grande cour du Château, ainsi que les bâtiments de l'an-

(1) Les faïences de Saint-Cloud ne se distinguent de celles de Rouen que par des détails.
(2) Orry a été désigné à tort par certains auteurs comme gouverneur de Vincennes. A l'époque de la création de la faïencerie, le marquis du Châtelet occupait cette charge.
(3) Le privilège d'Adam était octroyé pour vingt ans.
(*Archives nationales,* O¹ 1897).
(4) *Histoire de la céramique,* par A. JACQUEMART. Le privilège fut donné à Adam « sur le désir que l'on a eu de fabriquer en France des mêmes porcelaines que celles « qui se font en Saxe, pour dispenser les consommateurs de ce royaume de faire « passer leurs fonds dans les pays étrangers pour se procurer cette espèce de curio- « sité ». Arrêt du Conseil d'Etat, du 24 juillet 1745. *Archives nationales* O. 2059.

cienne ménagerie de Bel-Air inoccupés (1). Pour éviter enfin que ses ouvriers pussent divulguer les secrets auxquels ils avaient été nécessairement initiés, un arrêt du Parlement (19 août 1747) édicta que les peines les plus sévères frapperaient ceux qui essayeraient de quitter la manufacture. Céramistes, peintres, manœuvres même, furent dès lors soumis à une surveillance incessante, véritable esclavage que la maréchaussée aidait à maintenir (2).

Grâce à de tels procédés, et par l'embauchage à prix d'or d'artistes échappés d'autres fabriques tout aussi tyranniquement protégées, les produits de la manufacture de Vincennes firent bientôt prime en France, en Europe. Le 6 août 1748, un nouvel arrêt du Parlement confirma le privilège d'Adam dont la notoriété était maintenant solidement établie : il pouvait livrer des pièces qui rivalisaient avec celles dont la Saxe croyait avoir le monopole.

Ces succès artistiques n'amenèrent pas la fortune. Lorsque Orry de Fulvy mourut (1751) la situation était loin d'être brillante. C'est pourquoi en 1752, le privilège de Charles Adam fut transféré à Eloy Bricard, qui obtint de nouvelles garanties, fut admis à la participation d'un tiers dans les bénéfices. Pour donner plus de prestige à la nouvelle administration, on décida le roi à prendre un tiers des actions. La fabrique devint ainsi manufacture royale (1753) : ses produits prirent le nom de « porcelaines de France ».

Avec une telle enseigne, l'établissement (3) parvint promptement à une prospérité satisfaisante pour les intéressés, et à une réputation sans égale. Dès 1754, l'impératrice de Russie commandait le service cé-

(1) Voir les bâtiments dont disposait la Capitainerie des chasses, même chapitre, p. 164. Les parties inoccupées de Bel-Air et le manège furent concédés à Adam par arrêt du Conseil d'Etat du 24 juillet 1745. *Archives nationales.* O. 2059.

(2) Dans un autre arrêt, daté également du 24 juillet, on trouve la règlementation concernant les ouvriers. Ceux-ci ne pouvaient s'absenter un jour sans permission sous peine de prison ou d'amende. En cas de violation de secret, ils étaient passibles d'une amende pouvant atteindre 1.000 livres, convertie en cas de non payement en trois ans de prison pour la première fois et en peine afflictive en cas de récidive (*Archives nationales*, O^1 2509). En 1752, deux ouvriers s'étant enfuis à l'usine rivale de Sceaux, furent repris, emprisonnés quelque temps et réintégrés à Vincennes.
(*Archives de la Bastille*, Bibl. de l'Arsenal).

(3) M. DE VARAVILLE, *Histoire du château de Vincennes*, p. 132.

lèbre orné d'imitations de camées antiques, dont le prix souleva, plus tard, de longues discussions entre les hommes d'Etat des deux pays. Dans un long mémoire préparé avec soin et retouché de sa main, le ministre Bertin expliqua que les 360.000 livres réclamées à la souveraine, n'avaient rien d'exagéré pour payer un chef-d'œuvre unique au monde, et auquel avaient dû travailler toutes les illustrations de la céramique française.

Fillette à la Cage et Assiette de Vincennes. — Musée de Sèvres

Clichés de M. Considéré

Devant l'affluence des commandes, les ateliers de Vincennes devinrent bientôt trop exigus : ils étaient d'ailleurs dispersés, incommodes. Il ne fallait pas songer à les agrandir. On décida de transporter toute l'installation à Sèvres dans un ancien pavillon ayant appartenu à Sully. Louis XV racheta toutes les actions, fit élever de nouveaux bâtiments et la manufacture prit alors le nom de « manufacture royale de Sèvres ».

Peu de pièces de Vincennes ont été conservées. Le musée céramique de Sèvres n'en possède qu'une quinzaine d'échantillons : ce sont des imitations de Saxe, statuettes du genre de celle que nous reproduisons et qui a été payée 10.000 francs, par l'administration des Beaux-Arts, il y a quelques années ; des plats rappelant ceux de la veuve Périn, à Marseille, et dont un spécimen nous donne une vue très curieuse du vieux château de Vincennes ; — ou encore des tasses et divers menus objets.

C'est dans les collections particulières qu'il faut aller chercher les produits les plus célèbres de Vincennes : ces fleurs sur tiges métalliques dont Louis XV aurait offert pour plus de huit cent mille livres à Mme de Pompadour suivant d'Argenson (1) ; ces « bleus de roi » primitifs, que le célèbre métallurgiste Hallot obtint vers 1752 ; ces décors dont Bachelier, Van-Loo et Boucher ont fourni les compositions.

Les locaux abandonnés par la porcelainerie royale furent livrés en 1756 à un sieur Bordier, qui y installa une fabrique d'armes de son invention ; il fit venir environ 800 ouvriers de Saint-Etienne et de Flandre (2). Cette entreprise échoua, et le 31 décembre 1767 les ateliers, de nouveau vacants, furent concédés au sieur des Aubiez pour une nouvelle fabrique de céramique.

Cette fabrique, dirigée par Pierre Antoine Hannony, donna des produits qui diffèrent « si peu de ceux des autres manufactures d'Hannony, qu'ils sont souvent confondus avec eux. » (3). Cette confusion provient de ce qu'en réalité Pierre Antoine Hannony ne fit à Vincennes que du « Strasbourg ». Dès 1753, Boileau, préposé à la comptabilité de la manufacture royale installée dans le château, s'était abouché avec Paul Antoine Hannony pour obtenir le secret de cette fabrication ; Paul Antoine avait demandé cent mille livres comptant et une rente viagère de 12.000 livres. Ces prétentions ayant suspendu tous pourparlers, l'inventeur, gêné par le privilège de Sèvres, passa la frontière (1755) : Il s'établit

---
(1) *Mémoires du marquis d'Argenson*, t. VII, p. 122. Citation de M. DE VARAVILLE dans l'*Histoire du château de Vincennes*, p. 132.
(2) Abbé de LAVAL. *Esquisse historique sur le château de Vincennes*, p. 180.
(3) ED. GARNIER. *Dictionnaire de la céramique*. L'article dont nous avons extrait ce passage nous a été signalé par M. Considéré, archiviste à Sèvres, qui a eu d'ailleurs l'obligeance de nous fournir divers autres renseignements sur les débuts de la manufacture de Sèvres et de nous faire les clichés des pièces reproduites plus haut. Nous tenons à le remercier ici publiquement.

à Frankenthal, sous la protection de l'électeur palatin Charles-Théodore. A sa mort (1760), son fils, Pierre-Antoine, reprit avec Boileau les négociations interrompues : Le secret fut offert pour six milles livres comptant, et trois mille livres de rente. N'ayant pu obtenir que la moitié des sommes qu'il demandait, il vint cependant s'établir dans les anciens ateliers des frères Dubois, le 8 juillet 1766, avec un privilège de vingt ans (1).

Les faïences de Vincennes sont marquées :

ou encore :

Cette fabrication cessa en 1786 (2).

L'installation de pareils établissements dans une partie du château ne permettait d'utiliser les autres locaux que pour des services publics ; après le pavillon de la Reine, le pavillon du Roi fut à son tour livré à ce que nous appellerions aujourd'hui le Domaine, et Louis XV y installa provisoirement l'Ecole royale militaire.

(1) Extrait d'une lettre du Marquis d'Argenson au Marquis de Marigny :
« J'ai accordé aux Srs de Hannony l'emplacement de la manufacture d'armes
« avec ses accessoires... »
4 juillet 1766.
(*Archives nationales*, O¹ 1897).

(2) *Archives nationales*, O¹ 1888.

Lorsqu'on avait parlé d'instituer cette école, dans le but de venir en aide à la noblesse pauvre et d'assurer le recrutement des officiers, de longues discussions s'étaient produites au sein du Conseil royal. C'est Antoine Pâris, qui avait été le promoteur de l'idée. Son frère Pâris du Vernoy l'avait reprise et y avait rallié la favorite, Mme de Pompadour ; mais le roi hésitait, non qu'il désapprouvât le projet, mais parce qu'il ne voulait employer aucuns fonds extraordinaires pour les bâtiments et l'ameublement de la nouvelle école. Il désirait aussi que l'institution eut une dotation propre assurant sa stabilité, afin que « l'établissement ne fut pas éphémère comme les précédentes compagnies de Cadets » (1).

Le financier et la favorite finirent par avoir raison des hésitations du roi. Par édit, daté de Versailles janvier 1751, et enregistré au Parlement le 22 du même mois, l'Ecole militaire fut créée. Un impôt mis sur les cartes à jouer devait fournir les sommes nécessaires pour élever dans la plaine de Grenelle les bâtiments destinés aux élèves (2). L'institution devait servir de contre-partie à celle des Invalides : « Sire, avait dit au roi Mme de Pompadour, cette jeune Ecole sera le berceau de la gloire ; placée à côté de l'Hôtel des Invalides qui en est la retraite et le tombeau ».

Les nouveaux bâtiments furent construits par Gabriel, sur des plans approuvés par le marquis d'Argenson (3). En attendant leur achèvement, les premiers élèves nommés au mois de mai 1753 furent convoqués à Vincennes et répartis en 2 compagnies. Le pavillon du Roi fut aménagé pour les recevoir ; les grands appartements divisés en dortoirs et en salles d'études, se trouvèrent prêts en octobre 1753, date de la première rentrée. Le Marquis de Salières, lieutenant général, inspecteur général d'infanterie,

---

(1) *Les cadets gentilshommes et les Ecoles militaires*, par LÉON HENNET, sous-chef aux Archives de la Guerre. Paris, chez Baudouin, 1889.
Pour assurer le recrutement des officiers, Richelieu avait créé en 1629, rue du Temple, une académie militaire. La durée de cet établissement avait été très éphémère. L'idée fut reprise en 1682 par Louvois, qui forma 9 compagnies de cadets. Ces compagnies furent licenciées en 1696. En 1726, le marquis de Breteuil reprit le projet : six nouvelles compagnies de cadets furent constituées : elles ne durèrent que jusqu'en 1733, époque à laquelle elles furent versées dans les bataillons de milice.

(2) Actuellement « Ecole Militaire » Les terrains situés devant l'école furent achetés en 1770 par le roi pour servir de champ de manœuvre. C'est depuis cette époque qu'ils portent le nom de Champ de Mars.

(3) Lettre du marquis d'Argenson du 21 novembre 1752. *Archives nationales*, O. 1896.

grand-croix de Saint-Louis, reçut le commandement de l'Ecole. Il eut comme adjoint le chevalier de Bongars, maréchal-des-logis dans les chevau-légers de la garde, qui prit le titre de Major.

La première promotion ne comprenait que 80 élèves, l'uniforme était

Vue de Vincennes
Watteau, inv. — Boucher, sculp.
Col. part. de l'auteur

bleu avec veste et parements rouges, boutons blancs et collet jaune, chapeau bordé d'un galon d'argent.

Une compagnie de bas-officiers Invalides assurait la garde intérieure de l'Ecole ; la garde extérieure était assurée par un détachement de 4 sergents, 4 caporaux et 80 fusilliers d'infanterie.

L'Ecole et la compagnie des bas-officiers quittèrent Vincennes au mois de juillet 1756 : les élèves, pour prendre possession des nouvelles constructions, bien qu'elles ne fussent pas complètement achevées, et les invalides, pour occuper une caserne à Vaugirard.

Malgré tous ces changements, le roi estimait que le château « devait toujours être considéré sous deux aspects, comme maison royale et comme place de guerre » (1). Il avait ordonné la création d'une compagnie spéciale de bas-officiers invalides, pour faire la police de la place et en assurer la garde (5 décembre 1754 (2). Cette compagnie, commandée par un capitaine, trois lieutenants et un capitaine en second à la suite, était forte d'environ soixante-dix hommes. Elle cessa son service en 1786 époque à laquelle elle fut envoyée aux Invalides.

Sous Louis XVI, une restauration du château fut proposée au roi (1777) par l'intendant des bâtiments Collet. Ce projet, que la Bibliothèque de la Ville de Paris nous a conservé (3), impliquait une dépense de plus de 300.000 livres. Louis XVI demanda si ce n'était pas un acte de folie que de proposer une telle dépense, pour « un château qui n'était bon qu'à vendre ou appliquer à quelque usage public ». Les choses restèrent donc dans l'état, ou pour mieux dire, dans le délabrement où elles étaient, et ce délabrement était tel qu'en 1754, le marquis Voyer-d'Argenson, prenant la succession du marquis du Châtelet, avait constaté que les bâtiments de son hôtel menaçaient ruine, ainsi que les maisons des chanoines, dont la moitié n'était plus habitable ni habitée, et avait été autorisé par prudence à transporter sa résidence dans l'ancienne ménagerie de Saint-Mandé.

Vers 1777, M. de Rougemont, lieutenant du Donjon, qui n'avait pas le caractère facile, si nous en croyons Mirabeau, eut de violents démêlés avec le marquis de Voyer. Pour mettre d'accord les deux parties, le roi sépara les deux commandements : La garde des prisonniers et du donjon fut laissée à M. de Rougemont avec le titre de gouverneur du Donjon et la jouissance de toute la portion de l'enceinte du côté du village de la Pissotte ; la basse-cour, la Sainte-Chapelle avec ses dépendances, la cour royale avec les deux pavillons Louis XIV, furent laissés au marquis de Voyer avec le titre de gouverneur militaire (4).

---

(1) Réponse de Gabriel au marquis de Marigny au sujet d'observations sur les bâtiments de Vincennes. (*Archives nationales*, O¹ 1888, Liasse 1).
(2) Bibl. de la Ville de Paris, ms. n° 12911.
(3) Bibl. de la Ville de Paris, ms. n° 12911.
(4) *Archives nationales*, O¹ 1888, Liasse 1.

En 1781, la superbe « place du Château », connue sous les noms d'Esplanade et de Basse Cour, fut concédée à plusieurs particuliers pour y construire des maisons « qui furent bâties sans symétrie comme sans goût » et masquèrent l'entrée du château (1). Peu après, le Donjon fut désaffecté comme prison (1784). Une boulangerie et une manufacture de plaquettes de fusils y furent installées. Les gardes, devenus inutiles, furent retirés. Les chanoines, restés au milieu des ruines, furent supprimés par extinction (1784). De véritables arbres poussaient sur les tours privées de leur toiture ; les taillis avaient envahi les cours.

Par mesure d'économie, Louis XVI résolut alors de supprimer la charge de gouverneur de Vincennes, qui ne répondait plus à rien et qui coûtait annuellement au trésor royal plus de 40.000 livres. Voici l'état des différents revenus afférents à cette charge, d'après le tableau que se fit présenter le roi (2) :

1. Appointements par ordonnance particulière, émanant de la Guerre.................................... 6.000
2. Indemnité payée tous les ans par le receveur général des Domaines sur un certificat du grand maître des Eaux et Forêts, en remplacement de ce que rapportait le bois alors qu'il n'était pas planté comme aujourd'hui et qu'il ne se composait que de hautes futaies............................ 7.600
3. 10.500 livres prélevées sur les tailles que les cinq villages dépendant du gouvernement du Château de Vincennes payent par cotisations pour se racheter de la garde qu'ils seraient tenus de venir monter au Château s'il n'y avait pas de compagnie de bas-officiers, ci.................................. 10.500
4. Location d'une ferme dépendant du Gouvernement avec ses dépendances, au prix annuel de........ 4.500

(1) Abbé DE LAVAL. Esquisse historique, p. 180.
(2) *Archives nationales*, O¹ 1888.

5.	Location d'un emplacement dans le Château pour la manufacture de porcelaine (de Hannony), au prix annuel de...................................	4.000
6.	Loyer d'une cantine et d'un café, au prix annuel de..	2.600
7.	Location à des particuliers, pour y tenir cabaret, de 7 portes du parc, au prix global annuel de......	3.000
8.	Indemnité annuelle payée par le trésor royal pour bois et lumière à la compagnie de bas-officiers..	6.594 11
9.	Allocation supplémentaire pour l'habillement de la dite compagnie payée par l'extraordinaire des guerres	5.770
10.	Allocation, à titre de supplément de solde, à la dite compagnie touchée sur l'état des fonds de garnison ordinaire...............................	4.860
	Total...........	55.424 11
	Il y avait à déduire de ce chiffre le montant des dépenses suivantes, réellement payées par le gouverneur	
	Bois, chandelle, supplément de solde et d'habillement pour la compagnie de bas-officiers.....	11.429 19
	Ce qui laissait donc au gouverneur un bénéfice annuel de.................................	43.994 16

Le marquis de Voyer, protesta, il est vrai, contre l'établissement d'un tel compte; il prétendit, avec des chiffres à l'appui, que sa charge ne lui rapportait net que 18.080 livres. Il pouvait essayer de se défendre, car les comptes de la couronne étaient fort embrouillés. On lisait, par exemple, à côté de la recette de 4.860 livres figurant au n° 10 dans le relevé soumis au roi : « Cette allocation a été perçue jusqu'au premier janvier 1780 sur les fonds extraordinaire des guerres. On n'a pu dire où le gouverneur l'a reçue depuis ; mais « atandu » (*sic*) que, sur cet état il est fait « notte » (*sic*) que depuis l'époque du premier janvier 1780, elle a été perçue « daillieur » (*sic*) on présume que cette somme lui aura été assignée sur d'autres fonds et qu'il aura continué de la toucher... »

La réclamation du marquis de Voyer resta cependant sans effet ; le gouvernement fut supprimé.

Le château de Vincennes était devenu « une espèce de petite ville de province. » Les habitants s'y étaient organisés en sociétés ayant chacune ses coteries, ses jalousies, « toutes les passions qui animent l'esprit en pareille circonstance. Cet esprit, en général républicain (1), les entraînait à désirer tout ce qui pouvait leur procurer l'indépendance la plus absolue », disait M. de Rougemont, réclamant pour ses administrés de Vincennes un règlement semblable à celui de la Bastille.

Les difficultés d'administration devaient être sérieuses, car les anciens remparts de Charles V abritaient « un monde ». Tous les locaux disponibles, « tant du château que des tours, avaient été prêtés à différents particuliers (2) » sans autre titre qu'une lettre leur permettant d'habiter tel ou tel logement « tant que le roi n'en aurait pas besoin pour son service. »

D'autres bénéficiaires, comme MM. de Villefort et de Gasville, Mmes de Morogues et de Sparre, occupaient des appartements en vertu de brevets accordés par le ministre. L'autorité du représentant du roi était donc toujours contestée, méconnue.

Des états de lieux permettent de retrouver comment l'ancienne résidence royale était morcelée à cette époque. Il y avait cinq cours :

La cour royale, avec les pavillons du roi, et de la reine-mère, dans lesquels logeaient les familles de Villefort, de Gasville, de Morogues, de Sparre et de Sainneville.

La cour dite du Donjon, bordée par le donjon à l'Ouest et à l'Est par la Sainte-Chapelle à laquelle attenait l'hôtel du gouverneur. Derrière la Sainte-Chapelle existait une petite cour, sans dénomination, mais qui aurait pu s'appeler la cour de la Surintendance, puisqu'elle contenait le logement du surintendant des bâtiments alors qu'il en existait un à Vincennes. Ce logement était à la disposition du comte d'Angiviller qui le prêtait à Mme de Mésieret.

---

(1) Lettre de M. de Rougemont, datée de 1777. *Archives nationales*, O 1888.
(2) *Archives nationales*, O¹ 61, 1888.

La troisième cour, ou cour du cloître (1), était bordée par les maisons des chanoines et ecclésiastiques attachés à la Sainte-Chapelle. A l'extrémité de cette cour étaient un cimetière et un corps de caserne dans lequel logeait la compagnie de bas-officiers invalides chargée de la garde et de la police du château.

La quatrième cour était dite du manège, ou des écuries. Le manège, avec une partie des remises et des écuries, servait à la manufacture de porcelaine des frères Hannony. L'autre partie des remises et des écuries était réservée à des personnes ayant des logements dans le château. Dans cette même cour, étaient la boucherie des bas-officiers invalides, et un ancien corps de caserne occupé par quelques ouvriers ou gens de peine, attachés pour la plupart au service du château.

Dans la cinquième cour, cour d'entrée, se trouvaient, d'un côté, la cantine du gouverneur, et, de l'autre, le logis du lieutenant du roi. C'est là qu'habitaient M. de Rougemont avec sa famille, Mme du Ruault, sa belle-sœur, et la vicomtesse de Breteuil. Le chirurgien Fontelliau devait avoir également son logement dans cette cour ainsi que Poncet de la Grave.

Les fossés, transformés en jardin, étaient loués à des particuliers. Les glacis étaient concédés aux officiers de la compagnie des bas-officiers invalides, qui les utilisaient comme potagers.

Si ces divers habitants, « avec leur esprit républicain », étaient une source d'ennuis pour les deux gouverneurs, du moins s'entendaient-ils très bien entre eux, contrairement à ce que prétendait M. de Rougemont. Ils se trouvaient les gens les plus heureux du monde. La petite société qu'ils formaient avait sa constitution, ses statuts écrits, dont des extraits méritent d'être reproduits à titre d'étude de mœurs. On en trouve le texte complet dans la « Gazette des environs de Paris », du 8 août 1786 (2).

« On lira sans doute ce règlement avec intérêt, dit l'auteur de l'article, car on y verra comment l'esprit social, le goût et la raison peuvent par-

---

(1) Le cloître contenait les restes du premier château ou manoir de Saint-Louis. Ces vestiges n'ont disparu qu'à la Révolution.
(2) PONCET DE LA GRAVE. *Histoire du château de Vincennes, Preuves*, p. 361 et suivantes.

PLAN DU CHATEAU ET DU PETIT PARC

Collection des plans de Bibliothèque de la Ville de Fa

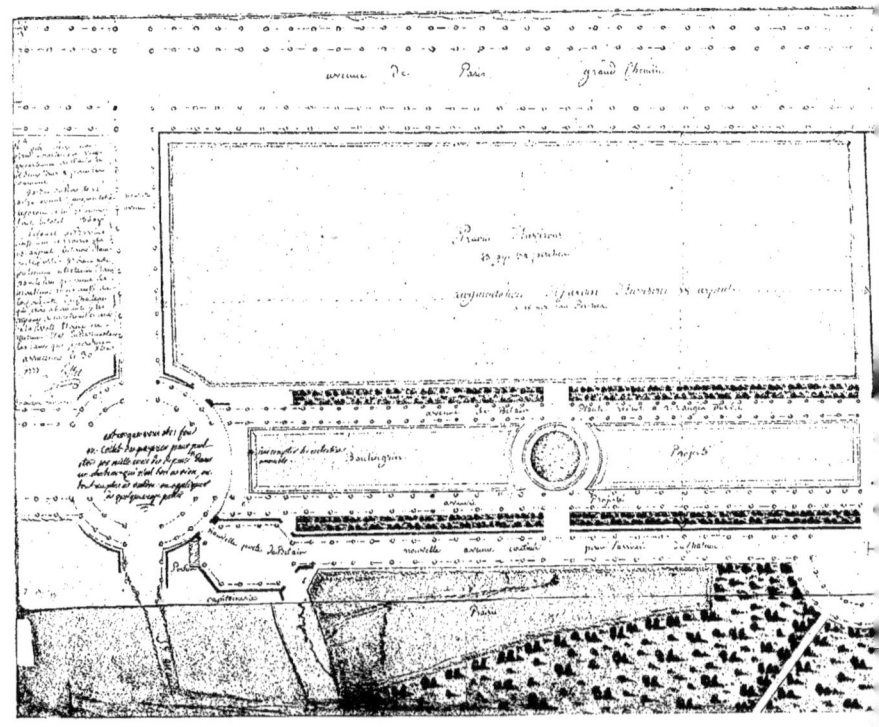

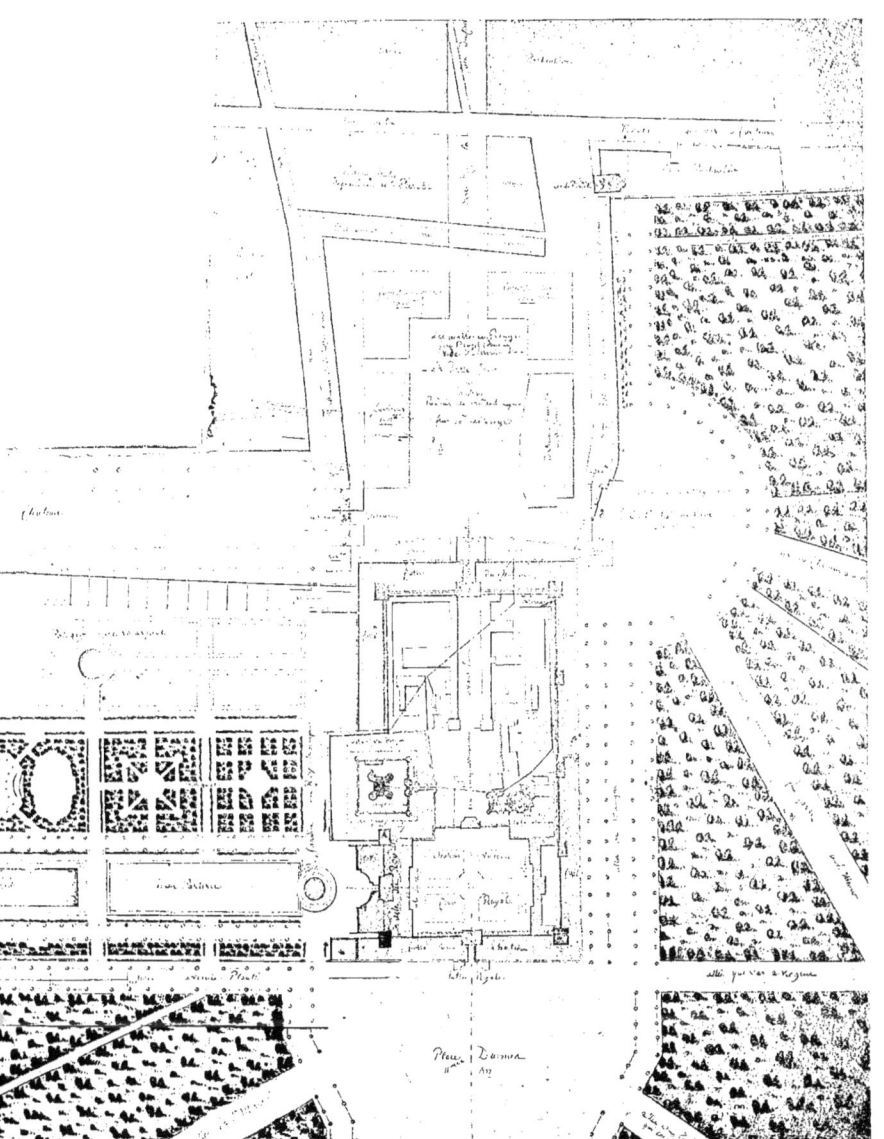

venir à rendre la fortune inutile au bonheur, combien les charmes d'une société sage et unie sont préférables aux distractions, aux dissipations, tumultueuses et si souvent orageuses des grandes villes. Que l'on compare la vie paisible, les plaisirs doux et toujours renaissants des heureux habitants de Vincennes, à la vie turbulente, aux agitations inquiètes, aux vains projets des habitants de Paris, projets si souvent déconcertés et presque toujours mal remplis, que l'on compare, dis-je, ces deux manières d'exister et toutes les têtes sages, tous les cœurs véritablement sensibles auront bientôt fait leur choix : tous désireront habiter Vincennes. Ici, des rapports, des attachements peu nombreux, mais assurés, remplacent avec un avantage inappréciable pour tout autre que pour une âme bien faite, ces rapports si variés et si multipliés que l'on ne peut éviter à Paris et dont naissent tant d'amertumes. »

Quel était le règlement dont se montrait si enthousiaste l'auteur de l'article de la « Gazette des environs de Paris », et que s'étaient donné « ces sages » prétendant que « le hasard qui les avait réunis sans qu'il leur fût possible de se choisir, les avait cependant servis peut-être aussi bien qu'ils auraient pu le faire eux-mêmes » et se déclarant « pénétrés de cette douce vérité : qu'il ne dépend pas de nous, de nous procurer le genre de vie le plus agréable et le plus à l'abri des événements ? »

Il commençait par un exposé « non pas des principes généraux de sociabilité, parce que ces principes généraux de sociabilité, ainsi que tous les autres principes généraux sont presque toujours inapplicables aux circonstances particulières et toujours insuffisants, mais des principes de sociabilité adaptés aux habitants du Château, calqués sur les caractères de chacun d'eux et déduits de leurs positions respectives ».

Ce thème, comportant un assez long développement, était suivi des articles du règlement :

Le premier traitait des fêtes que devaient célébrer les sociétaires. Il y en avait cinq principales. La première, instituée en mémoire des « illustres fondateurs du Château : Saint Louis, Charles V et Charles VII ». Cette fête était fixée « au 4 janvier, jour auquel l'empereur Charles IV et le prince Wenceslas son fils, nouvellement élu roi des Romains, vinrent visiter Saint-Maur et de plus contempler notre prince au milieu de sa gloire. Car ce fut à Beauté que ce monarque donna les fêtes les plus agréables à ces deux illustres voyageurs. »

« Nous invitons, disaient les auteurs des statuts, ceux d'entre nous qui s'en croiront les heureux moyens, à nous composer pour ce jour-là un discours sur quelqu'événement intéressant de ce règne à jamais mémorable ou sur celui de Charles VII à qui Vincennes fut tout aussi cher... »

« Nous consacrons aussi un jour au monarque, aux bontés duquel nous devons notre bonheur, ce jour sera celui de la Saint-Louis et pour témoigner notre vive et respectueuse reconnaissance, nous lirons tous les ans à pareil jour un discours sur quelques-unes des actions de ce prince... »

Un troisième jour devait être consacré aux divinités des bois. « Nous les invoquerons et les prierons ajoutaient ces disciples de Jean-Jacques Rousseau, de répandre leurs bienfaits sur cette délicieuse forêt, à qui nous devons de si beaux moments. Ce jour sera le 1er avril, mot qui vient d'*aperire*, ouvrir, parce que c'est alors que les bourgeons des arbres commencent à se gonfler, à s'ouvrir et ce jour-là on lira des discours champêtres sur tous les sujets qui tiendront aux campagnes et au bonheur de les habiter. »

« Nous, mortels heureux, qui habitons ce Château, nous consacrerons un quatrième jour aux dames. Chanter, honorer leurs vertus, leurs grâces, leurs charmes, c'est chanter, honorer les moyens auxquels les Dieux ont attaché notre bonheur, les délices les plus précieux de notre vie...

« Ce jour que nous leur consacrerons sera fixé au 15 mai, parce que c'est alors que la nature, parée de ses attraits les plus doux, semblera s'unir à nous pour rendre hommage à la fraîcheur et à la beauté. Ce jour-là, on lira ce qui a été écrit de plus intéressant sur ce sexe enchanteur et ce que chacun de nous aura le bonheur de composer et de rendre digne d'être consacré à ces divinités de nos cœurs.

« Enfin, le 15 novembre, temps où la nature se dépouillant de sa parure perd ses grâces et ses agréments, mais où nous jouissons de quelques-uns des fruits délicieux qu'elle a produits..., sera consacré à chanter la philosophie, l'amour de la retraite, les douceurs du repos et les ressources que les lettres, les sciences et les arts réservent encore à l'automne et à l'hiver de notre vie. Tous les discours sur ces différents objets pourront être lus à pareil jour.

« Voilà quelles seront les cinq grandes fêtes de notre année. Au jour de ces fêtes on se réunira de bonne heure, on dînera, on soupera ensemble et des lectures variées sur les objets indiqués occuperont par intervalles, coupés d'autres plaisirs, de promenades ou de jeux, la totalité de la journée. »

Dans six articles (2 à 7), il était parlé de l'amitié, de la confiance, de la fidélité, de la coquetterie et de la galanterie, considérées en elles-mêmes et relativement à leurs effets, à leur influence sur la société.

L'article 8 réglait les rapports des sociétaires entr'eux : « Voulant nous procurer l'avantage de resserrer notre union, craignant que notre peu de fortune soit un obstacle au plaisir de nous rassembler souvent, nous avons cru devoir, à l'imitation des petites républiques, faire des lois somptuaires... Ces lois édictaient :

1° Quatre jours de la semaine il y aura une maison ouverte où les sociétaires sont invités à venir sans que cette obligation soit rigoureuse et absolue...

2° A ces réunions point de gros jeux qui sont du reste formellement prohibés...

3° Prière d'y apporter, pour l'agrément de la société, les nouveautés littéraires, après s'être assuré qu'il n'y existe rien contre la Religion, les mœurs, le Roi ou l'administration.

4° Le soupé sera frugal et comprendra une grosse pièce de boucherie pouvant être suivie d'un relevé, quatre entremets ou deux entremets et deux entrées avec interdiction d'en donner plus, sauf dessert et pâtisserie, sous peine d'une amende au profit des pauvres du château.

5° Les sociétaires sont libres en dehors de donner tels dînés ou soupés particuliers qu'il leur plaira.

6° Il y aura six soupés d'inscrits, quatre pour la semaine et deux pour la semaine suivante, afin que chacun puisse au jour indiqué prendre ses arrangements et se rendre libre.

7° Liberté de présenter à ces soupés les étrangers en visite chez un sociétaire en les prévenant des règles somptuaires qui existent.

8° Liberté, pour ceux qui ne peuvent veiller tard, de se retirer quand ils le désireront.

« Ces sages » ainsi organisés comptaient finir leurs jours dans le charme d'une retraite où se rencontraient et se concentraient toutes les joies intimes de l'existence. Ils n'avaint pas prévu la tempête, pas pressenti la Révolution, qui allait bientôt les chasser de leur éden, et faire subir en même temps à Vincennes une nouvelle transformation.

CHAPITRE IX.

Érection du bourg de la Pissotte en commune de Vincennes. — Le Château mis en adjudication pour être démoli. — Émeute du 28 février 1791. — Assemblées primaires. — Le pavillon du Roi sert de prison aux femmes de mauvaise vie. — Harel, commandant d'Armes en 1801. — Le Duc d'Enghien, son procès, sa mort, 21 mars 1804.

Le nom de Vincennes qui avait désigné, comme nous l'avons dit, d'abord le bois, puis la résidence royale, fut donné en 1790 au bourg de la Pissotte, érigé en commune. A cette époque, on songeait à la démolition du château. L'Assemblée constituante, par décret du 9 août 1789, avait ordonné la vente des anciens bâtiments, à charge par l'acheteur de les raser. La Sainte-Chapelle seule devait être conservée (1). Certains auteurs, recherchant les motifs de cette décision, ont prétendu qu'elle n'était que le corollaire de la mesure prise pour la Bastille, en vue « d'anéantir jusqu'au souvenir d'un passé voué à l'exécration ». En réalité l'Assemblée ne fit que reprendre un projet qui datait de 1787 (2). Toutes les constructions étaient dans un tel état de délabrement, qu'elles constituaient un danger, aussi bien pour ceux qui y résidaient, que pour les passants. Dans la nuit du 31 mai au 1er juin de cette même année 1787 « environ douze toises du rempart Nord, près du pont, s'étaient éboulées avec un fracas horrible, jetant l'épouvante dans la première cour. Le reste n'était plus solide, et les tours découvertes, dont les corniches étaient entièrement délabrées, menaçaient du même événement » (3). Il fallait, ou dépenser des sommes importantes pour les réparations, ou abattre les murs branlants. On ne prit pas le premier parti : la situation s'aggrava, en même temps que les finances du gouvernement s'obéraient de plus en plus. C'est dans ces conditions, que la solution de l'adjudication s'imposa. Mais les obligations stipulées au cahier des charges effrayèrent heureusement les acquéreurs : aucun ne se présenta.

L'administration des domaines essaya alors de tirer un revenu de la propriété nationale. Le petit parc fut affermé à l'abbé Nodin, qui devait y installer un jardin d'études botaniques (4), les fossés furent donnés à bail pour être mis en culture ; enfin les chanoines, ainsi que les divers particuliers, qui avaient obtenu, par faveur royale, des logements au château, furent astreints à payer un loyer (5). Cette dernière mesure souleva des protestations violentes : Poncet de la Grave, notamment, défendit énergiquement ses droits, prétendant que Louis XV lui avait concédé la

---

(1) Archives de la mairie de Vincennes.
(2) Louis XVI voulut faire mettre le château en vente en 1787 sous la condition qu'il serait démoli ; mais tous les habitants, parmi lesquels se trouvait Poncet de la Grave signèrent une pétition pour demander sa conservation. *Archives nationales*, O9 1899.
(3) Chronique citée par l'abbé DE LAVAL. *Esquisse historique sur Vincennes*, p. 132.
(4) Fonds du domaine. *Archives de la Seine*.
(5) Ibidem.

jouissance viagère et gratuite de son appartement. Il lutta pendant trois ans avec le fisc et finit par être débouté de ses prétentions (1).

On chercha également à utiliser les locaux vacants en les affectant à des services publics. — Les assemblées primaires du canton de Vincennes obtinrent l'autorisation de se réunir au château. Elles tinrent leur première séance le 17 octobre 1790. — Le 20 novembre suivant un décret de l'Assemblée nationale mit le Donjon à la disposition de la commune de Paris pour servir d'annexe aux prisons de la ville reconnues insuffisantes (2). Les travaux de réparation que nécessita cette affectation commencèrent le 14 janvier 1791. La nouvelle de cette restauration émut vivement les clubs révolutionnaires ; les orateurs populaires crièrent qu'on voulait rétablir les prisons d'état ! A leur voix, les habitants du faubourg Saint-Antoine se levèrent, et le 28 février 1791, des bandes d'hommes armés, suivis de mégères en furie et d'enfants portant des outils, marchèrent sur Vincennes, pénétrèrent dans l'intérieur du château. Après avoir brisé la plaque de marbre portant l'inscription commémorative de l'érection du Donjon, ainsi que toutes les sculptures, détruit les lits de camp, les portes, les vitres et les barreaux déjà rétablis, la populace commença la démolition des plates-formes de la grande tour et de la poterne.

Le maire de Vincennes n'avait aucune force à opposer à l'émeute. Il réclama des secours à Paris, et requit l'intervention du général La Fayette. (3) Celui-ci expédia aussitôt un de ses aides-de-camp, M. Desmottes, pour avoir un compte rendu exact de la situation. Mais, sans attendre le retour de cet officier, il réunit les milices qu'il dirigea vers le château. A l'arrivée de la troupe le désordre augmenta ; des coups de fusil furent tirés de part et d'autre, puis des conciliabules tumultueux s'engagèrent. Desmottes, pressentant une défection, accourut chercher le général, qui monta à cheval, traversa le faubourg Saint-Antoine au milieu des cris et des mena-

---

(1) Lettres de PONCET DE LA GRAVE des 30 mai et 23 juin 1793. — *Archives de la Seine...* Fonds du domaine, 1793. 12.
(2) Extrait du rapport de JALLIER à l'Assemblée constituante, 15 janvier 1790. Voir t. II, ch. II.
(3) Archives de la mairie de Vincennes. Extrait du registre des délibérations : 28 février 1791.

ces, et parut dans la cour du château au moment où les gardes nationaux allaient se débander.

Il se précipita sur eux l'épée tirée, déclarant qu'il la passerait au travers du corps du premier qui quitterait les rangs. Par cette attitude énergique il rétablit le silence. Il put alors expliquer le but de la restauration du Donjon, et ramener les troupes à l'obéissance. Sommant alors les démolisseurs d'avoir à cesser leur dévastation, et n'étant pas obéi, il fit arrêter 64 des mutins et disperser le reste. Puis il sortit du château, dont les portes furent fermées, gardées, et, à la tête de ses milices, rentra à Paris, avec ses prisonniers. En traversant le faubourg Saint-Antoine, où l'excitation était loin d'être calmée, il essuya un coup de feu qui ne l'atteignit pas, arriva à l'Hôtel-de-Ville et remit entre les mains de la municipalité les prisonniers qui furent conduits à la Conciergerie.

La force triomphait, mais les travaux furent suspendus. Le Donjon mis sous scellés (1), l'Assemblée nationale en ordonna une seconde fois la vente. M. Gillet, architecte de la municipalité de Vincennes, chargé du projet d'adjudication, établit un plan général de lotissement du château et de ses dépendances, « y annexant » les plans particuliers des tours et grilles sur le grand parc (2). « Les clauses du cahier des charges, comportant l'achat de la totalité et la revente de celle-ci partiellement, effrayèrent les acquéreurs qui firent encore défaut. »

Pendant qu'on poursuivait ce projet néfaste, les événements se succédaient. La Sainte-Chapelle, désaffectée, devenait salle d'assemblée primaire (16 juin 1791) ; un arbre de la liberté était planté au carrefour en face du château, le clergé de l'église et les chanoines de la « ci-devant » Sainte-Chapelle obligés d'assister à la cérémonie. L'acte constitutionnel était solennellement proclamé et le curé de Vincennes, l'abbé J. Lemaître, prêtait immédiatement le serment civique (3). La plupart des anciens habitants du château furent expulsés. La municipalité dut donner des or-

---

(1) Les scellés ne furent levés que le 16 août 1792.
Archives de la mairie de Vincennes. Cahier des délibérations de 1792, p. 323.
(2) Archives de la mairie de Vincennes. Cahier des délibérations, 18 août 1791.
(3) Archives de la mairie de Vincennes. (1er registre des délibérations de 1791), 24 sept.

Emeute du 28 Février 1791

dres « pour que ceux qui déménageaient ne se livrassent pas à des mutilations sur le monument et n'emportassent pas les meubles (1). » Pendant ce temps les scellés avaient été mis sur les ornements de la Sainte-Chapelle, il furent levés par le procureur de Bourg-la-Reine (4 mai 1792) (2) et l'édifice servit de club (3) : deux anciens chanoines, Thomas Courtade et Pierre-Jacques Huel y prêtèrent le serment civique (16 août). Dix jours après, la deuxième assemblée primaire se réunissait dans ce bâtiment (4).

Il ne restait au château qu'un concierge. La Convention, voyant qu'elle ne parviendrait pas à vendre le domaine, résolut d'utiliser les bâtiments, non comme prison préventive — car la volonté du peuple s'était exprimée trop violemment contre cette idée — mais comme maison de réclusion pour les femmes de mauvaise vie. Le registre d'écrou — conservé longtemps à l'ancienne préfecture de police, et brûlé sous la commune — auparavant consulté par MM. Arnould, Alboize et Maquet (5), indiquait que, du 7 floréal an II (26 avril 1793) jusqu'au 27 frimaire an III (17 décembre 1794) cinq cent quatre-vingt-dix-huit femmes, la plupart condamnées pour vol, avaient été conduites à Vincennes (6). Ces malheureuses, mal surveillées, se livraient aux débauches les plus infâmes ; pour terminer ce scandale, la Convention décida le transfert des recluses aux Madelonettes, à la Salpêtrière, surtout à Saint-Lazare. (Fin de 1794). Le Directoire mit dans les bâtiments du château quelques troupes sous les ordres d'un adjudant de place du grade de capitaine. Un officier nommé Lacour remplissait ces fonctions en 1801, quand le premier consul décida qu'il « serait établi à Vincennes un commandant d'armes

---

(1) Arch. de la Mairie de Vincennes. Délibération du 11 avril 1791.
(2) *Ibidem* Délibération du 5 mai 1792.
(3) *Ibidem* Délibération du 17 août 1792, p. 323.
(4) *Ibidem* Délibération du 27 août.
(5) *Histoire du donjon de Vincennes*, t. II, p. 236.
(6) MM. Arnould, Alboize et Maquet prétendent que ces femmes ont été enfermées dans le donjon. *Histoire du Donjon de Vincennes*, t. II, p. 236.
C'est une erreur absolue. La maison de détention occupait le pavillon du Roi. Elle fut supprimée par la commission des administrations civiles, de la police et des tribunaux, an III. — Lettre de Viennot, directeur de l'enregistrement, ventose an III. *Archives de la Seine*. Fonds du domaine.

de quatrième classe et nomma le commandant Harel à ce poste (1). Cet Harel (2), ancien Jacobin farouche, mis à la réforme par le premier consul après le 18 brumaire, avec tant d'autres officiers, qui n'avaient eu d'autres titres pour l'avancement que leurs idées révolutionnaires, s'était rangé à cette époque parmi les mécontents. Trompés par les démonstrations de son zèle, les représentants Ceracchi, Aréna et Demerville lui avaient, en l'an IX (1800), (3) communiqué leur complot contre le premier consul et avaient cherché à l'y engager ». Harel les ayant dénoncés, avait obtenu, en récompense, le grade de chef de bataillon et le commandement de la place de Vincennes. En 1804, il « occupait, au-dessus de la porte d'entrée du côté du parc, le reste d'une ancienne tour arrangée en logement, et qui subsiste encore aujourd'hui en cet état (4) ». Tout à coup le vieux Jacobin sortit de l'oubli, pour donner une triste célébrité à l'appartement qu'il habitait.

C'était au commencement de mars ; on ne parlait que de complots ourdis contre la vie du premier consul. Cadoudal venait d'être arrêté, et

(1) Arrêté du 4 germinal an IX (25 mars 1801).
1º Il sera établi au château de Vincennes un commandant d'armes de 4º classe, indépendamment de l'adjudant capitaine conservé par l'arrêté du 26 germinal an VIII (16 avril 1800).
2º Le chef de bataillon Harel est nommé à ce commandement...
Le ministre de la Guerre.
Archives nationales
Ce document nous a été signalé par M. Boulay de la Meurthe.

(2) Jacques Harel, né à Saint-Vast (Manche), le 31 janvier 1757, mort comme commandant d'armes du fort de Nordland en Hollande, le 1ᵉʳ février 1814. Soldat au régiment Dauphin le 24 mai 1775, chef de bataillon le 21 frimaire an IX, commandant d'armes de Vincennes le 4 germinal an IX, chevalier de la Légion d'honneur le 31 mars 1808, commandant d'armes du fort Nordland le 3 janvier 1813.

(3) NOUGARÈDE DE FAYET dont cette citation est extraite (*Documents relatifs aux procès du duc d'Enghien*, Paris 1844, 2º vol. in-8) dit que le complot avait été révélé en l'an IX (1802). C'est une erreur d'impression. Les conjurés furent arrêtés à l'Opéra le 18 vendémiaire an IX (10 octobre 1800). THIERS. *Le Consulat et l'Empire*, t. II, p. 205. Edition Farne-Gouvet, Paris, 1874.

(4) NOUGARÈDE DE FAYET écrivait ces lignes en 1844 (t. I, p. 301). Il est à remarquer d'ailleurs, que contrairement à l'opinion de cet auteur, l'aspect des lieux était déjà profondément modifié en 1814. A l'époque du procès du duc d'Enghien, il n'y avait au premier étage que trois pièces, dont une formait une grande salle ayant toute la hauteur de l'étage. L'étage a été depuis divisé en petites pièces qui ne répondent plus à la description donnée par les contemporains.

Portrait du Duc d'Enghien
D'après une lithographie d'Esbrand
Col. part. de l'auteur.

Bonaparte, inquiet du mouvement royaliste, voulant faire un exemple, pensa que Vincennes pourrait servir de lieu de détention pour ceux que sa justice allait frapper. Le 16 mars (26 ventôse), il precrivit à Réal, le directeur de la police secrète, d'écrire au commandant du château pour lui demander un état détaillé de toutes les personnes qui y résidaient. Harel envoya le jour même le renseignement. Le château était occupé par :

Un chef de Bataillon (Commandant Harel).
Un capitaine adjudant de place (Fabary).
Un sous-lieutenant secrétaire (Lelong).
Un portier-consigne (Porion).
Un concierge des bâtiments militaires (Bourdon).
Un Garde d'Artillerie (Bertrand).
Train d'artillerie de la Garde des consuls (99 hommes et un officier).
Artillerie de la place (Michon, capitaine, un garde, un contrôleur, deux ouvriers).
Vingt-trois hommes du dix-huitième Régiment d'Infanterie.

Ce n'était pas là ce que le premier consul désirait ; le document ne parlait que des troupes. Bonaparte voulait savoir « s'il y avait des logements vacants, leur désignation précise et dans quelle partie du château ils se trouvaient ; quels étaient les noms des bourgeois logés au château, hommes, femmes, enfants et domestiques ; quels étaient les motifs qui leur avaient fait attribuer ces locaux, depuis quand et par quelle autorité (1). » Réal écrivit de nouveau à Harel, en précisant « que c'était sur les personnes et non sur l'état-major qu'il désirait être renseigné le plus tôt possible ». Harel envoya, le même jour (27 ventôse) un état plus détaillé, mais encore très incomplet. Il indiquait comme disponibles : « le Pavillon du Roi qui pouvait contenir 800 hommes ; le Pavillon de la Reine qui pouvait en loger 300 ; les bâtiments situés dans les deux premières cours et celles adjacentes, affectés au logement de la Garde des Consuls, pouvant contenir 20 officiers, 320 soldats, et 9 ateliers exigeant 22 pièces pour leur emplacement. Il ajoutait que « les 24 pièces du donjon étaient

---

(1) Note « pressée et secrète », écrite par le Premier Consul à Réal, le 27 ventôse an IX... (*Archives nationales*, F¹ 6393, n° 7940.)

presque toutes pleines d'armes et de poudre, et qu'il y avait en outre, dans l'enceinte du château, des écuries pour 375 chevaux (1) ».

Le gouverneur ne comprenait donc pas ! Pour aboutir, un émissaire lui fut envoyé qui le questionna, lui laissant entendre qu'il s'agissait d'une grave affaire susceptible d'entraîner la condamnation à mort d'un conspirateur dangereux ; cette éventualité nécessitant de faire creuser une fosse dans la cour, Harel fit remarquer que ce n'était pas chose facile, la cour étant pavée, et il proposa les fossés comme plus commodes (2). Cette proposition fut acceptée et le 20 mars, vers trois heures et demie de l'après-midi, le manouvrier Bonnelet (3) commença de creuser une fosse au bas du pavillon de la Reine, fosse qui devait être approfondie, vers les huit heures du soir, par des gendarmes qui reçurent trois pelles et trois pioches des mains du canonnier Godard, garde-magasin de la place.

Vers les cinq heures de l'après-midi, un exprès apportait au commandant du château la lettre suivante :

V° DIVISION. — POLICE SECRÈTE

« Au citoyen Harel, commandant du château de Vincennes,

« Un individu dont le nom ne doit pas être connu, Citoyen commandant, doit être conduit dans le château dont le commandement vous est confié. Vous le placerez dans l'endroit qui est vacant en prenant les pré-

---

(1) Deuxième état envoyé par Harel (*Archives nationales*, F. 6393).
(2) Cette question de la fosse creusée d'avance pour ce conspirateur qui était le duc d'Enghien a préoccupé nombre d'historiens. M. Boulay de la Meurthe, dont les études sont toujours si remarquablement consciencieuses, trouve les témoignages peu probants à cet égard. Ne voulant voir dans la catastrophe du duc d'Enghien que la « fatalité antique » poussant le jeune prince à sa ruine, l'amenant inexorablement à la catastrophe, il n'admet pas la version de Bourienne que nous reproduisons (*Mémoires de Bourienne*, t. V, édition Carpentier, p. 234). Il reconnaît toutefois que « le travail a dû être commencé au plus tard au moment où la sentence a été signée. » *Le duc d'Enghien*, p. 258.
La reconnaissance de cette précipitation montre que le récit de Bourienne, historien souvent sujet à caution, peut être tenu pour exact. Ce témoignage s'accorde d'ailleurs parfaitement avec les dépositions faites en 1816 par le manouvrier Bonnelet devant la Commission chargée de rechercher les restes du duc d'Enghien. (Voir cette déposition, t. II, ch. XI).
M. H. Welschinger a partagé cette manière de voir.
(3) Déposition de Bonnelet, faite sous serment, le 16 mars 1816, devant la Commission chargée de l'enquête relative à l'exhumation des restes du duc d'Enghien. NOUGARÈDE DE FAYET. T. II, *Preuves*. p. 303.

cautions convenables pour sa sûreté. L'intention du gouvernement est que tout ce qui lui sera relatif soit tenu secret, et qu'il ne soit fait aucune question sur ce qu'il est et sur les motifs de sa détention. Vous-même devrez ignorer qui il est. Vous seul devrez communiquer avec lui et vous ne le laisserez voir à qui que ce soit, jusqu'à nouvel ordre de ma part. Il est probable qu'il arrivera cette nuit. Le Premier Consul compte, Citoyen

Vue du Château de Vincennes
D'après une lithographie de Delpech
Col. part. de l'auteur

commandant, sur votre discrétion et sur votre exactitude à remplir ces différentes dispositions » (1).

Peu après la remise de cet ordre, une chaise de poste escortée de gendarmes, et paraissant venir de loin, à en juger par la boue dont elle était couverte, franchissait le pont-levis du château et s'arrêtait devant le loge-

(1) *Archives nationales*, F. 6417.

— 202 —

ment du gouverneur. Celui-ci prévenu, se présenta à la portière avec le concierge Bourdon, et aida le prisonnier désigné sous le nom de « Plessis » à descendre.

C'était un homme jeune, vêtu d'une longue redingote olive, coiffé d'une casquette à double galon d'or ; il portait dans ses bras un petit chien qu'il appelait Mohiloff. Sa figure longue, encadrée de cheveux chatains clairs tombant en boucles de chaque côté, conservait, malgré l'évidente fatigue, un grand air de noblesse, de franchise et de bonté (1).

« Comme la matinée avait été froide et pluvieuse et que le prisonnier paraissait souffrir de la rigueur de la température, Harel l'invita à monter chez lui, en attendant que son logement fut prêt. L'inconnu accepta en disant qu'il se chaufferait avec plaisir ». Le commandant, lui montrant alors la porte de l'escalier qui accédait à son logement, le fit passer devant lui. Pendant que le prisonnier et son gardien montaient au premier étage, ils furent croisés dans l'escalier par une dame Bon, ancienne religieuse tenant à Vincennes un établissement d'éducation, qui venait de ramener à Mme Harel ses deux enfants. La dame Bon questionna inutilement pour savoir le nom du prisonnier, objet de si grandes précautions. Elle apprit seulement de la bouche même de Harel que ce personnage était vraisemblablement un prince (2).

Il n'y avait de feu que dans la chambre de Mme Harel (3), couchée dans une alcôve fermée par une grille ; Plessis fut introduit dans cette pièce, un paravent déplié devant le lit de la malade. Le prisonnier causant avec le commandant, le timbre de sa voix douce et posée attira l'attention de Mme Harel ; elle avait, en un temps déjà éloigné, entendu cette voix, alors que sa famille vivait d'une pension du prince de Bourbon.

---

(1) Ce signalement du duc d'Enghien est extrait du *Moniteur* du premier germinal et d'une note de l'ouvrage de M. H. Welschinger (p. 319). Cet auteur a d'ailleurs tracé un portrait du prince d'après la gravure d'Anthony Cardon.

(2) NOUGARÈDE DE FAYET. T. I, p. 307. Déposition de la dame Bon.

(3) Harel avait épousé le 10 fructidor an VII (27 août 1799) Godefride-Julie Decoudé, né à Zumes, département de Jemmapes, le 11 mars 1772. Il avait déclaré le même jour deux enfants mâles, nés : l'un le 19 prairial an IV, l'autre le 5 floréal an VI (*Archives du ministère de la Guerre*).

Mme Harel ne se trompait pas : l'infortuné « Plessis », c'était son frère de lait, (1) le duc d'Enghien.

« Il semble, écrit M. H. Welschinger (2), que Dieu ait voulu accumuler dans ce drame les incidents les plus pathétiques ; cette femme, l'obligée des Condé, ne pourra rien pour le malheureux prince dont elle a partagé la première enfance », sinon pleurer et se lamenter ; mais elle nommera le prisonnier et bientôt, dans l'enceinte du vieux château, quelque précaution que pût prendre Harel, la vérité fut connue. Le commandant de Vincennes était instruit ; il savait même qu'il détenait un condamné à mort puisque tout à ce moment, par son ordre, était préparé pour le crime qui allait se commettre avec une fiction de légalité.

Henri de Bourbon, duc d'Enghien, petit-fils du prince de Condé, ancien commandant en chef de l'armée des émigrés, et général, dans cette armée — avant son licenciement — se trouvait au commencement de 1804, au moment de l'affaire Cadoudal, dans la petite ville d'Ettenheim, voisine du Rhin, sur le territoire du margrave de Bade. Il y vivait, dans une maison assez modeste appartenant au marquis d'Ichtratzheim, menant une existence fort retirée, d'amoureux pourrait-on dire, auprès de la nièce du cardinal de Rohan, la princesse Charlotte de Rohan, qu'il avait secrètement épousée (3). Il s'occupait certes peu de politique, l'âme trop fière pour se mêler à des intrigues, à des complots, attendant que la guerre l'appelât à prendre du service dans une armée européenne quelconque.

Le premier consul, qui voulait connaître les agissements des émigrés, prescrivit de rechercher secrètement quelles personnes le prince voyait.

Le maréchal des logis de gendarmerie Lamothe (4), chargé de cette

---

(1) *Mémoires de Bourienne*, t. V. p. 245. Bourienne est le premier qui ait parlé de cette dramatique coïncidence. M. H. Welschinger n'a pas mis en doute le récit de cet auteur. Nous le suivons, persuadé qu'il devait avoir des raisons sérieuses pour admettre que Godefride Decoudé, née à Zumes, pouvait être la sœur de lait du prince. Pour notre part, nous avons essayé inutilement de découvrir un témoignage précis sur la famille de Mme Harel.

(2) M. H. WELSCHINGER. *Le duc d'Enghien*, p. 320.

(3) V. lettre de Réal au conseiller d'Etat, préfet de police, en date du 3 germinal an XII. (*Archives nationales*, F7 6418.)

(4) *Archives nationales*, F7 6417.

enquête, partit déguisé de Strasbourg le 4 mars et fit un rapport des plus fantaisistes : ayant entendu parler d'un certain Thumery qui était à Ettenheim, près du duc, la prononciation badoise lui fit confondre ce nom avec celui de Dumouriez (1).

Bonaparte, ainsi renseigné, simula une violente colère, accusa Réal et Talleyrand de manquer de perspicacité. On était alors dans toute l'effervescence de la conspiration de Cadoudal, et bien que les premiers interrogatoires eussent démontré que la complicité du duc d'Enghien ne pouvait être soupçonnée, le premier consul tenait à l'arrestation d'un Bourbon. Le 10 mars, Bonaparte assembla le conseil des consuls et fit voter à l'unanimité, après quelques observations timides de Cambacérès et de Régnier, l'enlèvement du duc d'Enghien et de ses complices. Les généraux Ordener et Caulaincourt, désignés pour l'exécution, se dirigèrent, le premier sur Ettenheim, le second sur Offenbourg. Trois cents dragons, trois brigades de gendarmerie et quinze pontonniers étaient sous leurs ordres. La capture du prince, prévenu mais ne voulant pas croire ceux qui l'avisaient, fut opérée sans incident dans la nuit du 14 au 15 mars : MM. de Grünstein, le lieutenant Schmidt, l'abbé J. Francis Régis Weinborn, l'abbé Michel, le marquis de Thumery, le secrétaire du prince et les domestiques Ferron et Poulain furent emmenés à Strasbourg, réunis au marquis de Vauborel, au lieutenant Bolloque et à l'abbé d'Eymar, arrêtés à Offenbourg.

Le gouvernement consulaire connut le 15 le succès de l'opération (2). Aucun des papiers saisis ne démontrait la culpabilité du prince, qui avait signé son premier interrogatoire en demandant une entrevue au premier consul. Bonaparte feignit d'ignorer l'incident ; il donna simplement

---

(1) Les Badois, dit M. H. Welschinger, prononçant le nom à l'allemande, avaient transformé le *Th* de Thumery, en *D* ; l'*u* en *ou* ; et la diphtongue *ri en rié*. Ils avaient dit : « Doumerié » que Lamothe traduisait par « Dumouriez ».
(M. H. WELSCHINGER, *Le duc d'Enghien*, p. 259).

(2) Dans son journal, dont copie est restée au dossier, le duc d'Enghien raconte ainsi son arrestation :
« Le jeudi 15, à Ettenheim, ma maison cernée par un détachement de dragons
« et des piquets de gendarmerie, total deux cents hommes environ, deux généraux, le
« colonel de dragons, le colonel Charlot, de la gendarmerie, à cinq heures du ma-
« tin. — A cinq heures et demie les portes enfoncées ; emmené au moulin près la
« Tuilerie, mes papiers enlevés, cachetés. Conduit dans une charrette entre deux haies

l'ordre de diriger le prisonnier sur Paris (1). Le 18, dans la nuit, le prince fut séparé de ses compagnons et jeté dans une chaise de poste qui le conduisit à Vincennes.

Tout était disposé à Paris, pour que le jugement fût prompt et conforme aux désirs de celui « dont la politique demandait un coup d'Etat », et qui « avait besoin d'une mort qu'il ne considérait pas commme un crime », parce qu'elle devait assurer le repos à la France (2). Dans la matinée du 20 mars, le Grand Juge Régnier entendu, les consuls arrêtèrent que : « le ci-devant duc d'Enghien, prévenu d'avoir porté les armes contre la République, d'avoir été et d'être encore à la solde de l'Angleterre, de faire partie des complots tramés par cette dernière puissance contre la sûreté intérieure et extérieure de la République, serait traduit devant une commission militaire composée de sept membres nommés par le général gouverneur militaire de Paris et qui se réunirait à Vincennes ; — le Grand Juge, le Ministre de la Guerre et le général gouverneur militaire de Paris, chargés de l'exécution (3) ».

Le général Murat, qui reçut communication de cet arrêté vers onze heures du matin, désigna d'urgence les membres de la commission militaire choisis parmi les colonels des régiments en garnison à Paris : le colonel Guiton, du premier régiment de cuirassiers ; le colonel Bazancourt, du 4ᵉ régiment d'infanterie de ligne ; le colonel Barrois, du 90ᵉ régiment d'infanterie légère ; le colonel Rabbe, du 2ᵉ régiment de la garde mu-

---

« de fusiliers jusqu'au Rhin. Embarqué pour Rhisnau. Débarqué et marché à pied
« jusqu'à Pfofsheim. Déjeuner à l'auberge. Monté en voiture avec le colonel Charlot,
« le maréchal des logis de la gendarmerie, un gendarme sur le siège à Grunstein.
« Arrivé à Strasbourg chez le colonel Charlot à cinq heures et demie. Transféré une
« demi-heure après à la citadelle... »
DUPIN. *Pièces justificatives et historiques du procès du duc d'Enghien*, Bruxelles, 1823, p. 10.
(1) *La vie du général Moncey*, parue tout récemment, contient entr'autres documents importants une déclaration authentique du prince arrêté à Strasbourg et communiquée ensuite au premier consul qui établit l'innocence de l'accusé. Note de M. H. WELSCHINGER. *Journal des Débats* du 22 avril 1902.
(2) Citations de M. H. WELSCHINGER, p. 312.
(3) Extrait des délibérations des consuls de la République, 29 ventose an XII. (*Archives nationales*, AFIV 915). DUPIN. Pièce n° 2, *Preuves*, Op. cit. p. V.

nicipale de Paris ; le colonel Ravier, du 2⁰ régiment d'infanterie légère. Le général Hulin, commandant les grenadiers consulaires fut nommé président et le citoyen Dautancourt, major de la gendarmerie d'élite, rapporteur (1).

Aux termes des instructions données, les membres de cette commission devaient, aussitôt avisés, se réunir à Vincennes pour juger sans « désemparer » le prévenu sur les charges énoncées dans l'arrêté des Consuls, dont copie était remise au président. Les juges ne connurent que cette pièce unique ; il est constaté que Réal n'a pas écrit avant le procès de rapport sur les faits incriminés.

Vers 3 heures et demie du soir, le 20 mars, la chaise de poste qui amenait le duc d'Enghien passait la barrière de Paris ; elle s'arrêtait, une demi-heure après, 19 quai Malaquais, devant le ministère des Affaires étrangères. Talleyrand, qui s'y trouvait, ne voulant pas se rencontrer avec le prince, sortit par une porte dérobée, courut chez Réal. Ce dernier confirma les instructions données le matin au gouverneur militaire de Paris dans une sorte de notification pour exécution ainsi rédigée :

« 29, *ventôse*, à 4 heures du soir.

« AU GÉNÉRAL MURAT, GOUVERNEUR MILITAIRE DE PARIS.

Général,

« D'après les ordres du 1ᵉʳ Consul, le duc d'Enghien doit être conduit au château de Vincennes où les dispositions sont faites pour le recevoir.

« Il arrivera probablement cette nuit à destination. Je vous prie de faire les dispositions qu'exige la sûreté de ce détenu, tant à Vincennes que sur la route de Meaux par laquelle il vient. Le 1ᵉʳ Consul a ordonné que le nom de ce détenu et tout ce qui lui serait relatif fût tenu très secret. En conséquence l'officier chargé de sa garde ne doit le faire connaître à qui que ce soit. Il voyage sous le nom de Plessis. Je vous invite à donner de votre côté les instructions nécessaires pour que les intentions du 1ᵉʳ Consul soient remplies (2) ».

Ce maître de la police secrète, Réal, qui paraissait, en écrivant cette lettre, ignorer la présence à Paris du duc d'Enghien, envoyait en même

---

(1) DUPIN. Pièce n° 3, *Preuves*, p. VI.
(2) *Archives nationales*, F7 6418.

temps au commandant Harel les instructions dont nous avons parlé plus haut, et ordonnait aux postillons de la chaise de poste arrêtée quai Malaquais de gagner Vincennes. L'alibi qu'il cherche à établir pour dégager sa responsabilité devant l'histoire — prétendant qu'il avait écrit sa lettre de la Malmaison et qu'éloigné du théâtre de l'action, il ne pouvait prévoir que le jugement serait aussi sommaire, — est matériellement inadmissible quand on examine les faits, heure par heure.

On a parlé de « *la fatalité antique* » qui aurait pesé sur le malheureux prince en cet instant décisif. La « fatalité » n'a été pour rien dans le dénouement du drame. Celui-ci fut si savamment machiné, que les acteurs jouèrent leur rôle sans avoir besoin d'être dirigés. Les auteurs se sont dérobés, ils ont dormi au moment terrible, et ne se sont réveillés que le crime consommé (1).

Dès que Murat eut reçu la lettre de Réal, il enjoignit à Berthier de réunir les membres de la commission militaire. Vers 7 heures du soir, le général Hulin, arrivé le premier, se saisit des instructions complémentaires de celles qu'il avait reçues la veille au soir du premier consul lui-même à la Malmaison. (2) Chacun des officiers en arrivant, reçut l'ordre d'aller à Vincennes, sans autre explication.

Les commissaires se trouvèrent réunis au château, à 9 heures du soir, dans le salon de Harel. « Là, l'aide-de-camp de Murat leur remit l'arrêté du gouvernement, et Hulin expliqua aux juges l'objet de leur convocation. Dès huit heures, les cours et les abords de la place avaient été garnis de troupes placées sous les ordres de Savary. Le premier consul avait choi-

---

(1) Murat était malade. Réal, qui devait aller interroger le prisonnier, rentra chez lui au retour de la Malmaison, prétendit-il, ce qui est faux, et se trouva si fatigué qu'il se coucha, en demandant qu'on ne vînt pas le réveiller.

(2) Mme de Rémusat raconte les étranges incidents qui se passèrent à la Malmaison avant la conversation de Hulin avec le premier consul. Après le dîner, le premier consul, qui aimait à jouer aux échecs, invita la dame d'honneur de Joséphine à une partie. Soudain, en jouant, il prononça à demi-voix :

« Soyons amis, Cinna, »

Puis les vers de Guzman dans Alzire :

« Et le mien quand ton bras vient de m'assassiner
« M'ordonne de te plaindre et de te pardonner. »

Mme de Rémusat ne put s'empêcher de lever les yeux et de le regarder. Il sourit et continua. Sa partenaire crut qu'il préparait quelque grande scène de clémence, quand tout à coup, Hulin entra. (M. H. WELSCHINGER. *Le Duc d'Enghien*, p. 316).

si ce général parce qu'il savait son dévouement aveugle, absolu, et qu'à le laisser agir, il était sûr du résultat.

Tout étant prêt pour le crime, laissons les juges en face de la bouteille d'eau-de-vie qu'Harel a eu la précaution de leur faire envoyer pour « combattre le froid » (1) et revenons au duc d'Enghien. A six heures du soir, il était encore dans l'appartement d'Harel quand on vint le prévenir que son logement était prêt ; il y fut conduit et gardé à vue (2). Exténué de fatigue, n'ayant rien mangé depuis vingt-six heures, il demanda quelque nourriture. Le commandant envoya le brigadier Aufort chez le traiteur le plus proche (3). Ce traiteur avait eu à servir à dîner ce jour-là, à nombre de personnes ; ses provisions étaient épuisées. Il ne put fournir qu'un menu fort modique composé d'un potage au vermicelle et d'un fricandeau. En rapportant ce souper compté sept à huit francs, le brigadier essaya d'expliquer l'insuccès de sa commission. Le prisonnier accueillit ses excuses avec une extrême bonté ; il l'assura de sa satisfaction, dit qu'il avait tout ce qu'il lui fallait, et qu'il savait gré au commissionnaire du zèle qu'il avait déployé (4).

Dès que la table fut prête, le duc s'en approcha avec empressement « mais apercevant des couverts d'étain très communs, tels qu'on les donnait d'ordinaire aux prisonniers, il les prit dans ses mains, les examina, et les reposant à leur place, continua sa promenade. Harel comprit et envoya chercher des couverts d'argent. » Le prince s'assit alors. Puis se tournant vers le commandant qui se tenait à distance en arrière : « Monsieur, lui dit-il, j'ai une faveur à vous demander. J'espère que vous n'y trouverez pas d'indiscrétion. J'ai avec moi un compagnon de voyage,

---

(1) Déposition faite sous serment par l'artificier Godard, en 1816. NOUGARÈDE DE FAYET, T. II, p. 304.

(2) On a prétendu que la pièce dans laquelle fut mis le duc d'Enghien était dans un état de délabrement complet, qu'il n'y avait même pas de carreaux aux fenêtres; ce n'est pas exact. La relation manuscrite composée de divers renseignements réunis en 1816 porte que « la chambre où fut placé le duc, sans être faite pour un prince, était décemment meublée. » NOUGARÈDE DE FAYET, T. I, p. 308.

(3) La maison de ce traiteur, nommé Mavrée, était située sur la grande route de Paris, presque vis-à-vis la porte d'entrée du château ; elle était occupée en 1814 par Mme Desgardes. NOUGARÈDE DE FAYET, T. I, p. 309.

(4) Récit d'Hippolyte Turquin, qui aida Aufort à porter le souper du prince. NOUGARÈDE DE FAYET, T. I, p. 309.

c'est le petit chien que vous voyez là. Le pauvre animal a fait comme moi toute la route et, comme moi, il est à peu près à jeun depuis Strasbourg. Permettez que je lui témoigne de mon mieux ma reconnaissance en partageant avec lui ce repas (1). » Il versa alors dans une assiette la moitié du potage et l'offrit au petit chien qui s'en accommoda parfaitement : il fit la même chose avec l'autre mets qui fut accepté avec autant de plaisir par le destinataire (2).

Après ce court repas, le duc d'Enghien fit plusieurs questions à Harel. Il l'interrogea sur Vincennes. Il lui raconta qu'il avait été élevé dans les environs de ce château. Puis, sans inquiétude apparente, il lui demanda : « Que me veut-on ? Que veut-on faire de moi ? » (3). Harel répondant évasivement, le prince lui dit alors que s'il devait rester quelque temps prisonnier, il demanderait l'autorisation de chasser, qu'il chasserait avec lui. Il donna sa parole qu'il ne chercherait pas à s'échapper. Après avoir causé ainsi pendant quelques instants, il se jeta sur le lit qui lui avait été préparé, puis il s'endormit aussi paisiblement que le fit son aïeul le Grand Condé, la première nuit que celui-ci passa dans le Donjon, à un moment où sa vie ne paraissait pas plus en sûreté que celle de son descendant.

Vers minuit et demie, Dautancourt (4), accompagné du chef d'escadron Jacquin, du lieutenant Noirot, du capitaine Moleri, des gendarmes Lerva et Tharsis, pénétrait dans la chambre du prince, le réveillait et le conduisait à l'appartement de Harel, où, dans la pièce voisine de la cham-

---

(1) Récit du brigadier Aufort publié en 1822 sous le titre :
Notice historique sur S. A. R. Monseigneur le duc d'Enghien par un bourgeois de Paris.
(2) M. H. WELSCHINGER décrit ainsi qu'il suit le petit chien qui accompagnait le prince :
« C'était un carlin russe de petite taille, couleur café au lait, le poil lisse, l'œil gros et à fleur de tête. » *Duc d'Enghien*, p. 294.
(3) *Mémoires de Bourienne*, t. V, p. 234.
(4) Le procès-verbal d'interrogatoire commençait ainsi :
« L'an XII de la République Française, aujourd'hui 29 ventôse, à 12 heures du
« soir moi, capitaine-major de la gendarmerie d'élite, viens me rendre d'après l'or-
« dre du général commandant le corps, chez le général Murat, gouverneur de Paris,
« qui me donne de suite l'ordre de me rendre au château de Vincennes, près le géné-
« ral Hulin, commandant les grenadiers de la Garde des Consuls, pour en prendre et
« en recevoir d'ultérieurs. »
DUPIN, op. cit. pr. 4, p. 7.

bre du Conseil, il procéda à l'interrogatoire (1). Le prisonnier répondit à toutes les questions avec une franchise sans rudesse, une modestie pleine de fierté.

Après avoir énuméré ses nom, prénoms et qualités, il dit au rapporteur qui l'interrogeait sur le grade qu'il occupait dans l'armée de Condé. « Commandant de l'avant-garde en 1796 ». — « Et depuis ? » — « Toujours à l'avant-garde. »

« Les autres réponses ont le même caractère.

« Il n'a servi que sous les ordres de son grand-père.

« Il n'est pas à la solde de l'Angleterre ; il a reçu de cette puissance un traitement provisoire ; il le fallait bien. » « Je n'ai que cela pour vivre » ; ajoute le descendant de vingt rois.

Du reste, il n'a entretenu aucune correspondance, si ce n'est avec son grand-père et son père qu'il n'a pas même vu depuis 1795.

« Jamais il n'a vu le général Pichegru ; il n'a pas eu de relations avec lui et pas davantage avec Dumouriez qu'il n'a jamais vu non plus.

« Il soutient n'avoir entretenu, dans l'intérieur de la France, aucune correspondance du genre de celles qu'on lui impute ».

Lorsqu'on lui présente le procès-verbal, le prince écrit :

« Avant de signer le présent procès-verbal, je fais avec insistance la demande d'avoir une audience particulière du premier consul. Mon nom, mon rang, ma façon de penser, et l'horreur de ma situation me font penser qu'il ne se refusera pas à ma demande. »

L. A. H. DE BOURBON (2).

L'instruction fut ainsi close. Dautancourt rentra dans la salle du conseil, prévint les juges que sa mission était terminée, que la séance pouvait commencer. Le président fit aussitôt introduire l'accusé qui comparut

---

(1) Ce n'est pas dans la chambre où il avait couché, mais dans une des pièces du logement du commandant Harel que le duc d'Enghien fut interrogé.
(NOUGARÈDE DE FAYET, ouvrage déjà cité, t. II, p. 31).

(2) Procès-verbal d'interrogatoire (DUPIN. op. cit. Pièce justificative n° 4 pr. X). Ce procès-verbal a d'ailleurs été reproduit par tous les historiographes du prince.

« libre et sans fers » et auquel fut donné connaissance « des pièces tant à charge qu'à décharge » au nombre d'*une* (1).

Quel étrange tribunal ! Un commisaire du gouvernement présentant un acte d'accusation consistant dans les réponses d'un prisonnier à un interrogatoire ; point de défenseur (2) ; cinq juges n'ayant aucune connaissance du code, n'en ayant même pas un exemplaire à leur disposition, et, comme public, dans cette vaste salle délabrée, où le papier de tenture en lambeaux, moisi, pendait lamentablement le long du mur, un homme au masque dur et méchant, Savary, placé derrière le fauteuil du président, avec quelques officiers des troupes du château (3).

Un des juges, le colonel Barrois, eut seul le sentiment de son devoir : il lut attentivement la demande d'audience formulée par le duc d'Enghien dans le procès-verbal d'interrogatoire produit par Dautancourt, et proposa au conseil de surseoir au jugement jusqu'à ce que le premier consul eût été informé. Mais Savary, qui n'était pas membre de la commission, protesta : les juges passèrent outre (4). Le véritable interrogatoire commença.

Le duc d'Enghien répondit avec une assurance qui émut Hulin lui-même, ainsi qu'il le reconnut plus tard. Il avoua qu'il avait servi dans les armées étrangères, non pour combattre la France, mais contre un gouvernement dont il était l'ennemi de par sa naissance. Il dit qu'il n'avait jamais conspiré parce que, soldat, il ne comprenait que le combat loyal ; que s'il était resté sur le Rhin, c'est qu'il croyait qu'il aurait nécessairement un rôle à y jouer et qu'il attendait. Il revendiquait enfin hautement « son droit à sa façon de penser ».

L'accusé fut alors reconduit dans le pavillon du Roi, et le Conseil entra en délibération, ou plutôt procéda à la rédaction du jugement. Ce docu-

---

(1) Propres termes de la rédaction du jugement par le général Hulin.
(2) La loi qui datait du 13 brumaire, et réglait la procédure en pareil cas, était pourtant formelle. L'article 19 était conçu en ces termes : « Après avoir clos l'interrogatoire, le rapporteur dira au prévenu de *faire choix d'un ami pour défenseur*. Le prévenu *aura la faculté de choisir son défenseur* dans toutes les classes de citoyens présents sur les lieux. S'il déclare qu'il ne peut faire ce choix, le rapporteur le fera pour lui.
DUPIN, op. cit., p. 16.
(3) NOUGARÈDE DE FAYET, op. cit., t. II, p. 37.
(4) Ibidem, t. II, p. 37.

ment, daté du 30 ventôse (21 mars) 2 heures du matin, porte que le général Hulin, les colonels Guiton, Bazancourt, Ravier, Barrois, Rabbe et le capitaine rapporteur Dautancourt se sont réunis au château de Vincennes, à l'effet de juger le ci-devant duc d'Enghien sur les charges portées dans l'arrêté du gouvernement. Le jugement (1) relate en douze lignes la réponse du prince au sujet de la solde anglaise et de son action militaire contre la France, et se termine ainsi :

« Le président a fait retirer l'accusé. Le conseil délibérant à huis-clos, le président a recueilli les voix, en commençant par le plus jeune en grade, le président ayant émis son opinion le dernier ; l'unanimité des voix l'a reconnu coupable et lui a appliqué l'article... de la loi du.. ainsi conçu... et, en conséquence, l'a condamné à la peine de mort ».

« Coupable de quoi ? Les juges ne le disent pas, parce qu'ils ne le savent pas, dit M. H. Welschinger ; ils ne peuvent pas citer la loi qui vise l'action criminelle du condamné, ni l'article de cette loi qui édicte la peine. » Et pourtant ces juges extraordinaires « ordonnent que le présent jugement sera exécuté *de suite* à la diligence du capitaine-rapporteur, après qu'il en aura été donné lecture au condamné, en présence des différents détachements des corps de la garnison (2). »

(1) Et après lui avoir donné lecture de l'arrêté susdit, le président lui a fait les questions suivantes :
Vos noms, prénoms, lieu de naissance ?
— A répondu se nommer Louis-Henri de Bourbon, duc d'Enghien, né à Chantilly, le 2 août 1772.
A lui demandé s'il a pris les armes contre la France ?
— A répondu qu'il avait fait toute la guerre et qu'il persistait dans la déclaration qu'il avait faite au capitaine-rapporteur et qu'il a signée. A de plus ajouté qu'il était prêt à faire la guerre et qu'il désirait avoir du service dans la nouvelle guerre de l'Angleterre contre la France.
A lui demandé s'il était encore à la solde de l'Angleterre ?
— A répondu que oui, qu'il recevait par mois cent cinquante guinées de cette puissance.
DUPIN, op. cit., Copie du procès-verbal, pr. V, p. XII.
(2) Le comte Hulin, répondant plus tard aux attaques dont il avait été l'objet de la part du *Journal des Débats* au sujet du libellé de ce jugement, prétend que la pièce que nous citons avec des blancs n'était qu'une minute faisant partie de son dossier personnel. Cette défense n'est pas acceptable : comment des juges, qui avouaient n'être pas jurisconsultes et n'avaient pas les textes de loi sous les yeux, auraient-ils pu citer des articles de loi, sans avoir de code sous les yeux. Voici d'ailleurs les propres paroles de Hulin :
« Je dois observer que mes collègues et moi nous étions complètement étrangers
« à la connaissance des lois. Chacun avait gagné ses grades sur le champ de batail-

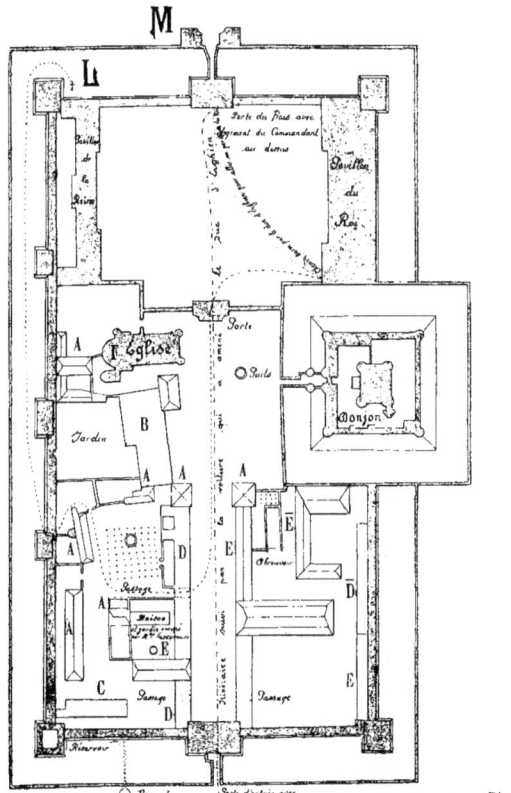

CHATEAU DE VINCENNES PRÈS PARIS : Plan de l'arc XII (1804) Arch. du génie de Vincennes

M, point d'où est pris la photographie (p. 215) de l'endroit L, où le duc d'Enghien fut exécuté. — A, pavillon pour 20 logements d'officiers. — B, caserne pour 200 hommes, canonniers. — C, caserne pour 100 hommes, soldats du train. — D, logement pour 20 ouvriers, chefs et leurs ateliers. — E, écurie pour 360 chevaux. — F, église pouvant servir de manège.

Plan copié par l'auteur. — Planche de l'*Ami des Monuments*, T. 92-93, prêtée par M. Charles Normand.

Nota. — L'itinéraire a été ajouté par l'auteur.

— 214 —

A peine le jugement était-il rendu, qu'Hulin semble avoir des remords ; il écrit une lettre au premier consul pour lui faire part du désir du condamné d'avoir une entrevue avec lui. Savary lui arrache la plume de la main : « Votre mission est terminée, lui dit-il brusquement, à présent cela me regarde (1) ».

Et tandis que les juges restent à causer entre eux, cet « admirable chef de gendarmerie », comme l'a qualifié le prince Napoléon, descend dans la cour et donne rapidement ses ordres à Harel. Le commandant prend une lanterne et, suivi du brigadier Aufort et de quelques gendarmes, monte à l'appartement du condamné. Le prince questionnait le lieutenant Noirot, de la gendarmerie d'élite, sur ses goûts militaires et sur sa carrière. Harel interrompt cette conversation, disant au prisonnier de le suivre. Le groupe traverse silencieusement la grande cour obscure, passe sous le portique central de la colonnade, devant le portail de la Sainte-Chapelle, longe les murs de la caserne de l'artillerie de la garde consulaire, et arrive par les jardins de l'ancien cloître des chanoines, à la tour du Diable, devant la porte basse qui s'ouvre sur l'escalier à vis, donnant seul accès aux fossés. Le prince s'arrête un instant sur le seuil ; il demande si on le conduit dans un cachot. Harel lui répondant : « non, malheureusement, » fait appel à tout son courage.

Le condamné commence à comprendre. Il descend « d'un pas assuré les quarante marches de l'escalier en spirale, franchit le petit pont-levis qui sépare la tour du Diable des fossés, descend encore sept marches, longe la tour des Salves (2) » et arrive à la tour de la Surintendance. A l'angle du fossé, près du pavillon de la Reine, il se trouve en face du peloton d'exécution composé de seize gendarmes qui attendent là, depuis une heure du matin, l'arme chargée (3).

« le; aucun n'avait la moindre notion en matière de jugements ; et pour comble de « malheur, le rapporteur et le greffier n'avaient guère plus d'expérience que nous. » Comte HULIN. *Explication offerte aux hommes impartiaux*.

(1) « J'avoue que je crus, et plusieurs de mes collègues avec moi, qu'il voulait di-« re : cela me regarde d'avertir le premier consul ». La réponse entendue dans ce « sens nous laissait l'espoir que l'avertissement n'en serait pas moins donné ».
Explications offertes aux hommes impartiaux par M. le comte HULIN, *au sujet de la Commission militaire instituée en l'an XII pour juger le Duc d'Enghien*.

(2) M. H. WELSCHINGER, p. 336.

(3) M. H. WELSCHINGER, p. 335. Récit d'un gendarme présent à l'exécution, publié par Borgh le 24 février 1811.

Tout a été prévu, réglé à l'avance. L'adjudant et les seize gendarmes, qui composent le peloton d'exécution avec Harel, Noirot et un brigadier, vont être les seuls acteurs, les seuls témoins du meurtre juridique. Savary

Vue des Fossés de Vincennes (1902)

La partie du fossé désigné par une flèche blanche est celle (marquée en L sur le plan) où on fusilla
le duc d'Enghien, au-dessous des fenêtres étagées du pavillon de la reine
Photographie prise du point M du plan de la page 213
Cliché de Charles Normand, président de la Société de l'Ami des Monuments et des Arts

craint, en effet, que le nom du prince ne soit connu et qu'il ne se produise quelque manifestation. Quelques hommes, choisis avec soin, vont entendre le prononcé du jugement — dont lecture devait être faite devant des détachements de tous les corps de la garnison — et les seuls auditeurs vont procéder à l'exécution.

Le prince a été placé, le dos à cinq mètres du mur du pavillon de la Reine. La nuit est fort obscure. L'adjudant Pelé entr'ouvre son manteau, prend l'acte fatal qu'il lit en s'éclairant de la lanterne apportée par Harel (1).

Cette formalité accomplie, le duc se tourne, demande au lieutenant Noirot de lui rendre un service. Sa pensée s'est reportée tout-à-coup vers la princesse Charlotte. Il ne voit en face de lui que des visages cruels et impassibles et, dans cette nuit qui s'achève, ses regards ont paru chercher la rive du Rhin où gémit la femme adorée dont il croit entendre les sanglots et les soupirs. Il demande des ciseaux, coupe une mèche de ses cheveux, la place avec son anneau d'or dans un billet qu'il avait écrit furtivement de Strasbourg à Paris et prie Noirot de remettre le tout à la princesse de Rohan-Rochefort (2) ». L'officier reçut ce dépôt qu'il promit de faire parvenir, mais qui fut arrêté et conservé aux archives de la police (3).

Le duc réclama un prêtre. On prétend que Savary, entendant cette requête du haut de la contrescarpe du fossé, s'écria : « Veut-il donc mourir en capucin ? (4) » L'exactitude de ce fait n'est pas prouvée, mais il reste acquis que les secours de la religion furent refusés au condamné. A genoux, il récita une courte prière, et, se relevant : « Qu'il est affreux de périr ainsi de la main des Français ! » dit-il (5).

(1) Pour se disculper, Savary, duc de Rovigo (Brochure déjà citée, *Archives nationales*, F7 6417) raconte ainsi la scène : « L'officier qui commandait l'infanterie — « M. Delza, tué à Wagram — vint me dire avec une émotion profonde qu'on lui de- « mandait un piquet pour exécuter la sentence de la Commission militaire. « Don- « nez-le », répondis-je. — « Mais où dois-je le placer ? » — « Là où vous ne pourrez « blesser personne », car déjà les habitants des environs de Paris étaient sur la route « pour se rendre aux divers marchés. Mais, après avoir bien examiné les lieux, l'of- « ficier choisit le fossé comme l'endroit le plus sûr pour ne blesser personne. M. le « duc d'Enghien y fut conduit par l'escalier de la tour d'entrée du côté du parc, et y « entendit sa sentence qui fut exécutée. » Cette version est en contradiction avec les dépositions des témoins, lors de l'exhumation de 1816 (Voir note T. II, ch. XI). Il n'y avait pas, d'ailleurs, dans la tour du Bois, d'escalier donnant accès aux fossés.

(2) M. H. WELSCHINGER, op. cit. p. 337.

(3) Ces tristes reliques restèrent à la préfecture de police, enfermées dans un carton qui a disparu sous le second empire.
M. BOULAY DE LA MEURTHE, *Le duc d'Enghien*, p. 260.

(4) Le duc de Rovigo écrit : « On a dit que le prince avait demandé les secours « de la religion et qu'on les lui avait refusés. C'est une particularité dont je n'ai ja- « mais eu connaissance... D'ailleurs, ce n'était pas mon affaire ».
(Brochure déjà citée, *Archives nationales*, F7 6417).

(5) M. H. WELSCHINGER. *Le duc d'Enghien*, page 339. Selon le comte de CHOULOT. (*Mémoires et voyages du duc d'Enghien*, p. 121), le prince aurait seulement dit : « Allons mes amis ! » et Savary aurait répondu : « Tu n'as pas d'amis ici. » Puis comme on demandait à la victime de se mettre à genoux, ses dernières paroles furent : « Un Bourbon ne se met à genoux que devant Dieu. »

Vue du Monument et du Tombeau du duc d'Enghien
Dans les Fossés de Vincennes
D'après une lithographie de Pernot (1819). — Collection de l'auteur

L'adjudant Pelé avait prévenu les hommes du peloton qu'ils auraient à faire feu quand ils le verraient lever son chapeau. Craignant sans doute que l'émotion ne gagnât ses gendarmes, il donna rapidement ce signal. Une détonation retentit : le dernier des Condé avait **cessé de vivre**.

« La victime a succombé avec une noblesse qui a stupéfié ses meurtriers », écrit M. H. Welschinger (1). La prévision du jeune prince s'est accomplie. « Le premier consul, avait-il dit neuf mois auparavant, peut me faire détruire, il ne me fera jamais humilier. »

On a raconté qu'avant d'être jeté dans la fosse, le corps de la victime avait été outrageusement dépouillé. Le duc de Rovigo (Savary) a protesté contre cette assertion : jusqu'à un certain point, sa version doit être acceptée ; car, lors de la recherche (1816) des restes du fusillé du 21 mars 1804, on a retrouvé une bourse contenant une soixantaine de pièces d'or et une chaîne de cou également en or. Les gendarmes ne se sont donc livrés à aucun acte de brigandage ; s'ils furent incriminés, c'est que Harel rejeta la responsabilité d'un larcin constaté sur des soldats ayant accompli en soldats leur pénible devoir. En effet, le gouverneur s'empara de la redingote laissée par le duc, ainsi que de sa montre ; il ne se sépara de la première que lorsque, à moitié usée, il la donna à un homme de son service. Il garda la montre, prétendant « qu'il l'avait achetée des gendarmes (2) ».

Le cadavre, encore chaud, du duc d'Enghien, fut brutalement jeté dans l'excavation creusée l'avant-veille par Bonnelet, la face contre terre. Une pierre écrasa sa tête (3). Le trou fut comblé à la hâte et deux sentinelles, l'une au fond du fossé, l'autre sur le chemin de ronde de la contrescarpe, reçurent la consigne d'empêcher les curieux d'approcher du lieu de l'exécution.

Seul, le petit chien Mohiloff, amené de Strasbourg par le prince et qui l'avait suivi jusqu'au bout de son lugubre voyage, resta gémissant sur

---

(1) M. H. WELSCHINGER. *Le Duc d'Enghien*, p. 339.
(2) *Archives nationales*, F1 6808. « Déposition du curé de Vincennes en 1816 ».
(3) Cette pierre fut-elle jetée intentionnellement ? La question n'est pas résolue. Lady Morgan étant venue voir à Vincennes, après l'exhumation des restes de la victime de 1804, le petit cercueil qui contenait « les ossements retrouvés en creusant dans le fossé », écrivait en 1807 (*Voyage en France*) : « A côté du cercueil était une pierre sur laquelle on dit que sa tête avait frappé au moment de sa chute ».
Intermédiaire des chercheurs et des curieux, 10 mars 1902, vol. XLV, p. 364.

la tombe jusqu'au lendemain. Il fut recueilli par une main amie, « qui lui donna un asile mérité (1). »

Harel, rentré chez lui, écrivit sur l'heure à Réal ce court billet :

« Citoyen Conseiller,

« J'ai l'honneur de vous informer que « l'individu » arrivé le 29 du présent (ventôse) au château de Vincennes, à cinq heures et demie du soir, a été, dans le courant de cette même nuit, jugé par une commission militaire, et fusillé à trois heures du matin, et enterré dans la place que j'ai l'honneur de commander.

« J'ai l'honneur de vous saluer avec le plus profond respect.

« Harel (2). »

Hulin, de son côté, envoya le mot suivant à son ami le général Maçon, commandant les grenadiers de la garde consulaire :

« Le ci-devant duc d'Enghien, arrêté et conduit hier au château de Vincennes, a été jugé et condamné par une commission militaire dont j'étais président, ce matin à trois heures.

« Je ne puis en écrire davantage, étant excédé de fatigue. Il a été exécuté de nuit. F. Hulin (3). »

La recherche des responsabilités encourues par chacun des acteurs du drame du 21 mars 1804 a donné lieu à des polémiques violentes, passionnées. Il ne nous convient pas de rouvrir ici les débats. Des auteurs spéciaux ont traité ce sujet, tout dit à cet égard.

(1) Mohiloff, le petit carlin russe du Prince, a été remis à la Marquise de Béthisy qui l'a fait empailler à sa mort, et l'a ensuite légué à M. Marcille. M. Eudon Marcille en est encore possesseur.
M. H. WELSCHINGER, op. cit., p. 294.
(2) Cette lettre inflige un sanglant démenti au duc de Rovigo. Voici ce qu'il écrivait en 1823, pour sa justification :
« Le jugement a été exécuté à 6 heures du matin. Le fait est attesté par des preuves irrécusables ».
Eh bien ! fallait-il à l'heure où se lève le soleil, une lanterne pour voir un homme à six pas. Page 33 de la brochure déjà citée. (Archives nationales F7 6417).
(La lettre de Harel a été citée par NOUGARÈDE DE FAYET, t. II, et par M. H. WELSCHINGER, p. 342).
(3) Cette lettre, citée par M. Welschinger, est d'acord, d'ailleurs, avec ce qu'a dit le comte Hulin dans ses Explications aux hommes impartiaux :
« Je m'entretenais, écrit-il, de ce qui venait de se passer, sous le vestibule conti« gu à la salle des délibérations. Des conversations particulières s'étaient engagées.
« J'attendais ma voiture qui, n'ayant pu entrer dans la cour, retarda mon départ, « lorsqu'une explosion se fit entendre ». Il ajoute : « Que l'on dise de nous : ils furent bien malheureux ! »

CHAPITRE X.

La transformation du vieux Château en arsenal décrétée par l'Empereur (1808). — La démolition des tours. — Daumesnil nommé Gouverneur. — Défense de 1814 contre les Alliés. — Le marquis de Puivert Gouverneur (1814-1815). — Capitulation de la place au retour de l'Empereur ; Sa remise au général Merlin (20 mars 1815). — Daumesnil redevient Gouverneur. — Blocus de la place par les Alliés (10 juillet au 13 décembre 1815). — Le marquis de Puivert succède pour la seconde fois à Daumesnil.

Le château tombait en ruine, lorsqu'en 1808 Napoléon Ier résolut de l'utiliser comme arsenal.

L'empereur ne se contenta pas des rapports qui lui avaient été adressés ;

il voulut voir par lui-même si la vieille forteresse répondait à ce qu'il désirait. Il se rendit donc à Vincennes, examina tout, et prit, comme il en avait l'habitude, une détermination rapide, mais nette, concise, qui parut le 16 mars 1808 sous forme de décret : La place sera mise immédiatement en état de défense, disait en substance ce document daté du palais des Tuileries (1).

Les tours qui flanquent les courtines recevront du canon.

Des dispositions seront prises pour que les rondes puissent circuler au pied du donjon et sur les murailles.

Les tours qui seront jugées en mauvais état seront rasées à hauteur des remparts. Celles qui pourront être conservées seront appropriées, une pour servir de magasins aux munitions, et une pour recevoir une batterie destinée aux saluts et salves. Cette batterie sera de douze pièces de gros calibre, choisies parmi celles qui ont été prises à Vienne ou à Rome. Une autre tour devra être convertie en magasin à poudre. Le donjon sera remis à la police (2) : l'établissement de l'artillerie qui s'y trouve sera transféré dans l'église divisée en trois étages. L'étage inférieur formera hangar pour les affûts, les bois et les équipages de l'artillerie. Les deux autres étages seront disposés en salles d'armes propres à contenir 18.000 fusils, 4.000 mousquetons et carabines, et plusieurs milliers de pistolets et de sabres.

Les maisons particulières existant dans l'enceinte et toutes celles adossées au mur seront détruites (3).

La place appartenant à la Garde impériale, un des colonels de la Garde en sera le gouverneur. La garnison comprendra : 600 hommes de troupe à cheval, 1.000 hommes d'infanterie avec leurs officiers.

(1) Extrait des minutes de la secrétairerie d'Etat, lettre adressée à la direction du casernement de la Garde impériale par le Ministre de la guerre Clarke.
(*Archives du génie de Vincennes*, article 2, n° 18).
(2) Cette remise devait être achevée le premier avril 1808. Voir t. II, ch. IV
(3) Cet ordre ne put être exécuté de suite comme le voulait l'Empereur ; car les propriétaires des quatre maisons condamnées invoquèrent le contrat d'acquisition et leurs droits plus ou moins valables. Le ministre, en présence de ces réclamations, ordonna de surseoir à l'exécution des prescriptions impériales jusqu'à expertise à intervenir. (Lettre ministérielle du 10 juin 1808, *Archives du Génie de la place de Vincennes*, art. 2). Les maisons en question ne furent démolies qu'en 1810, après indemnités payées aux propriétaires.

Une manutention de trois ou quatre fours avec des magasins sera établie pour subvenir aux besoins des troupes casernées.

Ces ordres donnés, leur exécution ne se fit pas attendre :

Le 16 mars 1808, jour où parut le décret dont nous avons donné ci-dessus l'analyse presque intégrale, était un mercredi. Napoléon Ier réclamait pour le samedi suivant les plans et devis concernant tous les aménagements et travaux indiqués. Le ministre de la guerre Clarke transmit le 17 les ordres le l'empereur en invitant le directeur du Génie de Vincennes à se concerter « d'urgence » avec le directeur à Paris afin « de présenter à sa Majesté les mesures d'exécution dans le délai prescrit (1) ». Malgré le peu de temps laissé, le directeur du Génie établit un mémoire fort complet, mais le devis montait à 2.201.000 francs. Le ministre, qui connaissait la parcimonie de l'empereur quand il s'agissait des fonds de l'Etat, trouva le chiffre exagéré, le discuta et le réduisit à 1.600.000 francs. Puis il apporta le projet ainsi modifié au conseil d'administration qui fut tenu le samedi 19 mars aux Tuileries (2).

L'empereur examina rapidement les comptes et ce qui en faisait l'objet. Quand il arriva au total, il fut pris d'un mouvement de colère : « Le Génie me soumet toujours, dit-il, des demandes exagérées, cela vient de ce qu'il veut démolir pour rebâtir ! Je suis absolument opposé à ce système. Le directeur des fortifications prévoit des dépenses pour le Pavillon du Roi qui est dans un état convenable pour sa destination, et pour les écuries qui ont toujours contenu 600 chevaux : je n'en ferai aucune. Il veut établir des meurtrières dans les murailles et dans les tours : c'est inutile. Il réclame des crédits pour les réparations des tours : je n'ai pas dit de conserver toutes les tours qui ne tombent pas en ruines, mais bien de ne conserver aucune de celles qui, pouvant subsister, coûteraient trop cher à réparer. La demande d'argent pour le chemin de ronde est inconcevable. Ce chemin ne doit rien coûter. Il n'y a que quelques briques à remettre et quelques détails à remplacer.

« En somme, il n'y a de frais à faire que pour la restauration du pavil-

---

(1) *Archives du Génie de la place de Vincennes*, article 2, n° 18. Lettre du Ministre de la guerre au Directeur du casernement de la Garde impériale.

(2) Quand l'Empereur était à Paris, il y avait tous les quinze jours, aux Tuileries, un Conseil d'administration dans lequel étaient discutées les dépenses de l'Etat.

lon de la Reine qui doit servir au logement du gouverneur, pour la division de l'église en étages, et pour la démolition des maisons, qui ne peuvent exister avec la nouvelle destination de la place.

« On peut satisfaire à ces dépenses et autres détails de réparation avec *150.000 francs*. Je n'alloue pas davantage (1). »

Le maître avait parlé. Il fallait obéir et les 150.000 francs suffirent pour mettre la place en état de résister à un coup de main.

Il est vrai qu'on ne s'illusionnait pas sur la valeur de la forteresse ainsi aménagée. Car le général Montfort, directeur des fortifications, écrivait le 1er octobre 1808 cette phrase caractéristique : « L'artillerie dans un fort de cette valeur est plutôt destinée à en imposer qu'à contribuer réellement à sa défense. » L'empereur ne pensait pas alors autrement en se montrant si parcimonieux envers une forteresse féodale qui, pourtant, devait rendre encore de si grands services à la France.

Les travaux prescrits par le décret du 16 mars furent commencés immédiatement. Quelques-uns furent salutaires au vieux château en le préservant d'une ruine complète, mais la plupart furent désastreux au point de vue artistique, sans ajouter beaucoup à la valeur défensive de la place. Des flèches en maçonnerie furent construites en avant des portes (2). Les ponts-levis des portes Nord, Sud et Est furent rétablis (3) ainsi que les deux anciennes poternes du donjon et de la tour du village (4). Les chemins de ronde furent réparés, les créneaux remplacés par un simple mur servant de banquette d'infanterie. Le donjon, le Pavillon de la Reine et quelques autres bâtiments furent remis en état. Les tours de Paris et de la Reine furent arasées à hauteur des courtines et reçurent des plates-formes propres à l'artillerie (5). Cette destruction devait être

---

(1) Extrait du procès-verbal de la séance d'administration tenue le samedi 10 mars 1808 au Palais des Tuileries. (*Archives du Génie de la place de Vincennes*, art. 2, n° 18).

(2) Ces flèches construites moitié en briques, moitié en pierres de taille, existent encore en avant de la porte principale et de la porte du Bois.

(3) Lettre ministérielle du 10 juin 1808 signée Clarke, adressée au directeur des fortifications à Paris. Pour le rétablissement du pont-levis de la porte du bois on fut obligé de supprimer une des arches du pont de pierres construit sous Louis XIV, et de renforcer la pile adjacente.

(4) Même lettre que ci-dessus (*Archives du Génie de la place de Vincennes*. Art. 2, pièce 16).

(5) Note de 1826 sur les fortifications du château de Vincennes (*Archives du Génie de la place de Vincennes*, art. 2).

funeste à deux autres tours, car dans les projets du Génie en 1809 on lit dans les apostilles jointes au mémoire estimatif des dépenses proposées :

« La tour de Paris et celle du pavillon de la Reine étant déjà démolies et devant être armées, on ne peut se dispenser, moins encore pour la simétrie (sic) du château que pour la déffense (sic) de démolir également et d'armer les deux tours restantes. De cette manière, le château ne formera plus qu'un vaste quadrilatère rectangle aux quatre coins duquel s'élèveront quatre tours bastionnées flanquant les approches de tous les côtés et se flanquant d'ailleurs réciproquement, communiquant ensemble de plain-pied, au moyen d'un chemin de ronde faisant tout le tour de la place et de touts (sic) les points duquel on pourra faire le coup de fusil (1). »

Il est heureux de penser que la question de symétrie n'a pas été la seule cause de la condamnation de ces tours et que l'idée de la défense de la place soit intervenue dans les considérations qui les ont fait raser comme les premières à hauteur des courtines (2).

Les armes de France et l'inscription qui existaient avant la Révolution et avaient été mises en pièces à ce moment, furent remplacées sur la tour du Bois par l'aigle impérial, avec l'inscription suivante :

ARX VINCENNÆ.
SUB REGNO PHILIPPI-LE-VALOIS. ANNO
1330 ÆDIFICATA, ANNOQUE 1808 RESTAURATA
SUB IMPERIO NAPOLEONIS-MAGNI (3)

« Quatre bombes en pierre et quatre mortiers en bronze ou fer fondu furent placés sur l'entablement de cette même tour, pour décorer

---

(1) *Archives du Génie de la place de Vincennes*, article premier.
(2) Les tours restantes ne furent démolies que de 1818 à 1820. Par décision du 22 juillet 1818, le ministre de la Guerre accorda l'adjudication des travaux au sieur Couret. (*Archives du Génie de la place de Vincennes*. Mémoire du 8 décembre 1818). La tour du Roi fut démolie la même année. La tour du Diable et celle des Salves le furent en 1819, et la tour du Réservoir fut arasée en 1820.
(3) Citadelle de Vincennes, construite sous le règne de Philippe de Valois, an 1330, et restaurée, an 1808, sous l'Empire de Napoléon-le-Grand. (Cette date de 1330 n'est pas exacte comme nous l'avons montré...)

militairement quatre massifs cubiques de pierre sur lesquels il y avait autrefois « quelque chose d'analogue » (1). Ce « quelque chose » d'analologue était des statues antiques.

Enfin les arcades et toutes les baies qui existaient dans le rempart furent bouchées (1810) (2) et toutes les maisons qui avaient été construites contre le rempart furent démolies, après indemnités payées aux différents propriétaires.

En 1812, l'Empereur donna plus d'extension à son premier projet : il déclara que « Vincennes devait être l'arsenal de Paris, qu'en conséquence il voulait que les dispositions tendissent toutes à former un beau sistème (sic) régulier, qu'on n'y fît rien de provisoire, que tout fût permanent et concourût à rendre l'établissement beau et utile, sauf s'il était nécessaire de n'achever la construction qu'en plusieurs années. » Il ajoutait qu'il désirait que le château réunît à la simétrie (sic) et à la régularité tout ce que pourraient exiger la défense et la sûreté des dépôts qui devaient y être formés et que l'intérieur en fût disposé de manière que l'on pût au besoin faire évacuer sur ce point une grande quantité d'artillerie d'une frontière qui serait menacée (3).

Il ordonna en conséquence d'aménager des casernes pour mille hommes et une salle d'armes pour dix mille fusils, de rechercher un emplacement pour le muséum d'artillerie, d'établir des magasins pour cent mille livres de poudre ainsi que pour un grand nombre de munitions confectionnées, d'élever des hangars pour quelques milliers de voitures de rechange, enfin de créer des forges et des ateliers pour les ouvriers en bois (4). 450.000 francs furent dépensés dans ces divers travaux, sans que la valeur défensive de la vieille forteresse fût augmentée. Mais le nom seul de l'homme appelé à diriger le grand établissement n'était-il pas une

---

(1) Extrait, comme l'inscription ci-dessus, de l'état indicatif du montant de la dépense sommaire des fortifications de Vincennes, en date du 8 septembre 1808.
(Archives du Génie de la place de Vincennes, art. 2, pièce n° 18).
(2) On voit encore la trace de ces baies dans le rempart Sud, et dans la cour du pavillon de la Reine.
(3) Mémoire sur les projets relatifs aux fortifications de Vincennes, mars 1812.
(Archives du Génie de la place de Vincennes, art. 1, pièce n° 1)
(4) Mémoire sur les projets relatifs aux fortifications de Vincennes, année 1813 (Archives du Génie de la place de Vincennes).

force ? L'Empereur, qui se connaissait en caractères, avait choisi Daumesnil (1).

Daumesnil n'avait alors que trente-six ans. Ses états de service mentionnaient : 22 campagnes, 8 drapeaux pris à l'ennemi, 4 généraux faits prisonniers. Ses actions d'éclat ne se comptaient plus. A la bataille d'Arcole, il s'était jeté sur le pont avec Mussy, couvrant de son corps Bonaparte. En récompense de ce dévouement, la République Cisalpine lui avait alloué une pension de 600 francs de rente. Il avait reçu un des premiers sabres d'honneur distribués en France. Le roi d'Espagne devait plus tard lui en accorder un autre. A Aboukir, il s'était emparé d'une des queues du Capitan-Pacha qui commandait l'armée ottomane. Sa bravoure, en un temps où l'héroïsme était monnaie courante, se citait, proverbiale : vingt-trois blessures l'attestaient. A Wagram, en chargeant avec un régiment de la garde qu'il commandait avec le titre de major, il avait eu la jambe emportée par un boulet. Amputé, il avait dû quitter le service actif. Mais il n'avait pu s'habituer à l'idée d'une retraite prématurée, le repos pesant à son caractère ardent. Il était de la race des preux des chansons de geste auxquels la mort seule pouvait faire tomber la lourde épée des mains. Ayant la stature de ces héroïques paladins, il en avait la force physique, et comme il en avait en même temps l'âme, il ne sentait pas que sa blessure l'eût amoindri parce que, chez lui, le cœur intact commandait toujours avec la même autorité au corps mutilé. Son énergie était restée la même, sa volonté inaffaiblie

(1) Daumesnil, né à Périgueux, le 27 juillet 1776, mort à Vincennes en 1832, servit d'abord comme simple soldat dans les guerres d'Italie (1796) et d'Egypte (1799).
Nommé major de la Garde le 13 juin 1809, il eut la jambe gauche emportée à Wagram le 6 juillet 1809. C'était sa vingt-troisième blessure.
Il épousa le 11 février 1812, à Paris, Mlle Léonie Garat, fille du Baron Garat, premier directeur général de la Banque de France et de la Baronne, née Charlotte Gébauer.
A l'occasion de son mariage avec Léonie Garat, l'Empereur avait promu Daumesnil au grade de général de brigade, le 2 février précédent : il signa au contrat de mariage, ainsi que tous les membres de la famille impériale. Dans son *Histoire du château de Vincennes*, p. 176, DE VARAVILLE raconte que lorsque Napoléon vint visiter l'arsenal où régnait une telle activité, Mme Daumesnil lui présenta son fils Léon encore au berceau. Napoléon le baisa au front et demanda à sa mère ce qu'il pouvait faire pour cet enfant ? Rien de plus, Sire, répondit la Baronne Daumesnil — Anecdote extraite des mémoires inédits de la Baronne Daumesnil et communiquée à l'auteur par la vicomtesse de Claival.

par la souffrance. Très dur pour lui-même, il pouvait exiger beaucoup de ses subordonnés et en obtenir aussi beaucoup, parce qu'il prêchait d'exemple, et qu'il tempérait son inflexibilité par une extrême bienveillance, une grande courtoisie, une égalité d'humeur constante. D'ailleurs plein d'esprit d'à-propos, toujours gai, il s'attirait toutes les sympathies de ceux qui l'approchaient, avant même qu'il ne les eût séduits par ses qualités morales. Pour tenir un engagement, il eût fait le sacrifice de sa vie, sans que l'idée d'une compromission l'eût effleuré. La devise de Bayard : « Sans peur et sans reproche », aurait pu être mise dans ses armes, quand l'Empereur les surmonta d'un tortil de baron.

A son retour de Vienne, le vaillant soldat était venu à Paris achever sa convalescence. Il avait rencontré dans les salons qu'il fréquentait une jeune fille des plus séduisantes, Mlle Garat, fille du baron Garat, premier directeur général de la Banque de France (1). Celle-ci n'avait que dix-sept ans ; elle alliait aux charmes de la beauté la plus fine une distinction des plus rares de manières et de sentiments. Une inclination devait forcément naître entre deux natures aussi faites pour se comprendre. Elle se produisit. Mais, à cause de son infirmité, le héros devenu timide n'osait faire sa demande. Il avoua ses sentiments à une personne amie, qui mit l'Empereur dans la confidence. Le souverain, qui s'intéressait généralement au mariage de ses plus dévoués serviteurs par calcul politique, se plut dans cette occasion à donner une marque d'estime plus particulière à l'homme qui s'était sacrifié pour lui. Il fit sonder le baron Garat, et sut que les sentiments de Mlle Garat répondaient à ceux de Daumesnil. Le 11 février 1812, le mariage fut béni à Notre-Dame-des-Victoires. Napoléon avait signé au contrat et mis en guise de cadeau dans la corbeille de noce les épaulettes de général de brigade. Puis, pour combler les plus chers désirs du nouveau promu, il l'avait rappelé à un semblant d'activité en le nommant gouverneur de Vincennes avec 25.000 francs de traitement, qui s'ajoutaient à 3.000 francs de rente pris sur sa cassette particulière, à 16.000 francs sur les petites affiches, à 4.000 francs sur l'Illyrie, à 8.000 francs sur Rome et à 2.000 francs sur le Mont-de-Milan.

(1) Le Baron Garat était le cousin du comte Garat, sénateur, ministre de la Justice de 1792-1793, qui n'avait pas voté la mort de Louis XIV.

DAUMESNIL. Il n'a voulu ni se rendre ni se vendre

Dans son nouveau poste, Daumesnil prouva combien étaient méritées les faveurs dont le comblait le souverain.

Astreint à une surveillance permanente, sortant le moins possible, vérifiant toutes choses par lui-même, il se révéla aussi bon administrateur qu'il avait été bon manœuvrier sur le champ de bataille. Il acquit bientôt une grande popularité. Sa femme lui était d'ailleurs un auxiliaire précieux. Visitant les pauvres, leur distribuant des secours, elle s'était fait adorer de la population qui s'était peu à peu agglomérée autour du vieux château féodal. L'arsenal devenait donc une source de fortune pour le pays, en prenant chaque jour une plus grande extension.

La tâche de Daumesnil fut considérable. Les différentes places de l'Empire avaient reçu l'ordre d'envoyer à Vincennes tout le matériel qui n'était pas strictement nécessaire à leur défense. Là, ce matériel devait être remis en état, puis réexpédié aux armées. On peut compter, si l'on s'en rapporte au général Ambert, qu'au moment de la campagne de Russie, cinq cents pièces attelées, munies de tout leur équipement, sortaient chaque mois des ateliers. De 1812 à 1815 on fabriqua à Vincennes, en moyenne par jour, 350.000 cartouches et 40.000 gargousses. Il n'était pas rare de voir arriver jusqu'à 150 voitures de poudre dans une seule journée (1).

Ce fut Vincennes qui fournit à l'Empereur l'artillerie et les munitions pour la campagne de France. Mais ni le dévouement d'hommes comme Daumesnil, ni les prodiges d'habileté et d'audace du souverain redevenu le général des guerres d'Italie, ne purent arrêter l'invasion. Les combats de Champaubert, de Montmirail, de Vauchamps, de Laon, d'Arcis-sur-Aube, de Montereau, convulsions d'une glorieuse agonie, furent des efforts stériles. Les 28 et 29 mars 1814, la masse entière des Russes, des Prussiens et des Autrichiens, après avoir franchi la Marne, fondait en cinq colonnes sur la capitale. « La ville confiée sans défense à une faible femme et à un prince imbécile (2) » fut frappée de stupeur à l'apparition de l'ennemi. Elle n'avait pour la couvrir que vingt-cinq mille hommes, dont quinze mille de troupes régulières et dix mille gardes na-

(1) Général Baron AMBERT. *Gens de Guerre.*
(2) Le prince ainsi désigné par Napoléon était le roi Joseph. *Histoire de l'Ecole Polytechnique*, par J. PINET. Paris, 1887, p. 73.

tionaux. Mortier et Marmont avaient le commandement de ces forces disparates. Des maréchaux de France ne pouvaient s'avouer vaincus sans combattre ; ils prirent position sur les hauteurs de Belleville, de Ménilmontant, des Buttes-Chaumont, leur gauche s'étendant jusqu'à Neuilly, leur droite jusqu'au pont de Charenton. La colline de Montmartre formait, au centre, le réduit de la défense ; le château de Vincennes servait de point d'appui à l'aile droite.

Daumesnil avait pris ses dispositions pour résister à outrance dans la « bicoque », comme l'appelait dédaigneusement le maréchal Blücher. Sur son ordre, sa jeune femme était rentrée à Paris avec son fils âgé à peine d'un an. Puis il avait commencé les travaux de défense : des ouvertures furent pratiquées dans les remparts et les joues de ces embrasures de fortunes furent revêtues de fascines. La garnison se composait de trois cents invalides, vieux grognards, d'un dévouement à toute épreuve, et d'un millier de gardes nationaux d'une fidélité plus douteuse, susceptibles cependant de faire bonne contenance derrière des murailles. Ce personnel, exercé au service des bouches à feu, constituait une force sérieuse, une réserve précieuse. Mais l'action se déroula plus au nord. Pendant la lutte, Vincennes ne fut le théâtre que d'incidents épisodiques. Ceux-ci méritent cependant d'être relatés, car ils montrent que, si le vieux château n'a joué qu'un rôle passif, la faute en est aux événements et non à Daumesnil et à la garnison.

On sait que les points principaux sur lesquels portèrent les efforts des alliés dans la journée du 30 mars 1814 furent la barrière de Clichy où Moncey s'illustra et les hauteurs de Belleville où Marmont fit des prodiges. Les Russes avaient comme mission de s'emparer du plateau s'étendant de Nogent aux Lilas, et de déborder notre droite. Mais, rejetés d'abord des pentes de Romainville sur Pantin, leur mission paraissait avoir échoué. Les Wurtembergeois reçurent alors l'ordre de tenter un mouvement tournant à plus grande amplitude par Montreuil et Fontenay. Vincennes aurait pu diviser leurs efforts, mais la garnison était trop faible pour sortir des remparts, et aucune troupe n'était à proximité pour lui prêter main-forte. Il n'y avait guère de ce côté que les trois compagnies d'artillerie formées par les élèves de l'Ecole Polytechnique, sous les ordres du major Evain, commandant en second de l'Ecole. Elles étaient encore à l'entrée de la chaussée du Trône quand se dessina le mouvement des alliés. Les canonniers improvisés se portèrent en avant au galop, mais ils durent se mettre en batterie à la jonction des routes de Charonne et de Saint-Mandé, sans autre soutien qu'une vingtaine de gardes nationaux, en face des Russes qui étaient parvenus à Montreuil.

Les Élèves de l'École Polytechnique à la barrière de Vincennes

Les alliés furent d'abord surpris par ce grand déploiement d'artillerie. Le comte de Pahlen, commandant de leurs troupes dans ce secteur du champ de bataille, se crut en présence d'une division complète. Il arrêta son mouvement. Mais, bientôt renseigné, il donna l'ordre au général Kamenew de déboucher de Montreuil et de prononcer une vigoureuse offensive. Une batterie légère d'artillerie russe s'établissant à la sortie du village, sur les pentes descendant vers le sud, dirigea son tir contre les élèves.

Daumesnil ne pouvait soutenir directement la grande batterie française, mais il espérait que la vieille forteresse couvrirait à distance son flanc droit, en empêchant tout au moins la jonction en temps opportun des troupes descendant de Fontenay avec celles arrivant par le ravin de Montreuil. Malheureusement, un escadron de Cosaques longeant les murs du parc, passant derrière les maisons de Vincennes, échappa au canon du château, et apparut sur la chaussée du Trône. Les boulets de Daumesnil ne purent ni empêcher ce mouvement, ni arriver sur le terrain de la lutte. Retranchés derrière le matériel, les caissons enchevêtrés, les polytechniciens ne durent compter que sur eux-mêmes ; ils se défendirent avec acharnement. Trois fois, les Cosaques les chargèrent sans succès. Cette héroïque résistance donna le temps au colonel Ordener d'arriver à la tête des lanciers polonais ; il tomba sur le flanc droit des Russes et ramena vivement le général Kamenew, le forçant à abandonner les deux seules pièces qu'il avait prises.

Toutefois les actes de courage accomplis sur tous les points du vaste champ de bataille n'ont que retardé l'heure de la capitulation, sans la rendre inévitable. Les maréchaux se décident à traiter : l'armée française évacuera Paris le 31 mars avant sept heures du soir ; elle ne sera pas prisonnière ; mais la capitale, avec tout son matériel de guerre, sera livrée aux alliés. La lutte cesse. Le silence se fait ; il serait complet si le canon de Vincennes ne le troublait par instant ; celui-ci tonne jusqu'à la nuit, comme une dernière et retentissante protestation de la France vaincue. L'obscurité seule parvient à endormir sa voix et à rétablir le calme.

Alors le pont-levis du vieux château s'abaisse lentement, sans bruit. Dans l'encadrement de l'arceau gothique de la grande porte se silhouette la haute stature du général à la « jambe de bois ». Il avance sur un cheval de brasseur. Derrière lui, marchant en colonne, deux cent cinquante invalides, menant des attelages disparates, suivent silencieusement le chef dont ils connaissent la pensée. Et cette troupe de fantômes va jusque sur les hauteurs de Montmartre, enlevant sur son passage tout le matériel qu'elle rencontre : armes, munitions, canons, voitures, laissés par l'armée des maréchaux vaincue par le nombre. Elle fait jusqu'au jour un va-et-vient continuel, sans être inquiétée, tant le sommeil est lourd, après l'ivresse du triomphe, dans les bivouacs des vainqueurs.

Au jour, les alliés apprennent cet acte de témérité, ce coup d'audace. Barclay de Tolly envoie à Vincennes un de ses colonels. Celui-ci doit sommer Daumesnil de rendre le château sans condition. Le gouverneur répond qu'il ne livrera pas les clés de la place sans un ordre écrit, formel, de l'Empereur. Le parlementaire insiste, menaçant. « Les Autrichiens m'ont enlevé une jambe, qu'ils me la rapportent ou qu'ils viennent me prendre l'autre (1) », lui dit le général. Le colonel ne se paie pas de cette boutade : on aura raison d'une telle opiniâtreté, on fera sauter la forteresse. « Venez, s'écrie Daumesnil en montrant un magasin dans lequel se trouvaient enfermés dix-huit cent milliers de poudre, venez, nous sauterons ensemble. Mais si je vous rencontre en l'air, je ne réponds pas de passer près de vous sans tout au moins vous égratigner (2). » L'envoyé de Barclay de Tolly dut se retirer.

Cependant, les gardes départementaux pour la plupart mariés et assez mauvais soldats, qui, nous l'avons dit, composaient la majeure partie de la garnison, apprenant la détermination du gouverneur et sachant qu'il conformerait ses actes à ses paroles, ont peur d'être ensevelis sous les décombres de Vincennes (3). Ils se rassemblent dans la cour du château, murmurant. Daumesnil, prévenu, descend pour leur parler. Il est aussitôt couché en joue par plusieurs de ces soldats. Sans paraître remarquer

---

(1) Rapport sur l'état de Paris, 3 avril 1814, *Archives de la Guerre*. La réponse de Daumesnil, dit M. HENRY HOUSSAYE (1814, p. 576, Paris, 1896) paraît parfaitement authentique. Elle est devenue comme on sait : « Rendez-moi ma jambe, je vous rendrai la place ».

(2) Général Baron AMBERT, *Gens de Guerre*. Cité par M. DE VARAVILLE, *Histoire du château de Vincennes*, p. 176.

(3) Extrait des mémoires inédits de la Baronne Daumesnil. — M. DE VARAVILLE, *Histoire du château de Vincennes*, p. 177
M. de Varaville est le pseudonyme sous lequel se cache modestement la vicomtesse de Clairval, petite-fille de Daumesnil. C'est à elle que M. François Coppée a dédié ces vers :

> L'amputé de Wagram, chef de votre famille,
> Madame, est un héros vraiment national,
> Et sa jambe de bois, pour sa petite-fille,
>   Vaut le bâton de maréchal.

Mme la Vicomtesse de Clairval a eu la gracieuseté de nous communiquer des renseignements fort précieux au sujet du héros de Vincennes. Nous tenons à la remercier et à l'assurer de notre très vive gratitude.

cette menace, il avance les bras croisés vers les mutins, leur ordonnant de mettre bas les armes. Puis, haranguant ces hommes déjà impressionnés par son attitude énergique : « Je n'ai vu nulle part, dit-il, qu'on eût besoin de peureux ; que tous les lâches sortent d'ici. » Allant alors de l'un à l'autre, un geste expressif appuyant sa parole : « En es-tu, toi, des lâches ? Veux-tu m'abandonner aussi ? » demande-t-il. Ces véhémentes apostrophes lui ramènent les esprits. La plupart des gardes nationaux, ayant honte de leur couardise, acclament leur chef. Quelques-uns, cependant, demandent à rentrer dans leurs foyers. Ils sont jetés à la porte du fort par leurs anciens camarades et se trouvent en butte à leurs injures en même temps qu'aux balles ennemies (1).

Avec des troupes ainsi réorganisées, Daumesnil comptait défendre la place jusqu'à la dernière extrémité. Il mettait, sans le savoir, le gouvernement provisoire, à la tête duquel se trouvait M. de Talleyrand, dans le plus grand embarras. Car si on lui savait gré de son refus de rendre aux alliés les approvisionnements de toutes sortes confiés à sa garde, on n'était pas sans inquiétude sur sa soumission au nouveau pouvoir établi. On se demandait s'il consentirait jamais à arborer le drapeau blanc, et à être délié de son serment de fidélité à l'Empereur. On redoutait en un mot qu'il ne voulût se rendre ni aux alliés, ni au roi de France.

Talleyrand, avec son esprit très fin, trouva une solution mixte : Daumesnil devait faire partie du gouvernement provisoire. On supprimait ainsi tout risque de conflit, on gagnait en même temps un auxiliaire précieux. Il s'agissait seulement de faire accepter cette proposition au général. L'adjudant commandant Tourton, chef d'état-major de la garde nationale, ami particulier de Daumesnil, fut chargé de la négociation. On prévint en même temps le général Sacken et le prince de Schwarzemberg des pourparlers qui allaient s'engager, afin d'avoir les laissez-passer nécessaires, la place de Vincennes étant en état de siège. Toutes les autorisations pour traverser les lignes ennemies furent accordées à l'envoyé de M. de Talleyrand, tant était grand chez tous le désir d'arriver à

(1) *Mémoires* inédits de la Baronne Daumesnil. — M. DE VARAVILLE, *Histoire du château de Vincennes*, p. 178

un arrangement reconnu fort difficile avec un homme de la trempe du gouverneur. M. Tourton reçut d'ailleurs une lettre signée des membres du gouvernement provisoire spécifiant le but de sa mission. Il n'osa pas cependant affronter seul son terrible ami. En homme avisé, il pensa que s'il pouvait déterminer la baronne Daumesnil à l'accompagner, il aurait le meilleur des intermédiaires, le plus puissant avocat. Il se rendit donc à la Banque de France, où s'était réfugiée la jeune femme. Il lui communiqua les instructions qu'il avait reçues et lui démontra que les propositions dont il était porteur, étaient fort honorables pour son mari. La baronne Daumesnil se laissa d'autant plus facilement convaincre, qu'elle redoutait les pires éventualités. Le voyage à Vincennes fut décidé pour le lendemain (probablement 2 avril 1814). Le fils de Daumesnil, malgré son jeune âge, devait être emmené, le sourire de l'enfant pouvant avoir une influence sur l'esprit de son père, et il ne fallait rien négliger.

Si l'on en croit les mémoires de la duchesse d'Abrantès, M. Tourton poussa plus loin ses précautions, pour assurer le succès de son ambassade. Ce brave homme, soldat par occasion, lancé dans une question diplomatique importante, était, avant tout, le propriétaire du Clos-Vougeot. Il se montrait, à juste titre, très fier de cette qualité. Aussi met-il une grande coquetterie à nous raconter dans ses souvenirs, qu'il avait des bonnes années de ce vin réputé. Il pensa qu'un panier de ces bouteilles pourrait aussi lui être de quelque utilité, pour se présenter chez un assiégé démuni de vivres. Enfin il nous fait savoir qu'il compléta « ces munitions », (le mot est de la duchesse d'Abrantès), en prenant chez Mme Chevet, au Palais-Royal, des pâtés de foie gras de Chartres, des terrines de Nérac et des merveilles culinaires de toutes sortes. Toutes ces provisions furent chargées dans la calèche de la baronne Daumesnil.

Le récit de l'expédition, des dangers qu'elle a courus, a pris sous la plume de la duchesse d'Abrantès des proportions peut-être ridicules d'importance. Mais l'auteur n'a fait que transcrire les souvenirs de M. Tourton, et l'on comprend que le garde national, propriétaire du Clos-Vougeot, ait voulu avoir sa page d'héroïsme. L'histoire vue par ce petit côté est amusante ; elle mérite d'être mise en opposition avec la grande figure de Daumesnil, et nous laisserons à la duchesse d'Abrantès le soin de nous apprendre ces détails.

« Arrivé un peu plus en deça de Paris que la portée des canons des remparts, écrit la duchesse, M. Tourton fit arrêter la voiture et descendre la baronne Daumesnil et son fils. Il prit l'enfant d'une main, donna l'autre bras à Madame Daumesnil, quoiqu'il tînt dans la main une bouteille de Clos-Vougeot et un mouchoir blanc. Derrière eux marchaient deux domestiques dont la livrée se voyait et devait se voir de loin. Tous deux tenaient des pâtés. Il y avait en cet endroit un mur derrière lequel était un poste de troupes autrichiennes. Il n'osait pas faire du feu parce que ce malheureux Daumesnil faisait tirer dans la direction de la fumée, présumant qu'il n'y avait pas la solitude autour d'un feu en plein champ.

« M. Tourton fit arrêter derrière ce mur, et prenant une lunette d'approche, il la braqua sur le donjon. D'abord il ne vit rien. Mais on tira. Comme ils étaient hors de portée, il ne fit qu'en rire et il donna l'ordre à la voiture d'avancer. Alors il s'aperçut qu'il y avait un mouvement étrange sur le rempart et bientôt il reconnut le général Daumesnil qui braquait sa longue-vue sur le singulier convoi qui s'avançait vers le château.

« Maintenant, s'écrie M. Tourton, nous pouvons marcher, il nous a vus, et ce serait bien le diable, s'il tirait sur sa femme et son fils, notre amitié mise à part. »

En effet, à peine le général Daumesnil eut-il reconnu les individus qui venaient à lui, qu'il se hâta de courir à leur rencontre. Ils le trouvèrent à la première poterne. « Que venez-vous chercher ici ? » leur dit-il d'un air attristé. — Nous venons déjeuner avec vous, lui dit le général Tourton en riant.

« Et que voulez-vous que vous offre un pauvre assiégé qui n'en a pas plus pour lui que pour ses compagnons ».

« Oh ! s'écria Tourton, je ne me hasarde pas à faire un mauvais déjeuner. — Voici de quoi régaler toute la garnison. Allons ! à table et puis après nous causerons. »

Ils déjeunèrent, et lorsqu'ils furent seuls, le général Tourton dit à Daumesnil :

— « Ah ! ça, que voulez-vous faire ? »

— « Mon devoir. »

— « Je le sais, et je ne viens pas non plus pour vous conseiller le contraire. Mais l'ennemi est dans notre capitale, nos armées sont dispersées. Que pouvons-nous contre tant de malheurs ? »

Le général Daumesnil écoutait d'un air sombre tout ce que lui disait M. Tourton. On voyait que ses paroles n'étaient l'écho que de ce qu'il pensait lui-même. « Je suis chargé de vous dire de la part du gouverneur provisoire, poursuivit M. Tourton, que vous aurez toujours le commandement de Vincennes, que rien n'en sera distrait. » Le général Daumesnil dit alors à M. Tourton : « Je ne rendrai Vincennes qu'à des mains françaises. Voilà quelle est ma dernière volonté. Je ne remettrai pas une cartouche entre des mains étrangères. »

— « Et je vous approuve de toute mon âme, mon brave ami, reprit le général Tourton. La Patrie avant tout. C'est pour elle que nous combattrons toujours. La Patrie, le pays ! voilà nos maîtres ! Soyons-leur fidèles. »

Le général Daumesnil lui serra la main, et, lui ayant remis les conditions écrites qu'il le chargeait de transmettre, il dit adieu à sa femme et à son fils, et, se renfermant dans la forteresse, il s'en remit à son courage pour la défense de ce que son honneur devait garder. »

Tels sont les souvenirs de M. Tourton. L'histoire véritable est plus simple, mais plus empoignante. Lorsque la petite troupe venant de Paris eût franchi les avant-postes des alliés et agité un mouchoir blanc, Daumesnil fut averti par ses sentinelles que des parlementaires se présentaient devant la place. Il les fit reconnaître, et averti aussitôt de leur qualité, il se porta à leur rencontre. Il fut très heureux de voir sa femme et son fils, mais fut attristé à la pensée qu'on pouvait se servir d'eux pour peser sur sa détermination. M. Tourton fut obligé de montrer la lettre des membres du Gouvernement provisoire. Daumesnil la lut attentivement puis écrivit aussitôt la réponse qu'il remit à M. Tourton. Il reconduisit alors les visiteurs jusqu'aux sentinelles avancées, et ayant embrassé sa femme et son fils, il rentra à Vincennes.

La réponse de Daumesnil était ainsi conçue : « J'ai reçu la lettre que « vous m'avez fait l'honneur de m'adresser. Il me semble que mon devoir

« est de conserver à la France l'immense quantité d'artillerie et de muni-
« tions de toute espèce, que contient la place. Sans prendre aucun parti
« sur la demande, que vous me faites, de me réunir au Gouvernement
« provisoire, question qui mérite une mûre réflexion, j'avoue que ce qui
« influencerait infiniment sur mon opinion et sur ma résolution, serait
« d'obtenir la certitude que ces précieux approvisionnements seront con-
« servés à la France, et qu'aucune troupe étrangère ou alliée n'entrera
« dans la place pour en prendre possession. Je supplie le Gouvernement
« provisoire de m'accorder à cet égard une réponse positive, que M. l'Ad-
« judant commandant Tourton peut me rapporter demain. »

Quelle fut la réponse faite à cette missive ? on l'ignore. L'adjudant Tourton raconte qu'au moment où un arrangement allait survenir, un incident faillit rompre les pourparlers engagés. Les équipages du prince de Schwarzemberg filaient le long des coteaux de Montreuil. Daumesnil ordonna de tirer sur eux. Deux des plus beaux chevaux du généralissime furent tués. La colère des alliés fut grande ; M. de Talleyrand, pour la calmer, fit prendre deux des plus beaux chevaux de l'écurie de l'Empereur, et les envoya au prince. Daumesnil ne livra rien des dépôts confiés à sa garde, et resta gouverneur de Vincennes ; mais, tout en se montrant respectueux du nouveau régime, il ne cachait pas ses préférences pour l'ancien, et ne répondait à aucune avance. On eut peur, dans l'entourage du roi, du prestige, de l'influence d'un tel chef ; on diminua ses prérogatives, pour amoindrir son autorité. — C'est ainsi que l'ancienne garnison fixe qui dépendait de lui, fut remplacée par des troupes relevées tous les mois et recevant directement les ordres de divers généraux qui avaient le siège de leur commandement à Paris. Daumesnil se plaignit au Ministre de la Guerre d'une telle mesure. Il remonta jusqu'à une ordonnance du premier mars 1768 pour prouver son illégalité. Il fit remarquer en outre que ces changements continuels, cette pluralité de commandements, pouvaient avoir des conséquences déplorables au point de vue de la sécurité de la place. Il ne fut pas écouté.

Dès lors, dans toutes les questions qu'il souleva il ne rencontra qu'indifférence ou mauvais vouloir. A l'approche des alliés les portes du Donjon avaient été ouvertes, les détenus politiques relâchés, les archives de la police détruites. Le ministre de la guerre, le duc de Feltre, avait prescrit que la vieille tour serait remise au service de l'artillerie. En juin 1814, Daumesnil fut averti, qu'en vertu des ordres donnés pour la nouvelle affectation de ce bâtiment, il allait recevoir 80.000 kilos de poudre. Or les directeurs de la prison, Lelarge et Fauconnier, avaient fermé tous les locaux, sous prétexte qu'il y restait un mobilier appartenant au ministère de la police. Le Gouverneur écrivit au ministre de la guerre son embarras ; il avait réclamé déjà les clés avec instance ; elles ne lui avaient jamais été données. Il n'avait pu faire visiter le donjon au duc de Berry qui, après une revue passée à Vincennes, avait manifesté l'intention de le voir. Depuis, un grand nombre d'officiers sans emploi avaient été dirigés sur le château et le village attenant. Ils étaient sans logement, presque tous les habitants ayant emporté leurs meubles et fermé leurs demeures. Cependant les anciennes fournitures de la prison auraient pu être très utiles. Mais la solution de toutes ces affaires restait pendante. Aussi Daumesnil ne fut-il pas surpris quand, à la fin de décembre 1814, il apprit que le marquis de Puivert avait été désigné pour lui succéder, et que le ministre de la guerre, le duc de Dalmatie, le proposait au roi pour le commandement de Condé. C'était une disgrâce. On fit valoir au héros de Wagram que le poste était à la frontière, qu'il était honorifique, digne de lui ; il accepta. On lui envoya le brevet de chevalier de Saint-Louis ; il le refusa, ne voulant pas prêter le serment par lequel les membres de l'ordre s'engageaient à être fidèles au roi.

Son successeur, le marquis de Puivert, ne connaissait le château que pour y avoir été longtemps détenu. Né à Toulouse le 24 octobre 1755, il avait, à 16 ans, pris du service dans le régiment royal de Picardie, était devenu major en second dans le régiment de Guyenne — infanterie — et avait émigré à la fin de 1790 à Turin. Il se trouvait dans cette ville, quand le prince de Condé lui offrit une place d'officier d'état-major dans son armée. Il fit avec ce titre la campagne de 1792. Promu au grade de colonel à Coblentz, il fut choisi comme aide de camp par le comte d'Artois. Rentré en France peu de temps avant la conspiration de Georges Cadoudal, arrêté comme complice de ce dernier, enfermé au Temple, il fut transféré en 1808 au donjon de Vincennes avec les Polignac, et resta dans cette prison jusqu'en 1814, avec une interruption de trois ans sous la surveillance de la police, dans une maison de santé. C'est pendant cette réclusion plus douce, qu'il épousa Mademoiselle Dupac de Badens.

L'inclination qui porta Mlle de Badens vers le marquis de Puivert alors malade, sans fortune, sans amis, est la même que celle qui porta la fille du baron Garat vers le glorieux mutilé de Wagram. Elles sont nées l'une et l'autre de ce sentiment d'admiration instinctive que toute femme de cœur éprouve pour l'homme qui a souffert pour une noble cause, et elles ont produit des manifestations identiques de dévouement sublime. Si la baronne Daumesnil a traversé aux côtés de son mari les épreuves du long blocus de Vincennes, si elle a conservé dans les mauvais jours la même sérénité que dans les jours heureux, la marquise de Puivert a suivi dans sa prison celui qu'elle avait choisi, s'efforçant d'atténuer ses souffrances, et de mettre dans sa vie un rayon de bonheur et d'espoir. La similitude des passions qu'inspirèrent les deux rivaux tient à la similitude de leurs caractères. Opposés comme idées, comme opinions, ils avaient tous deux l'âme bien française. Avec l'ardeur généreuse de notre race, ils obéissaient aveuglément à leurs convictions, prêts à sacrifier leur vie pour un principe. Les circonstances seules ont creusé un fossé infranchissable entre ces deux hommes dont le cœur avait été coulé dans le même moule.

Le marquis de Puivert était le type accompli du vieux gentilhomme français. D'une courtoisie parfaite, d'une aménité sans égale, le malheur avait glissé sur lui sans altérer son humeur. Inflexible dans sa ligne de conduite, très brave, il avait voué un attachement inviolable à la famille royale, dont il confondait l'amour avec celui de la patrie. Au-dessus de ces deux idées, il plaçait celle de Dieu, parce qu'il avait une foi profonde et sincère. Mais sa religion était tolérante, comme celle de ceux qui ont beaucoup souffert. Sa générosité était connue de tous. Il devait en donner une preuve éclatante quand, après 1815, il offrit à la Chambre la moitié de son traitement tant qu'il vivrait, pour réparer les maux de l'invasion.

Dès qu'il fut nommé à la place de Daumesnil, il se confina dans son commandement, restant absolument étranger à toutes les intrigues de la Cour. La nouvelle du débarquement de l'empereur au golfe Juan le surprit avant que l'arsenal fût réorganisé. Il demanda des ordres à Paris, mais la marche rapide de Napoléon avait jeté le gouvernement dans le désarroi le plus complet. On lui envoya un bataillon du régiment de la Reine — infanterie, — puis un bataillon de volontaires formé avec les élèves en médecine. En même temps, par une mesure inexplicable, il recevait trente officiers à demi-solde, qui ne pouvaient être qu'une gêne, leurs sentiments hostiles au roi étant connus. Le 17 mars, on lui expédiait de La Fère, deux cent cinquante canonniers qui avaient refusé de suivre le général Lallemand parce que celui-ci s'était prononcé en faveur de l'empereur. Mais le lendemain, le bataillon de la Reine avait l'ordre d'aller rejoindre l'armée et était remplacé par quelques compagnies de vétérans rassemblés de divers points, et tous fort mal disposés. Enfin le 19, un général se présentait au château vers les minuit, avec un ordre du roi, contresigné du lieutenant général de Viomesnil, faisait prendre les armes aux volontaires royaux, leur délivrait des cartouches et les emmenait à Charenton. Il apprenait en confidence au marquis de Puivert que le roi était parti, qu'on ne voulait pas compromettre ces jeunes gens, et qu'il était chargé de les licencier.

Le 20 au matin il ne restait au château que 400 invalides et une foule d'officiers sans troupes, inspirant à juste raison une grande méfiance au gouverneur. Cette garnison était sans pain, sans vivres, sans argent, sans ordres, et complètement oubliée.

Dans la matinée de ce même jour, le marquis de Puivert, sans nouvelles de la capitale, fit rentrer dans le château les 250 artilleurs qui étaient logés à Vincennes, espérant, d'après leur conduite antérieure, qu'ils pourraient, en cas de besoin, lui prêter un concours efficace. Puis, dans la journée, les deux bataillons de volontaires royaux revinrent de Charenton, et formèrent leurs faisceaux sur les glacis du fort, l'un à droite, l'autre à gauche de la porte principale.

Pendant que ces mouvements de troupes s'opéraient, Paris, frémissant, attendait l'empereur.

Le général Merlin (1), sorti de chez lui pour aller aux nouvelles, apprit que le général Exelmans s'était emparé des Tuileries. Il était à cheval ; il galopa vers le palais, cherchant à se rendre utile ; « Merlin, lui dit Exelmans qui se trouvait dans la cour, vous arrivez à propos, Paris est à nous, mais nous ne sommes pas encore maîtres de Vincennes. Des troupes nombreuses y sont rassemblées ; elles peuvent nous inquiéter. Il faut que la place nous soit remise avant l'arrivée de l'empereur. Chargez-vous de cette mission ». Quatre officiers et deux gendarmes passaient. Le général Merlin les prit avec son aide de camp, et partit (2).

L'aventure qu'allaient tenter ces huit cavaliers était hasardeuse. Ils savaient que le gouverneur de Vincennes était résolu à se défendre. Ils étaient incomplètement renseignés sur l'état d'esprit de la garnison. Que les pont-levis du château fussent levés, l'opération échouait.

Le général Merlin ne réfléchit pas à toutes ces difficultés, et se laissa guider par les circonstances. En traversant Vincennes, plusieurs habitants, à la vue des cocardes tricolores, firent éclater des cris de « Vive l'empereur. » Ces acclamations impressionnèrent le bataillon de gauche. Profitant de ce moment d'émotion, le général se porta au galop devant le front des volontaires : « Qui commande ici, demanda-t-il d'une voix haute. » — « Moi, répondit un colonel, qui se nomma : le marquis de l'Etang ». — « Eh bien, riposta le général, M. le marquis de l'Etang, au nom de S. M. l'Empereur qui vient d'entrer dans Paris, je vous ordonne de faire former les faisceaux et de vous retirer avec votre troupe. Le colonel ne refusa pas d'obéir, mais il demanda un ordre écrit. Merlin descendit de cheval, prit un morceau de papier et un crayon, et sur son chapeau écrivit l'ordre. Le bataillon se dispersa.

Pendant cette scène, deux officiers de la suite du général s'étaient por-

(1) Le général Merlin était le fils du comte Merlin de Douay.
(2) Exelmans, avait remis à Merlin l'ordre suivant :
Ordre
« Au nom de S. M. l'Empereur, il est ordonné à Monsieur le général baron Merlin
« de se rendre sur le champ au château de Vincennes. Il en prendra le commande-
« ment et prescrira à l'Officier qui y commande en ce moment d'en sortir. La garni-
« son du château exécutera sur le champ tous les ordres qui lui seront donnés par
« le général Merlin. »
« Le général commandant par intérim,
« Comte Exelmans. »
Intermédiaire des chercheurs et curieux, art. de Patchionne, N° du 25 avril 1891.

tés vers le bataillon de droite ; ils avaient été très mal accueillis. Plusieurs volontaires les avaient couchés en joue. Des cris nombreux de « Vive le roi » s'étaient élevés. Merlin, débarrassé du bataillon de gauche, vint au secours de ses lieutenants. Il enjoignit au commandant de la troupe de sortir des rangs. On lui répondit que ce dernier était dans l'intérieur du fort. Demandant alors le plus ancien capitaine : « Monsieur, lui dit le général, je vous rends responsable du moindre acte hostile que commettront vos soldats ». Ceux-ci prirent une attitude moins menaçante, tout en restant sous les armes et en se refusant à quitter leur poste.

Un événement, minime en apparence, changea la tournure des choses : quelques officiers d'artillerie revenaient du village où ils étaient allés dîner. Arrivés devant la porte du château et la trouvant fermée, ils s'arrêtèrent. Merlin se dirigea vers eux ; il les exhorta à faire prononcer leurs hommes en faveur de l'empereur et à s'emparer du gouverneur si celui-ci ne voulait pas se soumettre. Les officiers protestèrent de leur dévouement à la cause de Napoléon et rentrèrent dans le château.

Un quart d'heure environ après, le colonel Hugo, chef d'état-major de la Place, se présentait à la porte, accompagné du colonel Reynaud. Il parlementa avec le général Merlin et lui dit qu'il était chargé de l'amener au gouverneur.

Malgré le danger que présentait l'acceptation d'une telle invitation, le général n'hésita pas. Il suivit le chef d'état-major, bien décidé à faire appel en cas de besoin aux troupes de la garnison. Il trouva le marquis de Puivert entouré de tout son Etat-Major ; il lui dit qu'au nom de l'empereur rétabli sur le trône de France, il venait chercher les clés de Vincennes. En homme d'honneur, le marquis de Puivert répondit qu'il ne livrerait pas sans combattre, ni sans tirer un coup de canon, une place forte qui lui était confiée : « Eh quoi, s'écria le général Merlin, l'empereur est venu de Cannes à Paris sans brûler une amorce et vous parlez de tirer le canon ! Je vous rends responsable des calamités que causerait votre obstination. Ecoutez d'ailleurs, et rendez-vous compte que toute résistance est impossible. »

De la Cour, en effet, montaient jusqu'à l'ancienne salle des gardes d'Anne d'Autriche, dans laquelle étaient les officiers, des cris de plus en plus nourris de : « Vive l'empereur ». Les soldats d'artillerie avaient arraché leurs cocardes blanches, déchiré le drapeau blanc. Les trois couleurs flottaient sur le donjon. Leur apparition avait été saluée d'acclamations enthousiastes.

Avant de prendre un parti, le gouverneur voulut consulter son conseil de défense. Le général Merlin se retira dans un appartement voisin. Les officiers des troupes de la garnison, prévenus, vinrent se présenter à lui, faisant éclater librement leurs sentiments d'amour et de dévouement pour la personne de Napoléon. Plusieurs avaient des cocardes tricolores dans leurs poches : ils les arborèrent.

Le conseil de défense, composé d'hommes partageant les sentiments de la garnison, ne pouvait conseiller au marquis de Puivert que de céder aux événements. Le gouverneur ayant fait appeler le général Merlin lui dit qu'il était prêt à lui remettre les archives et les clés du château. Il demandait seulement pour lui, pour les officiers et les troupes, restés fidèles au roi, des passeports pour se rendre au-delà de la Loire.

Les clauses de la capitulation furent rédigées immédiatement en triple expédition. Aussitôt après l'échange des signatures, le général Merlin assembla la garnison. Il lui fit prêter le serment de fidélité à l'empereur. Cet acte solennel donna lieu à de nouvelles manifestations d'enthousiasme difficiles à décrire ; seul, le deuxième bataillon de volon-

(1) Voici le texte de ce document :
Acte de capitulation de Vincennes.
Entre nous S. J. Hugo, Colonel chef de l'Etat Major de la place de Vincennes, nommé par M. le Maréchal de camp, marquis de Puivert commandant la dite place, d'une part ; et Monsieur de Courmont, aide-de-camp de M. le général de brigade baron Merlin nommé par le dit général, d'autre part :
Avons « arrêtés » (sic) les conventions suivantes :
Vu l'esprit de la majeure partie des troupes de la garnison en faveur de l'empereur Napoléon et considérant l'impossibilité de tenter la défense de la place qui lui a été confiée par S. M. Louis XVIII, Monsieur le marquis de Puivert ayant employé tous les moyens en sa puissance pour déterminer les troupes à défendre le château, et ayant reconnu toute l'impossibilité de pouvoir les y engager, consent à remettre la place sous les conditions ci-dessous :
Article 1er. Monsieur le Maréchal de camp, marquis de Puivert remettra les archives et les clés du château à M. le général Merlin.
Article 2. Il lui sera délivré des passeports pour se rendre au lieu qu'il aura désigné ainsi qu'à MM. les Officiers et aux troupes qui désireraient le suivre, et à sa famille.
Article 3. La présente convention faite en triple expédition sera ratifiée par MM. les Généraux sus-nommés et mise de suite à exécution.

taires royaux, composé en majeure partie d'élèves en droit, ne se laissa pas gagner. Mais se trouvant isolé, il se retira en bon ordre du côté de Paris.

Vers minuit, le marquis de Puivert sortait : il n'avait trouvé que deux officiers pour le suivre : le chevalier des Goutes, chef d'escadron, et le jeune comte de Monticot, sous-lieutenant.

Le lendemain, le général Bertrand écrivait au nom de l'empereur une lettre de félicitations au général Merlin. Le 8 avril suivant, Daumesnil était rétabli gouverneur.

L'empereur attribuait à cette époque une plus grande importance que par le passé au château de Vincennes. Il voulait que cette forteresse pût couvrir Paris du côté de l'Est. Vers le milieu de mai, il donnait l'ordre au général Vallée, commandant en chef de l'artillerie de réserve de Paris, de fournir à Daumesnil les moyens d'armer le château. Les remparts devaient être garnis de toutes les bouches à feu nécessaires à sa défense. Des préoccupations d'ordre général faisaient en même temps mettre en construction à Vincennes des affûts bâtards pour des pièces de marine. Tout devait marcher de front.

Le 25 mai, l'empereur veut voir par lui-même comment ses ordres ont été exécutés. Il vient en personne à Vincennes et rien n'échappe à son inspection. Il prescrit de remettre pour le 10 juin le donjon à la police générale. Toutefois, il spécifie bien qu'en cas d'approche de l'ennemi cet édifice, à l'abri de la bombe, serait immédiatement rendu à l'artillerie. Il entre dans tous les locaux : il trouve 120 pièces de campagne sans affûts, et demande qu'on complète immédiatement ce matériel. « Le château doit avant tout être le dépôt général de l'artillerie. On y laissera que les logements indispensables. L'église peut contenir 200.000 fusils de plus. Les fortifications et l'armement seront d'ailleurs modifiés, augmen-

Article 4. Il sera accordé à MM. les Officiers qui voudraient s'éloigner de Paris un délai de huit jours pour terminer leurs affaires. Les officiers qui voudraient quitter la place aux termes de la présente convention en sortiront de suite.
Article 5. Les troupes qui voudraient suivre M. le marquis de Puivert emporteront leurs effets et seront escortés jusqu'à la Loire.
Fait en triple expédition au Château de Vincennes le 20 mars 1815 à 8 h. du soir.
(Suivent les signatures).
(*Biographie des hommes vivants*, Tome V, page 1819. Cité par M. DE VARAVILLE, *Histoire de Vincennes*, p. 297.

tés. Un chemin couvert sera établi tout autour de l'enceinte, hormis du côté de la ville, où ce ne serait pas possible. On aura ainsi des emplacements pour les troupes et même pour des dépôts d'artillerie. Les 24 canons courts de 24 seront remplacés par des pièces longues tirant plus loin ». (1) La tour du milieu vis-à-vis la ville de Vincennes a un grand commandement, mais elle est couverte par un toit : celui-ci devra être enlevé en cas de guerre. On le remplacera par une plate-forme voûtée pour recevoir des pièces de canon pouvant atteindre jusqu'aux portes de la capitale. Il semble que le souvenir de l'incident de la grande batterie des polytechniciens ait hanté à ce moment l'esprit du souverain, car il précise sa pensée. « Vincennes, dit-il, doit avoir une action efficace sur la défense de Paris. » (2). Il faut donc se préoccuper très vivement de son organisation. On veillera d'abord au plus pressé. Plus tard il y aura lieu de compléter les premiers travaux en arasant les tours, en agrandissant le chemin couvert. L'important est d'avoir immédiatement un point d'appui sérieux sur la ligne des redoutes à construire depuis les Buttes Chaumont jusqu'à Charenton.

On voit que l'empereur avait à ce moment l'idée de couvrir sa capitale par une suite de forts. Ce vaste projet qui devait être repris par Louis Philippe, ne put être exécuté en temps voulu, car les événements se précipitèrent.

L'arsenal avait recouvré toute son ancienne activité, quand le désastre de Waterloo survint. Avec sa netteté d'esprit habituelle, Daumesnil comprit que Paris allait être de nouveau l'objectif des alliés et que ceux-ci ne tarderaient pas à apparaître sous les murs de Vincennes. Il arrêta donc sur le champ toute fabrication, et prit ses dispositions pour soutenir un véritable siège, s'approvisionnant pour mille hommes pendant trois mois, renforçant la garnison portée à 77 officiers, 1425 sous-officiers et soldats, 303 chevaux, renvoyant deux compagnies hollandaises dont la fidélité était sujette à caution.

Ces précautions ne furent pas inutiles : A la fin de juin, Paris fut investi. Dès le 22, l'empereur avait abdiqué, se retirant à la Malmaison

(1) *Ordre de l'empereur au ministre de la guerre du 26 mai 1815*, Archives de la Guerre.
(2) *Ibid.*

qu'il ne devait quitter que pour aller se confier en rade de l'île d'Aix *à la générosité* des Anglais. Les Chambres avaient reconnu le roi de Rome, le proclamant empereur sous le nom de Napoléon II ; elles avaient constitué un Gouvernement provisoire qui ne put que montrer son impuissance dans l'affolement général.

Un parti impérialiste nombreux subsistait cependant, prêt à soutenir l'idée, qu'avait émise Lucien Bonaparte, de conserver la couronne au fils de Marie-Louise. Ce parti s'appuyait sur une véritable armée, composée, il est vrai, des éléments les plus divers ramassés un peu partout par Davout. En rejetant Blücher sur Saint-Germain lorsque le feld-maréchal prussien avait tenté de prendre pied sur la rive gauche de la Seine, Exelmans avait montré ce qu'on pouvait attendre de ces troupes qui, bien que cruellement mutilées, demeuraient fidèles à leur chef trahi par la fortune.

Pour briser ces dernières résistances et préparer le retour des Bourbons, les souverains alliés imposèrent le dispersement de ce rassemblement. Davout, obligé de se soumettre, fut chargé de conduire l'armée de l'autre côté de la Loire, de la licencier. Emportant ses armes et ses bagages, il envoya à Vincennes le matériel qu'il était dans l'impossibilité d'emmener. (4 et 5 juillet 1815).

Daumesnil venait de recevoir des instructions précises du Gouvernement provisoire : « Il ne devait rendre la Place qu'au gouvernement que « les alliés auraient reconnu ; et, en cas d'hostilité de leur part pour « s'emparer d'un dépôt aussi précieux pour la France que celui que ren- « fermait cette place, la défendre jusqu'à la dernière extrémité ».

Tant que l'armée française fut à proximité des rives de la Seine, les alliés ne se montrèrent pas exigeants ; mais dès qu'elle se fut retirée, leurs prétentions se manifestèrent. Ils demandèrent la remise entre leurs mains de Vincennes, prétendant que son occupation était nécessaire pour la sûreté des souverains à leur entrée dans Paris.

Le Gouvernement provisoire ne changea pas les ordres donnés à Daumesnil. Obtenir la soumission volontaire de ce dernier était impossible. Les alliés connaissaient l'énergie du gouverneur. Ils agitèrent le projet d'emporter le château de vive force après un bombardement. Mais ils reconnurent qu'une telle mesure produirait un effet déplorable sur l'esprit de la population. Ils avaient déclaré qu'ils faisaient la guerre, non à la Nation française, mais à l'empereur Napoléon. Celui-ci, vaincu, détrôné, ils ne pouvaient, au moment où Louis XVIII remontait sur le trône, avoir l'air de recommencer les hostilités. Ils résolurent donc de ne rien tenter avant la rentrée du roi dans sa capitale et se contentèrent d'un blocus sévère du château.

Daumesnil profita de ce répit pour accroître ses moyens de défense. Le 8 juillet l'armement des fronts du château était terminé.

Front Nord : onze pièces de différents calibres et huit mortiers.

Front Est : neuf canons ou obusiers, et neuf mortiers.

Fronts Sud et Ouest : quatorze canons ou obusiers et quatre mortiers.

En tout, cinquante-cinq bouches à feu, nombre qui fut, par la suite, considérablement augmenté. On avait, en outre, placé sur la galerie du donjon un chevalet pour lancer des fusées à la congrève.

La répartition des troupes sur les points de défense, ainsi que leur tour de service, furent strictement réglés : un hôpital et une pharmacie, installés dans la moitié du rez-de-chaussée de la caserne située près du réservoir, et dans une partie de celui du pavillon des officiers ; des fours construits, et une manutention prête à fonctionner.

Les mesures les plus minutieuses furent prises en vue de combattre l'incendie, toujours à craindre au cours d'un bombardement. Le commandant du Génie reçut l'ordre de tenir le réservoir constamment plein. Les puits furent curés afin de pouvoir être utilisés si les conduites souterraines, qui amenaient au château les eaux des ruisseaux de Montreuil, venaient à être coupées. Toutes les pompes à incendie furent passées en revue : vingt vétérans, choisis parmi les plus intelligents, exercés à leur manœuvre sous la direction d'un officier du génie. L'Artillerie mit à la disposition de cette équipe cent cinquante tonneaux remplis d'eau, disposés à proximité des divers bâtiments.

La défense extérieure était en même temps l'objet de l'attention du gouverneur. Une ligne de sentinelles fut tracée à 400 toises du château ; toutes les routes, grandes ou petites, aboutissant au village et au fort, gardées, ainsi que les chemins de bois. Sur 13 hectares aux abords de la forteresse les arbres furent abattus pour faire des fascines, des gabions destinés à revêtir les batteries, ou pour dégager les vues. Ces coupes provoquèrent les réclamations les plus énergiques de la part des agents du Domaine. Un des gardes écrivit le 30 juin 1815 à son inspecteur, M. Levasseur : « J'ai l'honneur de vous informer que M. le général Daumesnil, gouverneur du château, a commencé hier à faire étêter les ormes du cours Marigny et qu'il donne le bois en paiement à ceux qui y travaillent. Il fait aussi abattre toutes les parties des vieux taillis et plantations qui avoisinent le château depuis l'allée des Minimes jusqu'à la mare de Vincennes. Je ne sais à quelle distance, il a l'intention de poursuivre ces abats, mais si les cent cinquante hommes qui y travaillent continuent ainsi pendant huit jours il approcheront de l'obélisque, en coupant les taillis à environ cinquante centimètres de terre. Tout le bois est sur place » (1).

Le pauvre homme qui était terrifié de ces déprédations, et se plaignait surtout de n'avoir été prévenu de rien, ajoutait naïvement : « Les circonstances sont si impérieuses, qu'il serait difficile de s'opposer à cette opération, puisqu'elle paraît avoir pour but de contribuer à la défense de la place et du château de Vincennes » (2).

L'inspecteur n'admit probablement pas cette excuse, car il força son subordonné à demander des explications au général. Celui-ci trouva la plaisanterie mauvaise. Il reçut « on ne peut plus mal » le représentant de l'administration, lui « disant les choses les plus désagréables ». Le garde fit observer qu'il ne méritait pas d'être traité de la sorte. Daumesnil se fâcha : il menaça son interlocuteur de le faire mettre en prison, comme les gardes Stette et Gaignaud, qui étaient alors détenus au château ; il n'avait pas à recevoir de telles réclamations, et se conformait d'ailleurs à la loi... « De quelle loi a-t-il voulu parler », dit en terminant le garde si rudement malmené, et qui n'ose plus alors risquer d'observations, « probablement de celle qui régit les places de guerre ! »

C'était effectivement de celle-là qu'il s'agissait, car le 9 juillet au matin, les alliés resserrèrent l'investissement. Les troupes prusiennes occupèrent Saint-Mandé, Montreuil, Fontenay et Nogent. Daumesnil, qui ne savait rien des événements et ignorait que ces mouvements s'opéraient en vue de l'entrée de Louis XVIII à Paris, crut qu'il allait être atta-

(1) Lettre citée par MM. EMILE DE LA BÉDOLLIÈRE et ILDEFONSE ROUSSET. — *Le bois de Vincennes*, Paris, chez Lacroix. — 1864 — Page 58.
(2) *Ibid.*

qué. Il fit alors débarrasser la cour royale d'un certain nombre de voitures gênantes qui avaient été amenées la veille. Dix caissons furent rentrés dans les tours déjà bondées de matériel ; trente autres, qui n'avaient pu être abrités, jetés dans l'abreuvoir. Un grand nombre de caisses de poudre, enlevées des voitures, furent portées dans le Donjon.

Ces manœuvres s'exécutaient, lorsque les sentinelles postées sur la route de Paris, à l'angle du petit parc, aperçurent entre la barrière du Trône et la Tourelle un fort détachement de cavalerie prussienne se dirigeant sur Vincennes. L'alarme donnée, tous les postes prirent les armes. Les cavaliers s'arrêtèrent. Un officier suivi d'une trompette se détacha du groupe, en parlementaire. Il demanda qu'on le conduisît au château. On lui répondit que les ordres étaient formels de ne laisser personne franchir la ligne des sentinelles, mais qu'on allait prévenir le gouverneur. Daumesnil envoya le commandant en second de la place recevoir l'officier prussien. Celui-ci dit qu'il était porteur d'une sommation du maréchal Blücher au gouverneur de Vincennes pour qu'il remît la place aux alliés. Il lui fut répondu que le général avait défendu de lui faire parvenir de tels messages, et que si le détachement ne rétrogradait pas immédiatement à 500 toises, le feu allait être ouvert contre lui.

Le parlementaire s'éloigna, suivi de sa troupe. Il revint quelques heures après, insistant. Daumesnil, prévenu, vint aux avant-postes confirmer sa résolution de ne pas prendre connaissance de telles injonctions. Les Prussiens se retirèrent de nouveau. Peu après, leurs vedettes en avant des factionnaires et des portes de la place furent doublées. Deux bataillons d'infanterie vinrent occuper une redoute construite près de la Tourelle. Des lanciers prussiens renforcèrent la cavalerie déjà en observation à Saint-Mandé. Deux colonnes d'artillerie avec soutien se portèrent l'une sur St-Mandé, l'autre sur Montreuil. Deux batteries construites au lieu dit « la maison de terre », furent armées de quatre pièces de 12 et de deux obusiers contre la place.

Daumesnil qui suivait tous ces mouvements et n'avait aucune nouvelle de l'extérieur, voulut connaître les intentions de l'ennemi. A trois heures de l'après-midi, il se rendit aux avant-postes, demandant à être conduit au quartier général du commandant des troupes du blocus. Le général prussien, qui commandait ces troupes, lui apprit que Louis XVIII était remonté sur le trône, que dans ces conditions une plus longue résistance serait pure folie, et qu'il n'avait qu'à se soumettre. Ces arguments ne portèrent pas sur Daumesnil. Son entretien lui avait permis d'avoir les renseignements qu'il désirait. C'était tout ce qu'il voulait. Aussi rentra-t-il dans le château, plus résolu que jamais à se défendre.

Le lendemain, 10 juillet, craignant une attaque du côté de St-Mandé, il fit renforcer le front Ouest de la place.

Conformément à ses ordres, on mit deux pièces de 6 dans les baies du corridor et sur le palier du premier étage du pavillon du Roi ; on installa des banquettes au soubassement des arcades de ce même bâtiment pour flanquer de feux de mousqueterie les fossés du Donjon ; derrière ce retranchement, on disposa un grand nombre d'obus chargés, destinés à être jetés dans ces mêmes fossés en cas d'assaut. Enfin, à proximité, on prépara des dépôts de lances pour en armer les troupes, si l'assaut était tenté par l'ennemi.

Pendant que la garnison vibrante de l'énergie de son chef, se livrait à ces travaux avec un entrain magnifique, une scène poignante dans sa simplicité, se passait dans le pavillon de la Reine. Deux parlementaires s'étaient présentés de nouveau pour exiger la reddition du château. Le premier avait été simplement éconduit ; le second, un colonel prussien, fut amené dans la casemate, qui servait de chambre à Daumesnil. C'était une salle voûtée de la tour attenant au pavillon de la Reine, de plain-pied avec les anciens appartements d'Anne d'Autriche. Un canon de 24, sur son affût, obstruait la fenêtre qui formait embrasure : d'un côté se trouvait une pile de boulets, de l'autre, des cartouches à mitraille.

Dès que l'envoyé du baron Muffling, gouverneur de Paris, pour les alliés, eut franchi le seuil de l'appartement, Daumesnil s'avançant, lui demanda si l'objet de sa mission était toujours de l'amener à traiter. Et comme celui-ci, le prenant d'assez haut, cherchait à prouver l'inutilité d'une résistance follement téméraire, Daumesnil l'arrêta d'un geste : « Sachez une fois pour toute, dit-il, qu'à moins d'un ordre écrit du Gouvernement français, je ne rendrai pas la place dont la défense m'a été confiée, que je repousserai toute attaque de mon mieux. Si je croyais ne plus pouvoir résister, voici quelle serait ma dernière ressource. » Désignant alors du doigt une petite trappe qui était sous ses pieds et la levant, il montra au colonel qu'elle cachait une ouverture pratiquée dans la voûte d'une poudrière. « Je n'aurais qu'à jeter un tison enflammé par cette ouverture pour faire tout sauter. » Et, pendant qu'il parlait, le glorieux mutilé de 1809, rapetissé par sa blessure, semblait grandir sur sa jambe de bois. Brun comme un méridional, les cheveux noirs jais, sa figure remarquablement belle prenait dans le cadre étrange de cette pièce vaguement éclairée, un aspect d'énergie calme, redoutable.

L'officier prussien, impressionné, comprit que sa mission était terminée. En se retirant, il crut cependant devoir faire remarquer combien cette détermination, qu'il admirait, était grosse de responsabilité : « Quelle responsabilité peut encourir un mort ? dit Daumesnil. Je périrai en donnant à mon pays la dernière preuve de dévouement qui soit à ma disposition, car je veux mourir avec tout ce que j'ai de plus cher au monde. » En parlant ainsi, il montrait une jeune et jolie femme, qui, dans l'encadrement d'une porte de l'ancien appartement d'Anne d'Autriche venait d'apparaître, tenant entre ses bras un bel enfant de deux ans. « J'aurais pu renvoyer cette jeune compagne avec notre unique enfant à Paris ; mais elle partage mes sentiments et mon amour pour la France Quand je sauterai, elle sera à mes côtés, tenant son fils comme elle le tient maintenant. Le même tombeau nous renfermera tous les trois ». (1)

Le colonel Prussien emporta de cette scène la plus vive impression, mais pour en accentuer encore l'effet, Daumesnil envoya le commandant en second du château auprès du général commandant en chef les troupes alliées, avec mission de confirmer son refus ; il ne mettrait bas les armes que sur les ordres venant du roi de France puisque celui-ci était rétabli sur le trône. Le général Prussien répondit avec hauteur : « Les alliés veulent la place et ils l'auront. Si on la rend sans résistance, la garnison jouira des mêmes prérogatives que le reste de l'armée française ;

---

(1) Tout ce qui a trait à l'entrevue du colonel prussien avec Daumesnil, le portrait du général, les paroles qu'il a prononcées au cours de ce colloque sont tirés d'un fragment des mémoires inédits du général comte de Rochechouart, commandant du département de la Seine et de la place de Paris en juillet 1815. Ces extraits ont paru dans le *Chroniqueur du Périgord et du Limousin*, T. I, 1853, page 248. L'auteur place seulement la scène dans les premiers jours de *novembre*. C'est *août* qu'il faut lire comme l'indiquent d'ailleurs les différents détails du récit.

elle aura trois jours pour évacuer la forteresse et pourra se retirer sur la rive gauche de la Loire avec ses armes et bagages. Dans le cas contraire, la place sera emportée de vive force et la garnison subira le sort de la guerre. »

Daumesnil assembla le conseil de défense. Sa résolution de ne pas céder aux menaces de l'ennemi fut approuvée. Mais il fut décidé que le gouverneur écrirait au roi pour demander si les instructions du Gouvernement provisoire étaient maintenues. Un adjudant de la garnison fut

Le Château au commencement de la Restauration

chargé de porter la lettre ; il ne put s'acquitter de sa mission. Arrêté aux avant-postes et conduit au quartier général du commandant des troupes du blocus, il fut obligé de laisser sa dépêche : « Le gouverneur de Vincennes, lui dit-on, n'a pas à connaître d'autre autorité que celle des alliés. Qu'il ne persiste donc pas dans son fol entêtement. Il n'a de vivres que pour trois ou quatre jours, on l'affamera. » On renvoya le messager, en le prévenant que comme première mesure de rigueur, on allait couper les eaux du château.

Daumesnil se fâcha ; il fit repartir l'adjudant : il exigeait que sa lettre fût remise au gouvernement français. Son envoyé revint, n'ayant obtenu que des menaces d'hostilité.

L'attaque paraissait imminente. Le maire de Vincennes, prévenu, envoya une députation à Saint-Mandé pour demander au général prussien de donner aux habitants de sa localité le temps d'évacuer leurs maisons et d'emmener leurs bestiaux. On l'assura qu'il serait averti en temps utile. Daumesnil prit néanmoins toutes ses dispositions pour éviter une surprise. Il ordonna qu'à partir de la nuit, et jusqu'à nouvel ordre, les rez-de-chaussées du Pavillon du Roi et du Pavillon de la Reine-mère seraient occupés par les compagnies de garde ; que celles-ci auraient les faisceaux formés entre ces deux bâtiments, qu'elles bivouaqueraient ; qu'à trois heures du matin, quand sonnerait la diane, les autres compagnies disséminées dans les diverses casernes, prendraient les armes et se rendraient à leur poste ; qu'à ce moment les canonniers iraient aux pièces qui leur avaient été désignées.

Les alliés se contentèrent de couper, comme ils l'avaient dit, les conduites qui amenaient les eaux dans le réservoir.

Le 11 juillet au matin, les sentinelles annoncèrent que l'ennemi faisait de grands préparatifs du côté de Saint-Mandé. Les ouvrages de l'étang avaient été renforcés ; des pièces de gros calibre mises en batterie avec un certain nombre d'obusiers et de mortiers. Le gouverneur, accompagné d'un officier du Génie, et monté sur le sommet du Donjon, reconnut l'exactitude des rapports des différents postes et constata que l'ennemi apportait derrière le petit mur d'enceinte du parc, en face de l'étang, un grand nombre d'échelles destinées à l'assaut. Il prescrivit aussitôt de hâter la construction des deux traverses sur la contrescarpe intérieure des fossés du donjon, et d'ajouter aux pièces déjà prévues pour ces ouvrages, deux pièces de 12 et deux de 24.

Vers dix heures du matin, un nouveau parlementaire prussien se présenta. Daumesnil ne voulut pas même le recevoir.

C'est alors que Blücher aurait tenté lui-même une dernière démarche auprès du commandant de la forteresse. Il aurait eu avec lui une entrevue, sur les glacis du fort, et lui aurait offert un million pour prix de sa soumission. Daumesnil aurait relevé cette proposition en termes très fiers ; « Mon refus, aurait-il répondu, servira de dot à mes enfants. » (1)

En présence d'une telle résistance le commandant des troupes du blocus avertit alors le maire de Vincennes : les habitants devaient en toute hâte évacuer leurs demeures, emmener leurs bestiaux, car le bombardement commencerait à 6 heures du soir.

Les femmes et les enfants s'enfuirent précipitamment, emportant au hasard tout ce qu'ils pouvaient, sur des charrettes ou sur leur dos. Cet exode fut lamentable, au dire des contemporains. Mais Daumesnil ne se laissa pas apitoyer. A 5 heures et demie du soir, prenant résolument l'offensive, il fit battre la générale, sortit à la tête de ses invalides, qu'il appelait « son jeu de quilles » et vint fièrement se ranger en bataille, face à St-Mandé.

Le général prussien, qui n'avait eu que l'intention d'intimider la garnison, fut surpris de cette démonstration. Craignant avec un homme du caractère de son adversaire une attaque qu'il ne désirait pas, il lui fit connaître qu'il ne commencerait pas le bombardement ce jour-là. Daumesnil répondit qu'il prenait acte de cet engagement, mais que lui attaquerait, si l'eau n'était pas remise immédiatement dans les conduites coupées. Il ne se retira qu'après promesse formelle qu'il serait fait droit à sa réclamation. « Ce diable d'homme se fâcherait complètement si je ne mettais pas d'eau dans son vin » dit le maréchal Blücher.

La nuit se passa tranquillement. Les postes occupaient toujours leurs positions respectives. « A quatre heures du matin, le 12, l'officier du génie s'aperçut que l'eau revenait au réservoir, et, de la plate-forme du donjon, vit, une demi-heure après, que les alliés retiraient les pièces qu'ils avaient mises en batterie la veille au mamelon qui couronne la rive gauche de l'étang de Saint-Mandé, et les rentraient dans le village par la porte dite du Bel-Air ». Cependant Daumesnil fit continuer les traverses sur la contrescarpe intérieure du donjon, et l'armement de cette partie de la fortification.

(1) On ne peut placer cette scène qu'à ce moment, mas elle ne paraît pas très authentique, sous cette forme bien que nous reproduisions une tradition qui s'est perpétuée dans la famille du général. Ce n'est pas d'ailleurs « à mes enfants » qu'aurait dit Daumesnil à cette époque, mais bien « à mon fils », car il n'avait, en 1815, qu'un fils.

(2) *Journal du blocus de Vincennes*, par BÉNARD, p. 49.

Vers midi plusieurs détachements ennemis se rapprochèrent. « On battit la générale et on sortit par les deux portes principales pour les faire rétrograder. » L'officier prussien qui commandait cette reconnaissance sur la route de Paris, somma de nouveau le gouverneur de rendre la place, en disant qu'elle n'était pas tenable, et qu'après toutes réflexions faites, le gouverneur devait bien le comprendre ; il ajouta que s'il persistait dans sa résistance, il allait attaquer. » (1).

Daumesnil le pria de se rappeler « que c'était à des Français qu'il parlait, que tous étaient disposés à mourir pour le soutien de leur honneur et non à se rendre lâchement à des étrangers ; que la patience de la garnison était à bout, et qu'elle voulait combattre depuis plusieurs jours ; qu'en conséquence il se préparât lui-même. » (2)

Les alliés voyant la tournure que prenait cette affaire cédèrent encore et se retirèrent.

Une telle situation ne pouvait pourtant se prolonger indéfiniment. A quatre heures du soir, le gouverneur n'étant plus sûr de pouvoir modérer l'ardeur de ses troupes, renvoya un de ses officiers à Paris, pour tâcher d'avoir des ordres. Les alliés désespérant de venir à bout de l'entêtement héroïque de leur adversaire, laissèrent, cette fois, passer son envoyé. Ce dernier rapporta le lendemain à Vincennes une copie de la lettre ci-après du ministre de la guerre, dépêche qui, adressée le 10 juillet au gouverneur, avait été interceptée par l'Etat-Major prussien.

PARIS, le 10 juillet 1815.

Général,

Vous ne devez pas ignorer, que S. M. Louis XVIII est rentrée dans sa capitale aux acclamations de tout le peuple, et qu'elle a repris les rênes du Gouvernement. Vous vous rendriez coupable au dernier degré si vous faisiez une plus longue résistance

Recevez, etc.

Le Ministre de la Guerre,
Signé : Gouvion St-Cyr.

---

(1) *Journal du Blocus*, par l'adj. BÉNARD, p. 50.
(2) *Ibidem*.

Daumesnil déclara qu'il se soumettait au roi, arbora le drapeau blanc, mais conserva la défensive.

Le 14, les alliés permirent aux habitants de Vincennes qui se trouvaient depuis plusieurs jours à leurs avant-postes, de réintégrer leurs foyers, mais le blocus resta toujours aussi étroit.

Le 25 juillet, le ministre de la guerre fit connaître au gouverneur que les alliés réclamaient le matériel d'artillerie qui n'avait pu être évacué sur la Loire, ainsi que les fusils provenant de divers ateliers de la capitale. Il priait le général de bien vouloir lui adresser un état de ces armes, dont une grande partie avait été prise sur le champ de bataille comme nous l'avons dit, et le prévenait que des commissaires français et alliés viendraient en faire la reconnaissance. Le gouverneur fournit les renseignements demandés. Le 6 août, les commissaires annoncés, le colonel Daugereau pour la France, le major prussien Grewenits et un Major anglais pour les alliés, se présentèrent aux avant-postes. Après avoir montré les ordres du ministre de la guerre, dont ils étaient porteurs, on les laissa approcher de la place. Daumesnil alla au devant d'eux, mais ne voulut les laisser pénétrer que dans la première cour. Il leur présenta les canons en fer, qui y avaient été déposés, et les fusils les plus dégradés qui se trouvaient dans la caserne en face du donjon. Et comme les commissaires demandaient à voir les munitions confectionnées qui provenaient du camp de Paris, il les conduisit à l'abreuvoir et leur montra les débris du contenu des 30 caissons noyés le 9 juillet (1). 8 canons hors de service, 19.000 fusils, dont une partie non achevée, l'autre à réparer, 12 affûts de divers calibres et de divers modèles, 7.500 kilos de poudre à canon, tels furent les seuls objets qu'il prétendit pouvoir livrer. Ce matériel et ces munitions, conduits le 12 août au bout du mur du petit parc, près de l'étang de Saint-Mandé, par les soins des troupes de la garnison, furent laissés en cet endroit où les alliés durent les faire prendre.

Trois jours après, Daumesnil était informé qu'il aurait à remettre encore 10.000 fusils neufs vendus à l'armée russe par le Gouvernement

(1) *Journal du blocus*, par l'adj. Bénard, page 63.

français. Comme il s'agissait d'une cession, il ne souleva pas d'objection, mais il fit encore porter ces armes en dehors de la zone de ses avant-postes.

Il se gardait en effet comme au premier jour, faisant améliorer continuellement les travaux de défense (1), se refusant à toutes les prétentions des Prussiens (2).

Le 18 août, le commandant des troupes de Saint-Mandé le pria de bien vouloir faire retirer de quelques pas la sentinelle placée près de la Tourelle, sur la route de Paris, pour éviter un conflit entre cette sentinelle et sa vedette trop rapprochée sur ce point. Le gouverneur répondit qu'il avait tracé la ligne de ses avant-postes avant le commencement du blocus, que si la vedette prussienne était trop près de la sentinelle française, c'est que la première avait pour mission d'assurer le libre passage sur la route de Saint-Mandé, voie très utile pour les déplacements latéraux des troupes alliées, mais que la seconde avait précisément l'ordre de s'opposer à de pareils mouvements ; que dans ces conditions il maintenait ses instructions. Les alliés n'insistèrent pas ; ils reculèrent même peu à peu, élargissant le cercle de leur investissement.

Le 27, les Prussiens, qui occupaient Saint-Mandé, furent remplacés par des Russes. Le blocus devint alors moins rigoureux ; quelques vivres purent entrer dans la place. Les batteries de l'étang furent désarmées et, le 1er octobre, cessèrent même d'être gardées. Daumesnil, in-

---

(1) Ces travaux gênaient les alliés, qui avaient renoncé à prendre la place de vive force. On trouve en effet dans les archives du ministère de la guerre la lettre ci-dessous :

« 9 Août 1815

« Monseigneur,

« Je viens de recevoir la lettre que V. A. S. m'a fait l'honneur de m'adresser au nom du Gouvernement provisoire.

« Je n'attache pas grande importance sous le point de vue militaire à accélérer la reddition du fort de Vincennes. Néanmoins comme cette reddition pourrait offrir des avantages au Gouvernement, je me prêterai avec plaisir à entrer, conformément à vos désirs, dans des arrangements à cet égard.

« Je vous observerai seulement, Monseigneur, qu'il m'est indiqué avant de lever le blocus que la garnison soit remplacée par des troupes de la garde nationale et que le commandant soit relevé par un officier de votre choix.

« J'ai l'honneur d'être, etc.

« A son Altesse sérénissime le Prince de Bénévent. »

(2) *Journal du blocus de l'adjudant Bénard*, page 68,

formé, envoya aussitôt son commandant du génie s'assurer de l'abandon de ces ouvrages. Ayant reconnu l'exactitude des rapports qui lui avaient été faits, il sortit avec soixante vétérans munis d'outils, et trente hommes armés. Il fit démolir tous les terrassements.

Le blocus de Vincennes ne fut levé que le 15 novembre. Le but de Daumesnil était atteint. L'immense matériel confié à sa garde restait à la France. Les troupes commandées par un tel chef, l'avaient secondé avec un dévouement au-dessus de tout éloge. Pendant les 129 jours du blocus, « on n'eut à punir chez les soldats que les fautes ordinaires de discipline, et nullement relatives au service de la défense. On n'avait formé qu'un vœu : rendre au roi la place telle qu'on l'avait reçue de l'empereur » (1).

L'illustre défenseur de Vincennes prit sa retraite après ces événements, ne voulant rien accepter du gouvernement des Bourbons dont l'éloignaient ses convictions impérialistes. Il se retira dans une petite propriété sur les bords de la Seine, avec sa généreuse femme, restée fidèlement à ses côtés pendant le siège. Le marquis de Puivert, promu au grade de maréchal de Camp, redevint gouverneur du château, (2) et occupa ces fonctions jusqu'en 1830, époque à laquelle Louis-Philippe les redonna au général Daumesnil.

On a souvent opposé la faiblesse du marquis de Puivert à l'héroïsme de Daumesnil. L'impartialité de l'histoire montre qu'on ne peut arguer de la conduite de ce dernier pour juger les actes du premier. Les conditions différentes dans lesquelles furent placés ces deux homms, empêchent d'établir un parallèle entre eux. Daumesnil put imposer sa volonté à ses soldats parce que ces soldats avaient un culte pour les chefs qui les avaient menés si souvent à la victoire. Puis, il avait pour adversaire l'étranger, l'envahisseur du territoire contre lequel les Français s'uniront toujours, quelles que soient leurs opinions politiques. Le marquis de Puivert crut

(1) *Journal du blocus*. Adjudant Béxard. P. 36.

(2) A propos de cette nomination, le général Baron Thiebaut écrit dans ses mémoires :

« C'est à sa fuite (de 1814) et à l'avancement qui, à la seconde restauration, fut donné à ce marquis, alors qu'on m'exila à Tours, que Béranger fait allusion dans ces deux vers :
  Ma foi c'est un joli talent
  Que d'avancer en reculant.

que, sans avoir été ni en Egypte, ni en Italie, ni en Allemagne, il commanderait à des braves qui avaient versé leur sang sur tous les champs de bataille de ces pays. Ce fut une erreur qu'il partagea avec beaucoup de royalistes. Dans une marche à l'ennemi, il eut été suivi. Dans la lutte de la cocarde blanche contre la cocarde tricolore, abandonné de tous, sauf de deux officiers, il avait été obligé de céder à un courant d'enthousiasme irrésistible. Pouvait-il arrêter l'aigle qui volait de clocher en clocher depuis le golfe Juan ? Sa résistance n'eut été qu'un acte individuel, un geste qu'on peut lui reprocher de n'avoir pas fait, mais qui n'eut servi à rien.

En 1832, à quelques mois de distance, les deux rivaux « que les immenses remparts du château ne pouvaient contenir ensemble » descendaient dans la tombe. Ils reposent maintenant côte à côte dans douze pieds carrés du cimetière de Vincennes. « Comme leur éternité sera peu semblable à leur vie ! » dit Emile Deschamps. Dieu a voulu par là, nous montrer le néant des haines politiques, et nous enseigner « à nous tendre des mains fraternelles sur cette terre, comme ces deux gouverneurs qui s'embrassent dans la mort. »

CHAPITRE XI.

Le Marquis de Puivert, Gouverneur (1815-1830). — Continuation de la démolition des tours. — Explosion d'une poudrière (1819). — Suppression du grand abreuvoir (1824). — Daumesnil une troisième fois Gouverneur (1830-1832). — Les anciens ministres de Charles X prisonniers. — Mort de Daumesnil (1832). — Transformation du vieux château fort (1841). — Le duc de Montpensier, commandant l'artillerie (1842-1848). — Fête donnée par le duc de Montpensier (1847). — Les détenus politiques (1851). — L'effondrement de la tour du village (1857). — Vincennes pendant le siège de Paris et durant la Commune (1870-1871). — Derniers événements.

Après avoir remis les clés du château à Louis XVIII, Daumesnil, ne voulant accepter aucune fonction, prit sa retraite. Le marquis de Puivert lui succéda comme gouverneur, et la vieille forteresse utilisée de nouveau comme arsenal retrouva son calme d'antan. En 1819, la grande salle d'armes adossée au rempart Est fut commencée. Les tours qui n'avaient pas encore été démolies furent arasées à hauteur des courtines ; seule, la tour du village conserva sa hauteur.

Le 17 août de la même année (1819) un petit magasin provisionnel de la Direction d'artillerie fit explosion. Alfred de Vigny dans « Servitude et grandeur militaires » a raconté cet incident qui, sous sa plume romantique, prend de considérables proportions. « Le jour, dit-il, commençait à poindre et éclairait de lueurs tendres tout le vieux château immobile et silencieux encore », lorsqu'une première détonation vint réveiller les habitants de la ville et de la vieille forteresse. « Je crus, continue-t-il, qu'un essai d'armes fait dans les fossés avait été cause de cette commotion, lorsqu'une explosion plus violente se fit entendre, Cette fois, le Donjon, les casernes, les tours, les remparts, le village et le bois tremblèrent et parurent glisser de gauche à droite ». Cette seconde explosion fut suivie « d'un cliquetis pareil à celui que feraient toutes les porcelaines de Sè-
« vres jetées par les fenêtres. Ce bruit était causé par la chute de tous les
« vitraux de la chapelle (1), de toutes les glaces du château et de toutes
« les vitres du bourg. » (2)

Le magasin qui sauta, était situé dans une des arcades du rempart attenant au Pavillon de la Reine : Il contenait 1500 kilos de poudre. A la suite de l'explosion, le feu prit à une petite salle d'artifice qui se trouvait au centre de la grande cour. Cette salle contenait, avec quelques poudres, les coffrets de 18 pièces et 50.000 cartouches d'infanterie ; toutes les cartouches et dix-sept coffrets sautèrent. Les caissons des pièces, qui étaient rangées dans la cour, ne subirent aucun dommage.

L'adjudant (3) chargé de la surveillance du magasin fut la seule victime

---

(1) Les Verrières du XVIᵉ siècle de la Sainte Chapelle ne furent pas endommagées car elles n'étaient encore ni restaurées ni remises en place à ce moment. (Voir *Sainte-Chappelle, Vitraux*. Tome II. Ch. X).

(2) ALFRED DE VIGNY. *Servitude et grandeur militaires*. (Paris, chez Hennequin, 1844, in-8º, page 210.).

(3) ALFRED DE VIGNY raconte qu'il dessina le buste du pauvre adjudant, retrouvé au pied de la Sainte-Chapelle, sans jambes et sans bras. La tête, dit-il, n'était qu'un objet d'horreur, une sorte de Méduse : sa couleur était celle du marbre noir ; les cheveux hérissés, les sourcils relevés ves le haut du front, les yeux fermés, la bouche béante. (*Servitude et grandeur militaires*, p. 223).

de ce terrible accident. L'infortuné « avait voulu, si l'on en croit l'auteur de « Servitude et grandeur militaires » s'assurer que les munitions confiées à sa garde, et qui devaient être l'objet d'un recensement le jour même, étaient au complet. Il est probable qu'il se servit d'une lumière pour son inspection et cette imprudence provoqua l'explosion et sa mort.

Le Château vers 1830

La catastrophe se borna à des dégâts matériels. Ceux-ci furent considérables, mais auraient pu l'être davantage, car la Tour de la Reine contenait à ce moment 50.000 kilos de poudre. Cette poudrière avait, du côté du rempart, une fenêtre fermée par un double volet ; l'explosion arracha le premier, le second tint bon. C'est à cette résistance inespérée, que l'on dut de n'avoir pas de plus grands malheurs à déplorer.

On s'étonne qu'une si faible quantité de poudre non comprimée (car le premier magasin avait sa devanture fermée par de simples planches de bateau et la salle d'artifice était en menuiserie) ait produit de tels effets. Tout fut brisé, mis en pièces, tant à l'intérieur qu'à l'extérieur des bâtiments qui entouraient la cour. Deux poutres furent cassées dans le Pavillon du Roi ; des boulets de 12 furent lancés sur les combles des Pavillons du Roi et de la Reine, sur le toit de la Ste-Chapelle et jusque dans le parc. Dans les bâtiments adjacents un grand nombre de chevrons furent broyés et les plombs des chéneaux arrachés. Dans le seul Pavillon du Roi, on eut à remplacer 3.000 vitres (1).

Les dégâts de l'explosion furent vite réparés et les travaux de transformation reprirent leur cours.

En 1824, le grand abreuvoir dans lequel Daumesnil avait noyé des caissons de poudre pour ne pas les rendre aux alliés (1815), fut comblé. Cet abreuvoir longtemps alimenté par les eaux de Montreuil, dont le trop plein s'écoulait dans les fossés du Donjon, était devenu un cloaque infect par suite de la suppression de l'ancienne canalisation ; il s'en exhalait des émanations méphitiques, très nuisibles à la santé des hommes et des chevaux. Sa disparition fut donc considérée comme un bienfait.

Six années plus tard (1830), la chute de Charles X amenait celle du gouverneur de Vincennes, et le marquis de Puivert titulaire depuis 1815 de la fonction, redonnait, par un étrange imprévu, sa place à Daumesnil. Le lendemain de la révolution de juillet, Louis-Philippe rétablissait en effet l'illustre général dans le poste qu'il avait deux fois si dignement occupé (2) et dans lequel il devait donner de nouveau la mesure de son énergie indomptable. Quelques jours après les journées de juillet, la Chambre poussée par l'opinion publique, avait, sur la proposition de M. Salvestre,

---

(1) Archives du Génie de la place de Vincennes. *Mémoires sur les travaux de 1820, en date du 27 février de la même année.*

(2) A la suite de sa nomination, le général Daumesnil écrivait cette note pour ses enfants :

« J'avais juré de servir l'empereur avec fidélité ; je lui avais promis que les étrangers n'entreraient pas dans ma place ; j'ai tenu ma parole.

« Deux fois bloqué et attaqué par les armées alliées, j'ai su les repousser ; j'ai conservé à mon pays 90 millions de matériel. Toute la France connaît ma défense et y a applaudi ; deux fois j'ai été renvoyé d'un poste pour l'avoir trop bien défendu. Les offres que les Prussiens m'ont faites étaient déshonorantes. Je les ai repoussées et certes il y avait de quoi tenter la cupidité.

Une Fête sur l'esplanade de Vincennes vers 1830
(C*** part. de l'auteur)

voté la mise en accusation des ministres signataires des ordonnances (13 août 1830). Le gouvernement, qui n'avait pas pris l'initiative des poursuites, espérait que la fuite des accusés lui éviterait « de s'occuper d'une « affaire redoutable pour sa faiblesse et pour celle du pouvoir » (1). Le calcul déjoué par l'arrestation en province des ministres fugitifs, leur « capture malencontreuse » (2), comme le dit Carrel, jeta le roi et l'assemblée dans la plus grande perplexité.

Les démagogues réclamaient la tête des accusés. La nouvelle monarchie ne voulait plus de sang. Pour soustraire les prisonniers à la fureur de la populace, le gouvernement résolut, avant le procès, de les faire conduire à Vincennes, où, sous la garde de Daumesnil, leur sécurité serait du moins assurée.

Dans les premiers jours de septembre, une modeste voiture de poste entourée de gendarmes, amena dans le château, le prince de Polignac (3). Le matin étaient arrivés, sous forte escorte, le comte de Peyronnet, de Chantelauze et Guernon Ranville. Daumesnil reçut les prisonniers avec tous les égards dus au malheur, les logeant, en attendant des instructions, au pavillon de la Reine, dans des chambres dépendant de son propre appartement. Le gouvernement lui enjoignit de faire enfermer les anciens ministres au Donjon. La garde du château fut confiée au 4ᵉ bataillon de la 5ᵉ légion de la garde nationale (4).

« Je n'ai trahi ni Louis XVIII, ni Charles X. Je ne leur ai jamais prêté serment ; je ne les ai jamais vus Charles X m'a envoyé le prince de Poix et le duc de Gramont ; je n'ai rien voulu accepter d'eux, pas même la Croix de St-Louis dont on m'a envoyé deux nominations que je puis encore montrer...

« Je n'ai jamais été à la Cour et je défie tous les ministres de pouvoir dire qu'ils m'aient jamais vu chez eux ; que je leur ai écrit ou fait une demande. Aujourd'hui je suis tout dévoué à Philippe Iᵉʳ et au drapeau tricolore. »

Vincennes, 28 août 1830.

Document communiqué par la vicomtesse de Clairval.

(1) THUREAU-DANGIN, *La Monarchie de Juillet*. Tome I, page 111. (Paris 1884, chez Plon. 3 volumes.)

(2) THUREAU-DANGIN, *Ibidem*.

(3) Le prince de Polignac avait été arrêté à Granville, au moment où, déguisé en domestique, il cherchait à quitter la ville en compagnie de la comtesse de Saint-Fargeau. Il avait été d'abord amené et écroué à St-Lô.

(4) *Procès des derniers ministres de Charles X*, par ALEXANDRE BOLTZ, 2 volumes, petit in-4º, Paris. Au bureau des éditeurs. Tome I, page 16.

Le transfert des prisonniers ne s'opéra pas facilement ; les gardes nationaux étant très surexcités contre ceux *qu'ils devaient défendre*. Daumesnil dut conduire lui-même ses hôtes dans les cellules qui leur avaient été préparées. Le prince de Polignac sortit le premier ; il marchait comme accablé de fatigue. Le général était à ses côtés, deux grenadiers, l'arme au bras, le suivant. « En montant l'escalier tortueux et sombre de ce Donjon où il entrait pour la seconde fois (1), une émotion telle s'empara de lui qu'il fut obligé de s'arrêter, et de s'appuyer sur le fusil d'un soldat. Il poursuivit pourtant sa route et arriva au 4e étage qu'il connaissait si bien. Il marcha droit à son ancienne chambre (2) et demanda à l'avoir encore pour prison », ce qui lui fut accordé.

Le comte de Peyronnet vint après lui, nullement abattu. Il avait la démarche rapide et regardait, le front haut, les gardes nationaux formant la haie sur son passage. L'un d'eux le coucha en joue en s'écriant : « A genoux, le misérable qui a fait tirer sur le peuple ; qu'il demande pardon » (3). Daumesnil releva le fusil et le prisonnier parvint sauf à sa chambre. MM. de Chantelauze et Guernon Ranville furent amenés ensuite sans incident.

Daumesnil qui avait répondu de ses prisonniers, n'entendait pas s'en constituer le geôlier dans le sens propre du mot. Il atténua le plus qu'il put la rigueur de leur détention. Il leur permit de se réunir le jour dans la salle commune sur laquelle donnaient leurs cellules, facilita leurs rapports avec leurs amis de l'extérieur (4), et les autorisa à se promener, à certaines heures, dans les cours de la vieille forteresse, accompagnant lui-même les captifs à ce moment. Le prince de Polignac profita presque seul de cette liberté relative ; MM. de Guernon Ranville et de Chantelauze ne sortaient presque pas. D'ailleurs ce dernier, fort souffrant, dut recevoir les soins que comportait sa santé précaire. « M. de Peyronnet ne descendait que lorsque la marquise d'Alon, sa fille, venait le voir. Une fois seule-

---

(1) *Le Donjon de Vincennes*, par ALBOIZE et MAQUET, t. II, p. 349.
(2) Voir Tome II, chapitre III, Les Prisonniers.
(3) ALBOIZE et MAQUET, *Histoire du Donjon de Vincennes*, t. II, p. 349.
(4) Le prince de Polignac obtint l'autorisation de voir la comtesse de Guiche, M. de Peyronnet celle de recevoir les visites de sa fille, la marquise d'Alon. Enfin tous les accusés purent, quand ils le désirèrent, communiquer librement avec leurs avocats.

ment Daumesnil s'opposa à cette visite. L'ex-ministre entra dans une violente colère contre *le tyran-gouverneur*, auquel il dépêcha son avocat Sauzet pour connaître la cause de ce caprice. Daumesnil ne répondit aux

Guernon Ranville dans son cachot

reproches qu'on lui adressait qu'en emmenar¹ avec lui Sauzet dans la cour du Donjon, et là, s'arrêtant devant un garde national en faction : « Connaissez-vous cet homme », demanda-t-il à l'avocat ? « Oui, sans doute », reprit celui-ci en prenant la main du général avec une effusion mêlée de terreur : ce factionnaire n'était autre qu'un mulâtre appelé Bizet, condamné injustement à une peine infamante sous le ministère Peyronnet. Non seulement M. de Peyronnet ne tint plus à descendre ce jour-là, mais il ne cessa d'avoir beaucoup d'estime pour son gouverneur et lui accorda une sincère affection. » (1).

La Chambre des députés, cherchait alors le moyen de sauver la tête de ceux qui se refusaient à croire au sérieux de leur mise en accusation. Mais elle allait se séparer et n'ayant plus le temps de voter la proposition Tracy sur la suppression de la peine de mort pour délit politique, elle envoya une adresse au roi pour l'inviter à proposer cette suppression. Deux jours plus tard (10 octobre 1831), la session est close. La foule révolutionnaire qui depuis juillet 1830 semble être l'un des grands pouvoirs politiques, hurle de fureur quand elle s'aperçoit qu'on lui enlève ses victimes. Les clubs retentissent de menaces sauvages, les journaux font appel aux plus sanglants appétits, dans un langage digne de 1793 (2).

« Des attroupements sinistres se forment sur les places publiques. Le 17 octobre, la populace marche sur le Palais-Royal, réclamant la tête des anciens ministres. Elle revient le lendemain, et dans la soirée, envahit les cours et les jardins. C'est avec peine que la garde parvient à la refouler, à fermer les grilles. « A Vincennes ! » crie-t-on, et la hideuse cohue qu'on aurait pu comparer à une bande de « septembriseurs » en quête de « travail », se précipite armée de fusils, de sabres et de piques pour arracher les ministres à leur prison. »

« Des torches éclairent sa marche. Sur son passage, les boutiques se ferment ; partout l'effroi et le dégoût. Aucun obstacle, aucune répression.

« Le château de Vincennes a fort heureusement pour commandant le général Daumesnil. Ce vieux soldat, dont l'énergie console un peu de la faiblesse qui règne partout ailleurs, fait ouvrir les portes de la citadelle et se présente à la horde des assaillants : « Que voulez-vous ? » leur demande-t-il — « Nous voulons les ministres » — « Vous ne les aurez pas. Je ferai sauter le magasin à poudre plutôt que de vous les livrer ». La foule, un instant hésitante, bientôt dominée, s'éloigne en criant : « Vive

(1) *Souvenirs inédits de la baronne Daumesnil*, cité par M. de Varaville dans son *Histoire du Château de Vincennes*, ps 185 et 186.
(2) Thureau-Dangin, op. cit., p. 114.

la jambe de bois » (1). Elle revient à Paris vers deux heures du matin. Les prisonniers étaient sauvés (2). »

Mais leur procès était décidé et devait être jugé par la Chambre des Pairs.

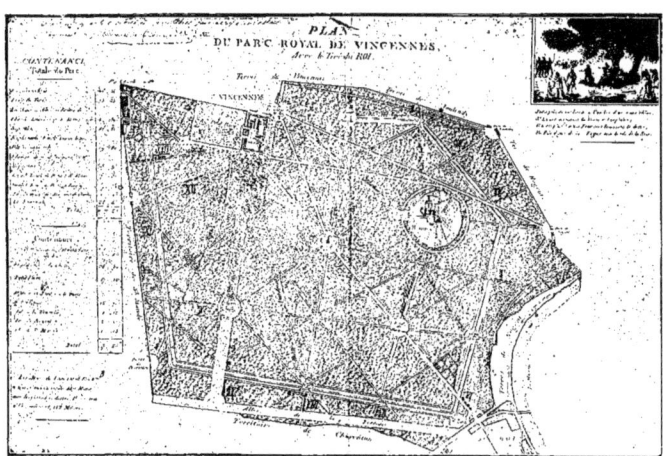

Plan du Parc de Vincennes sous la Restauration

Trois commissaires furent désignés pour interroger les anciens minis-

---

(1) THUREAU-DANGIN, op. cit., t. I, p. 115.
(2) A la suite de cette émeute, qui causa une grande panique aux anciens ministres et à leur famille, un de leurs amis vint faire à la baronne Daumesnil la proposition « *d'endormir pour une heure seulement le lion qui veillait sur Vincennes.* » On mit sous ses yeux un titre de 50.000 livres de rentes qu'on lui offrait comme prix de sa complaisance. C'était le prince de Talleyrand qui était l'âme de ce complot ; c'est lui qui avait dépêché M. Charles Turpin pour séduire la femme du gouverneur. Celle-ci fit simplement la même réponse que Daumesnil avait faite à Blücher : « *Mon refus servira de dot à mes enfants.* »
(*Souvenirs inédits de la baronne Daumesnil.* — M. de Varaville, *Histoire de Vincennes*, p. 185.

tres : MM. Bérenger, Madier de Montjau et Manguin. « Ils se transportèrent à Vincennes où ils furent reçus par toute la garnison sous les armes, les tambours battant aux champs et firent comparaître les accusés devant eux, remplissant leur mission avec autant d'humanité que de justice (1).

« L'interrogatoire, dit Louis Blanc (2), fut plus solennel et plus grave que sévère. Seul M. Manguin donna des signes de sensibilité. Il avait jadis obtenu de M. de Peyronnet, une amnistie pour des Français réfugiés en Espagne ; il avait connu M. de Guernon-Ranville, et plus intimement encore M. de Chantelauze. Quand ce dernier, pâle et atterré, se présenta tout à coup devant lui, il ne put s'empêcher de lui tendre la main et fondit en larmes. M. de Chantelauze paraissait en effet ployer sous le poids de son infortune. M. de Peyronnet, au contraire, déployait une assurance qui n'était pas exempte de bravade. Le courage de M. de Guernon-Ranville était cerclé de mauvaise humeur. Quant à M. de Polignac, son attitude étonnait au plus haut point les commissaires. Calme et souriant, il avait l'air de regarder tout ce qui se passait comme une comédie de mauvais goût. « La responsabilité des ministres, disait-il, n'est qu'un corollaire de l'inviolabilité royale. On n'a pas respecté l'inviolabilité de Charles X ; donc, ses ministres ont cessé d'être responsables »... Et il ajoutait : « Quand me mettra-t-on en liberté ? »

« Les commissaires eurent soin de tempérer par beaucoup d'égards l'austérité de leur mission. Ils coupaient court aux réponses des anciens ministres, lorsqu'elles devenaient compromettantes. Les interrogatoires firent place très souvent à des entretiens pendant lesquels les accusés purent oublier l'amertume de leur position. On apportait des rafraîchissements ; la conversation s'égarait sur des sujets frivoles et l'image de l'échafaud disparaissait. »

Le 10 décembre, le gouverneur reçut l'ordre de remettre les anciens ministres à la police. Les quatre prisonniers devaient être transférés à la prison du petit Luxembourg. MM. de Polignac, de Peyronnet et de Guernon-Ranville étaient seuls en état de quitter le Donjon ; M. de Chante-

---

(1) ALBOIZE et Auguste MAQUET, *Histoire du Donjon de Vincennes*, t. II, p. 380.
(2) Louis BLANC, *Histoire de dix ans* (1830-1840).

lauze, plus souffrant, ne pouvait marcher. Daumesnil se rendit à Paris, dit qu'il serait inhumain de déplacer sans ménagement le malade, se chargea de l'amener lui-même.

Le Cours de Vincennes vers 1840

Les mesures les plus sévères avaient été prises en vue de ce transfert. Le bois de Vincennes était rempli de troupes. Deux piquets de la Garde à cheval, commandés par le général Carbonel, un escadron de chasseurs commandé par le général Fabvier, et un détachement de canonniers formaient l'escorte des prisonniers (1).

(1) ALBOIZE et MAQUET, *Histoire du Donjon de Vincennes*, t. II, p. 334.

Lorsque l'émotion populaire, causée au premier moment par ce rassemblement de troupes, fut un peu calmée, le gouverneur prit M. de Chantelauze dans sa voiture, poussant les attentions jusqu'à « étendre sur un édredon ses membres endoloris (1) », et l'amena ainsi à Paris.

On connaît la sentence de la Chambre des Pairs : Les anciens ministres furent condamnés à la prison perpétuelle ; le prince de Polignac déclaré mort civilement. Avant le prononcé de ce jugement, les condamnés furent reconduits en hâte à Vincennes. La déception du peuple et surtout de la garde nationale fut grande. Pour éviter de nouveaux désordres, le ministre de l'Intérieur décida de transférer les condamnés à Ham.

Quatre voitures vinrent les prendre à Vincennes. « Elles étaient escortées par deux escadrons de hussards d'Orléans qui furent relevés entre la Villette et le Bourget par deux escadrons du 8ᵉ chasseurs. Dans la première voiture se trouvaient MM. de Polignac et de Chantelauze avec M. Despeu, gouverneur du château de Ham, et M. Ladvocat ; dans la seconde, MM. de Peyronnet, de Guernon-Ranville, avec MM. Guibout, aide-de-camp du ministre de la guerre, et Franconin, *un des braves de l'île d'Elbe* ; la troisième voiture contenait le commissaire de police Fros, concierge du Luxembourg et un gardien qui était resté auprès des anciens ministres pendant toute leur captivité ; la quatrième voiture, qui avait été prise en cas d'accident, portait les bagages avec le domestique de Ladvocat et un homme de confiance du commissaire de police. Sur le passage du cortège, on n'entendait que le cris de « Mort à Polignac ». Aussi M. de Chantelauze se penchant vers son compagnon d'infortune lui dit : « Je vois, mon prince, que vous êtes le plus populaire d'entre nous (2) ».

Les condamnés partis, Vincennes reprit sa physionomie habituelle. A cette époque, Louis-Philippe et la reine Amélie, qui honoraient Daumesnil de leur amitié, venaient souvent au château avec les jeunes princes. Le dey d'Alger et l'ambassadeur de Tunis, se trouvant à Paris, et désirant voir le héros de 1815, demandèrent à assister à des écoles à feu au poly-

(1) *Souvenirs inédits de la baronne Daumesnil.* — M. de Varaville, *Hist. de Vinc.*, p. 186.
(2) Alexandre Boltz, *Procès des derniers ministres de Charles X*, t. II, p. 589. Paris, 2 volumes, au bureau des éditeurs (1830).

Le Château vu du Parc (vers 1840)

gonc. Ils furent reçus au Pavillon de la Reine par la baronne Daumesnil qui a mentionné dans ses mémoires l'impression que lui causèrent les visiteurs. « Le dey, Hussein Pacha, dit-elle, était vieux et laid : sa barbe blanche était longue ; il portait des lunettes vertes. L'ambassadeur, au contraire, était dans toute la force de l'âge et avait un superbe visage. Les deux Africains se montrèrent fort aimables ».

Le 14 mars 1832, la Chambre des députés discuta, à propos de son budget, la suppression de tous les postes de gouverneurs de places fortes Daumesnil seul fut maintenu dans son emploi avec des appointements de 22.000 francs par an. M. de Jacqueminot énuméra les états de service du vieux général « à la jambe de bois ». « C'est un tableau d'histoire qu'il faut laisser dans son cadre », s'écria M. de Marmier, et par acclamation les députés votèrent la mesure exceptionnelle qui leur était soumise en faveur du héros de 1809 et 1815 (1).

Le vieux tableau d'histoire allait d'ailleurs peu après tomber de lui-même de son cadre : Le choléra avait fait sa première apparition en France, y causant d'affreux ravages, déroutant la science des médecins. Daumesnil, habitué à braver l'ennemi sur les champs de bataille crut qu'il pourrait montrer le même dédain pour le fléau. Il se prodigua selon son habitude. Atteint à son tour, il succomba en quelques jours, emporté par le terrible mal. « Il avait vécu en héros : il mourut en chrétien (17 août 1832), pressant sur ses lèvres le Christ que lui avait donné le pape Pie VII (2). »

Les obsèques du Gouverneur furent des plus imposantes. Un grand nombre de généraux, tous les ambassadeurs, des magistrats, des députations des grands corps constitués assistèrent à la cérémonie. Au cimetière de Vincennes, le jurisconsulte Dupin prononça sur la tombe du héros, un discours qui se terminait par ces émouvantes paroles : « Sommeille en paix sur cette terre que tu as sauvée ! Ton âme est au ciel, ton nom est à l'histoire, tes enfants sont à la France ! » Cette péroraison souleva de longs applaudissements dans la foule, malgré le respect et le silence dus au champ du repos.

(1) Extrait du procès-verbal de la séance du 14 mars 1832 (*Moniteur Universel*).
(2) APPERT, *Dix ans à la Cour de Louis-Philippe*, p. 191.

Daumesnil fut remplacé dans ses fonctions par le colonel Greiner ; le titre de *Gouverneur* fut supprimé et remplacé par celui de « Commandant d'armes ».

Lors de la création des fortifications de Paris (1840) (1), le château de Vincennes fut compris dans le plan général de défense de la capitale. Sur les 140 millions mis par la loi du 3 avril 1841 à la disposition du ministre de la guerre, pour les dépenses de ces vastes travaux, 4 millions furent affectés à l'appropriation du vieux château de Charles V en fort moderne. Pour le mettre en harmonie avec les autres forts extérieurs, on devait l'organiser de manière à laisser des cours et des espaces libres en rapport avec l'importance de la garnison, raser tous les anciens bâtiments, créer tout autour des remparts des casemates voûtées. Les pavillons Louis XIV étaient condamnés. Mais les dépenses engagées dans la construction du fort neuf dépassèrent tellement les prévisions que l'argent manqua pour exécuter les démolitions projetées, les deux pavillons furent épargnés.

Le *fort neuf* est cette vaste enceinte bastionnée qui, accolée au front Est du Château, en triple la superficie, tout en le laissant indépendant. De vastes casernes y furent établies ; elles servent actuellement à loger les deux régiments d'artillerie de la 19e brigade. Sa construction demanda près de six années. Pendant qu'on y travaillait, on complétait l'organisation du *Vieux Fort*, nom qui désormais désignera le château de Charles V. Les fossés du donjon, du côté de la cour, furent comblés ; des casemates établies pour relier les courtines du corps de place aux courtines du Donjon.

Le jeune duc de Montpensier, fils de Louis-Philippe, eut l'honneur d'être le premier commandant d'armes de la nouvelle place de guerre. Nommé en 1842 commandant de l'artillerie, il conserva ces fonctions jusqu'en 1848. Marié en 1846, il amena sa jeune femme à Vincennes, et en son honneur, donna, en juin 1847, une grande fête de nuit aux Mini-

---

(1) Les fortifications de Paris furent décidées et commencées par Thiers et Soult en 1840, avant tout vote de la Chambre qui ne régularisa les dépenses engagées qu'à la session de 1841.

Portrait du duc de Montpensier
D'après Winterhalter

mes (1). Nous citerons, à titre de curiosité, le compte-rendu que fit de cette fête un publiciste dans un journal jouissant déjà d'une grande réputation, *l'Illustration*, car il est intéressant de montrer comment on entendait le reportage à cette époque.

« A un quart de lieue du Château et au milieu du bois, se trouve l'ancien prieuré des Minimes. Cette enceinte avait été choisie par le prince pour le théâtre de la fête. En descendant de voiture les invités se dirigeaient par une belle allée de tilleuls vers la porte principale formée d'un assemblage de canons, mortiers, obusiers, écouvillons et autres engins d'artillerie agencés avec beaucoup d'art.

« Une avenue conduisait à la tente qui avait été disposée comme salle de bal. L'entrée de cette avenue semble gardée, de l'un et de l'autre côtés, par des chevaliers armés de toutes pièces comme pour un tournoi et montés sur des chevaux caparaçonnés. A chacun des arbres s'appuie un archer enfermé dans son armure de fer comme dans sa peau, l'espadon au poing et séparé de son voisin par un trophée d'armes modernes ; une immense panoplie formée d'instruments guerriers se dresse au bout de l'allée que domine l'étoile de la Légion d'honneur brillamment illuminée. Est-il besoin de dire que cette magnifique décoration, armures, cuirasses et trophées, est l'œuvre de l'adresse et de l'habileté des artilleurs de la garnison.

« Dans la salle de bal, parquetée, plus d'objets à décrire ; c'est une foule brillante qu'il faudrait montrer. D'abord c'était bien une fête militaire : la plupart des hommes portaient l'épée ; chaque femme aussi portait la sienne : un énorme bouquet de roses, de jasmins, de grenades et de camélias. Peu de diamants, mais beaucoup de perles et de dentelles. Au milieu de cette élégance exquise et de ces riches simplicités, il n'y avait guère de champêtre que la verdure des arbres et de guerrier que l'uniforme des hommes.

« Toutes les armes et tous les grades étaient représentés, depuis la simple épaulette du sous-lieutenant jusqu'à la torsade étoilée du lieutenant-général. Par une attention pleine de délicatesse, les jeunes princesses

---

(1) Le peintre Eugène Lamy a fait un tableau représentant cette fête. Cette toile a été léguée en 1897 à M. Estancelin par la duchesse de Montpensier.
(Extrait du *Gaulois* du 12 décembre 1897).

de la famille royale ont ouvert le bal avec des élèves de Saint-Cyr et de l'école Polytechnique. Paris avait envoyé là son élite : c'était comme un congrès de toutes les distinctions et de toutes les beautés sociales, la race, l'esprit, l'importance politique, la richesse. On reconnaissait les hommes de talent à leur simplicité, les diplomates à leurs crachats et la jeune magistrature à ses moustaches. Nous ne nommons personne pour ne désobliger personne par des omissions. Comment choisir d'ailleurs entre quinze cents noms ? Pendant que la salle émaillée de jolies femmes et de brillants uniformes semblait tourner dans une valse confuse de diamants, de fleurs et de dentelles, les promeneurs paisibles, les observateurs mûris par l'âge, admiraient les panoplies et cette magnificence improvisée qui les entourait. Indépendamment de l'orchestre de danse disposé dans la salle de bal sous la conduite de Tolbecque, des orchestres d'harmonie et des groupes de chanteurs répartis dans les massifs du bois, ont exécuté pendant toute la nuit des chœurs nocturnes et marches militaires, sous la direction de M. Auber.

» Nous avons à noter encore la tente où fut servi le souper des dames présidé par madame la duchesse de Montpensier qu'entouraient la reine mère d'Espagne, sa mère, et toutes les princesses royales, ses sœurs. Une foule de petits chalets disséminés autour de la tente offraient des buffets abondamment garnis où les danseurs reprenaient de la force et du jarret. Les danses se sont prolongées jusqu'au jour et M. le duc de Montpensier, assisté des officiers de son arme, a fait les honneurs de la fête, avec la grâce la plus affable. Il n'y avait qu'une voix pour louer l'aménité de son accueil et la splendeur de son hospitalité. Avons-nous dit que le prince, avec cet esprit national qui le distingue, avait voulu que sa fête offrît comme son ornement le plus précieux, la réunion des pavillons qui avaient servi à l'empereur Napoléon dans ses campagnes, ainsi que ceux pris à Isly par notre jeune armée d'Afrique. » (1).

Huit mois après cette brillante fête, la Révolution de 1848 consommée,

---

(1) L'*Illustration* 1847, p. 294.

le duc de Montpensier abandonnait son commandement, et prenait pour toujours, le chemin de l'exil.

Fête donnée par le duc de Montpensier
Dessin de *l'Illustration*

La chute de Louis-Philippe et l'établissement de la République ne satisfirent pas les passions démagogiques. Le 15 mai 1848, des bandes révolutionnaires envahirent l'Assemblée nationale, sur le bureau de laquelle avait été déposée une pétition en faveur des Polonais du duché de Posen révoltés contre la Prusse, et proclamèrent la dissolution de l'Assemblée, pendant que d'autres émeutiers se portaient sur l'Hôtel de Ville et s'en emparaient pour essayer d'y installer un nouveau gouvernement. Le parti de l'ordre reprit le dessus. Les principaux meneurs, parmi lesquels Raspail et Barbès, furent arrêtés et conduits à Vincennes (1), où ils restèrent prisonniers jusqu'en mars 1849. Le Donjon, dans sa partie haute, avait été aménagé en prison d'état, pour recevoir ces nouveaux détenus politiques avant leur comparution devant la Haute Cour réunie à Bourges. Ce fut d'ailleurs les seuls qui y furent conduits ; cependant suivant une légende fortement accréditée, lors du coup d'Etat de 1851, M. Thiers y aurait été incarcéré (2). Ce fait est inexact. Ni lui ni d'ailleurs aucun des représentants du peuple, qui protestèrent contre la violation de la Constituution, ne connurent les cellules de la vieille tour. Quelques députés, arrêtés au 2 décembre, furent bien conduits à Vincennes ; mais ils ne furent que momentanément détenus dans les appartements du pavillon du Roi, comme le récit des événements va le prouver.

Après l'envahissement du Palais-Bourbon par la troupe, une soixantaine de représentants avaient fait une tentative infructueuse pour prendre séance dans les locaux annexes de la Chambre. Expulsés, ils étaient allés, dans le même but, à la mairie de l'ancien X^e arrondissement, rue de Grenelle. Ils venaient de s'y constituer en Assemblée régulière, sous la présidence du premier des vice-présidents de la Chambre, M. Benoist d'Azy, et la séance commençait à peine, lorsqu'un commissaire de police se présentant, les somma de se disperser. Cédant à la force, le Bureau sortit, suivi de tous les membres présents de la représentation nationale. A la porte de la rue, une compagnie de chasseurs, sous les ordres du général Forey entoura les protestataires et les conduisit à la caserne du quai d'Orsay ; ils furent mis sous la garde du colonel Féray. Là encore, un nouvel essai de constituer une assemblée fut tenté, mais avec

---

(1) Voir Donjon, t. II. ch. III, *Prisonniers*.
(2) On montre aux visiteurs, au troisième étage de la grosse tour, la cellule où aurait été incarcéré le célèbre homme d'Etat, mais M. Thiers a été enfermé, en 1851, à Mazas et non à Vincennes.

Affaire du 15 Mai. — Départ des prisonniers pour Bourges, 4 Mars 1849
Dessin de l'Illustration

moins d'entrain. Les défections commencèrent. Certains représentants, Quentin-Bauchart et Debretonne, notamment, se rallièrent au nouvel état de chose et d'autres, comme le duc de Broglie, qui était fort souffrant, obtinrent sans condition la permission de rentrer chez eux, ce qu'ils firent tout en protestant qu'ils se considéraient toujours comme prisonniers. Il ne resta bientôt plus qu'une quarantaine d'irréductibles.

Dans la nuit du 3 décembre, ces irréductibles furent divisés en trois groupes, obligés de prendre place dans des omnibus de la poste aux lettres, dans des voitures cellulaires employées au transport des criminels et autres véhicules réunis à la hâte. Chacun de ces groupes fut respectivement dirigé l'un sur le fort du Mont Valérien, l'autre sur la prison de Mazas, et le troisième sur Vincennes : dans ce dernier convoi se trouvaient Odilon-Barrot, le marquis de Talhouët, le duc de Luynes, M. Lemaire de l'Oise, Berryer, Larabit, etc.

Dans la traversée du faubourg Saint-Antoine, les ouvriers qui, par cette matinée froide et grise d'hiver, se rendaient à leurs ateliers, voyant passer ces voitures si bien escortées, et, apprenant qu'elles convoyaient les élus du suffrage universel, riaient de l'aventure, disant : « Ah ! ce sont les vingt-cinq francs qu'on va coffrer !... c'est bien joué » (1). Tel fut l'intérêt que prit la population de ce faubourg alors si réputé, si redouté pour ses passions démagogiques (2), au sort de ceux qui avaient voulu défendre ses libertés.

Les prisonniers, à leur arrivée dans la vieille forteresse, furent reçus par le général commandant la place qui mit à leur disposition « les appartements qu'avait occupés le duc de Montpensier » (3). Ce fut un véritable campement. « Il n'y avait plus de meubles depuis longtemps dans « ces vastes pièces, » écrit Odilon Barrot. « On jeta des matelas sur le parquet où nous campâmes comme au bivouac. Mon matelas était à

---

(1) ODILON BARROT, *Mémoires posthumes*, T. IV, p. 231.
(2) Ibidem, p. 231.
(3) Ibidem, p. 232.

côté de celui de mon collègue M. de Talhouët. Ayant remarqué du sang à sa chemise, je lui en demandai la cause ; il me dit que ce sang provenait d'un coup de baïonnette qu'il avait reçu au moment où nous avions tenté de forcer l'entrée du Palais-Bourbon. Il ajouta même que, par bonheur, il avait son manteau enroulé autour de son bras, sans quoi le membre eut été traversé. Les jeunes officiers d'artillerie nous prodiguèrent les soins les plus délicats, portant nos matelas, nous aidant à faire nos lits... »

Cour du Vieux Fort vers 1850

Cette détention fut de courte durée ; elle se termina, sauf pour dix à douze représentants qui restèrent un peu plus longtemps enfermés à Vincennes, en tragi-comédie.

Vers onze heures du matin, le 4 Décembre, les prisonniers entendirent dans la cour le roulement de voitures cellulaires. Le bruit se répandit aussitôt, parmi eux, qu'ils allaient être transférés au fort de Ham ; accompagné de commissaires de police, le convoi fut mis en marche, puis après de longs détours par les boulevards extérieurs, s'arrêta derrière la Salpétrière. Les policiers descendirent, et, saluant respectueusement les représentants du peuple, leur annoncèrent qu'ils étaient libres : « Nous restâmes, » avoue Odilon Barrot, « quelques instants sans croire à un dénouement aussi imprévu ; puis, chacun de prendre son paquet et de chercher un véhicule. J'accompagnai M. Dambray, le fils de l'ancien chancelier, qui était souffrant, jusque chez lui, et, de là, je rentrai dans ma maison, au grand ébahissement de mes pauvres compagnes qui me croyaient sur le chemin de Ham. »

Ainsi se termina la résistance des parlementaires. La seconde République n'existait plus que de nom.

Cour du Vieux Fort vers 1850

Sous l'empire, le Vieux fort ne joua aucun rôle politique. Deux faits marquants sont seulement à relater : en 1855 une visite du roi de Portugal qui, conduit par Napoléon III, assista à des tirs d'artillerie très intéressants exécutés au polygone, et en 1857 une catastrophe qui fit de nombreuses victimes parmi les troupes de la garnison. Dans la nuit du 28 au 29 novembre, la tour du village qui contenait les locaux de discipline des militaires logés dans le château, s'écroula subitement. L'accident eut lieu à 2 heures et demie du matin, comme le marqua l'horloge de la tour dont le mécanisme fut brisé. Le lieutenant de garde, qui couchait dans une chambre située au rez-de-chaussée à côté de la porte d'entrée, entendant des craquements sinistres, sortit pour donner l'alarme ; mais il n'eut pas le temps d'accomplir son dessein. A peine était-il dehors, que la voûte supérieure de l'édifice, reconstruite en briques, en 1823, avec une épaisseur insuffisante, s'effondra avec un fracas épouvantable entraînant dans sa chute une deuxième voûte et trois planchers successifs d'étage. Vingt hommes punis, occupaient diverses cellules de la tour ; par un hasard providentiel, dix-sept échappèrent au désastre. Trois soldats du 85e régiment de ligne et les chasseurs à pied composant le poste de police ne furent pas aussi heureux.

« La porte d'entrée était gardée ce jour-là par un sergent, deux caporaux, et vingt hommes appartenant au 4e bataillon des chasseurs à pied. Six étaient de faction. Le corps de garde contenait donc dix-huit hommes, gradés compris. Parmi ces derniers deux seulement furent sauvés ; le caporal chargé d'ouvrir le guichet d'entrée, qui, couché sur un petit lit de camp près de la porte du poste, eut le temps de fuir, quitte pour quelques contusions aux jambes, et le sergent, brave sous-officier à peine convalescent d'une blessure qu'il avait reçue en Crimée, qui, grâce à une présence d'esprit remarquable et à des efforts surhumains, parvint à se creuser une prison au milieu des décombres, d'où il put être arraché. » (1)

Dix-huit cadavres furent retrouvés sous l'amoncellement de pierres et de charpentes. Le maréchal Magnan, ministre de la guerre, et le général Soumain, commandant la place de Paris avaient dirigé en personne les travaux de recherche et de déblaiement.

Un service solennel fut célébré dans la Sainte-Chapelle du château, à la mémoire des victimes. Le maréchal Magnan conduisit le deuil, pour lequel une grande pompe fut déployée. Une souscription faite au 25e de ligne, au 4e et au 17e bataillon de chasseurs à pied et à la 5e compagnie d'ouvriers d'artillerie permit d'élever un monument de style sévère, sur

---

(1) Journal le *Siècle*, et archives de la place de Vincennes.

L'empereur Napoléon III et le roi de Portugal assistant à une école à feu à Vincennes
Dessin de l'Illustration

un terrain du cimetière de la ville de Vincennes concédé par la municipalité (1). Ce monument a toujours été, depuis, pieusement entretenu.

Les dégâts matériels furent vite réparés. Viollet le Duc fut chargé de la partie artistique de la reconstruction de la tour (2).

Jusqu'en 1870, aucun événement intéressant n'est à relater.

Pendant la guerre franco-allemande, la vieille forteresse ne joua qu'un rôle fort effacé. Par sa situation en seconde ligne, elle ne pouvait servir que de réduit aux ouvrages du plateau de Gravelle, mais elle n'eut heureusement pas à être utilisée dans la défense. Le général Ribourt y avait établi son quartier général. Il étendait de là son commandement sur les redoutes de Gravelle et de la Faisanderie, ainsi que sur la ligne des avant-postes allant de la Seine à la Marne, en passant par Créteil, St-Maur et Joinville-le-Pont. Cette ligne dépassant la Marne, se terminait en avant de Poulangis.

Un observatoire, relié au réseau de la télégraphie militaire établie autour de Paris, et installé sur le sommet du Donjon, eut la mission de surveiller les mouvements de convois ou de troupes opérés par l'ennemi. Ce poste optique rendit quelques services, notamment avant et après la bataille de Champigny.

A la fin du siège, au moment de l'attaque des forts de l'Est, il fournit des indications précieuses sur la position des troupes ennemies qui vin-

---

(1) Noms des victimes de l'effondrement de la terrasse de la porte principale du fort de Vincennes, catastrophe survenue dans la nuit du 28 au 29 novembre 1857.

Lebeau, Firmin, 4ᵉ bataillon de chasseurs.		*Rolland Jean,* 4ᵉ bataillon de chasseurs.	
Piard, François-Louis	id.	*Troin, Antoine-Honoré,*	id.
Arnaud, Jean-Baptiste,	id.	*Sennac, Victor,*	id.
Cabirol, François,	id.	*Couvreur, Pantaléon,*	id.
Pauly, Jean,	id.	*Romain, Romulus,* clairon,	id.
Fredain, Louis, caporal,	id.	*Bariol, Claude,*	id.
Cavanie, Jean,	id.	*Chalandaz, Henri,* 85ᵉ de ligne	
Danican François,	id.	*Fallou, Hippolyte,*	id.
Boyer, Jean-Louis,	id.	*Pradeau Jean-Frédéric,*	id.

Archives de la place de Vincennes.

(2) Voir t. II, ch. VII.

rent s'établir entre Boissy-Saint-Léger et Limeuil ; il avisa des passages de colonnes et de convois se mouvant sur les hauteurs d'Ormesson.

Malgré son éloignement du théâtre propre de la lutte, le fort de Vincennes ne devait pas traverser la période de siège sans recevoir le feu de l'artillerie prussienne. Lorsque, à la fin de janvier, l'ennemi dirigea ses efforts sur les ouvrages de Nogent, situés à l'extrémité du plateau de Tilmont, il attaqua en même temps la redoute de la Faisanderie qui flanque la droite de Nogent, domine la plaine en avant de Poulangis et ferme la bouche de la Marne. Les Prussiens établirent de fortes batteries face à la ligne du chemin de fer de Joinville, tant sur les pentes des coteaux de Brie qu'en arrière des talus du chemin de fer de Mulhouse, à la sortie de Champigny. Ces diverses batteries furent démasquées le 23 janvier, à midi. Celles de Villiers avaient pour mission de fouiller le bois de Vincennes et d'atteindre le Vieux Fort ; elle purent jeter dans l'arsenal une dizaine d'obus, qui ne causèrent que des dégâts matériels sans importance et furent rapidement réduites au silence par le tir des pièces de la redoute de la Faisanderie. Déplacées pendant la nuit, elles recommencèrent leur feu, le 24, mais encore sans succès. L'ennemi reconnut l'inutilité d'un pareil gaspillage de munitions, et le 25, ses pièces se turent.

D'ailleurs le 26, Jules Favre, en sa double qualité de vice-président du gouvernement de la défense nationale et de ministre des affaires étrangères, arrêta avec M. de Bismarck les principales conditions de l'armistice : Les hostilités cessèrent le 28 janvier : la veille le maréchal de Moltke et le général de Valdan avaient signé une convention aux termes de laquelle un certain nombre de forts autour de Paris étaient remis aux vainqueurs. Vincennes était excepté, mais sa garnison devait être réduite à 200 hommes, les armes contenues dans ses dépôts et magasins livrées. Le commandant du fort, interprétant mal les ordres qu'il avait reçus, livra non seulement les armes, qui pouvaient servir à la défense de la place, et étaient seules visées dans le texte de la capitulation, mais encore 12.000 chassepots non terminés. Le général Vinoy réclama à l'Etat-Major allemand, qui reconnaissant son erreur, renvoya de Mayence les fusils indûment reçus. Ces armes arrivèrent à Nogent-sur-Marne, le 15 mars 1871 et furent réintégrées à la salle d'armes (1).

Après la ratification du traité préliminaire de paix, il avait été convenu que les troupes allemandes, après être entrées à Paris, commenceraient leur mouvement rétrograde le 3 mars. Conformément à cette stipulation, dans les premiers jours de ce mois, la 3e armée, dite de la Meuse, qui occupait la ligne Charenton-Pantin, porta son quartier-général à Meaux. Elle n'avait laissé que des détachements pour opérer le désarmement des forts de Charenton, de Gravelle, de Nogent et de Rosny, quand arriva la nouvelle du soulèvement de la capitale, et la fuite du gouvernement provisoire à Versailles. Les instructions données aux commandants en chef des armées ennemies furent alors modifiées : « Il leur était enjoint d'empêcher dans leur secteur tout mouvement révolutionnaire, ou toute arrivée sur Paris de troupes pouvant favoriser ce mouvement et de faire droit dans la mesure du possible aux demandes du gouvernement de Versailles. » En vertu de ces nouveaux ordres, la 3e armée reprit ses anciens cantonnements ; les travaux de désarmement des forts, qu'elle occupait encore furent interrompus. Les insurgés furent avertis que toute tentative d'armement des fronts de Paris faisant face aux Allemands aurait pour conséquence un bombardement immédiat.

Le Fort de Vincennes restait ainsi dans une sorte de zone neutre. Il était occupé par des hommes appartenant aux 49e et 99e bataillons de la Garde Nationale, dont une partie seulement avait tourné. La commune envoya pour les commander le lieutenant-colonel Faltot. Celui-ci trouva la garnison composée de 3 capitaines, 7 sous-lieutenants, et 600 gardes nationaux.

La place isolée, se gardait mal. Le colonel Corbin, commandant en chef la garde nationale de Paris, eut la pensée de la reprendre. Il y avait en effet à Vincennes, et dans les localités voisines de Fontenay et de Nogent un fort parti hostile au gouvernement de l'Hôtel-de-Ville. En faisant appel à toutes les bonnes volontés, il semblait possible, sinon facile, de surprendre la garnison, et de priver ainsi les troupes insurgées des ressources du grand arsenal. Le commandant Pavillon, chef d'escadron d'é-

(1) Général VINOY : *L'armistice et la Commune*, p. 254.

tat-major de la garde nationale, homme actif, énergique et intelligent fut chargé d'examiner si l'opération était susceptible de réussite. Il se rendit le 10 mai à Fontenay et s'assura du concours de 300 hommes qui appartenaient aux 49e et 99e bataillons mais n'avaient pas suivi leurs camarades dans leur défection. Il allait tenter l'aventure, quand une députation de notables Vincennois exposa au ministre de l'Intérieur à Versailles que pour un résultat fort incertain, leur ville risquait d'être détruite des hauteurs du Père-Lachaise (21 mai). Le ministre promit d'examiner la question, et de faire connaître le lendemain la décision du gouvernement. Mais le lendemain les troupes de Versailles entraient dans Paris et l'attaque du Fort fut ajournée. On se contenta d'avertir le général Hoff, que la garnison était supérieure à celle fixée par la capitulation. Le général Bavarois somma le colonel Faltot de ramener ses effectifs à leur chiffre normal, le prévenant que s'il n'obtempérait pas le lendemain 27 mai avant midi à cet ordre, il ferait procéder de vive force à l'évacuation du Fort. Le colonel s'exécuta. L'affaiblissement de la garnison était déjà un succès, mais la situation restait grave. Il y avait dans le fort un ancien sous-officier du génie nommé Merlet, qui hanté probablement par le souvenir de Daumesnil, avait déclaré qu'il ferait sauter le vieux château plutôt que de le voir tomber entre les mains des troupes de Versailles. Dirigeant les services de son arme, avec le grade de chef de bataillon, il avait disposé des chambres de mines en neuf endroits différents. Connu comme un homme résolu, on le savait capable d'exécuter froidement son projet.

Pour empêcher un acte de désespoir, dont les suites auraient pu être graves, le commandant Pavillon demanda un entretien au colonel Faltot. Il fut reçu par le commandant du fort, entouré de douze officiers constituant un conseil de défense. Invité à montrer ses pouvoirs, il ne put produire qu'une lettre de service signée du colonel Corbin, et un laissez-passer du ministre de l'intérieur. Les fédérés ne considérèrent pas ces pièces comme suffisantes, mais, les prenant en considération, décidèrent que le commandant Pavillon serait agréé comme intermédiaire, qu'il demanderait pour la place de Vincennes douze passeports en blanc et qu'à cette condition on traiterait avec Versailles. Le commandant fit observer que jamais le gouvernement provisoire ne traiterait avec l'insurrection,

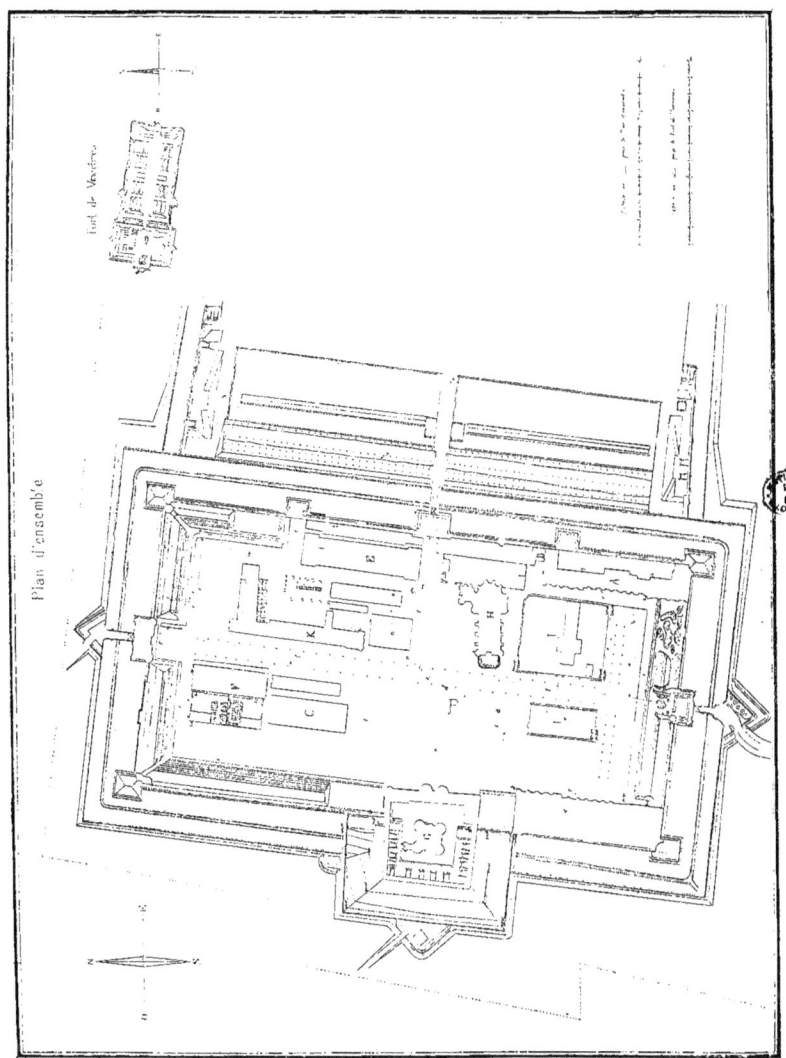

Plan du Vieux Fort, vers 1880

A. Pavillon de la Reine. — B. C. K. Écuries. — E. Salle d'Armes. — F. Pavillon des Officiers. — G. Donjon. — H. Ste-Chapelle. — I. L. Parc à boulets.

qu'il fallait donc éviter de mettre ce mot dans le procès-verbal de la séance, mais qu'il transmettrait les propositions du conseil à qui de droit. Les événements marchèrent plus vite que les négociations.

Le soir de ce même jour, la II° armée de réserve, sous les ordres du général Vinoy, parvenait à la place du Trône. Une vive fusillade éclatait sur ce point : trois bavarois étaient blessés à la Tourelle par des balles perdues. Le 28 au matin les troupes françaises occupaient la porte du Cours de Vincennes ; leur quartier-général était installé au couvent de Picpus. Le lieutenant-colonel Montels était chargé de prendre Vincennes, avec un bataillon du 90° de ligne et une section du génie du 2° régiment. Dès que ces dispositions furent connues des Allemands, le général Hoff prévint qu'il se retirerait le 28 au matin et qu'il laisserait les troupes de Versailles libres d'attaquer le château. A 9 h. 1/2 du soir, le même jour, le drapeau rouge était amené, et remplacé par un drapeau de parlementaire. Le 29, le colonel Montels, arrivé à l'Hôtel de Ville de Vincennes, faisait sommation au colonel Faltot de se rendre « à composition et à merci dans le délai d'une heure, faute de quoi le fort serait immédiatement attaqué, pris de force, et la garnison traitée avec toutes les rigueurs des lois de la guerre. » Dans le cas de la reddition attendue, les armes devaient être déposées dans la cour du Fort Neuf avant l'entrée des troupes régulières, les membres délégués de la commune arrêtés, enfermés dans le donjon, et le commandant du fort, les officiers et les gardes rangés dans la cour du Vieux Fort face à la chapelle.

Le colonel Faltot reconnaissant que toute résistance ferait inutilement couler du sang français, se soumit à toutes les conditions. Merlet, qui avait promis de mettre le feu aux poudres, fut arrêté, et se voyant appréhendé, se fit sauter la cervelle. A 3 heures, le détachement de l'armée de Versailles franchissait le pont-levis de la porte principale. En tête marchait une compagnie du génie. Le colonel Montels suivait immédiatement après, ayant à ses côtés le lieutenant d'état-major Bonneau de Mortran, et le lieutenant-colonel d'artillerie, Viguier. Puis venaient le capitaine de gendarmerie Haudebourg, le professeur Page, de l'école d'artillerie, 6 gardes d'artillerie et du génie, les commissaires de police de Vincennes et de Nogent. En queue marchaient deux brigades de gendarmerie et le bataillon du 90ᵉ régiment de ligne.

Dans la cour, le génie se plaça face aux insurgés qui comptaient 19 officiers et 346 hommes, rangés le dos à la chapelle ; l'infanterie s'arrêta en arrière. Les prisonniers furent conduits au premier étage des casemates II et V. Le lendemain, ils furent transférés à Mazas (1).

Le 22 juillet 1871, le château que la guerre et la Commune avaient épargné, fut le théâtre d'une terrible catastrophe (2). On avait établi un dépôt d'artifices dans un bâtiment provisoire voisin du donjon. On démolissait dans ce local les projectiles, les cartouches de toutes provenances et de tout calibre qu'on apportait chaque jour de Paris. En versant des cartouches sur un lot avarié qu'on n'avait pas suffisamment arrosé, une première explosion se produisit vers une heure 1/2 de l'après-midi. Le feu prit aussitôt à diverses baraques, ainsi qu'aux bâtiments de la Direction et de l'Ecole d'artillerie. Trois explosions successives marquèrent à quelques secondes d'intervalle les progrès de l'incendie. Des éclats de bombes et d'obus tombèrent sur Vincennes, et jusque sur St-Mandé, tandis qu'une immense gerbe de flammes et de fumée obscurcissait le ciel. Les détonations ne discontinuaient pas. Une véritable terreur s'empara des habitants de toutes les localités voisines ; un grand nombre s'enfuit vers Paris. A quatre heures du soir tout paraissait terminé, lorsqu'une nouvelle explosion, plus terrible que les autres accentua la panique. C'était une cartoucherie qui sautait. A 10 heures du soir, ce fut le tour d'un lot de projectiles. Les sapeurs-pompiers durent construire des abris blindés pour continuer leur travail. Ce ne fut qu'assez tard dans la nuit qu'ils arrivèrent à se rendre maîtres du feu.

Dans cet horrible sinistre, 25 artilleurs furent blessés, dont trois grièvement. Un chef et un sous-chef artificiers furent atteints, ainsi qu'une femme à St-Mandé. Deux pompiers et deux autres habitants de St-Mandé reçurent aussi des blessures, mais légères. Les dégâts matériels furent très

(1) Les faits relatifs au Fort de Vincennes sous la Commune sont extraits des archives de la Place de Vincennes.
(2) Le Monde Illustré, 2ᵉ semestre 1871, p. 54 (22 juillet 1871).

considérables. De nombreux murs furent lézardés, presque toutes les vitres du Vieux-Fort furent brisées ; les chemins, les terrains avoisinant la cartoucherie furent défoncés par des éclats de projectiles. La Ste-Chapelle souffrit particulièrement (1).

Après ces heures tragiques, le Vieux Fort retomba dans son calme d'antan. Depuis, peu de faits saillants méritent d'être cités. On doit toutefois mentionner : la création d'une direction d'artillerie (1871) ; la visite du roi de Siam (1898) ; et celle du shah de Perse (1900). On trouvera dans le second volume, de plus amples détails sur ces quelques événements, qui clôturent actuellement une histoire que nous avons suivie depuis ses origines jusqu'à nos jours.

(1) Voir t. II, Ch. X.

FIN DU PREMIER VOLUME

Annexes & Tables

ANNEXE A.

LISTE

DES CAPITAINES, CONCIERGES, GOUVERNEURS,
LIEUTENANTS-GOUVERNEURS,
COMMANDANTS DE PLACE OU COMMANDANTS D'ARMES
DU CHATEAU DE VINCENNES
DEPUIS CHARLES V JUSQU'A 1900

Vers 1364.................. Nicolas de *Braque.*
Vers 1377.................. Henri de *Montigny.*
En 1380.................... Jean *Renier.*

PREMIÈRE OCCUPATION ANGLAISE

1420....................... Duc d'*Excester.*

REPRISE PAR LES FRANÇAIS

1430....................... Commandeur de *Giresmes.*

DEUXIÈME OCCUPATION ANGLAISE

1430 à 1432................ Comte d'*Hunington.*

REPRISE DÉFINITIVE PAR LES FRANÇAIS

1432 à 1434................ Messire *Jacques de Chabannes.*
1434....................... *Jacques de Hulen*, escuyer.
1435....................... Comte *de Tancarville.*
1446....................... Yvon ou *Yves de Carnazel*, seigneur *de Lardy*, capitaine des archers de la ville de Paris.
1461....................... *Jehan Constain*, escuyer, seigneur de Navilly, capitaine du Chastel et place du Bois de Vincennes.
1465....................... *Charles de Melun.*
1465 à 1473................ *Gilbert Acle*, concierge du Bois de Vincennes.
3 nov. 1473, au 7 sept. 1483.. *Olivier le Daim*, concierge du Bois.

			LIEUTENANTS-GOUVERNEURS
1483 à 1516...	....	Louis de Graville, chambellan et conseiller du roi, amiral de France, concierge du Bois.	
			1483 Guillaume du Pont, escuyer.
			1487 Artus, le sommelier, escuyer.
1516...	Guillaume de Montmorency.		
....	....		....
Vers 1543	Messire Hérault.		
Vers 1560..	Messire de Vieilleville.		
....	....		

1re OCCUPATION PAR LES LIGUEURS

....

REPRISE PAR LES TROUPES ROYALES

1588 au 17 mai 1590......... Capitaine Saint-Martin.

2e OCCUPATION PAR LES LIGUEURS

du 17 mai 1590 au 22 mai 1594 Beaulieu.

RÉOCCUPATION PAR HENRI IV

	Gouverneurs		Lieutenants Gouverneurs
1611 à 1618	Henri de Vaudeterre, baron de Persan.	....	....
1618 à 1626	Cadenet, frère du duc de Luynes		
1626 à 1629	Marquis d'Hécourt.	1618	Le sieur Vernet.
1629 à 1636	Duc de Chaulnes.	....	....
		....	....
		1648 à 1649	Baron de Drouet.
1636 à 1652	Bouthillier, marquis de Chavigny	1649 à 1650	Comte de Broglie.
		1650 à 1651	Baron de Drouet.
1652 au 9 mars 1661	Cardinal Mazarin.	1651 à 1658	Comte de Suignan.
		1658 à ...	Marsac.
1661 à 1691	Duc de Mazarin, fils du duc de la Meilleraie.		
1691 au 5 déc. 1694	Bernardin Gigault, marquis de Bellefont, Maréchal de France.		

— 309 —

RÉOCCUPATION PAR HENRI IV (Suite)

Gouverneurs	Lieutenants-Gouverneurs
1694 au 20 août 1710 — Louis-Charles Bernardin Gigault marquis de Bellefont.	.... à 1706 Charles le Fournier de Bernaville.
1710 à 1720 Le marquis du Châtelet.	
1720 à 1754 Le marquis de Châtelet, fils du précédent.	.... à 1749 Pierre Basile.
	1749 à 1767 Guillonet.
1754 à 1782 Marc-René de Voyer vicomte de Paulmi, marquis d'Argenson.	1767 à 1782 Chevalier de Rougemont.
	Gouverneur du Donjon
1782 à 1799 Marc-René-Marie de Voyer, comte de Paulmi, marquis d'Argenson, fils du précédent.	1782 à 1784 Chevalier de Rougemont.
	Emploi supprimé en 1784.

EPOQUE DE LA CONVENTION

Capitaine *Lacour*, Commandant de place.

EPOQUE DU DIRECTOIRE

....

EPOQUE DU CONSULAT

de 1802 à.................. Commandant *Harel*, commandant de place.

EMPIRE

1812 à 1814................ Général *Daumesnil*, commandant de place.

1ʳᵉ RESTAURATION

de 1814 à mars 1815........ Le marquis *de Puivert*, avec le titre de gouverneur.

CENT JOURS

1815...................... Général *Daumesnil*, Gouverneur du Château.

2e RESTAURATION

1815 à 1830 .... Le marquis *de Puivert*, Gouverneur.

EPOQUE LOUIS-PHILIPPE

1830 à 1832.. .... Le général *Daumesnil*, avec le titre exceptionnel de Gouverneur.
1832 au 4 juin 1841 .... Le général *Courtigi*, commandant du Château.
1842 à 1848. .... Le duc *de Montpensier*.

2e RÉPUBLIQUE ET SECOND EMPIRE

9 avril 1848, au 22 août 1861. Colonel *Armand*, commandant de place.
23 août 1861, au 11 août 1864. Colonel *de Pérussis*, commandant de place.
11 août 1864, 23 mars 1869... Colonel *Pinard*, commandant de place.
23 mars 1869, au 16 sept. 1870 Colonel *de Sillègue*, commandant.

GUERRE FRANCO-ALLEMANDE

16 sept. 1870, au 8 nov. 1871. Général *Ribourt*, commandant supérieur de la défense du secteur.

3e RÉPUBLIQUE

Commandants d'Armes

8 nov. 1871 au 16 janv. 1873. Général *de Berckheim*.
17 janv. 1873, au 14 juil. 1874. Général *Clappier*.
14 juil. 1874, au 30 août 1874. Intérim exercé par le colonel *de Brives*.
30 août 1874, au 23 août 1878 Général *Vasse Saint-Ouen*.
23 août 1878, au 7 mars 1880. Général *Grévy*.
13 mars 1880, au 9 juin 1882. Général *Suter*.
9 juin 1882, au 17 juillet 1882. Intérim exercé par le colonel *Thévenin*.
19 juillet 1882, au 20 août 1882 Intérim exercé par le colonel *de Novion*.
20 août 1882, au 20 sept. 1888. Général *Thévenin*.
10 sept. 1888, au 12 oct. 1888. Intérim exercé par les colonels *Decharme*, *Bonnefond* et *Trasse*.

12 oct. 1888, au 8 mai 1890... Général *Nismes*.
8 mai 1890, au 23 avril 1892.. Général *Barbe*.
23 avril 1892, au 1er déc. 1893 Général *Bonnefond*.
1er déc. 1893, au 3 mars 1895. Général *Erb*.
3 mars 1895, au 30 mai 1897.. Général *Caro*.
30 mai 1897, au 14 juil. 1897. Intérim exercé par le colonel *Peigné*.
15 juil. 1897, au 22 sept. 1898 Général *Brunet*.
22 sept. 1898, au 20 oct. 1901. Général *Kirgener*, baron *de Planta*.
20 oct. 1901, au 4 fév. 1902 .. Général *Clément*.
5 fév. 1902, au 13 janv. 1903. Général *Rouvray*.
9 mai 1903, au 26 janv. 1904.. Général *Joffre*.
3 fév. 1904, au 15 oct. 1906... Général *Goiran*.
15 oct. 1906................ Général *Sordet*.

ANNEXE B

PRINCIPALES SOURCES BIBLIOGRAPHIQUES[1]

A. — HISTORIOGRAPHES

Poncet de la Grave	**Mémoires intéressans pour servir à l'Histoire de France** ou tableau historique, chronologique, pittoresque, ecclésiastique, civil et militaire des maisons royales, châteaux et parcs des rois de France, avec figures gravées en taille douce. *2 Volumes in-12, concernant Vincennes et toutes ses dépendances, Paris, chez Nyon l'aîné, 1788.*
Nougarède ou Nogaret	**Histoire du Donjon et du Château de Vincennes** depuis leur origine jusqu'à l'époque de la Révolution. A paru sous les initiales L. B. *3 Volumes in-8°, imprimés à Paris chez de Lerouge aîné, 1807. — Edition revue par Alphonse de Beauchamp.*
A. D. B. de Beauchamp	**Histoire du Donjon et du Château de Vincennes.** *3 Volumes in-8°, Paris 1815.*
Alboize et Auguste Maquet	**Le Donjon de Vincennes,** depuis sa fondation jusqu'à nos jours. *2 volumes in-4°, formant les tomes VII et VIII de l'histoire de la Bastille, depuis sa fondation (1374) jusqu'à sa destruction (1789). — Paris 1844. Administration de librairie.*
Anonyme	**Vincennes.** *1 Volume in-8° imprimé à Rouen sans nom d'auteur en 1847.*
Emile de la Bédollière et Ildefonse Rousset	**Le Bois de Vincennes** décrit et photographié. *1 Volume in-4°, planches. Paris, Librairie internationale A. Lacroix, Werboeckhoven et Cⁱᵉ, 1866.*
M. E. Lemarchand	**Etude sur Vincennes.** — Plaquette imprimée à Vincennes, par M. Gillot, imprimeur, 1888.
M. Dubois	**En haut du Donjon.** — Causerie familière sur le Château. *In-4°, Paris 1889.*
Abbé de Laval	**Esquise historique sur le Château de Vincennes.** — de Soye et fils, imprimeurs. *Paris 1890.*

---

(1) Nous n'indiquons dans ces sources bibliographiques que les principaux ouvrages consacrés à l'histoire de Vincennes, ou ceux dans lesquels se trouvent des études assez importantes sur le Château. Les autres ouvrages consultés sont indiqués dans les notes du volume.

M. J. de VARAVILLE	**Histoire du Château de Vincennes** des origines à nos jours, illustrée de 75 gravures d'après d'anciens documents. Librairie d'éducation Nationale. Paris 1900, in-4°.
M. E. LEMARCHAND	**Le Château de Vincennes,** de ses origines à nos jours. 1 Volume grand in-8°. Paris chez DARAGON.

B. — AUTEURS DIVERS

Ayant consacré une étude particulière à Vincennes dans leurs œuvres.

DU CERCEAU	**Les plus excellents bâtiments de France.** — Fin du XVIe siècle. Réédité par A. LÉVY, Paris.
MONFAUCON	**Les Monuments de la monarchie française**, avec les figures de chaque régime, que l'injure du temps à épargnées. — Deux éditions, une française et une latine. 5 Volumes in-folio, Paris 1729 et 1733. GOUDUIN, imprimeur.
Abbé LEBEUF	**Histoire de la Ville et de tout le diocèse de Paris.** — Édité par BRAULT père, Paris 1754-1758. 15 Volumes in-12. Réédité par la librairie de FÉCHEZ et LETOUZEY. — 6 Volumes, Paris 1883.
M L. R.	**Curiosités de Paris,** Versailles, Marly, Vincennes, Saint-Cloud et des environs. 3 Volumes in-12, à Paris chez les libraires associés. Nouvelle édition en 1778.
MILLIN	**Antiquités Nationales.** — Recueil de monuments pour servir à l'histoire générale et particulière de l'empire français. — A Paris, chez Marie-François DROUHIN, l'an III de la Liberté. 5 Volumes in-4°, planches. (Il y a deux éditions anciennes.)
W. MILLER.	**Versailles, Paris et Saint-Denis,** Or a serie of views from dravings made ou the spot by J. L. Walter. — Illustrated, London. Les planches sont en couleur et datées.
DULAURE	**Environs de Paris.** 8 Volumes in-8°, Paris 1827.
PARIZOT	**Guide album du Bois de Vincennes.** Paris 1860.
LOUIS GONZE	**L'art gothique**, par ancienne maison QUENTIN. — Librairies et Imprimeries réunies MAY et MOTTEROZ. Paris, grand in-4°.

ANNEXE C

RÉPERTOIRE

DES PRINCIPAUX DESSINS, GRAVURES, LITHOGRAPHIES,
TABLEAUX, PLANS,
Consultés pour l'Histoire de Vincennes

A — GRAVURES & LITHOGRAPHIES

DU CERCEAU — Le Château de Charles V.
A la fin du XIV° siècle.
  Dans le ciel se lit, à gauche : *Désignatio antiqui œdificii castelli* et à droite : *Desseng de l'ancien bastiment du Château.* (Grand in-folio oblong).

J.-F. BOISSEAU
Milieu du XVI° siècle (2 vues)

(1) Casteel royal du Bois de Vincennes.
  Gravé vers le milieu du XVII° siècle. (In-4° oblong).

(2) Le Château Royal du Bois de Vincennes.
  En bas à gauche se lit : *Boisseau excu cum privi,* et à droite, n° 3.
  Gravé vers le milieu du XVII° siècle.

ISRAEL SILVESTRE
De la fin du XIV° siècle
au milieu du XVII° siècle (6 vues)

(1) Le Château de Vincennes.
  Dans le Ciel, *prosp. du Château de Vincennes.*
  Gravé comme les cinq œuvres suivantes, probablement entre 1660 et 1670. (In-4° oblong).

(2) Veuë et perspective du Château de Vincennes, commencé en l'an 1337 par Philippe de Valois.
  Au bas se lit : *Israel Silvestre.*

(3) Vue du Château de Vincennes du côté du parc.
  Au bas : *Silvestre delineavit. — A. Perel. sculpsit.*

(4) Vue du Château de Vincennes.
  Au bas : *Silvestre ficit. — Israel excudit.*

(5) Vue de Vincennes.
  Au bas : *Silvestre del.*

(6) Vue du Château de Vincennes du côté du parc.
  Au bas et à gauche : *Chez Leblond, rue St-Jacques,* et à droite : *A la Cloche d'Argent,* avec priv. du Roy. (In-folio).

ANONYME
1650

Vue du Château de Vincennes, sur laquelle on voit l'arrestation de Condé, Conti et Longueville.
  Gravure avec texte allégorique allemand et français (1650).
  Collection Hennin, T. XI., p 1, Bibl. Nat.

ANONYME
1650

Casteel ins Vincennes, vers 1650.
  Dans un cartouche au bas : *L'arrestation du prince de Condé, par Guitaut, capitaine des Gardes.* — Collection Hennin, T. XI., p. 2, Bibl. Nat. (In-folio).

J. Gomboust 1652	Vue de Vincennes, sur la feuille IX du plan de Gomboust 1652. <small>Divers plans de Paris, ceux de Bercy, de Defer, de Gaspard, de Bailleul, entr'autres, offrent dans leur marge des vues de Vincennes.</small>
Dorbay, d'après Le Vau 1658	Arc de triomphe (1658). <small>En bas et à droite : *Dessin du portail de Vincennes en face de la cour pour entrer dans le parc*, par le sieur Le Vau *Dorbay delineavit*. (Grand in-folio).</small>
Anonyme 1660	L'Arc ou Portique de Vincennes (1660). <small>A Paris, chez N. Langlois (in-folio), avec une petite vue de l'aile du Château, prise dans le bois. (In-8ᵉ oblong).</small>
Anonyme 1660	La Revue de Vincennes. <small>Extrait de la réception solennelle de Louis XIV à Paris.</small>
P. Brissard 1668	Veue perspective du Château de Vincennes du costé de l'entrée de Paris (1668). <small>Au bas: *Dessiné et gravé par P. Brissard*. (Grand in-folio oblong).</small>
Van der Meulen 1660	Le Roi dans sa calèche accompagné de dames, dans le Bois de Vincennes (1660). <small>On lit au bas et à droite: *Dessiné pour le Roy très chrétien par F. Van der Meulen*.</small>
Bauduens d'après Vander Meulen 1660	Vue du Château de Vincennes du côté du parc (1660). <small>Au bas, on lit *Æ. Van der Meulen, ad vivum pinxit*, et au-dessous : *Æ. N. Bauduens sculpsit*.</small>
A. Pérelle 1665	(1) Le Château de Vincennes à une lieue de Paris (1665). <small>A Paris, chez N. Langlois, rue St-Jacques, avec privilège du Roy.</small> (2) Vue et perspective du Château de Vincennes (1665). <small>Nicolas de Pouilly, *exc. Æ. Perelle. —Del. et sculp. avec privilege du Roi*.</small>
J. Rigaud 1668	(1) Vue du Château Royal de Vincennes du côté du jardin, près du bord de la terrasse (1668). <small>J. Rigaud, *inv. et sculp*. (In-folio oblong).</small> (2) Vue du Château Royal de Vincennes du côté du grand corps de garde. <small>En bas à gauche : J. Rigaud, *inv. sculpsit*.</small>
Anonyme 1668	Vue du Château et du Donjon du côté du bois (1668). <small>A Paris, chez Esnaud jeune, marchand d'estampes. (In-folio oblong).</small>
Dubois, d'après Courvoisier 1668	Vue du Château du côté du parc. <small>En bas à gauche : *Dessiné par Courvoisier*, et à droite : *Gravé par Dubois*.</small>

Anonyme 1670	La fille du jardinier de Vincennes, Mlle de la Vigne. Collection Hennin, T. L. p. 24, Bibl. Nat.
Aveline Elève de Pérelle 1690	(1) Veue et perspective en général du Château Royal de Vincennes du côté du parc (1690). *Fait par Aveline. Se vend à Paris, rue St-Jacques, à la route de France. Dans une banderolle en haut, on lit : Vincennes. (In-folio).*
	(2) Veue et perspective en général du Château Royal de Vincennes (1690). *Fait par Aveline. (In-folio).*
Chéreau vers 1700	Vincennes Château Royal à une lieue de Paris. (Fin du XVIIIe siècle). On lit au bas de la planche : *à Paris, chez Chéreau.*
Anonyme Fin du XVIIe siècle	Le Château de Vincennes. (Fin du XVIIe siècle). Au bas, à gauche, on lit : *à Paris, chez Crépy, rue Saint-Jacques.*
Berey-le-Fils 1715	1° Vue générale de Vincennes (1715). *Dessiné et gravé par Berey-le-Fils. Se vend chez Berey, graveur, rue Saint-Jacques, Paris. (In-folio oblong).*
	2° Entrée du Roi Louis XV à Vincennes (1715). Au bas et à gauche : *Dessiné et gravé par Berey-le-Fils, 1715*, et à droite : *chez la veuve de F. Chéreau, à Paris, rue St-Jacques, aux Deux Piliers d'Or.* (In-folio oblong).
Anonyme 1715	Le Château de Vincennes près Paris, en vue d'oyseau. (Fin du XVIIIe siècle). A droite : *à Paris chez Daumont, rue St-Martin.* (In-folio oblong). (Mauvaise copie inversée et en couleur de la précédente de Berey-le-Fils).
Anonyme 1715	Départ de Louis XV de Vincennes pour venir au parlement. A Paris, chez Guérard, proche de la rue de la Huchette. Collection Hennin. T. LXXXVII, p. 36, Bibl. Nat.
Mahé 1716	Vue de Vincennes. On lit en haut : *Dessiné du quartier des philosophes au Collège Plessis*, à Paris. Au bas se trouve ce quatrain : Fais grâce à la copie et n'en dis pas de mal Car tu ne saurais plus que dire S'il te fallait un jour dans ce lieu de martyre En contempler l'original. *De Mahé, fecit, 1716.*
Boucher d'après Watteau vers 1750	Vue de Vincennes. (Milieu du XVIIIe siècle). Ferme dans le bourg de la Pissotte. Au bas à gauche : *A. Watteau, pinxit, Boucher, sculpsit.*
Anonyme 1777	Bal de Vincennes qui se tient tout les festes et dimanches à une petite lieue de Paris. A Paris, chez Mondhare, rue St-Jacques, à l'hôtel Saumur. Collection Hennin, T. CX, p. 57, Bibl. Nat.

Elysée Saugrain, d'après Moreau 1783	Vue du Château de Vincennes, près Paris (1783) Au bas et à gauche : L. G. Moreau, *Pinxit* 1783, et à droite : Elysée Saugrain, *sculpt*. -- Moreau *direxit*. (In-f° oblong).
Roux 1791	Attaque de Vincennes, le 28 février 1791. Au bas on lit : *Roux del.* — *Chez Torté, imprimeur, rue de Savoie, 10, Paris.*
Berthault, d'après Prieur 1791	Affaire de Vincennes, le 28 février 1791. En bas, à gauche : *Prieur, inv. et del.*, et à droite : *Berfault, sculp.* (In-folio oblong).
Anonyme vers 1810	Vue du Château de Vincennes, département de la Seine. En bas à droite : *Imprimerie lithographique de F. Delpech.*
Anonyme 1815	Revue des officiers généraux devant commander les volontaires royaux à Vincennes. Eau forte. Pièce satirique du 10 mars 1815. Collect. Hennin, T. CLVI, p. 44, Bibl. Nat.
Dubois, d'après Courvoisier 1816	Vue du Château de Vincennes, prise du côté du parc. En bas, à gauche : *Dessiné par Courvoisier*, et à droite : *Gravé par Dubois*. — A Paris, chez Bassel, rue St-Jacques. Déposé à la direction générale de l'imprimerie et de la librairie. -- Lithographie du commencement de la Restauration. (In-folio oblong).
H. Van der Bruck 1818	Château de Vincennes, côté du polygone. Cette lithographie est extraite des *Sites Historiques*. -- Lithographie de Lemercier, rue du Four, S. G. n° 55. A Paris, chez Chaillou, éditeur, rue Saint-Honoré, 40. (In-folio oblong).
Pernot 1819	Les fossés de Vincennes, vue du mausolée du duc d'Enghien (1819). En bas : *A la mémoire de Louis-Antoine de Bourbon, duc d'Enghien.* A gauche : *Dessiné dans les fossés de Vincennes par F. A. Pernot, 1819.* A droite : *Se vend à la lithographie Bernard, quai de Béthune, 10 (Ile St-Louis).*
Arnout 1823	Vue du Château de Vincennes, prise du bois. En bas à gauche : *Arnout 1823*, et à droite : *Lithographie de C. Constans.* (In-12).
Martens, d'après Schmidt vers 1840	Château de Vincennes, vu du cours de Paris. En bas à gauche : *Schmidt del.* A droite : *Martens, sculp.* A Paris, chez Rittner, boulevard Montmartre, 12. (In-4° oblong).
V. Adam vers 1840	Vincennes. Une fête populaire sur l'Esplanade. (Epoque Louis-Philippe). En bas à gauche : *V. Adam, inv. et lith.* — Lithographie de de Ligny et Dupais, rue Quincampoix, 36. — Petit in-folio oblong).

Asselineau vers 1840	1° Vue des cours de Vincennes. (Epoque Louis-Philippe). En bas à gauche : Asselineau del. (In-folio oblong). 2° Château de Vincennes. (Epoque Louis-Philippe). Cette vue est prise du côté de Saint-Mandé. En bas, à gauche : Asselineau del. (In-folio oblong).
Léon Noël d'après Winterhalter 1845	Le duc de Montpensier, avec le Château dans le fond. En bas, à gauche : *Peint par Winterhalter en 1841*, et à droite : *Lithographié par Léon Noël 1841*. (Grand in-folio oblong).
Deroy 1865	Vincennes, vue prise du polygone (1865). En bas : *Dessiné et lithographié d'après nature, par Deroy*. Imprimerie Lemercier, à Paris. (In-4° oblong).

B. — PLANS

Androuet du Cerceau — Le Château de Charles V
Extrait de l'ouvrage *Les bâtiments les plus célèbres*. En haut, dans le ciel à gauche : *Le Plan du Chasteau*, et à droite : *Planum antiquum Castelli*. Gravé dans la seconde moitié du XVI° siècle.

Le Vau
1654 à 1670 — Collection des plans originaux de Le Vau. (1654 à 1670)
La plupart de ces plans sont annotés par Colbert. Bibliothèque municipale de Paris n° 12011.

Anonyme
vers 1658 — Plan avec vue perspective du Château, dessinée à main levée.
Archives nationales O¹ 1889 B, liasse 5. (Petit in-folio).

Israel Silvestre
1668 — Plan général du Château et du petit parc de Vincennes (1668).
Ychnographia arcis Regia. Vincennarum cum hortis adjacentibus. Israël Silvestre *fecit* 1668. (Grand in-folio oblong).

Anonyme
Commencement du XVIII° siècle — 1° Plan du 1ᵉʳ étage du Château.
2° Plan du rez-de-chaussée.
(Archives Nationales, O¹ 1899, liasse 9).

Jacques Dubois
1731 — Plan général du Chasteau et parcs de Vincennes avec ses environs, contenant en total 2079 arpens 97 perches, non compris les Minimes.
Levé sur les lieux et déssigner par le sʳ Jacques Dubois. Très beau plan manuscrit, longueur 1ᵐ70, hauteur, 1ᵐ50. (Archives Nationales, 1ʳᵉ classe, n° 59).

Descot
1731 — Projet d'un plan pour le parc de Vincennes, dressé par ordre de M. le duc d'Antin, par Descot.
(Archives Nationales, O¹ 1889 B, liasse 5).

Gabriel
1752 — Plans originaux de Gabriel 1752, pour l'aménagement du pavillon du Roi en École militaire.
(Bibliothèque Municipale de Paris, n° 12911).

Anonyme
1777 — Plan de Collet.
Bibl. mun. de Paris. Dossier des plans de Colbert.

Anonyme
1778 — Plan de Vincennes et de ses environs.
(Archives Nationales, O¹ 1889 B, liasse 5).

Anonyme
1781 — Plan du Château et du parc.
(Archives du génie de Vincennes, art. 2, n° 2).

Anonyme
vers 1800 — Plan de Vincennes.
Extrait de l'ouvrage *La Topographie Française*.

F. S. G. N.
vers 1820 — Plan du parc royal de Vincennes.
En bas et à droite, Imprimerie lithographique de R. du Marai. F.S.G.N. 13.

Divers — Collection des diverses plans modernes concernant Vincennes.
(Archives du Génie de la place de Vincennes.

C. — PEINTURES, TABLEAUX, MINIATURES OU DESSINS

Inconnu
Fin du XIVe siècle

Hallali du sanglier dans la forêt de Vincennes.
(Miniature des Grandes Heures du duc de Berry, Musée Condé). Reproduit par l'héliogravure dans la *Gazette des Beaux Arts* 1887. Héliographie Dujardin. — Imprimerie Eudes.

Fouquet
vers 1450

Job sur son fumier, avec le donjon de Vincennes comme fond.
Miniature du livre d'heures d'Etienne Chevalier. — Musée Condé. Reproduction dans le livre de M. Gruyer *Les Quarante Fouquet*, Paris, in-4°.

Van der Meulen
1669

1° Vue du Château de Vincennes (1669).
Hauteur, 0"53, largeur, 0"95. Musée de Versailles, salle 165, n° 4392).

2° Vue du Château du côté du parc.
Musée du Louvre, n° 2045.

Gabriel Allegrain
Vers 1700

Vue du Château de Vincennes
Hauteur, 2"96, largeur, 2"23. Musée de Versailles, salle 36, n° 764.

Auginier
(Pour l'architecture)
Vers 1669

Château de Vincennes, d'après Lebrun et Van der Meulen.
Modèle de tapisserie dont la série formait la tenture dite *des Mois*. Musée de Versailles, salle 169, n° 46-96.

Anonyme
État à diverses époques

Six panneaux dans l'antichambre de l'école d'artillerie, 1er étage du pavillon de la Reine, au fort de Vincennes.

1. Vue d'ensemble..........	Hauteur, 1"34	Largeur, 0"96.
2. Autre vue d'ensemble....	—	—	—
3. La Tour du Village......	—	—	0"66.
4. Le Donjon................	—	—	0"96.
5. La Sainte-Chapelle.......	—	—	—
6. La Tour du Réservoir...	—	—	0"53.

Winterhalter
1844

Portrait du duc de Montpensier, avec le Château dans le fond.
Œuvre reproduite par la lithographie (cité plus haut).

Deux dessins insérés dans *La Topographie Française*. Le premier, assez curieux, représente Vincennes du côté de la Pissotte; le second est une esquisse très vague.

Index Alphabétique

A

Abbaye des Prés	15
Abrantès (duchesse d')	237
Abreuvoir (grand)	266
Acre (Port d')	47
Adam (Charles) 173	174
Adam (frères)	172
Adam (V), (lithographie de)	317
Adjudication du château 190	192
Agen (Armement)	72
Aglibert, martyr	21
Agnès Sorel	110
Agoar, martyr	21
Aigues-Mortes, fortifications	83
— embarquement de saint Louis	48
Alboize, Historiographe de Vincennes 10, 195, 270, 275	312
Albret (duc d'), grand chambellan	170
Alençon (François duc d'), † 1584	118
Aligre (d'), directeur des Finances	142
Alger (dey d')	276
Alon (marquise d')	270
Alphand, ingénieur	14
Allegrain	320
Ambassadeurs d'Aragon	114
— Florentins 86	112
— Normands	62
— de Philippe II	117
— Siamois	165
Amboise (château)	139
Amboise (François d')	117
Amélie, reine	276
Amiot (Maître Jehan)	92
André, Dominicain envoyé par saint Louis pour acheter la Sainte Couronne	43
Angiviller (Comte d')	183
Anjou (Louis I, duc d') 99	100
Anjou (duc d'Anjou). Voir Philippe d'Orléans.	
Anne d'Autriche 138, 139, 148, 152	158
Antin (duc d')	158
Appartements grands 172	178
Appert, aut. cit	279
Arcs (portée des)	75
Arbalètes (portée des)	75
Arbre de la Liberté	192
Archevêque de Reims	50
— de Sens 47	50
Arcis-sur-Aube, combat	231
Arcost (Voir Croy).	
Aréna	196
Argenson (Marc-René de Voyer, vicomte de Paulmi, marquis d') 176, 177, 178, 182	309
Argenson (Marc-René-Marie de Voyer, comte de Paulmi, marquis d')	309
Armagnacs	108
Armand, colonel	310
Arnaud, soldat	296
Arnould, aut. cit	195
Arondel (Guillaume d') maître des œuvres	67
Arsenal 12	221
Arteveld	100
Artillerie à feu 72	74
— Nervobalistique	69
Artus, lieutenant gouverneur	307
Asne (Jehan d') maître des œuvres du XIIIe siècle	66
Asselineau	318
Assemblée Nationale 191	192
Assemblée primaires de Vincennes 191	192
Attila envahit la presqu'île de la Marne	21
Auber conduit un orchestre	284
Aubier (sieur des)	170
Aufort, brigadier de gendarmerie	208
Augard, commissaire des travaux sous Charles V	92
Auginier	320
Aumale (chevalier d')	124
Avalon (Jean d'), chapelain de Charles V	92
Aveline (vue de)	316
Avenue de Paris	57
Auxerre (ville d')	48

41

B

Babeu (Jouan), gaîte de la tour..	92
Bachelier	176
Bagaudes (Fossé des).............	21
Bagnolet, bourg..................	164
— Eaux	21
Baigneux, charte signée..........	46
Baigneux (Simon de), Vicomte de Rouen 73	91
Barangue, lieutenant-colonel.....	142
Barante (de), aut. cit............	99
Barbe, général...................	311
Barbès	286
Barbette (Hôtel)...................	101
Barclay de Tolly, général........	235
Bariol, soldat....................	295
Barillon (Jean). Journal..........	116
Barrois, colonel du 90e rég. d'inf. légère 205	211
Bartholomi Tristan, Panetier de Louis IX.........................	35
Bas-officiers (compagnie de)..180	181
— Invalides	184
Basse-cour................53, 180	181
Batiffol (M.), Bibliothécaire de la Bibliothèque Nationale..........	10
Bastille................68, 123, 124	171
— Règlement	183
Baudoin II, Empereur d'Orient (1228-1261)	42
Bauduens	315
Beaucaire (Ville de)...............	48
Beauchamp (de), aut. cit.........	311
Beaulieu, gouv. de Vincennes.124	308
Beauté (château de)....95, 98, 102	110
Bedfort (duc de)................106	108
Bédollière (Emile de la), aut. cit. 10, 14, 251	311
Bel-Air, Dépression..............	21
— Ménagerie....25, 156, 164	173
Bellefont (Bernardin-Gigault,marquis de), Maréchal de France, gouverneur de Vincennes......	308
Bellefont, (Louis-Charles-Bernardin-Gigault, marquis de), fils du précédent et gouverneur de Vincennes................... 261	309
Lénard)Journal de l'adjudant)..	261
Benoît VII, Pape (975-984)........	18
Berckeim (général de)............	310
Béranger, commissaire du gouvernement dans le procès des ministres de Charles X............	274
Berry (le fils)....................	316
Berghes (princesse de)............	171
Bernard, évêque d'Auxerre.......	43
Bernard (frère), correcteur du Grandmontins ,.................	26
Berringhen (Charles).............	152
Berry ;Jean duc de) † 1316......	68
Berry (duc de), frère de Charles V......................91, 99	320
Berryer	289
Berthault	317
Berthier (Alexandre), maréchal de l'empire (1753-1815)......,......	207
Bertin, ministre de Louis XV....	174
Bertrand (général)...............	247
Bertrand, garde d'artillerie......	199
Bicêtre, château de..............	68
Birague, chancelier de...........	119
Bismarck (Otto, prince de) (1815-1898)	296
Blanc (Louis).....................	274
Blanche de Castille (1187-1252) 44, 45	46
Blanche, fille de Charles-le-Bel...	58
Blaye	139
Blidegisile, diacre de Paris.......	21
Blois (Ville de)....................	161
— (Ville de)........	139
Blücher (maréchal) ..232, 249, 252	256
Boccanégra, constructeur d'Aigues-Mortes	83
Boileau, préposé à la comptabilité de la manufacture de porcelaine de Sèvres.................	176
Bois, cession à la Ville de Paris..	10
— Gardes	113
— Guerre allemande..........	296
— Ouvrages fortifiés.........	113
— Replantation........116, 117	172
Bois Bourdon, favori d'Isabeau de Bavière.....................	103
Boisseau	314
Boissy-St-Léger	296
Bollogne, lieut...................	204
Boltz, aut. cit...................	267
Bon, religieuse à l'époque du procès du duc d'Enghien..........	202
Bonaparte (Voir Napoléon 1).... 199, 204, 205, 207	214

Bon Charannes, envoyé du prince de Condé (1568)	118
Bongars (chevalier de)	179
Bonhairz (cap.)	142
Bonne de Luxembourg	63
Bonneau de Mortran, lieutenant d'Etat-Major	301
Bonnefond, général	311
Bonnelet, manouvrier ayant creusé la fosse du duc d'Enghien	200
Bons-Hommes	23, 90
Borde (comte de la) aut. cit.	130
Bordeaux (Ville de)	139
Bordier, directeur d'une manufacture d'armes	176
Borgh	214
Bouché, greffier de la Cour des aides	142
Boucher, peintre	176, 179, 316
Boucherat, conseiller au Parlement	165
Bouches à feu (apparition des)	72
Bouillon (maréchal de)	117
Boulangerie du donjon	181
Boulay de la Meurthe (M.), aut. cit.	200
Boulogne-sur-Seine, église	14
Boulogne-sur-Mer	14
Bourbon (Louis II, duc de) († 1410)	99
Bourbon (duc de)	171
Bourbon (Louis-Henri-Joseph duc de), prince de Condé (1756-1830)	202
Bourdon, concierge	199, 202
Bourges, Haute-Cour	286
— Palais	68
Le Bourget	276
Bourg-la-Reine	195
Bourgogne (duc de)	91
— Parlement	169
Bourienne, mémoires	200, 203, 209
Bourlon, cap	142
Bouthillier (Léon de) marquis de Chavigny	129, 308
Boyer, soldat	295
Brabant (Marie de)	51
Brabant (duc de)	52
Braque (Nicolas de), gouverneur	5, 307
Brogelonne (de), président aux enquêtes	142
Brandin, cap	142
Bretagne (Parlement de)	169
Breteuil (marquis de)	178
Breteuil (vicomtesse de)	184
Breuil (du), aut. cit.	19
Bricard (Eloy)	174
Brienne (Jean de)	42
Brioul en Quercy, armement	72
Brissart	314
Brives (colonel de)	310
Brosse (Pierre de la), ministre de Ph. III	51, 52
Brunet, général	311
Buttes-Chaumont	232
Buis, ambassadeur de Hollande	169

C

Cadenet, frère du duc de Luynes, gouverneur	308
Cadoudal (Georges), chef de chouans, exécuté le 25 juin 1804	196, 204, 241
Cahors, armement de la ville	72
Calabre (duc de)	113
Calais (Ville de)	131
Cambacérès (J.-J. Régis de), archichancelier de l'empire (1753-1824)	204
Capitainerie des chasses	164, 174
Cardon (Anthony), graveur	202
Carnazet (Yves de), gouv.	307
Caro (général)	311
Cartoucherie, explosion de 1819	204
Casimir (Jean), roi de Pologne (1648-1668), ayant abdiqué, devient abbé de St-Germain-des-Prés	161, 162
Castelno (Jehan de), capitaine du château sous Charles VII	109
Catherine de Médicis	118, 120, 121
Catherine II de Russie (1762-1796)	174
Caulaincourt (Armand-Augustin-Louis de), duc de Vicence (1773-1827)	204
Cavanie, soldat	295
Cavoie, grand maréchal-des-logis de la cour sous Louis XIV	165
Célestins (église des)	67
Ceracchi	196

Cerceau (Androuet du). 92, 312, 313 319
César (Jules), Conquête du pays parisien......... 13
— — Commentaires.... 14
Chabannes (Jacques de), gouv. de Vincennes................108, 109 307
Challi (Denis), capitaine du château de Vincennes............... 108
Chambres : de Robert d'Alençon. 47
— du roi................. 112
— de Saint-Louis....... 32
Chambord (château de).......... 139
Champ de Mars................. 178
Champaubert, combat............ 231
Champigny : bataille............ 295
— (batteries prusiennes de).......... 296
Chanoines 181 190
Chantelauze (M. de), ministre de Charles X....................... 267
Chantilly (château de), comparé à Vincennes................... 7
Chapelle Saint-Martin :
— Créée par saint Louis.... 45
— Charte octroyée au chapelain................. 45
— Erection en paroisse.... 46
— Jehanne de Bourgogne y prête serment de régente................. 53
— Reçoit dépouilles de Charles-le-Bel.......... 57
— Réparations............. 67
Chapelle (Sainte), de Paris. Sacre de Marie de Brabant........ 51
Chapelle (Ste) de Vincennes..180 190
— Affectation en salle d'armes 222
— Désaffectée 192
— Reçoit dépouilles mortelles de Mazarin....... 151
Chapelle St-Nicolas, à Paris...... 44
Charenton (bourg de)..64, 164, 172 243
— Combat du 8 février 1649................. 128
— Enclave................. 21
— Fort................... 297
— Paroisse............... 46
— Pont........21, 102, 113 232
Charles-le-Chauve (840-877)...... 20
Charles-le-Bel (1322-1328).......... 56
Charles V (1364-1380)............166 185
— Caractère 73

Charles V, Château................ 11
— Constitution physique. 90
— Construction probable de la Tourelle de St-Mandé 22
— Premier Dauphin...... 63
— Mort 98
— Travaux..........65, 66 67
Charles VI, (1380-1422) dit le Bien-Aimé 99 104
— Maladie 101
Charles VII (1483-1498)............ 116
Charles IX (1560-1574). Sa mort.119 120
Charles I (duc de Bourbon, 1434-1456) 109
Charles IV, Empereur d'Allemagne (1347-1378).................93 185
Charles de Lorraine, grand écuyer en 1715.....................170 171
Charles de Valois († 1325)........51 54
Charles Théodore, électeur palatin 177
Charlot (colonel)................. 205
Charolais (comte de)............113 114
Charonne (bourg de)............. 164
Chasses. (Voir Capitainerie).
Chasseurs à pied................. 135
Châteaubriand, aut. cit........... 106
Château-Gaillard (château de).... 73
Châteauroux (Eudes de), légat du Pape 46
Châtelet (marquis du), gouverneur 173 180
Châtillon (Cardinal de)........... 118
Châtillon (duchesse de)........... 128
Chaulnes (duc de)................ 308
Chelles 148 136
Chemin de ronde................86 223
Chêne de saint Louis............28 31
Chevalier (abbé de).............. 116
Chevenon (Guillaume de), garde de la Tour................... 92
Cheret (Madame)................ 237
Choisy, aut. cit.................. 155
Choulot (Mémoires du comte de) 216
Christine de Pisan, aut. cit., 66, 67 91
— ses idées...... 69
Chroniques (grandes) de France 102, 103, 106 107
Cidrac (Pierre de), gouv. de Vincennes 109
Citerne......................82 112
Clairambault, aut. cit...........34 35

— 325 —

Clairval (vicomtesse de)..227, 235
                                236 247 272
Clappier (général)................. 310
Clarke, ministre de la guerre.... 224
Claude de France................. 116
Clémence de Hongrie, femme de
  Louis X........................ 56
Clément (général)................5 311
Clermont (Robert, comte de), seigneur de Bourbon († 1327)...... 54
Clermont (Louis I de), duc de Bourbon, fils du précédent.... 54
Clermont (René de) seigneur de St-Quentin 117
Clos-Vougeot 237
Clôture du Bois, sous Philippe-Auguste........ 22
  —   — Vers St-Mandé 52
Clovis I, roi des Francs (481-511).. 18
Clovis II, roi de Neustrie et de Bourgogne (638-656)............. 21
Cluny (abbaye de)................ 48
Colbert................129, 130, 131 132
Collet, intendant des bâtiments... 180
Cologne (ambassadeur de la ville de) 169
Colonnades rustiques............. 136
Comédiens du roi à Vincennes.... 162
Commynes 113 114
Communs agrandissements....... 100
Concierges du château........... 195
  —   du donjon............. 114
  —   gages 102
Conciergerie (Étang de la)........ 64
  —   Porte du Bois....... 21
  —   Porte de Paris...... 192
Condé (Louis II, prince de)...... 136
Condé (Louis-Joseph, prince de) (1736-1818).................... 203
Condé (Ville de)................. 241
Conflans (bourg de).........21, 113 164
Consideré (M.)................175 176
Constantinople, Instruments de la Passion..................... 46

Contrescarpe 79
Convention 195
Corbeil (capitaine de)............ 108
  —   (Garnison de)............ 109
  —   (Prise de).................. 108
Corbin (colonel), Cᵗ de la garde Nᵗᵉ de Paris................297 298
Cordeliers (couvent des).......... 53
Cosnac (comte de) aut. cit.....131 132
Coslin (M. Paul).................. 10
Coucy, comparaison avec Vincennes 7
Coulommiers (prise de)........... 108
Coulon, conseiller à la cour...... 142
Courajord, aut. cit................ 83
Cour ardente..................... 165
Cour du château..............136 181
  —   du cloître................. 184
  —   du donjon.................. 183
  —   d'entrée.................... 184
  —   grande 173
  —   Royale................180 183
  —   de la Surintendance........ 183
Couret, entrepreneur............. 225
Courmont (marquis de)........... 246
Courtade (Thomas), chanoine.... 195
Courtenay (Pierre de), comte d'Auxerre et du Hainaut....... 42
Courtenay (Robert de), empereur latin (1218-1228)............... 42
Courtigi (général de)............. 310
Courtines 79
Courvoisier.....................315 317
Coustain (Jehan), seigneur de Navilly, gouv..................... 307
Couvreur, soldat................. 295
Créci (prince de)................. 108
Crécy (Bataille de)............... 72
Créneaux 86
Creté (maître Jehan)............. 91
Créteil (commune de)............ 295
Croizet (capitaine)............... 142
Cromwell 127
Croy (Prince Philippe de)........ 117

D

Damicamp, soldat................. 295
Daugereau, colonel............... 259
Daumesnil (Avenue)............... 21
Daumesnil, (Général)............ 227
  —   Défense héroïque.... 9
  —   Garde les ministres

  de Charles X...... 270
Daumesnil, Gouverneur 3 309
  —   Portrait 229
  —   Mort................. 279
Dauphins sculptés sur le château. 63
Dauphiné, Réunion à la France... 63

Dautancourt, major de la gendarmerie..................206, 209, 211	212
Davout, maréchal, duc d'Auerstaedt (1778-1829)..................	249
Debretonne	289
Decharme, colonel...............	310
Delpech, lithographie......... .	201
Delisle (Léopold), aut. cit........	73
Demerville	196
Dendrophores (collège de)......19	20
Députation normande à Vincennes	62
Deroy...........................	318
Descot............................	319
Deshallus, capitaine.............	142
Desmottes, aide-de-camp du général Lafayette..................	191
Despen, gouverneur de Ham......	276
Dijon (Parlement de)............	169
Directoire	195
Dolphin (G.), ambassadeur de Venise	122
Donjon........92, 112, 136, 199, 209	299
— (Gouverneur du).......180	309
Donjon (Prison)................181	191
— (Prisonniers)	180
Dorbay............................	315
Douet-d'Arc, aut. cit............34	41
Druides (collège de)..............	14
Dubois (Charles), aut. d'une étude sur Vincennes................	21
Dubois (frères)............172, 173	177
Dubois (graveur)...............314	317
Dubois (Jacques)................	319
Dubourg, gouverneur de la Bastille	124
Ducange, aut. cit.......31, 34, 35	73
Du Cerceau....................79	82
Dulaure (Jacques-Antoine), aut. cit................17, 21	313
— Biographie..............	17
Dumouriez (Charles-François, général (1739-1823).................204	210
Dupac de Badens (Voir marquise de Puivert).	
Dupin, aut. cit........205, 206, 209	211
— Discours sur la tombe de Daumesnil............	279

E

Eaux (conduites d').............82	256
Echauguettes des remparts........	79
Ecole militaire des cadets........	177
Ecole Polytechnique............. ...	232
Ecuries......—............136, 184	299
Edouard I, roi d'Angleterre (1272-1307)	50
Edouard III, roi d'Angleterre (1327-1377)	62
Elisabeth d'Orléans, reine d'Espagne 170	171
Enceinte du donjon...............	182
Enceinte de Paris, analogie avec l'enceinte du château.........	24
Enghien (Louis-Antoine-Henri de Bourbon, duc d') né à Chantilly, en 1772, fusillé à Vincennes en 1804	196
— Exécution	216
— Interrogatoire	212
— Monument commémoratif	217
— Portrait	197
— Tombe	9
Enguerrand de Marigny (Procès) 54	55
Enlart (M.), aut. cit............66	67
Envoûtement	61
Epidémies à Vincennes...........	109
Erb (général).....................	311
Ermites (Institution des).........	23
Esmein (M.), aut. cit............	34
Espagne (Reine douairière). (Voir Elisabeth d'Orléans).	
Esplanade	181
Espoar (baron d'), ambassadeur de Suède........	169
Essart (Pierre des)...............	102
Estampes Valençay (d'), conseiller d'Etat.....................	142
Etampes, ville...................	171
Etang (marquis de l')............	244
Etienne Marcel....................	63
Ettenheim, ville du duché de Bade	204
Etymologie de Vincennes........	19
Eugène III, pape (1145-1143)......	18
Evain, major de l'Ecole Polytechnique	232
Evêques d'Arras................ ...	91

Evêques d'Auxerre............43 91
— Bayeux 91
— Noyon 91
— de Bari.............. 96
— de Paris.......46, 48, 53 59

Evêque de Sens................ 43
Exelmans (maréchal de France) (1775-1852) 244 249
Exester, gouvern. anglais......105 307
Eymar, abbé.................... 204

F

Fabarit, capitaine............... 199
Faisanderie (redoute de)......... 296
Falloue, soldat.................. 295
Fallue, aut. cit................. 14
Falluère (Alexandre Lefebvre de la), grand maître des Eaux et Forêts 172
Fattot, lieut.-colonel de la commune.................297, 298 301
Favé (colonel), aut. cit.......... 72
Favre (Jules), membre du gouv. de la défense nat. (1809-1880).. 296
Félix, martyr.................... 21
Feltre (duc de) (Voir Clarke).... 241
Femmes de mauvaise vie.......... 195
Fenin (Pierre de) aut. cit....... 19
Feray, colonel................... 286
Ferrière, transfuge.............. 108
Ferron, domestique du duc d'Enghien 204
Flandres (ouvrier des)........... 176
Foix (Marguerite de)............. 122
Fontaine (Pierre de), conseiller de saint Louis.................. 28
Fontainebleau, château.. 151, 152, 155 156

Fontainebleau, Comparaison avec Vincennes 7
Fontellian, chirurgien de Mirabeau 184
Fontenay-s.-Bois :
  Bourg...........164, 232, 233 297
  Biens de l'Eglise.............. 18
  Occupation Prussienne........ 251
  Origine 20
  Paroisse 46
  Sources 22
Forey (général).................. 286
Fort 12
Fort-Neuf 280
Fossés..79, 130, 137, 184, 190, 214, 215 266
— Du donjon.................... 266
Foucquet 319
Foucquet, surintendant des finances...................54, 151 156
Fouquet, peintre du XVe siècle... 320
Francines de Grandmaison, lieut. criminel 147
François I (1515-1547)............ 116
François II (1559-1560)........... 117
Fredain, soldat.................. 295
Froumenter, capitaine............ 142
Funck-Brentano (M.), aut. cit.... 158

G

Gabriel, architecte........178, 180 319
Gabrielle d'Estrée............... 124
Gai, capitaine................... 142
Guignaud, garde du Bois.......... 251
Galand, cap...................... 142
Gappet (Jacquemin), Gaîte de la Tour 92
Garat (baron).................... 227
— (comte), ministre de la Justice de 1792 à 1793......227 228
— (Léonie), baronne Daumesnil................227, 235 236
Garde des consuls................ 199

Garde impériale.................. 222
Garnier (Ed.), aut. cit.......... 176
Gaspard III, comte de Savigny et marquis d'Orne.........128
— IV, duc de Châtillon.... 128
Gasville (Mad. de)............... 183
Gautier, archevêque de Sens.... 43
Gébauër (baronne Garat)........ 227
Geoffroy de Villette, conseilller de saint Louis.................. 28
Gesvres (duc de)................ 17
Gillet, architecte............... 192
Giresmes (commandeur de)....108 307

Girard, procureur général	142
Glassis	184
Godard, canonnier, garde-magasin de la place à l'époque du procès du duc d'Enghien....200	208
Goiran, général	311
Gomboust (plan de)	315
Gonesse (Grange de)	63
Gonze (Louis), aut. cit	313
Gouttes (chevalier des)	247
Gouvernement de Vincennes	183
Gouverneur (V. liste)	307
Gouvion St-Cyr, ministre de la Guerre	258
Graff, milord, ambassadeur d'Angleterre	139
Grandmont, abbaye..23, 25, 27, 54	63
— Négociations à l'abbaye	118
— Transfert au collège Mignon	122
Gravelle 172	297
Graville (Louis de), gouv.	307
Grégoire XI (pape), 1370-1378	96
Grenelle, mairie de	286
— Place de	178

Grévy (général)	310
Grewenitz, major prussien	259
Grimaldi (de), Ambassadeur de Venise	139
Grunstein (de)..................204	205
Guénégaud (président de)......140	142
Guernon Ranville (de)	267
Guessard, aut. cit	118
Guibourg (Etienne), Prêtre	158
Guibout, aide de camp	276
Guiches (comte de)	135
Guillaume, Evêque de Paris	21
— Madrenier	36
— Garde de l'oriflamme	91
Guillaume Le Breton, aut. cit	17
Guillaume Guilloret, maître-queu	36
Guilhermy (de), aut. cit	45
Guinguand, maître de la Chambre des Comptes sous saint Louis..	46
Guise (duc de)	117
— (Mad. de)	161
Guiton, colonel du 1er rég. de cuirassiers 205	211
Guizot, ant. cit	52
Guy de Dammartin, maître d'œuvres	68

H

Hallot, métallurgiste	176
Ham (château de)..........276, 290	291
Hannony (frères)	182
— (Paul Antonin)	176
— (Pierre Antonin)....176	177
Harchesus de Corbeil, maître échanson	36
Harcourt (duc d'), cap. des gardes	169
— (maréchal de) † 1718....	170
Harel, command. d'armes de Vincennes 196 200, 207, 208, 209, 214, 215, 216, 220	309
Harel (Mad.) née Goddefride-Julie Decoudé 202	203
Haudebourg, capitaine de gendarmerie	301
Hécourt (marquis d'), gouv.	308
Héliot, capitaine	142
Hennequin, orfèvre de Charles V.	95
Hennet, sous-chef aux archives de la guerre	178
Henri II, roi d'Angleterre (1154-1189)	24

Henri III (1216-1272)	51
Henri V (1413-1422).........104, 106	107
Henri VII (1422-1471).........107	108
Henri I, roi de France (1031 † 1060	18
Henri II (1547-1559)	117
Henri III (1574-1589)...119, 121, 122	123
Henri IV (1589 † 1610)........88	124
Henri I, roi de Navarre (1270 † 1274)	53
Henriette d'Angleterre....151, 152, 155	161
Hérault (messire) gouv.	308
Heu (Gaspard d')	117
Heuduin (Guilaume) maître d'artillerie 73	91
Hoff, général bavarois........298	301
Hollande (Ambassadeur de)	169
Hocquelet (Jehannin) garde des tapis	92
Horloge du donjon	102
Hospitium de Louis le Jeune....11	23
Hôtel ou maison du roi	33

— 329 —

Huel (Pierre-Jacques)............ 195
Hugo, colonel.................... 246
Hugues, évêque de Soissons...... 23
Hulen (Jacques de), gouv......... 307
Hulin (Pierre, Auguste), général
(1758-1841).205, 206, 207, 211, 212 220
Humbert II, dauphin du Viennois
(1313-1355)....................... 62
Huntingdon (comte de) gouv..... 307
Hymne « O salutaris Hostia »... 116

I

Ile de Vincennes................. 22
Inscription commémorative de l'érection du donjon.. 191
— de la Porte du Bois.. 225
— de St-Maur........... 15
*Intermédiaire des chercheurs et
des curieux*..................... 220
Invalides (Hôtel des)........178 180
Isabeau de Bavière........103, 104 108
Isabelle d'Aragon, reine de France................................. 31
Isambart, maître queux.......... 26

J

Jacob (M.), bibliothécaire de la
bibl. de la Ville de Paris....... 10
Jacquemart (A), aut. cit........ 173
Jacqueminot (de)................ 279
Jacques, dominicain envoyé par
saint Louis pour acheter la Ste
Couronne 43
Jacquin, chef d'escadron........ 209
Jallier, architecte............. 191
Jamart, capitaine............... 142
Jardins du château.............. 162
— et botanique............. 190
Jean de Luxembourg, roi de Bohème († 1346)................... 59
Jean le Pustilleur............. 36
Jean I, roi de France (1316).... 56
Jean II, roi de France (1350-1364).. 63
— Caractère 90
— Travaux........32, 64, 65 66
Jean de Clichy, fruitier........ 37
Jean XXII, pape (1316-1334)..... 59
Jean-sans-Peur, duc de Bourgogne (1404-1419)..........100, 102 104
Jeanne d'Arc.................... 108
Jeanne de Bourbon, reine de
France 93
Jeanne de Bourgogne............. 53
Jeanne, reine de France et de Navarre meurt à Vincennes (1271-1304) 53
Joffre, général................. 211
Joinville, aut. cit........28, 33, 40 47
Joinville-le-Pont 295 296
Joseph, roi..................... 231
Joséphine (Une dame d'honneur
de) 207
Juifs........................... 26
Julien, empereur romain......... 14

K

Kamenew, général............233 234
Kirgener (baron de Planta) général................................ 311

L

Labienus, lieut. de J. César.... 14
Lacour, adjudant de place sous le
Directoire...................195 309
Lacroix (de), capitaine......... 142
Loir, aut. cit........148, 152, 155 158
La Fère (Ville de) Mazarin, gouv. 132
Ladvocat, gardien des ministres
de Charles X.................... 276

42

Ladvocat, maître de la chambre des Comptes	142
— Artilleur	243
La Fayette, général	191
Lallemant, maître des requêtes	142
Lambert de Vercières, moine de Ste Geneviève	46
Lamoignon, (M. de) premier président du Parlement 133	142
Lamothe, maréchal-des-logis de gendarmerie	203
Lamy (Eugène), peintre	283
Lancelot, aut. cit	19
Laon, armement	72
— Bataille	231
La Palisse, chirurgien des milices de Paris	141
Larabit	289
Larchey (Loredan), aut. cit	72
La Tour St-Prix, serviteur de Charle IX	119
Laurier (du), capitaine des milices de Paris	142
Laval (abbé de) aut. cit...61, 82, 172, 176, 181, 311	190
— Découverte	24
— Historiographe	10
La Vallière (duchesse de) (1654-1710) 152, 157	161
Lebeau (Firmin), soldat	295
Lebeuf, aut. cit...14, 16, 17, 18, 19 20, 22, 31, 52	313
— Biographie	16
Lefebvre de la Fallière, grand maître des eaux et forêts	51
Lelong, lieutenant	199
Lemaitre J., curé de Vincennes	192
Lemarchand (M. E.), aut. cit...20 152, 311	313
Lemuet, architecte	131
Lepaute, ingénieur de la Ville de Paris	14
Le Pell, capitaine du Château sous Charles VII	109
Lerva, lieutenant de gendarmerie	209
Levasseur, inspecteur des forêts sous le 1er Empire	251
Le Vau, architecte 32, 131	314
Ligue du Bien Public	114
Lille, armement de la ville	72
Limeuil	296
Loret, aut. cit	155
Longjumeau, (paix de)	118
Longueil (de), maître des requêtes	142
Longueville (duc de), sous Henri III	121
Louis VI dit le Gros	11
Louis VII dit le Jeune (1137-1180). Fonde l'abbaye de Grandmont	23
— Hospitium 11	27
— Reconstitue le domaine royal	22
Louis VIII dit le Lion (1223-1226)	27
Louis IX (saint Louis), chêne...28	29
— Sa cour	28
— Sa frugalité	40
— Sa mort	50
Louis X le Hutin (1314-1316)....54	55
Louis XI (1461-1483), château	11
— Séjour à Vincennes	114
— Travaux à Vincennes 111	113
Louis XII (1498-1515) Séjour à Vincennes	116
Louis XIII (1610-1643) château	12
— Séjour à Vincennes	128
Louis XIV (1643-1715) 146	163
— Intrigue avec Mlle de La Vallière	152
— Mariage 138	139
— Mort	165
— Quitte Vincennes pour Versailles	165
Louis XV (1715-1764) 166	190
— Quitte Vincennes	172
Louis XVI (1764-1793) 181	190
Louis XVIII (1814-1823) Entrée à Paris	251
— Remonte sur le trône	250
Louis Philippe (1830-1848) 276	285
Louis (chevalier de St-)	241
Louvois	178
Luce (Siméon) aut. cit	66
Lutèce, bourg fortifié	13
Luxembourg (palais du) 171	276
Luynes (duc de), député	289
Lyon, (ville de)	48

M

Machicoulis	86
Macon (ville de)	48
Madelonnettes (Prison des)	195
Madier de Monjau, commissaire du gouv. dans le procès des ministres de Charles X	274
Magnan, maréchal	297
Magnus Cryptarius	15
Mahaut, comtesse d'Artois	53
Mahé, graveur	316
Maillotins (Révolte des)	100
Maine (duc de) 1670-1736..165, 166	170
Mairie de Vincennes...191	192
Maisons des chanoines de Vincennes ...32	222
Majorité des rois de France	91
Malaquais (quai)	206
Mallet (Gilles), Orfèvre de Charles V	95
Malte (Ambassadeur de)	169
Mancini (Marie de), nièce de Mazarin	148
Manège ...173	184
Manguin, commissaire du gouv. dans le procès de Charles X	274
Manoir de Philippe-Auguste 11, 24, 25	27
— de saint Louis..11, 31, 32	33
— Réparations	67
Mansart, architecte	131
Maquet, historiographe de Vincennes ...10, 195	311
Manufacture d'armes...176	177
— de plaquettes de fusil	181
— de porcelaines d'Hannony..172 à 178, 182	184
— Origines de Sèvres.	
Marc-Aurèle, empereur romain.15	16
Marguerite de Provence (1219-1280)	44
Marguerite de Savoie	138
— de Valois	118
Marie-Louise, impératrice	249
Marie-Thérèse, reine de France († 1683) ...156	157
Marigny (cours)	251
Marigny (marquis de), surintendant des bâtiments de Louis XV.	177
Marmier (M. de)	279
Marmont (Auguste-Frédéric-Louis-Viesse de), duc de Raguse, maréchal de France (1774-1852)	232
Marne...21, 113 136	137
— Péninsule de la...16, 18	296
Marques des faïences d'Hannony.	177
Marsac (M. de) Lieut. du roi à Vincennes	132
Marseille (faïence de)	176
Martens, graveur	317
Mayence (ville de)	296
Mayenne (duc de)	127
Mazarin (Jules, cardinal) ministre de France (1602-1661)..8 130, 135 136, 137, 147, 148, 172	308
Mazarin (duc de)...156, 164	308
Mazas (prison)...286	289
Meaux (ville de)...100	106
Médicis (cardinal Alexandre de).	127
— (Marie de), fille du grand duc de Toscane François I et reine de France (1573-1642)	127
Mehun-sur-Yèvre (château de)	68
Melun (ville de)	48
— Château	73
— Vicomte de	91
— (Charles de), gouv.	307
Ménagerie de Bel-Air.156, 164, 173	180
Merlet, command. du génie sous la Commune...298	301
Merlin de Douai	244
— (général), fils du précédent	244
Mésierel (Mad. de)	183
Mesme (bailli de)	109
Metz, (artillerie de)	72
Michel (abbé)	204
Michon, capitaine	199
Mignon, collège	122
Milanési (G.) aut. cit...86	112
Milices de Paris...115, 116, 124	139
Miller (W.), aut. cit	313
Millin, aut. cit...10, 17	313
Minimes, abbaye des..20 123, 137 139	155
— Fête aux	283
— Allée des	251
Mirabeau	180
Mohiloff, chien du duc d'Enghien 202, 208, 209	220

Moléri, cap	209
Molins (conseiller de)	91
Moltke (comte de), maréchal prussien (1800-1891)	296
Moncey (Adrien, duc de Conegliano), maréchal de France (1754-1842)	205 232
Monstrelet (chroniques)	107
Montels (Lt-colonel)	301
Montempoivre (dépression de)	21
Montespan (Mad. de)	158
Montfaucon, aut. cit	313
Montfaucon (dom Bernard de)..14	15
— Gibet de	55
Montfort (général de)	224
Monticot (comte de)	247
Montigny (Henri de), portier....92	307
Montjoi (bourg de)	48
Montlhéry (château de)	103
Montmartre (abbaye)	18
— Colline	232 234
Montmirail, combat de	231
Montmorency (François de), fils du connétable Anne	117
Montmorency (Guillaume de), gouv.	308
Montpensier (duc de) général..280	310
— Fête	282
Montreuil-s.-Bois	140, 164 232
— Cure	53
— Eaux	64, 250 266
— Eglise	144
— Faïencerie	173
— Habitants	64 91
— Occupation prussienne	251
— Vignes	21
Moreau	317
Morgan (Lady)	219
Morogues, (famille de)	183
Mortemart	158
Mortier (Edouard, Adolphe, Casimir, Joseph) duc de Trévise, maréchal de France (1768-1835)..	232
Mo'teville (Mad. de) aut. cit....128 143	157
Müffling (baron de)	253
Munier (Jean), lieut. criminel	117
Murat (Joachim), roi de Naples (1771-1815)	205 207

N

Nangis, aut. cit	28 41
Napoléon I, empereur des Français (1769-1821. Abdication	248
— Ordonne création de l'arsenal	221
— (Pavillons ayant servi à)	284
— Retour de l'île d'Elbe	245
Napoléon II, duc de Reichstadt (1811-1832)	249
Napoléon III, empereur des Français (1808-1873)	74 291
Navarre (collège de)	53
Nemours (duc de)	127
Nesles (hôtel de)	56
Nevers (comtesse de)	48
Nicolas de Soissons, maître queux	36
Nismes, général	311
Noël l'Apostole, arbalétrier	92
Noël (Léon), graveur	318
Nogaret de La Valette (Louis de), duc d'Epernois	122
Nogaret ou Nougarède, aut. cit...	312
Nogent-sur-Marne :	
(bourg de)	164 297
Fort	296, 297 302
Occupation prussienne	251
Terres appartenant à la reine de Navarre	30
Noirot, lieut. de gendarmerie..209	215
Noisy (bourg de)	164
Norion (général comte de)	310
Nordland (fort de)	196
Normand (M. Charles), architecte, directeur de la Société des Amis des Monuments	213
Notre-Dame, cathédrale de Paris	67 147
Notre-Dame des Victoires, église de Paris	228
Nougarède de Fayet, aut. cit..10, 116, 152, 195, 200, 202, 208, 210, 211	220

O

Odart, maître	91
Odilon Barrot	289, 291
Offenbourg, ville du grand duché de Bade	204
Olivier-le-Daim, concierge	114, 307
Opéra français	128
Oratoire particulier du roi Louis IX	46
Ordener, général	204
Ordre de St-Michel	117, 122
Orgueilleux (rue)	21, 77
Ormesson (hauteurs d')	296
Orry de Fulvy	173
Orsay, caserne du quai	286
Otton IV, comte de Champagne	53

P

Page	301
Pagesy, aut. cit	82
Pahlen, (comte de)	233
Palais Médicis	171
Pantin (bourg de)	232, 297
Parant, ouvrier de la manufacture de Vincennes	273
Parc de Vincennes, agrandissements	161
— Grand	192
— Petit	190
Paré (Ambroise), chirurgien	120
Parizot, aut. cit	313
Parlement de la Pentecôte	28
Parlement à Vincennes	53
Pâris (du Vernoy)	178
Pâris (Antonin)	178
Paris (Fortifications)	280
Passement (colonel)	72
Patchone, aut. cit	264
Pavillon Louis XI	124
Pavillon Louis XIII	127
Pavillon Louis XIV	180
Pavillon des officiers	299
Pavillon de la reine	12, 172, 199, 214, 215, 253, 254, 256, 279, 299
— Apt. d'Anne d'Autriche	24
— Arcades	226
— Travaux	135
Pavillon du roi	14, 114, 155, 158, 162, 172, 178, 199, 211, 253, 256, 266, 286
— Restauration sous Napoléon 1er	223
— Travaux	135
Pavillon, comt de la garde nationale	298
Pauly, soldat	295
Peyronnet (comte de)	267
Peigné, général	311
Pelé, adjudant, chef du peloton d'exécution du duc d'Enghien	215
Perelle, graveur	315
Perrin (abbé). Introduction des ambassadeurs auprès de Gaston d'Orléans	138
Pernot, lithographe	217, 317
Périn (veuve)	176
Perrusis (colonel de)	310
Persan (Baron de), gouverneur de Vincennes	127
Philippe I (1060-1108)	16
Philippe II (Auguste) (1180-1223)	19, 22
— Manoir de	11, 24, 27
— Mur	17
Philippe III, le Hardi, (1270-1285)	51, 52
— Caractères	49
Philippe IV (le Bel) (1314-1316), Avènement	52
— Sa mort	54
— Ordonnances pour sa femme	59
Philippe V (1316-1322)	56, 57
Philippe VI, Château	11
— Conserve les bâtiments primitifs	32
— Construit la tourelle de St-Mandé	22
— Régent	58
— Testament fait à Vincennes	53
— Travaux	65, 66

Philippe le Bon, duc de Bourgogne (1419-1467)	106
Philippe, duc d'Orléans (1336-1375)	60
Philippe d'Orléans (1640-1701)	135
Philippe II, duc d'Orléans (Le Régent 1674-1723)	166 170
Philipe II, roi d'Espagne (1556-1598)	117
Piart, soldat	295
Pichegru (général) 1761 † 1804	210
Pie VII, pape	279
Piérard, historiographe de St-Mandé	21
Pierre de Montereau, architecte de la Ste Chapelle	45
Pierrefonds, (château de) 83, 87	88
— Comparaison avec Vincennes	7
Piganiol	19
Pinard, col.	310
Pissotte, bourg. 20, 109, 140, 161 164, 180, 189, 316	320
— Basse-cour de la	53
— Eglise 116	142
— Etang	22
— Ravagée	64
— Rû	21
Pitet, château de	95
Plan du château	213
Place du château	181
Plessis (maréchal de)	135
Plessis (Voir duc d'Enghien).	
Poitiers (comte de)	46
— Palais	68
— Ville	139
Polignac (prince de)	267
Polygone (route du)	172

Pompadour (Mad. de) 176	178
Ponceau de la grande Pinte	21
Poncet de la Grave : 22, 47, 117, 121, 127, 128, 164, 165 190, 191	312
Poncet de la Grave, Biographie.	16
Poncet de la Grave, logement au château 10, 184	190
Pont (Guillaume du) lieut.- gouverneur	307
Porion, portier-consigne	199
Portail, capitaine	142
Porte du bois	207
— Dispositions générales des portes 78	79
— Dorée	21
— Jaune	17
Poterne de secours 79	80
Poulain, domestique du duc d'Enghien	204
Poulangis 295	296
Pradeau, soldat	295
Premier-consul	199
Présent (Jehannin), arbalétrier	92
Prévôt St-Germain, conseiller en la grande Chambre	142
Prieuré du Bois	17
Prisonniers 118	121
Procès ecclésiastiques	53
Puirantès, envoyé de l'Espagne sous Louis XIV	138
Puits 82	112
Puivert (marquis de)	241
— Capitulation	246
— Gouverneur 263, 266	309
— (marquise de)	242
Pyramide	172

Q

Quentin Bauchart (député)	289

R

Rabbe, colonel du 2ᵉ rég. de la garde municipale de Paris 205	211
Raspail	286
Raymond du Temple, maître des œuvres de Charles V 8, 67, 68	83
Ravier, colonel du 2ᵉ rég. d'inf. légère 206	211
Réal, conseiller d'Etat, préfet de police (1765-1834). 199, 203, 206, 207	220
Regnault, capitaine de Vincennes.	109
Régnier (Claude-Antoine), duc de Massa, grand juge sous l'empire (1746-1814) 201	205
Renier (Jean), gouv.	307
Reims (archevêque de)	50
Reliques (Saintes) 116	139

— 335 —

Remparts	183	190
Rémusat (Mad. de)		207
Renan, aut. cit	10, 32	66
Rennes (artillerie de)		72
Revue des milices de Loui XI		115
— de la Pissotte		140
— des gardes françaises et suisses		161
— du roi de Siam		304
— du Shah de Perse		304
Rhisnau (ville de)		205
Ribauds (roi des)	39	40
Ribourt, général	295	310
Rigaud (J.)		314
Rigord, aut. cit		17
Riquier, capitaine		142
Risberme du donjon		112
Robertsart (M. de)		106
Robert d'Artois	43, 51	60
Robert Stuart, roi d'Ecosse		93
Robert (M. Ulysse), historiographe de Saint-Mandé		21
Roboretum, bois		14
Rochechouart (général, comte de)		254
Rohan (Charlotte), Princesse de	203	216
Rolland, soldat		295
Romain, soldat		295
Romainville (bourg de)	164	232
Rominare (forêt de)		73
Rosny, bourg de		164
— Fort		297
Rouen, Armement de	72	73
— Faïences		173
— Siège de		104
Rougemont (M. de), Gouverneur du donjon	180, 183	184
— (Mad. de)		184
Rousseau (Jean-Jacques)		186
Rousset (Hildefonse)	10	14
Rouveray, forêt de	14	73
— général		311
Rovertum, voir Roboretum et Rouveray et Rovretum (anciennes désignation du Bois de Boulogne).		
Roye (Jean de), aut. cit	114	115
Rozes (Thomas), moine de Ste-Geneviève		44
Ru orgueilleux		77
Ruault (Mad. du)		184
Rueil (Simon de), Arbalétrier		92

S

Sacken (le baron), général russe (1750-1837)		236
Saint-Aignan		155
St-Antoine, abbaye		43
— Bataille du 2 juillet 1652		128
— Emeute des habitants du faubourg		191
— Faubourg		191
— Porte de Paris	102	171
Saint Babolein, aut. cit		16
Saint-Bertin, annales cit		21
Saint-Cloud, Bois		14
— Château		155
— Faïencerie		173
Saint-Cyran (abbé de). Sa prison.		32
Saint-Denis (abbé de)		50
— Cartulaire		51
— Porte à Paris		100
Sainte-Chapelle de Vincennes		9, 82, 107, 112, 116, 136, 139, 162, 180, 183, 184, 190, 192, 195, 299 301
Cérémonie funèbre pour le Cardinal Mazarin		151
Dégâts		265
Inauguration		117
Maisons attenantes		130
Service en l'honneur de Charles IX		120
Transformation en salle d'armes		222
Sainte-Chapelle de Paris, chapelain		33
Mariage de Marie de Brabant.		51
Sainte-Couronne (voir Reliques)		43
Sainte-Geneviève, abbaye		44
— Archives		28
— Chanoines		28
— Châsse		28
Saint-Etienne, ouvriers de		176
Saint Louis (voir Louis IX).		
Saint-Germain (château)	68, 116, 137, 148	156
Saint-Jean-de-Beauvais (église de)		67
Saint-Lazare, prison des femmes de mauvaise vie		195

Saint-Marcel, chapitre	52
Saint-Magloire, abbaye....18, 21	52
Saint-Mandé..................18, 21	140
— Batterie de	256
— Combat de	233
— Etang............ 64	259
— Lac	21
— Occupation prussienne.....251, 252	260
Saint-Martin-des-Champs, abbaye 19, 21	25
Saint-Martin, capitaine de Vincennes.......... 124	308
— Chapelle........ 32	53
Saint-Mandet (Voir Saint-Mandé).	
Saint-Maur-les-Fossés :	
Abbaye.................18, 113	186
Bourg	295
Pèlerinage de Charles IV....	95
Camp	172
Saint-Maurice de Charenton......	52
Saint-Maurice, envoyé extraordinaire de l'électeur de Cologne..	169
Saint-Nicolas (chapelle de).......	44
Saint-Omer (armement de)......	72
Saint-Paul (Hôtel de)..........68	102
Saint-Pol (comte de)............	114
Saint-Simon (de Rouvray, duc de) 1675-1755, aut. cit........165, 166	170
Saintes Reliques, achat..........	43
Saint-Von, échevin de Paris......	123
Saintot (chevalier de)...........	169
Salières (marquis de), lieut-général sous Louis XV..............	173
Salisbury (duc de)...............	108
Salle d'armes.....................	299
Salpêtrière, prison de femmes de mauvaise vie....................	195
Salvestre, député................	266
Saugrain, aut. cit................	317
Sauval, aut. cit......10, 28, 29, 40	66
Savary (René, duc de Rovigo), général de l'Empire, 1774-1833.. 206, 211	216
Savoisy (Philippe de)............	91
Saxe, porcelaines de..........173	174
Schmidt, lieut....................	204

Schmidt, dessinateur.............	317
Schwarzenberg (prince de), général allemand, né à Vienne (1771-1820)................... 236	240
Scarron de Vaujours, conseiller au Parlement...................	142
Sceaux, faïencerie de............	174
Seine............................	21
— Pont de bateaux...........	113
Seize (les)..................122, 123	124
Semur (Girard de)...............	109
Sennac, soldat...................	295
Sennhingen (comte de) Voir Crcy.	
Sens (archevêque)..............47	50
— Ville...................14	48
Sève (Alexandre de) grand prévôt de Paris................139, 142	144
Sèvres (manufacture de porcelaines de)....................	175
Siam (ambassadeur du)..........	165
Siège de Vincennes, par J. de Chabannes........	108
— ligueurs......	123
— p. les Anglais	109
Sillègue (colonel de)..............	310
Silo..............................	82
Silvestre (Israël)...............314	319
Simon, évêque de Paris...........	53
Simon, sire de Nesles, régent de France........................	48
Simon de Montfort................	43
Sordet, général...................	311
Soulages (château de)............	15
Sourdac (marquis de)............	128
Sparre (Mad. de).................	183
Stelle, garde de Bois.............	251
Strasbourg (faïences de).........	176
— Ville.................	204
Suffolk (duc de).................	108
Sully.............................	122
— Habitation à Sèvres.........	175
Suter, général....................	310
Surintendance...................	183
— Cour de la......172	173
Sylvain, collège de..........15, 16	17
— Culte	14
— Emblèmes...............	16

T

Talhouët (marquis de), député. 289	290
Taligny, envoyé du prince de Condé (1568).....................	118
Talleyrand (M. de), prince de Bé-	

névent, diplomate (1754-1834).... 236
Tancarville (comte de) gouverneur........................110 307
Temple (Prison du)................ 241
— Rue du.................... 178
— Tour cédée à Clémence de Hongrie................ 156
Temple (Raymond du) Voir Raymond du Temple)...............
Temple (Charles du), fils du précédent........................... 69
Templier (Etienne), évêque de Paris 48
Terrasse........................... 172
Teutatès (Culte de)................ 14
Tharsis, lieutenant............... 209
Théobald, comte de Blois, sénéchal............................ 34
Thévenin, général................ 310
Thévenin, valet de chambre de Charles V....................... 92
Thibaut (comte de)................ 23
Thibaut II, roi de Navarre (1252-1270).....................50 53
Thiers....................... 196 286
Thou (de) aut. cit................ 117
Thumery (marquis de)............. 204
Thureau-Dangin, aut. cit......... 267
Thibœuf se Bouville, conseiller de la grand chambre............. 142
Tilmont ou *Tillemont* (plateau de) 20 296

Tolbecque........................ 284
Toulouse, capitoul de............ 169
Toulouse (Louis Alexandre de Bourbon, comte de), 3e fils légitime de Louis XIV et de Mad. de Montespan................. 166
Tours, renseignements généraux 77, 85, 181, 190 192
— Ordre de les araser...... 222
Tour de la Reine...............225 265
— des Salves................130 225
— du Bois...................216 225
— du Diable................ 214 225
— de Paris.................. 225
— du Roi.................... 22
— de la surintendance..... 214
— du Village, catastrophe de 1857............................. 292
Tourelle de St-Mandé.......22, 252 260
Tourton, adjudant commandant.. 236
Tracy, député.................... 272
Traignel, seigneur de............ 102
Traité de Vincennes.............. 93
Tristan (Jean) comte de Nevers... 50
Trouin, soldat................... 295
Trône (barrière du).............. 252
— Place.................... 161
Tronson (lieut.-colonel)......... 142
Tunis, ambassadeur du dey...... 276
Turenne (maréchal de) (1611-1675)............................. 146
Turquin (Hippolyte).............. 208

U

Urbain VI, pape (1378-1389)....... 96

V

Valenciennes, conseil supérieur de............................. 169
Valdan (général de).............. 296
Valois (cour des)................ 66
Van der Brück................... 317
Van der Meulen, peintre.......314 320
Van Loo, peintre................. 176
Varaville (M. Jules de) (Voir vicomtesse de Clairval), aut. cit. 10, 174, 176, 235 236
Vasse St-Ouen, général........... 310
Vauborel (marquis de)............ 204

Vauchamps (combat de).......... 231
Vaugirard (caserne de)........... 179
Végèce, théorie de............... 69
Vendôme (César de), fils de Gabrielle d'Estrée...............124 127
Ventadour (duchesse de).......166 170
Versailles (château de)......7, 131, 163, 165, 166 170
— Gouvernement provisoire.................. 297
— Ville.................... 298

Vicennes (Appellation primitive de Vincennes) 19
Vieilleville (M. de).................. 117
Viennot, directeur de l'enregistrement............................ 195
Vigne (Mlle de la)................ 316
Vigny (Alfred de), aut. cit.......8 264
Viguier, lieutenant-colonel d'artillerie............................. 301
Vilcena (appellation primitive de Vincennes) 17
Vilcena, forêt..................... 18
Villefort (Famille de).............. 183
Villeroy (Duc François de Neuville de), maréchal de France, (1643-1730). 163, 166 170
Villers-Cotterets 156 157
Villette (La)...................... 276
Villiers............................ 296
Vinoy, général..................296 301
Violaines (Jean), commissaire des travaux sous Charles V.......... 92
Viollet-le-Duc, aut. cit....10, 31, 75 295
Vitraux............................ 264
Voyer d'Argenson, gouverneur.... 180
Voyer (marquis de)................ 182
Vulcenia (appellation primitive de Vincennes)................... 18

W

Wailly (de), aut. cit............... 40
Warwick (comte de)...........107 108
Waterloo......................... 248
Watteau...................... 179 316
Weinborn (Francis Régis, abbé de)............................... 204
Welschinger (M. Henri)...200, 202, 203, 204, 205, 207, 209, 214, 216 219
Wenceslas, roi des romains, empereur d'Allemagne (1378 à 1400) roi de Bohème (1400-1419)..74, 96 185
Wickliffe......................... 100
Winchester (cardinal de).......... 108
Winterhalter, peintre..........318 320

Y

Yolande, femme de Pierre de Courtenay...................... 42
York (cardinal).................... 108

TABLE DES GRAVURES

DU TOME 1

CHAPITRE I

En-tête : Romains envahissant la Gaule	13
Inscription de Saint-Maur	15

CHAPITRE II

En-tête : Transfert des Saintes Reliques	27
Saint Louis rendant la Justice sous un Chêne	29
Plan de Le Vau, montrant le Château de St-Louis (Hors texte)	32

CHAPITRE III

En-tête : Vieux Château	49
Hallali du Sanglier dans la Forêt de Vincennes. (Hors texte)	56

CHAPITRE IV

En-tête : Comment aurait pu être attaqué Vincennes	65
Vue de l'ancien bâtiment du Château, par Du Cerceau	77
Plan et coupe d'une tour d'angle	80
Elévation d'une tour d'angle	81
Aigues-Mortes. Les remparts côté Sud	84
Aigues-Mortes. Tour des Bourguignons	85
Pierrefonds. Côté de la Chapelle	87

CHAPITRE V

En-tête : Prise du Donjon par les Français	89
Le Donjon, d'après une miniature de Fouquet (Hors texte)	96
Tour de Beauté où mourut Charles V	98
Charles VI surprend Bois-Bourbon à Vincennes	105

CHAPITRE VI

En-tête Louis XI et les Seigneurs du Bien-Public	111
Castel royal (vue montrant le Château Louis XI)	115
Vue du Château montrant le pavillon Louis XIII du côté de Paris	125

CHAPITRE VII

En-tête : Louis XIV	129
Château Louis XIV, d'après Van der Meulen	133
Pyramide du bois. Eau forte de M. Voisin (Hors texte)	136
Environ de Vincennes en 1660	145
Château vu du côté de Paris, par J. Rigaud	149
La Promenade de Vincennes : Louis XIV et Mlle de La Vallière	153
Plan du Château en 1668	159

CHAPITRE VIII

En-tête : Louis XV	163
Entrée de Louis XV à Vincennes	167
Vue de Vincennes, d'après Watteau, par Boucher	175
Fillette à la cage (Porcelaines de Vincennes)	175
Plat de la manufacture de Porcelaine de Vincennes	175
Marque de fabrique des frères Hannony	177
Plan du Château et du Parc en 1777. (Hors texte)	184

CHAPITRE IX

En-tête : Duc d'Enghien	189
Emeute du 21 février 1791	193
Portrait du duc d'Enghien	197
Château sous le Directoire	201
Plan du Château en 1804	213
Vue des fossés en 1902	215
Monument commémoratif du duc d'Enghien dans le fossé où il a été fusillé	217

CHAPITRE X

En-tête : Empire	221
Inscription de la porte du Bois	225
Portrait de Daumesnil	229
Les élèves de l'Ecole polytechnique à Vincennes	233
Château sous la 1re Restauration	

CHAPITRE XI

En-tête : Porte de communication	263
Le Château vers 1830	265
Une fête sur l'Esplanade vers 1830	267
Guernon-Ranville à Vincennes	271
Plan du Parc sous la Restauration	273
Rue de Paris à la fin de Louis-Philippe	275
Vue de Vincennes du côté du Parc vers 1840	277
Le duc de Montpensier, d'après Winterhalter	281
Fête donnée par le duc de Montpensier	285
Gravure extraite de l'Illustration, montrant les pylones servant encore dans toutes les fêtes publiques	285
Affaire du 15 mai. Départ des prisonniers pour Bourges, le 4 mars 1849	287
Cour du Château, côté Midi (1852)	290
Cour du Château, côté Nord (1852)	293
Une école à feu de Vincennes, en 1867	293
Plan du Château (1880)	299

TABLE DES MATIÈRES

DU TOME I

Introduction.. 7

Chapitre I. — Origines de Vincennes. — Etymologie. — Etat des lieux au XIIe siècle. — Premier Château de Louis-le-Jeune. — Château érigé par Philippe-Auguste ; ses vestiges archéologiques....................................... 13

Chapitre II. — Louis VIII et Saint Louis. — La maison du Roi au XIIIe siècle. — La légende du Chêne de Saint Louis. — Evénements mémorables sous le règne de Saint Louis. — Translation des Saintes Reliques. — Création de la cure Saint-Martin et Charte d'établissement du premier Chapelain. — Blanche de Castille et le Comte de Poitiers. — Le Parlement à Vincennes. — Hommage rendu à l'Evêque de Paris par la Comtesse de Nevers............. 27

Chapitre III. — Le Château après la mort de Saint Louis sous les derniers Capétiens directs. — Conflit ecclésiastique et incidents d'hommage lige à cette occasion. — Procès criminel de Pierre de La Brosse. — Agrandissement du parc. — Décision de l'évêque de Paris au sujet de la Pissotte. — Mort de la Reine Jehanne. — Procès d'Enguerrand de Marigny. — Mort de Louis X et de Jean I. — Augmentation du domaine sous Charles IV. — Mort de Charles le Bel. — Philippe VI de Valois appelé au Trône. — Notables assemblées. — Mariage de Béatrix de Bourbon. — Procès de Robert d'Artois. — Transformation du Château sous les premiers Valois. — Premiers Travaux.. 49

Chapitre IV. — Considérations militaires sur le Château de Charles V......... 65

Chapitre V. — Charles V à Vincennes. — Ses ordonnances, ses règlements de comptes. — Assemblée fixant la majorité des Rois de France à 14 ans. — Visite de l'Empereur Charles IV. — Mort de la Reine Jeanne de Bourbon. — Commencement du grand schisme d'Occident. — Mort de Charles V. — Minorité et démence de Charles VI. — La cour d'Isabeau de Bavière. — La domination Anglaise. — Mort d'Henry V d'Angleterre. — Reprise du Château par Jacques de Chabannes (1433). — Seconde occupation Anglaise. — Vincennes replacé définitivement sous l'autorité française (1434). — Charles VII et Agnès Sorel... 89

Chapitre VI. — Louis XI et le comte de Charolais à Vincennes. — Olivier le Daim, concierge du Donjon. — Revue des milices bourgeoises de Paris dans la plaine de la Pissotte. — Coupe et reboisement du bois sous Henry II (1551). — Inauguration de la Sainte Chapelle (1552). — Translation de l'Ordre de Saint-Michel (1557). — Charles IX et Catherine de Médicis. — Les Protestants. — Emprisonnement du duc d'Alençon et du roi de Navarre. — Mort de Charles IX. — Nombreux séjours de Henri III. — Prise du Château par les Ligueurs, et reprise par le capitaine Saint-Martin. — Siège soutenu par ce dernier. — Soumission du Château à Henry IV. — Pose de la première pierre du Pavillon du Roi par Marie de Médicis et Louis XIII. — Chasses à Vincennes. — Visite de Cromwell (1628)...................... 111

Chapitre VII. — Mazarin gouverneur de Vincennes. — Colbert intendant du Cardinal. — Sa correspondance. — Agrandissement du Château. — Un opéra français donné dans le Pavillon du Roi. — Mariage de Louis XIV. — Revue de la Pissotte. — Mort de Mazarin. — Mlle de La Vallière............ 129

Chapitre VIII. — Abandon de Vincennes pour Versailles (1668). — Le domaine érigé en Capitainerie des chasses (1676). — L'Ambassade Siamoise (1682). — Louis XV au Pavillon du Roi (1715). — Séjour de la reine douairière, Elisabeth d'Espagne (1725-1726). — Fin de l'habitation Royale. — Installation de la Manufacture Royale de porcelaines (1740). — Son transfert à Sèvres (1755). — Création de l'Ecole militaire des Cadets (1753). — De la manufacture d'armes du sieur Bordier (1757). — De la fabrique de porcelaines de Pierre-Antonin Hannony (1766). — Projet de restauration repoussé par Louis XVI (1777). — Ruine du Château. — Le Donjon désaffecté comme prison (1784). — Le Chapitre supprimé (1786). — Société d'officiers en retraite et de vieux Chevaliers de Saint Louis habitant les anciens appartements royaux : sa constitution, son règlement (1786)...................... 163

Chapitre IX. — Erection du bourg de la Pissotte en commune de Vincennes. — Le Château mis en adjudication pour être démoli. — Emeute du 21 février 1791. — Assemblées primaires à Vincennes. — Le Pavillon du Roi transformé en prison pour les femmes de mauvaise vie. — Harel, commandant d'armes (1801). — Le duc d'Enghien, son procès, sa mort (21 mars 1804)............ 189

Chapitre X. — La transformation du vieux Château en arsenal décidée par l'Empereur (1808). — Restauration sommaire. — La démolition des Tours. — Daumesnil nommé Gouverneur. — Défense de 1814 contre les alliés. — Le Marquis de Puivert, gouverneur (1814-1815). — Capitulation de la place au retour de l'Empereur : sa remise au général Merlin (20 mars 1815). — Daumesnil redevient gouverneur. — Blocus de la place par les alliés (10 juillet-13 décembre 1815). — Le Marquis de Puivert succède pour la seconde fois à Daumesnil.. 221

Chapitre XI. — Le Marquis de Puivert, Gouverneur (1815-1830). — Continuation de la démolition des tours. — Explosion d'une poudrière (1819). — Supression du grand abreuvoir (1824). — Daumesnil une troisième fois Gouverneur (1830-1832). — Les anciens ministres de Charles X prisonniers. — Mort de Daumesnil (1832). — Transformation du vieux Château en Fort (1841). — Le duc de Montpensier commandant de l'artillerie (1842-1848). — Fête donnée par le duc de Montpensier (1847). — Les détenus politiques (1851). — L'effondrement de la tour du village (1857). — Vincennes pendant le siège de Paris et durant la commune (1870-1871). — Derniers événements............ 263

Annexes. — A. Liste des Gouverneurs................................... 307
— B. Bibliographie. — Liste des principaux ouvrages cités dans lesquels il est parlé de Vincennes............................ 311
— C. Liste des principales gravures, plans, dessins, miniatures concernant Vincennes.. 313
— D. Index alphabétique.................................... 321
— Table des gravures....................................... 339

Limoges, Imprimerie Commerciale PERRETTE

G. Marfisi, 65, Rue Marcadet, Paris (X^e)

Librairie H. DARAGON, 30, Rue Duperré, Paris

POUR PARAITRE EXACTEMENT LE 1ᵉʳ NOVEMBRE 1907

Le Château Historique de Vincennes

A TRAVERS LES AGES

Par F. de FOSSA, Capitaine d'Artillerie

TOME I. — **HISTOIRE GÉNÉRALE DU CHATEAU.** — 1 volume in-4º de 350 pages, orné de 60 reproductions dans le texte et hors texte.
Prix du Volume en Souscription (jusqu'au 1ᵉʳ Novembre). . . . . **20 fr.**
Ce prix sera porté à **25 fr.** dès l'apparition

TOME II — **MONOGRAPHIES PARTICULIÈRES DU DONJON, DES BATIMENTS LOUIS XIV, DE L'ENCEINTE, DES TOURS, DE LA CHAPELLE HiSTORIQUE ET DE SES VITRAUX.**
— 1 volume in-4º de 500 pages environ, orné de 90 reproductions dans le texte et hors texte.
Prix du volume en souscription. . . . . **20 fr.**
Ce prix sera porté à **25 fr.** dès l'apparition

N.-B. — *Nous acceptons également des souscriptions aux 2 volumes à* **40 fr.** *jusqu'au 1ᵉʳ Novembre.*

JUSTIFICATION : Ce superbe ouvrage n'est tiré qu'à 515 exemplaires *numérotés et signés*.
500 exemplaires sur papier très glacé (16 à 515). . . . . **50 fr.**
15 exemplaires sur japon impérial (1 à 15). . . . . . **100 fr.**

RELIURE : Il a été fait pour cet ouvrage une reliure de luxe en 1/2 maroquin marron janséniste, avec coins et tête dorée pour le prix de **25 fr.** les 2 volumes réunis dans un luxueux emboitage.

BULLETIN DE SOUSCRIPTION

A détacher et à retourner à la **Librairie H. DARAGON**, 30, Rue Duperré, PARIS

Je soussigné

demeurant

déclare souscrire à l'ouvrage du Capitaine F. de FOSSA : **Le Château Historique de Vincennes à travers les Ages,** *au prix de faveur réservé aux Souscripteurs jusqu'au 1ᵉʳ Novembre 1907.*

SIGNATURE :

Bien préciser si on désire l'ouvrage broché ou relié

Le Château Historique de Vincennes

L'attention du public est de plus en plus appelée sur le château de Vincennes, si longtemps négligé, peut-être parce qu'il est à la porte même de Paris. Il semble que le puissant intérêt archéologique et historique qu'il présente, vient seulement d'être découvert ; une active campagne est menée pour obtenir tout au moins le classement du Donjon dans la catégorie des monuments historiques entretenus aux frais du ministère des Beaux-Arts. En 1904 le conseil municipal de Vincennes demandait la désaffectation du Vieux-Fort, qui lui serait cédé et où serait constitué un musée. Actuellement, M. Charles Deloncle, l'éminent député de la Seine, s'est fait le défenseur de cette idée, prônée d'ailleurs par les comités locaux ; il déploie pour soutenir cette cause un grand talent, une volonté tenace, et un zèle infatigable. A la suite de ses démarches, le Secrétaire d'Etat à la guerre, M. Chéron, a fait connaître (journal le *Matin*, n° du 7 mars 1907), que le service de l'artillerie, auquel appartient le Donjon depuis 1815, n'élevait aucune objection contre l'abandon de la vieille tour, mais à la condition d'obtenir de nouveaux locaux en compensation et une entrée particulière, extérieure, affectée au musée projeté. M. Dujardin-Beaumetz a été saisi de la question, et une commission est chargée de voir dans quelles conditions certains bâtiments du château pourraient être remis à la municipalité.

Ce mouvement de l'opinion en faveur de Vincennes est dû en partie au capitaine de Fossa : ses conférences, très suivies, à la société des *Amis des Monuments*, en 1902, et aux *Amis du Louvre*, en 1905, ont contribué incontestablement à son essor. Mais l'érudition de cet officier ne s'était jusqu'ici dépensée qu'en faveur de quelques privilégiés. En 1902, le regretté Chincholle avait réclamé « pour le public tout entier une histoire que cet officier possédait si bien. » (*Figaro* du 3 Février 1902). L'ouvrage attendu ne paraît que maintenant parce que M. de Fossa voulait poursuivre ses recherches, et ne présenter aux lecteurs qu'une œuvre complète, et définitive.

L'histoire de Vincennes, qu'il publie aujourd'hui, n'est pas une monographie locale, car elle comporte huit siècles de l'histoire de France, huit siècles de l'histoire de l'art national. Vincennes est le château historique par excellence : Dans ses murs de nombreux princes sont nés, ont vécu, se sont mariés, sont morts ; des ordonnances fameuses ont été signées ; les bâtiments, disparus ou existant encore, ont servi de cadre à des fêtes merveilleuses ; de témoins à des drames obscurs ou sanglants, de berceau à des institutions florissantes. Sous les lambris dorés des grands appartements, des idylles d'amour se sont déroulées au milieu de réceptions grandioses, de représentations théâtrales mémorables, d'événements politiques marquants. Dans les cachots, des rois, des maréchaux, des ministres, des magistrats réputés, des écrivains célèbres ont coudoyé de vulgaires malfaiteurs. Il fallait que tous les personnages qui ont évolué sur cette grande scène fussent autant que possible replacés dans le décor grandiose du Château incomplètement connu jusqu'ici. Le monument a donc été étudié, non seulement au point de vue architectural mais aussi de l'existence qu'on y menait aux différentes périodes de l'histoire. Pour arriver à ces reconstitutions successives, tous les inventaires anciens ont été consultés.

Mais ces questions d'histoire ou d'art n'ont pas fait négliger les considérations militaires qui ont présidé à la création de la grande place d'armes de Charles V, dernière expression de la fortification destinée à résister à l'artillerie nervobalistique. Les grands remaniements de 1808, et ceux de 1840, plus désastreux encore pour la vieille forteresse, sont mis pour la première fois en lumière. Enfin, les blocus de 1814 et de 1815 montreront ce que peut l'énergie d'un gouverneur, quand il est résolu à défendre une place jusqu'à la dernière extrémité. — La prison d'Etat est, de même, étudiée tout particulièrement : tous les anciens registres d'écrou, encore inédits, sont reproduits en note. On y trouve les noms de tous les détenus, parmi lesquels le duc de Beaufort, trois princes de Condé, le Cardinal de Retz, Mirabeau, les principaux Jansénistes, etc., etc.

La prétendue incarcération de Naundorff dans la vieille tour est longuement discutée.

Le capitaine de Fossa justifie son texte par de nombreuses notes ou commentaires. Il indique les sources de tous ses documents, dont un grand nombre sont inédits, et qui proviennent des différentes bibliothèques publiques, des Archives nationales, de celles de la Préfecture de la Seine, du Département de la Seine, du Ministère de la guerre, aussi bien que de l'artillerie et du génie de Vincennes. Il cite même des papiers de famille qui ont été mis à sa disposition, et qui fournissent un complément d'indications précieuses pour l'histoire générale. Pour compléter cette documentation déjà si vaste, des reproductions nombreuses de vieilles estampes, d'anciens plans originaux, de miniatures de l'époque gothique, de photographies modernes, ou de dessins de l'auteur, constituent, dans leur ordre chronologique, et à côté du texte, une sorte d'histoire authentique par l'image. Enfin des index alphabétiques placés à la fin de chaque volume faciliteront les recherches des lecteurs.

L'ouvrage complet comporte deux volumes :

1º *Histoire générale du Château ;*

2º *Monographies particulières du Donjon, des bâtiments Louis XIV, de l'enceinte des tours, de la Sainte-Chapelle et de ses verrières.*

Pour que le lecteur de cette notice puisse avoir une idée de l'importance et de l'intérêt de l'ouvrage, édité avec un grand luxe, illustré de nombreuses planches dans le texte et hors texte, nous ne pouvons mieux faire que de reproduire le sommaire des chapitres et la table des gravures.

H. DARAGON,
ÉDITEUR.

Premier Volume

Chapitre I. — Origines de Vincennes. — Etymologie. — Etat des lieux au IXe siècle. — Premier Château de Louis-le-Gros. — Château érigé par Philippe Auguste. — Ses vestiges archéologiques.

Chapitre II. — Louis VIII et Saint Louis. — La maison du Roi au XIIIe siècle. — La légende du Chêne de Saint Louis. — Evénements mémorables sous le règne de Saint Louis. — Translation des Saintes Reliques. — Création de la cure Saint-Martin et Charte d'établissement du premier Chapelain. — Blanche de Castille et le Comte de Poitiers. — Le Parlement à Vincennes — Hommage rendu à l'Evêque de Paris par la Comtesse de Nevers.

Chapitre III. — Le Château après la mort de Saint Louis sous les derniers Capétiens directs. — Conflit ecclésiastique et incidents d'hommage lige à cette occasion. — Procès criminel de Pierre de La Brosse. — Agrandissement du parc. — Décision de l'évêque de Paris au sujet de la Pissotte. — Mort de la Reine Jehanne. — Procès d'Enguerrand de Marigny. — Mort de Louis X et de Jean I. — Augmentation du domaine sous Charles IV. — Mort de Charles le Bel. — Philippe VI de Valois appelé au Trône. — Notables assemblées. — Mariage de Béatrix de Bourbon. — Procès de Robert d'Artois. — Transformation du Château sous les premiers Valois. — Premiers Travaux.

Chapitre IV. — Considérations militaires sur le Château de Charles V.

Chapitre V. — Charles V à Vincennes. — Ses ordonnances, ses règlements de comptes. — Assemblée fixant la majorité des Rois de France à 14 ans. — Visite de l'Empereur Charles IV. — Mort de la Reine Jeanne de Bourbon. — Commencement du grand schisme d'Occident. — Mort de Charles V. — Minorité et démence de Charles VI. — La cour d'Isabeau de Bavière. — La domination Anglaise. — Mort d'Henry V d'Angleterre. — Reprise du Château par Jacques de Chabannes (1433). — Seconde occupation Anglaise. — Vincennes est replacé définitivement sous l'autorité française (1434). — Charles VII et Agnès Sorel.

Chapitre VI. — Louis XI et le comte de Charolais à Vincennes. — Olivier le Daim, concierge du Donjon. — Revue des milices bourgeoises de Paris dans la plaine de la Pissotte. — Coupe et reboisement du bois sous Henry II (1551). — Inauguration de la Sainte Chapelle (1552). — Translation de l'Ordre de Saint-Michel (1553). — Charles IX et Catherine de Médicis. — Les Protestants. — Emprisonnement du duc d'Alençon et du roi de Navarre. — Mort de Charles IX. — Nombreux séjours de Henri III. — Prise du Château par les Ligueurs, et reprise par le capitaine Saint Martin. — Siège soutenu par ce dernier. — Soumission du Château à Henry IV. — Pose de la première pierre du Pavillon du Roi par Marie de Médicis et Louis XIII. — Chasses à Vincennes. — Visite de Cromwell (1628).

Chapitre VII. — Mazarin gouverneur de Vincennes. — Colbert intendant du Cardinal. — Sa correspondance. — Agrandissement du Château. — Un opéra français donné dans le Pavillon du Roi. — Mariage de Louis XIV. — Revue de la Pissotte. — Mort de Mazarin. — Mlle de La Vallière.

Chapitre VIII. — Abandon de Vincennes pour Versailles (1668). — Le domaine érigé en Capitainerie des chasses (1676). — L'Ambassade Siamoise (1682). — Louis XV au Pavillon du Roi (1715). — Séjour de la reine douairière, Elisabeth d'Espagne (1725-1726). — Fin de l'habitation Royale. — Installation de la Manufacture Royale de porcelaines (1740). — Son transfert à Sèvres (1755). — Création de l'Ecole militaire des Cadets (1753). — De la manufacture d'armes du sieur Bordier (1757). — De la fabrique de porcelaines de Pierre-Antonin Hannony (31 déc. 1767). — Projet de restauration repoussé par Louis XVI (1777). — Ruine du Château. — Le Donjon désaffecté comme prison (1784). — Le Chapitre supprimé (1786). — Société d'officiers en retraite et de vieux Chevaliers de Saint Louis habitant les anciens appartements royaux : sa constitution, son règlement (1786).

Chapitre IX. — Erection du bourg de la Pissotte en commune de Vincennes. — Le Château mis en adjudication pour être démoli. — Emeute du 21 Février 1791. — Assemblées primaires à Vincennes. — Le Pavillon du Roi transformé en prison pour les femmes de mauvaise vie. — Harel, commandant d'armes (1801). — Le duc d'Enghien, son procès, sa mort (21 mars 1804).

Chapitre X. — La transformation du vieux Château en arsenal décidée par l'Empereur (1808). — Restauration sommaire. — La démolition des Tours. — Daumesnil nommé Gouverneur. — Défense de 1814 contre les alliés — Le Marquis de Puivert, gouverneur (1814-1815). — Capitulation de la place au retour de l'Empereur : sa remise au général Merlin (20 mars 1815). — Daumesnil redevient gouverneur. — Blocus de la place par les alliés (10 juillet-13 décembre 1815). — Le Marquis de Puivert succède pour la seconde fois à Daumesnil.

Chapitre XI. — Le Marquis de Puivert, Gouverneur (1815-1830). — Continuation de la démolition des tours. — Explosion d'une poudrière (1819). — Suppression du grand abreuvoir (1824). — Daumesnil une troisième fois Gouverneur (1830-1832). — Les anciens ministres de Charles X prisonniers. — Mort de Daumesnil (1832). — Transformation du vieux Château en Fort (1841). — Le duc de Montpensier commandant de l'artillerie (1842-1848). — Fête donnée par le duc de Montpensier (1847). — Les détenus politiques (1851). — L'effondrement de la tour du village (1857). — Vincennes pendant le siège de Paris et durant la commune (1870-1871). — Derniers événements.

Annexes A. Liste des Gouverneurs.
— B. Bibliographie. — Liste des principaux ouvrages cités dans lesquels il est parlé de Vincennes.
— C. Liste des principales gravures, des plans, dessins, miniatures concernant Vincennes.
— D. Index alphabétique.

Deuxième Volume

Chapitre I. — Le Donjon. — Sa Construction. — Son rôle dans la défense du Château. — Son état primitif. — Reconstitution de son aménagement intérieur et de son ameublement à l'époque de Charles V.

Chapitre II. — Le Donjon (suite). — Transformation. — Utilisation comme prison. — Régime des prisonniers. — Désaffectation (1784). — Conséquences de l'émeute de 1791. — Cession à l'Administration de la Guerre (1792). — Prétendue incarcération de Naundorff au Château (1804-1809). — Cession au département de la Police (1808-1815), et définitivement à celui de la guerre (1815).

Chapitre III. — Les prisonniers du Donjon de Vincennes.

Chapitre IV. — Le Donjon en son état actuel.

Chapitre V. — Le Pavillon du Roi.

Chapitre VI. — Le Pavillon de la Reine.

Chapitre VII. — L'enceinte. — Les Tours. — Les Souterrains.

Chapitre VIII. — Historique de la Sainte Chapelle depuis sa fondation jusqu'à nos jours. — Chapitre. — Sanctuaire transformé en salle capitulaire de l'Ordre de Saint-Michel. — Désaffectation au commencement du XIXe siècle. — Restauration complète (1848-1883).

Chapitre IX. — Etat actuel de la Sainte Chapelle.

Chapitre X. — Les vitraux. — Leur attribution à Jean Cousin, fort contestable. — Leur origine. — Leur histoire.

Chapitre XI. — Les sépultures de la Sainte Chapelle. — Le tombeau du duc d'Enghien.

Annexes A. Table des chapitres.
— B. Table des gravures.
— C. Index alphabétique.

Liste des Gravures du Château Historique de Vincennes

TOME I

Chapitre I
En-tête : Romains envahissant la Gaule.
Inscription de St-Maur.

Chapitre II
En-tête : Transfert des Saintes Reliques.
Saint Louis rendant la Justice sous un Chêne.
Plan de Le Vau, montrant le Château de St-Louis (Hors texte).

Chapitre III
En-tête : Vieux Château.

Chapitre IV
En-tête : Comment aurait pu être attaqué Vincennes.
Vue de l'ancien bâtiment du Château, par Du Cerceau.
Plan et coupe d'une tour d'angle.
Élévation d'une tour d'angle.
Aigues-Mortes. Les remparts côté Sud.
Aigues-Mortes. Tour des Bourguignons.
Pierrefonds. Côté de la Chapelle.

Chapitre V
En-tête : Prise du Donjon par les Français.
Hallali du Sanglier dans la Forêt de Vincennes. (Hors texte).
Tour de Beauté où mourut Charles V.
Le Donjon, d'après une miniature de Fouquet. (Hors texte).
Charles VI surprend Bois-Bourbon à Vincennes.

Chapitre VI
En-tête : Louis XI et les Seigneurs du Bien-Public.
Castel royal (vue montrant le Château Louis XI).
Vue du Château de Vincennes (montrant le Château François I).
Petite vue montrant la façade du Château Louis XIII du côté de Paris.

Chapitre VII
En-tête : Louis XIV.
Château Louis XIV, par Rigaud.
Château vu du côté de Paris.
Plan du Château en 1668.
Environs de Vincennes en 1660.
La Promenade de Vincennes : Louis XIV et Mlle de La Vallière.

Chapitre VIII
En-tête : Louis XV.
Entrée de Louis XV à Vincennes.
Pyramide du bois (Hors texte).
Vue de Vincennes, d'après Watteau. Gravure de Bouché.
Fillette à la cage (Porcelaine de Vincennes).
Plat de la manufacture de Porcelaine de Vincennes.
Marque de fabrique des frères Hannouy.
Plan du Château et du Parc en 1777.

Chapitre IX
En-tête : Duc d'Enghien.
Émeute du 21 février 1791.
Château sous le Directoire.
Portrait du duc d'Enghien.
Plan du château en 1804.
Monument commémoratif du duc d'Enghien dans le fossé où il a été fusillé.
Portrait de Daumesnil.

Chapitre X
En-tête : Empire.
Les Elèves de l'Ecole polytechnique à Vincennes.
Château sous la 1re Restauration.

Chapitre XI
En-tête : Porte de communication.
Plan du Parc sous la Restauration.
Guernon-Ranville à Vincennes.
Château sous Louis-Philippe.
Rue de Paris à la fin de Louis-Philippe.
Vue de Vincennes du côté du Parc vers 1840.
Une fête sur l'Esplanade vers 1830.
Le duc de Montpensier.
Gravure extraite de l'*Illustration*, montrant les pylônes servant encore dans toutes les fêtes publiques.
Affaire du 15 mai. Départ des prisonniers pour Bourges, le 4 mars 1849.
Cour du Château, vue du côté Nord, en 1852.
Cour du Château, vue du côté Midi, 1852.
Une école à feu à Vincennes, en 1867.

TOME II

Chapitre I
En tête, Dessin d'après une miniature de l'inventaire Charles V.
Plan du 1er étage du Donjon, du Châtelet et du Pont-Levis au XIVe siècle, d'après un plan de Le Vau.
Plan du 2e étage au XIVe siècle.
Plan du 3e étage au XIVe siècle.

Chapitre II
En tête : Fac-simile d'un bordereau original des sommes dues pour les prisonniers en may 1724.
Affaire de Vincennes du 28 février 1791, d'après une gravure ancienne sans nom d'auteur.
Etat du donjon de Vincennes à la suite de l'affaire du 28 février 1791, d'après Millin.
Vue de Donjon, d'après Lenglumé.

Chapitre III
En tête : Anne-Geneviève de Bourbon, d'après une gravure de Frosne.
Portrait de Latude.
Mirabeau prisonnier à Vincennes.
Le Prevost de Beaumont, d'après une gravure extraite du « prisonnier d'Etat ».

Chapitre IV
En tête : Le Donjon vu de la rue du Polygone (1900).
Le Donjon vu de la cour (1899).
Croquis schématique des anciennes constructions du Donjon.
Plan du rez-de-chaussée.
Coupe du Donjon et de son enceinte.
Anciennes inscriptions.
Plan du 1er étage
Anciennes inscriptions.
Cellule de Mirabeau, d'après Millin.
Cellule de Mirabeau, d'après un dessin ancien de l'Illustration.
Plan du 2e étage du Donjon.
Motif de la clé de voûte de la salle 22.
Salle du Conseil, d'après Millin.
Salle des Cardinaux, d'après Peyronnet.
Anciennes inscriptions.

Clé de voûte de l'Oratoire.
Anciennes Inscriptions
Clé de voûte de la chambre 29.
Plan du 3e étage du Donjon.
Anciennes inscriptions.
Plan du 4º étage du Donjon.
Anagrammes dessinés par divers prisonniers dans la cellule de Polignac.
Cellule de Polignac.
Plan du 5º étage.
Plan des combles du Donjon.

Chapitre V
En tête : Pavillon du Roi.
Le Château de Vincennes au XVIe siècle, d'après une gravure ancienne.
Vue perspective du Château, d'après Israël Silvestre.
Le pavillon du Roi, vu de la cour.
1er Projet d'agrandissement, sous Louis XIV, par Le Vau.
2e Projet d'agrandissement, sous Louis XIV, par Le Vau.
3e Projet d'agrandissement, sous Louis XIV, par Le Vau.
Projet exécuté. Reproduction d'un plan de Le Vau, de la Bibliothèque de la Ville de Paris.
Plan du rez-de-chaussée du Pavillon du Roi en 1660, d'après Le Vau.
Plan du 1er étage du Pavillon du Roi, en 1660, d'après Le Vau.

Chapitre VI
En tête : Pavillon de la Reine, vu de la cour.
Plans des entresols et du 1er étage montrant les appartements de la Reine-Mère et de Madame, en 1658, d'après Le Vau.
Les ambassadeurs Siamois, d'après L'Armessin.
Le duc de Montpensier d'après Winterhalter.
Ancienne salle des Gardes de la Reine mère.
Salon d'armes sous le général Clément.
Escalier d'honneur.
Statue de Daumesnil.
Plan du 1er étage du Pavillon de la Reine en 1900.
Le Salon d'armes et son lustre.

Chapitre VII
Plan de l'enceinte.
Tour de Paris d'après Israël Silvestre.
Arc de Triomphe de Le Vau.
Tour du village ou tour principale.
Plan du 1er étage de la tour du village.
Cheminée romane de la Tour du village.
Plafond d'un couloir du 3e étage de la même tour.
Inscription de la cloche.
Tour du village vers 1850.
Tour du réservoir.
Plan de la Tour de Calvin ou du Diable, d'après Le Vau.
Vue du fossé Est.
Tour du Roi, d'après une gravure ancienne sans nom d'auteur.
Statues antiques qui se trouvaient sur l'ancienne colonnade.
Porte du Bois.
L'abbé de Laval, historiographe de Vincennes.

Chapitre VIII
Vue d'ensemble de la Sainte-Chapelle.
Intérieur et jubé de la Sainte Chapelle au XVIIIe siècle, d'après Ransonnette.
Détail des anciennes boiseries détruites.
La Sainte Chapelle en 1860.
La Sainte Chapelle, vers 1850.
Etat en 1852.
Intérieur en 1852.

Chapitre IX
Pinacles de la Sainte Chapelle.
Abside.
Plan de la Sainte Chapelle.
Porte de la Sacristie.
Fragments d'anciennes sculptures des voussures de la porte principale, d'après Allais, XVIIIe siècle.
Intérieur de la Sainte Chapelle.
Clé de voûte.
Culs de lampes à la base des colonnes.
Chœur de la Sainte Chapelle.
Rosace.
Ecusson.
Plan de l'Oratoire Nord.
Plan de l'Oratoire Sud.

Chapitre X
Vue d'ensemble des vitraux.
Saint François, gravure de Millin.
Portraits de François 1er, d'Henri II, du duc de Guise et du connétable de Montmorency. — Fragments de vitraux d'après de Treuil.
La femme nue.
Un vitrail, gravé à la fin du XVIIIe siècle par Normand.
Les Anges marquant au front les Serviteurs de Dieu.
Les 7 Trompettes données aux 7 Anges.
Incendie des Arbres et des Plantes.
Vierge des vitraux.
La mer changée en sang.
Les Saulteraux.
Les Anges exterminateurs.
L'Amertume des Eaux.
L'Obscurcissement des Astres.
Venue de l'Ange.
Les deux Témoins.
Les Anges vendangeant et moissonnant.
L'Ame des Saints criant vers Dieu.

Chapitre XI
Tombe d'un ancien Chevalier.
Tombe d'Enfant.
Tombe de l'abbé Dubois.
Premier projet de tombeau du duc d'Enghien, par Deseine.
Deuxième projet de tombeau du duc d'Enghien, par Deseine.
Projet exécuté.
Accessoires du tombeau du duc d'Enghien.
Inscription du tombeau du duc d'Enghien.
Tombeau actuel.
Portrait de Deseine.

H. DARAGON, Editeur, 30, Rue Duperré — PARIS

Spécialité de Livres sur le " VIEUX PARIS "

DERNIÈRES PUBLICATIONS :

G. DUCHESNE. — **L'Abbaye Royale de Longchamp.** — 1 vol. in-8º ill.	4	»
L. LAMBEAU. — **La Place Royale.** — 1 vol. in-8º ill.	12	»
L. LAMBEAU. — **Le Cimetière Sainte-Marguerite.** — 1 vol. in-8º ill.	8	»
L. MOUTON. — **L'Hôtel de Transylvanie.** — 1 vol. in-8º ill.	4	»
G. DUCHESNE. — **L'Arc de Triomphe et la Place de l'Etoile.** — 1 vol. in-8º ill.	3	»
H. COUTANT. — **Le Palais Bourbon au XVIIIe Siècle.** — 1 vol. in-8º ill.	8	»

N.-B. — Tous ces ouvrages ont été honorés d'une souscription du Conseil municipal de Paris, avec insertion au BULLETIN MUNICIPAL OFFICIEL.

Collection « Les ENIGMES DE l'HISTOIRE »

Publiée sous la direction de Maurice VITRAC, de la Bibliothèque Nationale, tirage limité à 750 exemplaires

En vente :

Philippe-Egalité et Monsieur Chiappini

Histoire d'une Substitution. — 1 vol. in-8º : **5 fr.**

Assortiment unique en Livres neufs et d'Occasion sur

LA QUESTION LOUIS XVII

Catalogues gratis sur demande (Livres neufs et d'Occasion)

En vente :

Correspondance intime et inédite de Louis XVII, par Otto FRIEDRICHS. 2 vol.	20	»
Revue Historique de la Question Louis XVII (1905-1906-1907), 3 années	30	»
J. FABRE. — **Plaidoirie pour Louis XVII.** — 1 vol.	3	50
H. DESPORTES. — **Le Frère de la Duchesse d'Angoulême.** — 1 vol.	3	50
OSMON. — **Fleur de Lys** (2e édition), ill.	2	»
Al. DE POLHES. — **L'Enfant du Temple**, pièce en 5 actes, représentée plus de 100 fois au Théâtre de l'Ambigu	2	50
O. FRIEDRICHS. — **La Maladie, le Décès et la Mort de Louis XVII à Delft**	2	50
GRUAU DE LA BARRE. — **La Vérité au Duc de Bordeaux.** — 1 vol.	3	50
GRUAU DE LA BARRE. — **Les Intrigues dévoilées.** — 4 vol. in-8º	90	»

VIENT DE PARAITRE :

Revue Générale des Sciences Psychiques

Publiée sous la Direction de E. BOSC

En 10 fascicules, formant par an 1 beau volume de 500 pages

ABONNEMENT ANNUEL : France et Etranger .... **10 fr.**

Envoi d'un Numéro spécimen contre 0 fr. 50 en timbres poste.

Impression pour le compte des auteurs de tous travaux à des conditions extrêmement avantageuses, défiant toute concurrence. — Dépôt aux Libraires. — Lancement retentissant à la presse Française et Etrangère.

GRATIS : Prospectus et Catalogues sur les Sciences occultes, le Vieux Paris, la Question Louis XVII. — Superbes occasions.